Schriftenreihe der ASI – Arbeitsgemeinschaft Sozialwissenschaftlicher Institute

Herausgegeben von
F. Faulbaum, Duisburg, Deutschland
P. Hill, Aachen, Deutschland
B. Pfau-Effinger, Hamburg, Deutschland
J. Schupp, Berlin, Deutschland
J. Schröder, Mannheim, Deutschland
C. Wolf, Mannheim, Deutschland

Herausgegeben von
Frank Faulbaum
Universität Duisburg-Essen

Paul Hill
RWTH Aachen

Birgit Pfau-Effinger
Universität Hamburg

Jürgen Schupp
Deutsches Institut für
Wirtschaftsforschung e.V. Berlin
(DIW)

Jette Schröder
GESIS – Leibniz-Institut für
Sozialwissenschaften, Mannheim

Christof Wolf
GESIS – Leibniz-Institut für
Sozialwissenschaften, Mannheim

Joss Roßmann

Satisficing in Befragungen

Theorie, Messung und Erklärung

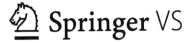

Dr. Joss Roßmann
GESIS – Leibniz-Institut für
Sozialwissenschaften
Mannheim, Deutschland

Schriftenreihe der ASI – Arbeitsgemeinschaft Sozialwissenschaftlicher Institute
ISBN 978-3-658-16667-0   ISBN 978-3-658-16668-7   (eBook)
DOI 10.1007/978-3-658-16668-7

Die Deutsche Nationalbibliothek verzeichnet diese Publikation in der Deutschen Nationalbibliografie; detaillierte bibliografische Daten sind im Internet über http://dnb.d-nb.de abrufbar.

Springer VS
© Springer Fachmedien Wiesbaden GmbH 2017
Das Werk einschließlich aller seiner Teile ist urheberrechtlich geschützt. Jede Verwertung, die nicht ausdrücklich vom Urheberrechtsgesetz zugelassen ist, bedarf der vorherigen Zustimmung des Verlags. Das gilt insbesondere für Vervielfältigungen, Bearbeitungen, Übersetzungen, Mikroverfilmungen und die Einspeicherung und Verarbeitung in elektronischen Systemen.
Die Wiedergabe von Gebrauchsnamen, Handelsnamen, Warenbezeichnungen usw. in diesem Werk berechtigt auch ohne besondere Kennzeichnung nicht zu der Annahme, dass solche Namen im Sinne der Warenzeichen- und Markenschutz-Gesetzgebung als frei zu betrachten wären und daher von jedermann benutzt werden dürften.
Der Verlag, die Autoren und die Herausgeber gehen davon aus, dass die Angaben und Informationen in diesem Werk zum Zeitpunkt der Veröffentlichung vollständig und korrekt sind. Weder der Verlag noch die Autoren oder die Herausgeber übernehmen, ausdrücklich oder implizit, Gewähr für den Inhalt des Werkes, etwaige Fehler oder Äußerungen. Der Verlag bleibt im Hinblick auf geografische Zuordnungen und Gebietsbezeichnungen in veröffentlichten Karten und Institutionsadressen neutral.

Gedruckt auf säurefreiem und chlorfrei gebleichtem Papier

Springer VS ist Teil von Springer Nature
Die eingetragene Gesellschaft ist Springer Fachmedien Wiesbaden GmbH
Die Anschrift der Gesellschaft ist: Abraham-Lincoln-Str. 46, 65189 Wiesbaden, Germany

Inhalt

1 Einleitung ... 9
  1.1 Hintergrund und Relevanz des Themas ... 9
  1.2 Fragestellungen ... 13
  1.3 Eingrenzung des Untersuchungsgegenstands ... 19
  1.4 Aufbau und Gliederung ... 25

2 Satisficing in Befragungen: Theorie und Forschungsstand ... 27
  2.1 Die Satisficing-Theorie ... 28
    2.1.1 Optimizing und Satisficing als Antwortstrategien ... 28
    2.1.2 Die Einflussgrößen in der Wahl der Antwortstrategie ... 31
    2.1.3 Die Antworteffekte von Satisficing ... 35
  2.2 Die Messung von Satisficing ... 50
  2.3 Die Erklärung von Satisficing: Empirische Evidenz und offene Fragen ... 62
  2.4 Die Erklärung von Satisficing: Stabilität und Variabilität in der Wahl der Antwortstrategie ... 70

3 Die Messung von Satisficing ... 79
  3.1 Die Modellierung der Antwortstrategie als latente Variable ... 79
  3.2 Methodik ... 81
    3.2.1 Analyseverfahren ... 81
    3.2.2 Daten ... 83
  3.3 Operationalisierung der Indikatoren für Satisficing ... 85
    3.3.1 Straightlining ... 86
    3.3.2 Mittelkategorie-Antworten ... 90
    3.3.3 „Weiß nicht"-Antworten ... 91
    3.3.4 Nichtsubstantielle Antworten auf eine kognitiv fordernde offene Frage ... 94
    3.3.5 Speeding ... 97
  3.4 Ergebnisse ... 103
  3.5 Zusammenfassung und Diskussion ... 112

4 Die Erklärung von Satisficing ... 115
  4.1 Die Einflussgrößen von Satisficing ... 116
    4.1.1 Schwierigkeit der Aufgabe ... 117
    4.1.2 Fähigkeiten ... 120
    4.1.3 Motivation ... 121
    4.1.4 Bedeutung und Zusammenwirken der Einflussgrößen von Satisficing ... 126

4.2 Methodik 127
    4.2.1 Daten 127
    4.2.2 Analyseverfahren 128
    4.2.3 Operationalisierung der Einflussgrößen von Satisficing .. 129
4.3 Ergebnisse 135
    4.3.1 Effekte der Schwierigkeit der Aufgabe 136
    4.3.2 Effekte der Fähigkeiten 141
    4.3.3 Effekte der Motivation 147
    4.3.4 Die relative Bedeutung der Einflussgrößen von Satisficing . 149
    4.3.5 Das Zusammenwirken der Einflussgrößen von Satisficing . 155
4.4 Zusammenfassung und Diskussion 158

5 Intra-individuelle Stabilität und Variabilität in der Wahl der Antwortstrategie 165
  5.1 Die Bedeutung zeitstabiler und zeitvarianter Einflussgrößen im Auftreten von Satisficing 166
  5.2 Methodik 174
      5.2.1 Daten 174
      5.2.2 Analyseverfahren 177
      5.2.3 Operationalisierung der Indikatoren für Satisficing 179
      5.2.4 Operationalisierung der Einflussgrößen von Satisficing .. 184
  5.3 Ergebnisse 189
      5.3.1 Analyse latenter Klassen 189
      5.3.2 Das Ausmaß der intra-individuellen Variabilität in der Wahl der Antwortstrategie 195
      5.3.3 Die Erklärung der intra-individuellen Variabilität in der Wahl der Antwortstrategie 199
  5.4 Zusammenfassung und Diskussion 213

6 Fazit und Ausblick 223
  6.1 Zusammenfassung der Ergebnisse 223
      6.1.1 Die Messung von Satisficing 223
      6.1.2 Die Erklärung von Satisficing 227
      6.1.3 Intra-individuelle Stabilität und Variabilität in der Wahl der Antwortstrategie 232
  6.2 Die Bedeutung der gewonnenen Erkenntnisse für die Umfrageforschung 233
  6.3 Implikationen für den Umgang mit Satisficing in Befragungen .. 236
  6.4 Einschränkende Bemerkungen und Anregungen für zukünftige Untersuchungen 244

Literatur 257

Anhang

- A Datengrundlage 289
  - A.1 Das Langfrist-Online-Tracking der GLES 291
  - A.2 Das Wahlkampfpanel 2013 der GLES 294
- B Die Messung von Satisficing 299
  - B.1 Operationalisierung der Indikatoren für Satisficing 299
  - B.2 Robustheit der LCA gegenüber Modifikationen der Modellspezifikation 301
  - B.3 Ergebnisse der LCA 304
- C Die Erklärung von Satisficing 305
  - C.1 Operationalisierung der Einflussgrößen von Satisficing 305
  - C.2 Logistische Regressionsmodelle 318
  - C.3 Umgang mit fehlenden Werten 323
  - C.4 Der Zusammenhang von Alter und mittlerer Antwortgeschwindigkeit 333
- D Intra-individuelle Stabilität und Variabilität in der Wahl der Antwortstrategie 335
  - D.1 Auswahl der Wellen und Fragen für die Datenanalyse 335
  - D.2 Operationalisierung der Indikatoren für Satisficing 337
  - D.3 Operationalisierung der Einflussgrößen von Satisficing 341
  - D.4 Analyse latenter Klassen 346
  - D.5 Fixed-Effects-Regressionsmodelle 347
  - D.6 Hybride Panelregressionsmodelle 350
  - D.7 Die Erklärung der intra-individuellen Variabilität in der Wahl der Antwortstrategie 351
  - D.8 Effekte der Nutzung von Smartphones 359

Abkürzungsverzeichnis 363

Abbildungsverzeichnis 365

Tabellenverzeichnis 367

1 Einleitung

Die vorliegende Studie behandelt mit Satisficing (Krosnick 1991, 1999; Krosnick und Alwin 1987) einen theoretischen Ansatz für die Erklärung der Entstehung von Messfehlern in Befragungen. Seit ihrer Entwicklung in den späten 1980er- und frühen 1990er-Jahren ist die Satisficing-Theorie zu einem dominanten theoretischen Ansatz in der Analyse und Erklärung der Genauigkeit der Antworten von Befragten in Umfragestudien geworden (Turner et al. 2014, S. 13). So wurden zwischen den Jahren 1991 und 2011 mehr als 50 methodische Studien zur Satisficing-Theorie publiziert (Roberts et al. 2011). Doch trotz der zahlreichen Studien, die sich auf die Satisficing-Theorie berufen oder diese selbst ins Zentrum ihres Erkenntnisinteresses stellen, besteht noch Forschungsbedarf bezüglich der Messung des Auftretens von Satisficing in Befragungen sowie der Erklärung der Wahl dieser Antwortstrategie durch die Befragten. Die vorliegende Studie stellt zunächst die Satisficing-Theorie vor und untersucht nachfolgend eine Vielzahl von forschungsleitenden Fragen zur Messung und zur Erklärung des Auftretens von Satisficing in Befragungen.

1.1 Hintergrund und Relevanz des Themas

Die Befragung von Personen ist neben Experimenten, Beobachtungen, Inhaltsanalysen sowie nicht-reaktiven Verfahren eine der gebräuchlichsten Formen der Datenerhebung in der empirischen Sozialforschung (Diekmann 2002, S. 371; Groves et al. 2009, S. 3; Häder 2015, S. 189-191; Schnell et al. 2013, S. 311). Abgesehen von der akademischen Sozialforschung finden Befragungen unter anderem Anwendung in der Erhebung von politischen und gesellschaftlichen Einstellungen der Bürger oder zur Bewertung der Wirksamkeit von politischen Maßnahmen sowie in der Wirtschaft zur Bestimmung von Marktpotenzialen von Produkten, zur Wirksamkeit von Werbemaßnahmen oder zur Messung der Kundenzufriedenheit. Zusammengenommen sind Befragungen ein essenzieller Bestandteil moderner, informationsbasierter Gesellschaften (Groves et al. 2009, S. 3).

Vor dem Hintergrund der großen und weiter zunehmenden Bedeutung von Daten in modernen Gesellschaften, der fortschreitenden Entwicklung von Stichprobenziehungsverfahren und Datenerhebungsmethoden sowie der mit der Datenerhebung verbundenen erheblichen sozialen und ökonomischen Kosten gewinnen Fragen nach der Qualität von Befragungsdaten sowohl für Datenproduzenten als auch für die Nutzer der Daten nachhaltig an Bedeutung (siehe hierzu z.B. Alwin 2007, S. 2-3; Biemer und Lyberg 2003, S. 1-25; Groves et al. 2009, S. 1-37; Weisberg 2005, S. 5-15).

Entsprechend der Multidimensionalität des Konzepts der Qualität (Biemer und Lyberg 2003, S. 24) existiert eine Vielzahl von Definitionen von Datenqualität (Biemer und Lyberg 2003, S. 13). Eine der weitesten und gebräuchlichsten Definitionen ist die Bestimmung der Qualität von Daten anhand ihrer „fitness for use" (Biemer und Lyberg 2003, S. 13; Groves et al. 2009, S. 62). Die sehr allgemeine Bestimmung über die Gebrauchstauglichkeit impliziert, dass verschiedene Nutzer auf Grund spezifischer Verwendungszwecke auch unterschiedliche Ansprüche an Daten haben (Häder 2012, S. 9). Hierunter können unter anderem die Dimensionen der Glaubwürdigkeit, Relevanz, Aktualität, Zugänglichkeit, Kohärenz, Vergleichbarkeit, Vollständigkeit und Genauigkeit der Daten subsummiert werden (Biemer und Lyberg 2003, S. 13-25; Eurostat 2000; Groves et al. 2009, S. 62-63). Die Dimensionen der Glaubwürdigkeit, Relevanz, Aktualität und weitere werden als nichtstatistische Aspekte von Datenqualität (Groves et al. 2009, S. 62-63) und im Sinne der Messbarkeit als vorwiegend qualitativ (Biemer und Lyberg 2003, S. 18) aufgefasst. Die Genauigkeit von Daten hingegen wird im Allgemeinen als statistischer und quantifizierbarer Aspekt von Datenqualität verstanden (Biemer und Lyberg 2003, S. 18; Groves et al. 2009, S. 49-61). Die auch in der vorliegenden Untersuchung interessierende Qualität im Sinne der Genauigkeit von Daten wird insbesondere im „total survey error"-Ansatz (TSE) thematisiert (siehe Biemer 2010; Biemer und Lyberg 2003; Groves 1989; Groves et al. 2009; Smith 2005, 2011; Weisberg 2005).

Der TSE-Ansatz verweist auf die Gesamtheit der Fehler, die während der Phasen einer Befragung – Design, Datenerhebung, -aufbereitung und -analyse – auftreten können (Biemer 2010, S. 817). Der TSE ist definiert als „the difference between a population mean, total, or other population parameter and the estimate of the parameter based on the sample survey (or census)" (Biemer und Lyberg 2003, S. 36). Er setzt sich aus Stichprobenfehlern („sampling error") und anderen, nicht auf die Stichprobenziehung bezogenen Fehlern („nonsampling error") zusammen (Biemer 2010, S. 822; Biemer und Lyberg 2003, S. 34-35). Letztere beinhalten einerseits Fehler, die aus der Nichtbeobachtung von Einheiten aus der Stichprobe resultieren („errors of nonobservation"), was auf Abweichungen in der Deckung zwischen Grundgesamtheit und Auswahlrahmen („coverage error") oder die Nichtbefragung von Zielpersonen („nonresponse error") zurückgeführt werden kann. Andererseits treten Fehler während der Beobachtung der Einheiten

Einleitung

auf („errors of observation"), welche den Spezifikations- („specification error"), Mess- („measurement error") und Bearbeitungsfehler („processing error") umfassen (Biemer 2010, S. 821-825; Groves et al. 2009, S. 49-61; Smith 2011, S. 466-471).[1]

Messfehler sind für viele Befragungen eine sehr bedeutsame Fehlerquelle (Biemer 2011, S. 9; Biemer und Lyberg 2003, S. 41) und werden in der Umfrageforschung entsprechend intensiv untersucht (gute Übersichten und detaillierte Erläuterungen finden sich u.a. in Alwin 2007; Biemer und Lyberg 2003; Groves 1989; Groves et al. 2009; Weisberg 2005). Sie können in Gestalt systematischer Verzerrungen sowie variabler Fehler auftreten (vgl. Biemer 2010, S. 826; Biemer und Lyberg 2003, S. 43-51; Groves et al. 2009, S. 52-53) und sowohl lineare Schätzer, wie Mittel-, Absolut- oder Anteilswerte, als auch nichtlineare Schätzer, wie z.b. Korrelationskoeffizienten, Regressionskoeffizienten und Standardfehler beeinflussen (Biemer und Lyberg 2003, S. 49-50). Daher besteht einerseits ein erhebliches Interesse an der theoretischen Erklärung der Entstehung von Messfehlern sowie der praktischen Vermeidung oder Minimierung ihres Auftretens. Andererseits besteht ein weit verbreitetes Interesse an der Quantifizierung von Messfehlern, um Abschätzungen der Qualität von bereits erhobenen Daten zu ermöglichen. Die Quantifizierung von Messfehlern ist zugleich eine wesentliche Voraussetzung, um theoretische Annahmen zu ihrem Auftreten und praktische Maßnahmen zu ihrer Vermeidung oder Minimierung zu evaluieren.

Ein Problem bei der Untersuchung von Messfehlern besteht darin, dass diese oftmals aus nicht unmittelbar beobachtbaren Prozessen resultieren. Die Herausforderung besteht demnach in der Entwicklung von Erklärungsmodellen für die Entstehung von Messfehlern und der Überprüfung dar-

---

1 Je nach Autor(en) variiert die Benennung der Fehlerquellen geringfügig. Mitunter größerer Variation unterliegt hingegen die Zuordnung der Fehlerquellen zu übergreifenden Kategorien. So differenzieren Biemer (2010) sowie Biemer und Lyberg (2003) lediglich zwischen „sampling" und „nonsampling errors", während Groves et al. (2009) zwischen „errors of nonobservation" und „errors of observation" unterscheiden. Weisberg (2005) wiederum unterteilt die Fehlerquellen in „respondent selection issues", „response accuracy issues" und „survey administration issues". Die hier gewählte Darstellung ist eine Synthese aus den unterschiedlichen Ausführungen, wie sie beispielsweise auch Smith (2011) vornimmt. Darüber hinaus ist anzumerken, dass die aus der Datenanalyse resultierenden Fehler bisweilen ebenfalls im TSE-Ansatz berücksichtigt werden, so etwa bei Biemer (2010) oder auch Smith (2011).

auf hin, inwiefern sie mit empirisch beobachtbaren Mustern vereinbar sind (Alwin 2007, S. 15). Messfehler in Befragungen entstehen in komplexen Situationen, in denen Befragte mit Interviewern und/oder Fragen interagieren. Alle diese Elemente können zur Entstehung von Messfehlern beitragen (Biemer und Lyberg 2003, S. 116-119). Seit den 1980er-Jahren wurde eine Reihe von Modellen des Antwortprozesses entwickelt (siehe z.B. Cannell et al. 1981; Strack und Martin 1987; Tourangeau und Rasinski 1988; Tourangeau et al. 2000), deren zentrales Anliegen in der Herausarbeitung der kognitiven Prozesse während der Beantwortung von Fragen und in der Bereitstellung von Erklärungen liegt, in welchem Zusammenhang diese kognitiven Prozesse mit Messfehlern und somit der Qualität der Antworten von Befragten stehen.

Die Satisficing-Theorie (Krosnick 1991, 1999; Krosnick und Alwin 1987) ist eine wichtige Weiterentwicklung der Modelle des Antwortprozesses (Roberts 2016). Sie stellt die grundlegende Annahme in Frage, wonach Befragungsteilnehmer stets fähig und motiviert sind, den Aufwand auf sich zu nehmen, der notwendig ist, um Fragen in Umfragen akkurat zu beantworten. Auf der Annahme aufbauend, dass Befragte grundsätzlich bestrebt sind ihren Nutzen zu maximieren, greift die Theorie auf die von Simon (1957) geprägten Konzepte „satisficing" und „optimizing" zurück (Alwin 2007, S. 19). Während Optimizing eine Antwortstrategie beschreibt, die auf die genaue Beantwortung von Fragen abzielt, meint Satisficing eine Antwortstrategie, die eine Reduzierung des Aufwands bei der Fragebeantwortung zum Ziel hat. Im Ergebnis führt Satisficing zu lediglich zufriedenstellenden oder akzeptablen und in schwerwiegenden Fällen zu nur sinnvoll erscheinenden oder willkürlichen Antworten (Krosnick 1991, S. 214-215; Krosnick und Alwin 1987, S. 203). In Abhängigkeit davon, wie sorgfältig und vollständig ein Befragter die kognitiven Prozesse während der Fragebeantwortung ausführt, kommt es zu Antworteffekten, die in systematischen Antwortverzerrungen oder Antwortvarianz resultieren. Schwache Ausprägungen der Antwortstrategie Satisficing („weak satisficing") umfassen die Wahl der ersten plausibel erscheinenden Antwort aus einer Liste von Antwortmöglichkeiten (Krosnick 1991, S. 216-217; Krosnick und Alwin 1987, S. 202-204) sowie die als Akquieszenz bezeichnete Tendenz zur Zustimmung zu Aussagen unabhängig von deren Inhalt (Krosnick 1991, S. 217-218). Starke Ausprägungen von Satisficing („strong satisficing") indes umfassen die inhaltsunabhängige Verwendung der Mittelkategorie von Antwortskalen bzw. die Wahl des Status quo, die Nichtdifferenzierung der Antworten bei

Fragebatterien mit Ratingskalen, die Abgabe einer „Weiß nicht"-Antwort, unabhängig davon, ob eine Einstellung berichtet werden könnte sowie die zufällige Auswahl einer Antwort aus einer Liste von Antwortmöglichkeiten (Krosnick 1991, S. 217-220). Die Wahrscheinlichkeit, dass ein Befragter bei einer gegebenen Frage die Antwortstrategie Satisficing verfolgt, hängt vom Zusammenwirken der drei Einflussgrößen Schwierigkeit der Aufgabe, Fähigkeiten und Motivation ab (Krosnick 1991, S. 220-225). Obgleich die Satisficing-Theorie somit primär auf den Befragten als Quelle von Messfehlern abzielt, werden die Interaktion des Befragten mit Interviewern und dem Befragungsinstrument sowie das Stattfinden dieser Interaktion in einem situativen Kontext implizit berücksichtigt.

Als Erklärungsmodell für die Entstehung von Messfehlern ist die Satisficing-Theorie geeignet, Strategien und Maßnahmen zu entwickeln, um das Auftreten von Messfehlern in Befragungen zu minimieren. Darüber hinaus beinhaltet die Satisficing-Theorie prägnante Aussagen darüber, in welchen Antworteffekten sich diese Antwortstrategie der Befragten äußert, sodass sie zur Abschätzung und Untersuchung der Qualität von bereits erhobenen Daten herangezogen werden kann. Wie gut die Theorie diese Funktionen erfüllt, hängt von der Gültigkeit der ihr zu Grunde liegenden Annahmen ab. Die Herausforderung der vorliegenden Studie besteht darin, die Satisficing-Theorie als Erklärungsmodell für die Entstehung von Messfehlern daraufhin zu überprüfen, inwieweit ihre Annahmen mit den empirisch beobachtbaren Mustern vereinbar sind. In diesem Zusammenhang ist einerseits die Messung von Satisficing in Befragungen zu thematisieren. Andererseits sind die in der Theorie enthaltenen Annahmen über die Einflussgrößen in der Wahl der Antwortstrategie herauszuarbeiten und offene Fragen zu identifizieren, die der empirischen Untersuchung zuzuführen sind.

1.2 Fragestellungen

In den bislang vorliegenden empirischen Studien kommt eine Vielzahl von Methoden zur Messung des Auftretens von Satisficing zum Einsatz. Da die kognitiven Aktivitäten von Befragten in der Regel nicht unmittelbar gemessen werden können, wird zumeist auf Indikatoren für die Antworteffekte von Satisficing zurückgegriffen (Roberts et al. 2011). Innerhalb dieses Ansatzes sind zwei Methoden zu unterscheiden, die unterschiedliche Vor- und Nachteile aufweisen. Die erste Methode beruht auf der Verwendung von Experimenten und erlaubt präzise Rückschlüsse auf das Vorkommen von Satisficing und die Stärke des Effekts (Krosnick 1991, S. 229). Ihre prinzipiellen Nachteile bestehen darin, dass sie einerseits mit dem Vorhandensein von geeigneten Experimenten beträchtliche Voraussetzungen an die Datengrundlage stellt und anderseits stark auf die Analyse von Satisficing bei den experimentell variierten Fragen ausgerichtet ist. Die zweite Methode zur Messung des Auftretens von Satisficing findet daher insbesondere in der Abwesenheit geeigneter Experimente in der Datengrundlage Anwendung. Sie beruht auf der Analyse des Ausmaßes des Auftretens der Antworteffekte von Satisficing (Krosnick 1991, S. 229). Die Messung basiert auf der Zählung bestimmter Antworten oder Antwortmuster von Befragten in einem Satz von Fragen oder über alle Fragen in einem Fragebogen hinweg und wird daher auch als „count procedure" (Van Vaerenberg und Thomas 2013, S. 206) bezeichnet. Die Ansprüche dieser Methode an die vorliegenden Daten sind vergleichsweise gering und sie eignet sich somit gut für Sekundäranalysen. Sie weist jedoch die Beschränkung auf, dass ihre Anwendung eine – zumindest implizite – Modifikation des theoretischen Rahmens der Satisficing-Theorie notwendig macht, da diese konzeptionell auf der Ebene von individuellen Fragen angesiedelt ist. Diese Beschränkung gilt auch bei der Verwendung von antwortzeitbasierten Indikatoren für Satisficing, wenn auf die gesamte Interviewdauer oder mittlere Antwortzeiten über Sätze von Fragen zurückgegriffen wird (siehe z.B. Callegaro et al. 2009; Greszki et al. 2014; Malhotra 2008).

Die Erweiterung der Perspektive der Satisficing-Theorie auf die Ebene von Sätzen von Fragen oder gesamte Fragebögen wirft die Frage auf, inwieweit Befragte, die Satisficing über weite Teile einer Befragung als Antwortstrategie verfolgen, lediglich distinkte Antworteffekte oder ganze Sätze von Antworteffekten zeigen. Gemäß der Annahme, dass sich Satisficing im Auftreten einer Vielzahl von Antworteffekten äußern kann, ist zu erwarten, dass die Wahl der Antwortstrategie als latente Variable angesehen werden kann (vgl. Kaminska et al. 2010). Die vorliegende Studie untersucht daher, inwiefern die Wahl der Antwortstrategie als latente Variable verstanden und in statistischen Analysen mittels der Verwendung von multiplen manifesten Indikatoren für Satisficing als auch eines antwortzeitbasierten Indikators der kognitiven Aktivität im Antwortprozess modelliert werden kann.

Trotz der Vielzahl von Studien zu Satisficing in Befragungen lassen sich offene Fragen und Forschungsdesiderate identifizieren. Insbesondere drei Aspekte sind hervorzuheben: Erstens untersuchen wenige der bislang vorliegenden Studien umfangreiche Sätze der Annahmen, die in der Satisficing-Theorie hinsichtlich der Wahl der Antwortstrategie enthalten sind (siehe z.B. Holbrook et al. 2014; Krosnick et al. 1996; Lenzner 2012; Toepoel et al. 2009c). Zudem werden die Annahmen häufig nur für einzelne oder eine begrenzte Anzahl von Antworteffekten untersucht (siehe z.B. Holbrook et al. 2007; Krosnick et al. 2002; Malhotra 2008, 2009; Zhang und Conrad 2014). Die Überprüfung einer weitreichenden Anzahl von Annahmen der Satisficing-Theorie anhand eines umfangreichen Satzes von Indikatoren für Satisficing bzw. einer latenten Variable für die Wahl der Antwortstrategie ist daher ein Forschungsdesiderat.

Zweitens findet in den bislang vorliegenden Untersuchungen die Frage zu wenig Beachtung, in welchem Ausmaß die von Krosnick (1991) genannten Einflussgrößen Schwierigkeit der Aufgabe, Fähigkeiten und Motivation der Befragten relativ zueinander zur Erklärung der Wahl der Antwortstrategie beitragen. So untersuchen viele Studien das Auftreten von Satisficing in Abhängigkeit von der Schwierigkeit von Fragen oder bestimmter Eigenschaften der Befragten, die ihre Fähigkeiten oder Motivation widerspiegeln sollen. Hierbei fällt einerseits auf, dass je nach analysiertem Antworteffekt teils übereinstimmende als auch teils widersprüchliche Ergebnisse berichtet werden. Andererseits untersucht der Großteil dieser Studien Zusammenhänge zwischen den Antworteffekten und einem begrenzten Satz von sozio-demographischen Merkmalen der Befragten, insbesondere ihrer formalen Bildung sowie ihrem Alter, die als Indikatoren für ihre Fähigkeiten angesehen werden (siehe z.B. Holbrook et al. 2007; Krosnick et al. 1996; Narayan und Krosnick 1996). Diese Begrenzung auf einzelne oder wenige Annahmen zu den Einflussgrößen in der Wahl der Antwortstrategie führt dazu, dass zumeist ausschließlich analysiert wird, ob die verwendeten Variablen signifikante Einflüsse in der theoretisch erwarteten Richtung haben. Die vorliegende Studie untersucht daher die offene Frage, welche relative Bedeutung den Einflussgrößen Schwierigkeit der Aufgabe, Fähigkeiten und Motivation in der Wahl der Antwortstrategie zukommt.

Drittens wird die nur knapp und vage von Krosnick (1991) thematisierte Frage nach dem Zusammenwirken der Einflussgrößen in der Wahl der Antwortstrategie in wenigen Studien aufgegriffen und untersucht (vgl. Roberts 2016). Die Theorie bietet zwei konkurrierende Sichtweisen an. Die erste Sichtweise unterstellt, dass sich die Wahrscheinlichkeit der Wahl von Satisficing als Antwortstrategie aus der additiven Verknüpfung der Effekte der drei Einflussgrößen ergibt, während die zweite Sichtweise einen multiplikativen Zusammenhang zwischen den Einflussgrößen postuliert (Krosnick 1991, S. 225). Lediglich die Studien von Krosnick et al. (1996), Lenzner (2012) und Toepoel et al. (2009c) untersuchen die Frage nach dem Zusammenwirken der Einflussgrößen. Sie ergeben übereinstimmend Hinweise auf Interaktionen zwischen den Einflussgrößen Schwierigkeit der Aufgabe, Fähigkeiten und Motivation. Jedoch erbringen sie letztendlich keine vollständig konsistenten Befunde. In Abwesenheit weiterer empirischer Befunde ist die Frage des Zusammenwirkens der Einflussgrößen in der Wahl der Antwortstrategie daher nach wie vor offen. Beiträge zu ihrer Untersuchung und Beantwortung sind sowohl für die Theoriebildung als auch für zukünftige empirische Studien zu Satisficing von Bedeutung.

Wie zuvor argumentiert wurde, impliziert die Messung von Satisficing mitunter eine Erweiterung der Perspektive auf gesamte Fragebögen oder Sätze von Fragen. Vor diesem Hintergrund wird die Frage nach dem Ausmaß der intra-individuellen Variabilität in der Wahl der Antwortstrategie der Befragten in zeitlicher Perspektive aufgeworfen. Ihre Untersuchung ist insbesondere für wiederholte Befragungen derselben Personen relevant. Dies betrifft einerseits Panelstudien sowie andererseits Befragungen, die auf Teilnehmer von Access-Panels (siehe Häder 2015, S. 296-297) oder andere fest definierte Personengruppen (z.B. Mitarbeiter einer Firma oder Studierende einer Universität) zurückgreifen. In diesen Fällen besteht ein Interesse daran, Aussagen darüber treffen zu können, inwieweit Befragte, die in einer Befragung in hohem Maße auf Satisficing als Antwortstrategie zurückgreifen, dieses Antwortverhalten auch in nachfolgenden Befragungen zeigen. Erkenntnisse über die intra-individuelle Variabilität in der Wahl der Antwortstrategie in Wiederholungsbefragungen sind von Bedeutung für die Entwicklung und Optimierung von Maßnahmen, die auf eine Erhöhung der Antwortqualität abzielen. Während eine geringe intra-individuelle Variabilität auf die Bedeutung zeitlich weitgehend stabiler Einflussgrößen im Auftreten von Satisficing hinweist, wie z.B. die kognitive Gewandtheit oder die Persönlichkeit von Befragten, deutet eine hohe Variabilität auf den Einfluss von zeitlich variablen Faktoren hin, wie die Interviewsituation oder die aktuelle Motivation von Befragten. Die Entwicklung und Optimierung von Maßnahmen zur Minderung des Auftretens von Satisficing profitiert von entsprechenden Erkenntnissen.

Die Frage nach der intra-individuellen Variabilität in der Wahl der Antwortstrategie in Wiederholungsbefragungen stellt eine Forschungslücke dar. Bislang liegen keine Publikationen vor, welche die intra-individuelle Variabilität im Antwortverhalten mit Bezugnahme auf die Satisficing-Theorie untersuchen. Gleichzeitig lassen sich hilfreiche Erkenntnisse aus der Forschung zu Antwortstilen und der in diesem Forschungsbereich geführten Debatte ziehen, inwiefern Antwortstile das Ergebnis zeitlich stabiler Persönlichkeitseigenschaften oder Manifestationen aktueller Zustände sind (siehe u.a. Aichholzer 2013; Baumgartner und Steenkamp 2001; Van Vaerenberg und Thomas 2013; Weijters 2006). Mit Akquieszenz und Mittelkategorie-Antworten werden jedoch lediglich zwei Antworteffekte von Satisficing untersucht, was die Bedeutung dieser Forschung für die Weiterentwicklung der Satisficing-Theorie einschränkt. Die intra-individuelle Variabilität im Auftreten weiterer Antworteffekte, wie z.b. der Nichtdifferenzierung der Antworten in Fragebatterien, wurde bislang nicht untersucht. Weiterführende Erkenntnisse lassen sich daher lediglich auf Grundlage der vorhandenen Forschung zum Zusammenhang des Auftretens von Satisficing mit weitgehend zeitstabilen Merkmalen von Befragten, wie z.b. der kognitiven Gewandtheit oder dem Persönlichkeitsmerkmal Need for Cognition ziehen (siehe z.b. Holbrook et al. 2007; Krosnick et al. 1996; Lenzner 2012; Malhotra 2009; Narayan und Krosnick 1996; Pickery und Loosveldt 1998; Roberts et al. 2010; Toepoel et al. 2009c). Diese Forschung präsentiert jedoch teils unklare oder widersprüchliche Befunde. Zusammengenommen ist die Frage nach dem Ausmaß der intra-individuellen Variabilität in der Wahl der Antwortstrategie bei Wiederholungsbefragungen als offen anzusehen.

In der Untersuchung von Satisficing adressiert die vorliegende Studie drei Themen. Erstens wird die Messung der Antwortstrategie von Befragten thematisiert. Die forschungsleitende Frage ist, inwiefern die Wahl der Antwortstrategie als latente Variable verstanden und in statistischen Analysen mittels der Verwendung von multiplen Indikatoren für Satisficing als auch eines antwortzeitbasierten Indikators der kognitiven Aktivität im Antwortprozess modelliert werden kann?

Zweitens wird die Überprüfung einer umfangreichen Anzahl von Annahmen der Satisficing-Theorie als ein Forschungsdesiderat identifiziert und es werden die relative Bedeutung der Einflussgrößen sowie ihr Zusammenwirken in der Wahl der Antwortstrategie als offene Fragen herausgearbeitet. Es ergeben sich drei forschungsleitende Fragen: Inwieweit erweisen sich grundlegende Annahmen der Theorie zu den Einflussgrößen Schwierigkeit der Aufgabe, Fähigkeiten und Motivation der Befragten im Auftreten von Satisficing als haltbar? Welche relative Bedeutung kommt diesen Einflussgrößen in der Wahl von Satisficing als Antwortstrategie zu?

Wie wirken die von der Theorie genannten Einflussgrößen im Auftreten von Satisficing zusammen?

Drittens wird die Frage nach der intra-individuellen Variabilität im Antwortverhalten von Befragten in Wiederholungsbefragungen aufgeworfen. Die forschungsleitenden Fragen sind: Wie groß ist das Ausmaß der intra-individuellen Variabilität in der Wahl der Antwortstrategie in Wiederholungsbefragungen? Inwieweit lässt sich intra-individuelle Variabilität und Stabilität im Antwortverhalten entsprechend der Annahmen der Satisficing-Theorie mit zeitlich stabilen und variablen Merkmalen der Befragten und der Interviewsituation erklären?

Die empirische Untersuchung der forschungsleitenden Fragestellungen intendiert, Beiträge zur Überprüfung zentraler Annahmen der Satisficing-Theorie zu leisten. In der Thematisierung der Messung wird darüber hinaus eine Erweiterung des theoretischen Rahmens der Satisficing-Theorie auf ganze Befragungen oder Sätze von Fragen vorgeschlagen, welche Fragestellungen eröffnet, die bislang nicht untersucht wurden. Mit der Herleitung und Untersuchung der forschungsleitenden Fragen erbringt die Studie einen Beitrag zur Weiterentwicklung der Satisficing-Theorie. Zusammengenommen leistet sie somit einen Beitrag zur Evaluation des analytischen Potenzials der Satisficing-Theorie für die Untersuchung und Erklärung der Entstehung von Messfehlern in Befragungen. Die aus der Untersuchung resultierenden Erkenntnisse sind in zweierlei Hinsicht von Bedeutung. Erstens können vertiefte und neue Erkenntnisse über die Bedeutung und das Zusammenwirken der Einflussgrößen in der Wahl der Antwortstrategie von Befragten dazu genutzt werden, Strategien und Maßnahmen zu entwickeln oder zu optimieren, die auf die Minderung des Auftretens von Satisficing in Befragungen abzielen. Im Erfolgsfall erreichen solche Strategien und Maßnahmen eine Verringerung von Messfehlern. Zweitens besteht in der empirischen Umfrageforschung ein weit verbreitetes Interesse an der Abschätzung der Qualität von bereits erhobenen Daten. Die in dieser Studie vorgeschlagene Modellierung der Wahl der Antwortstrategie als latente Variable stellt interessierten Forschern ein innovatives Werkzeug für die Untersuchung von Satisficing zur Verfügung. Wie gezeigt wird, ergibt sich der Vorteil einer solchen Modellierung insbesondere dann, wenn die zu verwendende Datengrundlage über keine geeigneten Experimente zur Messung von Satisficing verfügt und zudem ein analytisches Interesse an der Untersuchung der Antwortstrategie auf der Ebene der Befragten besteht. Die vorgeschlagene Modellierung kann darüber hinaus im Rahmen von

Strategien genutzt werden, die auf die Klassifizierung von Befragten nach ihrem Antwortverhalten abzielen, um in statistischen Analysen die Effekte des Antwortverhaltens auf substantielle Analyseergebnisse kontrollieren zu können. Die Modellierung als latente Variable kann somit zur Durchführung von Robustheitsanalysen verwendet werden.

1.3 Eingrenzung des Untersuchungsgegenstands

Das Erkenntnisinteresse dieser Untersuchung liegt einerseits in der Messung und andererseits in der Erklärung von Satisficing in Befragungen zu den Einstellungen und dem Verhalten von Personen in der Bevölkerung. Methoden der Befragung, welche oftmals auch als Befragungsmodi bezeichnet werden, können anhand einer Reihe von Kriterien charakterisiert werden: dem Grad der Einbeziehung eines Interviewers, der Art und Extensivität sozialer Interaktion mit dem Befragten, der Vertraulichkeit der Situation, der Verwendung unterschiedlicher Kommunikationskanäle, der Strukturiertheit der Befragung sowie nicht zuletzt der verwendeten Technologien (siehe u.a. Groves et al. 2009, S. 149-159; Couper 2011, S. 892-894). Grundsätzlich wird hier unter einer Befragung ein strukturiertes Interview verstanden, dass sich an einem vorgefertigten Instrument – dem Fragebogen – orientiert, wobei Variationen im Hinblick auf die Abfolge von Fragen und Nachfragen (Fragefilter) sowie der Strukturiertheit der Fragen an sich (offene Fragen versus Fragen mit vorgegebenen Antwortoptionen) prinzipiell möglich sind. Diese erste Eingrenzung ist vor dem Hintergrund von drei großen Entwicklungen zu sehen: der Entstehung und Verbreitung neuer Befragungsmodi, der zunehmenden Komplexität von Befragungsmethoden sowie dem Aufkommen von Mixed-Mode-Befragungen (Couper 2011, S. 889-892). Die traditionellen Befragungsmethoden der persönlich-mündlichen und schriftlich-postalischen Befragung wurden im Zuge der technologischen Entwicklung durch telefonische und Internet-basierte Erhebungen ergänzt (Couper 2005, 2011; Groves et al. 2009, S. 149-159; Häder 2015, S. 189-305; Schnell et al. 2013, S. 314-380).[2]

---

[2] Sehr gute Einführungen in die Befragungsmethoden sowie der Merkmale, anhand derer sie charakterisiert werden können, geben u.a. Groves et al. (2009), Häder (2015), Schnell (2012) und Schnell et al. (2013). Zu neuen technologischen Trends in der Datenerhebung siehe insbesondere Couper (2005, 2011).

Web-Befragungen sind seit den 1990er-Jahren zu einer zunehmend verwendeten Datenerhebungsmethode geworden (Baker et al. 2010, S. 715).[3] Während die differenzielle Abdeckung mit Internetzugängen, Unterschiede in der Internetnutzung zwischen Bevölkerungsgruppen sowie die Schwierigkeit der Ziehung von Zufallsstichproben nach wie vor die größten Probleme für Web-Befragungen der allgemeinen Bevölkerung darstellen (siehe z.B. Bandilla et al. 2009; De Leeuw 2012; Fricker 2008; Lohr 2008), machen die vielfältigen Vorteile, insbesondere die einfache Umsetzung und Administration, die Realisierbarkeit großer Fallzahlen, die umfangreichen technischen Möglichkeiten der abwechslungsreichen Gestaltung der Fragebögen (Häder 2012, S. 10), der Erhebung von Paradaten (siehe z.b. Callegaro 2013), der Einbindung von audio-visuellem Material sowie die schnelle Verfügbarkeit der Daten bei gleichzeitig vergleichsweise geringen Kosten (Bethlehem und Biffignandi 2012; De Leeuw 2008, 2012; Lozar Manfreda und Vehovar 2008) Web-Befragungen zu einer attraktiven Alternative zu persönlich-mündlichen, schriftlich-postalischen und telefonischen Befragungen. Die Verbreitung von Web-Befragungen nahm insbesondere in der kommerziellen Markt- und Meinungsforschung in den vergangenen zwei Dekaden rasant zu. Wissenschaftliche und Regierungseinrichtungen sind bei ihrem Einsatz bislang zurückhaltender gewesen und setzten sie eher als Ergänzung denn als Ersatz für etablierte Datenerhebungsmethoden ein (Couper 2008, S. 1-2). Für Deutschland unterstreichen die Zahlen des Arbeitskreises Deutscher Markt- und Sozialforschungsinstitute e.V. (ADM) den Bedeutungsgewinn von Web-Befragungen gegenüber anderen Befragungsmethoden in der kommerziellen Markt- und Meinungsforschung: Der Anteil von online durchgeführten Interviews unter den Mitgliedsinstituten

---

[3] Der Begriff der Web-Befragung wird hier vom weiteren Begriff der Online-Befragung abgegrenzt. Unter Web-Befragungen (auch „computer assisted web interview", CAWI) werden hier im engeren Sinne Befragungen im World Wide Web (WWW) verstanden (Couper 2000, S. 464), die serverseitig durchgeführt werden (Couper 2008, S. 2-3). Online-Befragungen hingegen umfassen vielfältige Formen der Befragung, welche auf Technologien der elektronischen Datenübermittlung zurückgreifen. Hierunter fallen neben Web- auch E-Mail- und weitere Formen von Internet-Befragungen (für eine ausführliche Begriffsbestimmung siehe auch Couper 2008, S. 1-4). Web-Befragungen sind gegenwärtig die dominante Form von Internet-Befragungen (Couper 2008, S. 3). Innerhalb der Methode der Web-Befragung können weitere Unterscheidungen vorgenommen werden (siehe Couper 2000, S. 477-490). Die Unterscheidung zwischen zufallsbasierten und nichtzufallsbasierten Web-Befragungen ist hierbei die wichtigste.

stieg von 1% im Jahr 1998 sukzessive auf bis zu 38% im Jahr 2010 an und verharrte bis 2013 zwischen 35% und 36%. Dabei lag der Anteil ab 2004 höher als bei schriftlichen Interviews, ab 2007 höher als bei persönlichen Interviews und erreichte ab dem Jahr 2010 das Niveau von telefonischen Interviews (ADM 2015). Obwohl konkrete Angaben kaum verfügbar sind, zeichnet sich dennoch ab, dass Web-Befragungen trotz anhaltender Skepsis auch in der akademischen Forschung und Lehre zunehmend Verwendung finden (Zerback et al. 2009, S. 15). In einer der wenigen vorliegenden Studien untersuchen Zerback et al. (2009) die Nutzung von Daten aus Online-Befragungen in insgesamt 40 internationalen und nationalen sozialwissenschaftlichen Fachzeitschriften für die Jahre 1997 bis 2006. Sie konstatieren, dass sich Online-Befragungen, und hierbei insbesondere Web-Befragungen, in den sozialwissenschaftlichen Fachpublikationen einer wachsenden Beliebtheit erfreuen, auch wenn dieser Anstieg von einem geringen Niveau aus erfolgte. Die beträchtliche Anzahl der seitdem publizierten Studien zu Modusunterschieden zwischen Web-Befragungen und anderen Erhebungsmethoden unterstreicht diese Entwicklung zusätzlich (siehe u.a. Bandilla et al. 2009; Barrios et al. 2011; Chang und Krosnick 2009, 2010; Faas und Schoen 2009; Fricker et al. 2005; Heerwegh 2009; Heerwegh und Loosveldt 2008; Kreuter et al. 2008; Lozar Manfreda et al. 2008; Malhotra und Krosnick 2007; Rada und Domínguez-Álvarez 2014; Revilla und Saris 2013; Sanders et al. 2007; Shin et al. 2012; Yeager et al. 2011).

Weiterhin zeigt sich die gewachsene Bedeutung von Web-Befragungen in der wissenschaftlichen Forschung in der zunehmenden Nutzung von webbasierten Panelstudien, in der Verwendung von Web-Befragungen in Mixed-Mode-Studien sowie im Aufbau von zufallsbasierten Online-Access-Panels. Kostenvorteile von Web-Befragungen ergeben sich – neben der Einsparung des Einsatzes von Interviewern – vor allem dann, wenn nach den initialen Kosten für die Stichprobenziehung und das Programmieren des Fragebogens hohe Fallzahlen realisiert werden (Lozar Manfreda und Vehovar 2008, S. 282) oder wenn Personen im Rahmen von Panelstudien wiederholt befragt werden. Nicht zuletzt aus diesem Grund wird die Methode der Web-Befragung beispielsweise in den webbasierten Panelstudien der American National Election Study (ANES) 2008–2009 (DeBell et al. 2010), der British Election Study (BES) 2005–2009 (Clarke et al. 2011) und 2014–2017 (Fieldhouse et al. 2014) sowie der German Longitudinal Election Study (GLES) 2009 und 2013 (Rattinger et al. 2014; Rattinger et al. 2015) verwendet.

Web-Befragungen werden darüber hinaus zunehmend in Mixed-Mode-Studien genutzt, welche in den letzten Jahren eine große Beachtung erfahren haben (Couper 2011; De Leeuw 2005; De Leeuw et al. 2008; Dillman et al. 2009; Vehovar et al. 2002). Beispiele hierfür sind die Nachwahlbefragung der Swiss Electoral Study (Selects) 2011 (Selects 2012), die Wahlbefragung der Australian Election Study (AES) 2013 (Bean et al. 2014), eine Zwischenerhebung im Langfrist-Panel der GLES (Blumenstiel und Gummer 2012) oder auch eine 2008 im Rahmen des European Social Surveys (ESS) durchgeführte Experimentalstudie (Vannieuwenhuyze et al. 2010).

Die Kombination verschiedener Befragungsmethoden spielt auch im Aufbau und der Nutzung von zufallsbasierten Online-Access-Panels eine bedeutende Rolle (Baker et al. 2010, S. 724). Wichtige Beispiele sind das GfK Knowledge Panel sowie das RAND American Life Panel in den USA (siehe Chang und Krosnick 2009; GfK 2013), das LISS Panel in den Niederlanden (Das 2012a, 2012b; Scherpenzeel 2009, 2011), das German Internet Panel (GIP, Blom et al. 2015b; Blom et al. 2015a), die GESIS Online Panel Pilotstudie (siehe Struminskaya et al. 2014) und das GESIS Panel in Deutschland (GESIS 2015; siehe auch Blom et al. 2015a) sowie das ELIPSS Panel in Frankreich (siehe Blom et al. 2015a; Das 2012b). Während die Rekrutierung der Panelteilnehmer auf traditionellen Methoden der schriftlichen, telefonischen oder persönlichen Befragung beruht, erfolgen die Befragungen entweder webbasiert (z.B. Knowledge Panel, LISS und GIP) oder im Rahmen eines Mixed-Mode-Ansatzes unter Einbeziehung von Web-Befragungen (z.B. GESIS Panel).

Neben den allgemeinen Vorzügen erklärt sich die wachsende Beachtung von Web-Befragungen durch die immer weiter zunehmende Digitalisierung der Gesellschaft, welche sich nicht zuletzt in der ansteigenden Internetnutzung und Ausstattung der Bürger mit Internetzugängen widerspiegelt. So stieg der Anteil der Internetnutzer unter den ab 14-jährigen Bürgern in Deutschland von 37% im Jahr 2001 auf 76,8% im Jahr 2014, wobei die Internetnutzung bei den bis zu 49-Jährigen mit über 90% inzwischen nahezu universell ist (Initiative D21 und TNS Infratest 2008, 2009, 2010, 2011, 2013, 2014; TNS Emnid und Initiative D21 2002, 2003, 2004; TNS Infratest und Initiative D21 2005, 2006, 2007; Initiative D21 und TNS Infratest 2012). Die Digitalisierung der Gesellschaft spiegelt sich andererseits in der Entwicklung und zunehmenden Verbreitung von mobilen Internet-fähigen Endgeräten wider, welche mit der „Mobile Web"-Befragung eine neue Methode der Befragung ermöglichen (Link et al. 2014, S. 779-781). Der Anteil der Personen ab 14 Jahren in Deutschland, die ein Smartphone besitzen, stieg von 24% im Jahr 2012 auf 58% im Jahr 2014 an, während sich der Anteil der Tabletbesitzer im gleichen Zeitraum von 5% auf 26% erhöhte. Entsprechend der Zunahme in der Verbreitung mobiler Endgeräte stieg in diesem Zeitraum auch der Anteil der Personen, die das mobile Internet nutzen, von 27% auf 54% an (Huawei Technologies Deutschland und Initiative D21 2012, 2013, 2014). Neben den Möglichkeiten der Erhebung von Daten über den Aufenthaltsort von Befragten über GPS-Ortung oder die Sammlung von biologisch-medizinischen Daten über gekoppelte Fitnessarmbänder oder Smartwatches (siehe Link et al. 2014, S. 783-784) liegt ein großes Potenzial von „Mobile Web"-Befragungen in der Kombination von Web-Befragungen mit Zufallsstichprobenverfahren im Mobiltelefonnetz geborgen. Die mit „Mobile Web"-Befragungen einhergehenden Möglichkeiten als auch ungeklärten Probleme haben in den vergangenen Jahren eine rege Forschungstätigkeit hervorgerufen (siehe z.B. De Bruijne und Wijnant 2013, 2014; Fuchs 2007; Lugtig und Toepoel 2015; Mavletova 2013; Peytchev und Hill 2010; Toepoel und Lugtig 2014), die als Indiz für die zukünftige Bedeutung dieser Befragungsmethode interpretiert werden kann.

Zusammengenommen erlauben die skizzierten Trends der zunehmenden Digitalisierung der Gesellschaft und der steigenden Bedeutung von quer- und längsschnittlichen Web-, „Mobile Web"- sowie Mixed-Mode-Befragungen die Schlussfolgerung, dass sich die Methode der Web-Befragung in der empirischen Sozialforschung als eine Alternative in der Menge der zur Verfügung stehenden Erhebungsmethoden etabliert hat und zukünftig weiter an Bedeutung gewinnen wird. Die Methode der Web-Befragung weist dabei in der Selbstadministration, der vorwiegenden Nutzung des visuellen Kommunikationskanals und der verwendeten Technologie Charakteristika auf, die sie insbesondere von persönlich-mündlichen und telefonischen Befragungen unterscheiden und die aus mehreren Gründen das Auftreten von Satisficing potenziell begünstigen können.

Erstens fühlen sich Befragte in selbstadministrierten Befragungen unter Umständen weniger stark rechenschaftspflichtig und Hilfestellungen, motivierende Ansprachen sowie die Kontrolle durch einen Interviewer entfallen vollständig, was zu einer weniger sorgfältigen Beantwortung der Fragen führen kann (Baker et al. 2010, S. 736-737).[4]

---

[4] Es ist jedoch anzumerken, dass der Einsatz von Interviewern mitunter auch negative Einflüsse auf die Qualität der Antworten haben kann. Die Kontrolle des

Zweitens kann die vorwiegende Nutzung des visuellen Kommunikationskanals zu einer erhöhten Belastung für die Befragten führen, da diese die Fragen, Ausfüllanweisungen sowie die Antwortmöglichkeiten bzw. Antwortskalen lesen und ihre Antworten selbst eingeben müssen. Dies erfordert neben generellen technischen Fähigkeiten und Lesekompetenzen auch ein grundlegendes Verständnis für die Frage- und Antwortformate (Chang und Krosnick 2009, S. 646; Heerwegh und Loosveldt 2008, S. 838).[5]

Drittens stellt die verwendete Technologie in Web-Befragungen einerseits spezifische Anforderungen an das Design von Fragebögen und Fragen und bietet andererseits die Möglichkeit der Implementierung spezieller Frageformate, wie z.b. Schieberegler (siehe z.b. Funke et al. 2011) oder „visual analogue scales" (siehe z.b. Funke 2015; Funke und Reips 2012). Dies kann das Auftreten von Satisficing begünstigen oder auch abmildern. Ein Beispiel ist das oftmals verwendete Matrixfrageformat, welches das Auftreten von Satisficing gegenüber der separaten Abfrage der Frageitems begünstigt (Klausch et al. 2012; Tourangeau et al. 2004). Zudem ist das Internet ein hochgradig dynamisches Medium, welches Multitasking und das schnelle Wechseln zwischen verschiedenen Themen anregt (De Leeuw 2005, S. 244; Heerwegh und Loosveldt 2008, S. 838). In der Folge kann die Aufmerksamkeit der Befragten abgelenkt werden, was das Auftreten von Satisficing begünstigen könnte (Krosnick 1991, S. 222).

Auf Grund der zunehmenden Bedeutung der Methode der Web-Befragung in der empirischen Sozialforschung sowie ihrer angesprochenen Cha-

---

Interviewgeschehens durch den Interviewer kann dazu führen, dass sich Befragte durch verbale oder nonverbale Äußerungen unter Druck gesetzt fühlen und sich daher bei der Beantwortung der Fragen nicht die Zeit nehmen, die sie benötigen, um akkurate Antworten geben zu können (Baker et al. 2010, S. 737). Interviewer können zudem auf Grund von Missverständnissen, schlechten Gewohnheiten oder falschen Erwartungen unzutreffende Gedankengänge bei Befragten in Gang setzen, die zu verzerrten oder unpassenden Antworten führen (Chang und Krosnick 2009, S. 646-647). Weiterhin können Interviewer die Fragestellung oder die Antwortmöglichkeiten willkürlich oder systematisch modifizieren (Chang und Krosnick 2009, S. 647). Ihre Anwesenheit kann zudem sozial erwünschte Antworten provozieren (De Leeuw 2005, S. 244-245; Groves et al. 2009, S. 154; Kreuter et al. 2008, S. 848; Tourangeau et al. 2000, S. 255-279).

5 Die Möglichkeiten der selbstständigen Wahl des Zeitpunkts der Teilnahme, der zeitweiligen Unterbrechung des Interviews sowie des wiederholten Lesens der Fragen und Antwortmöglichkeiten können die Aufgabe für Befragte jedoch gegenüber Interviewer-administrierten Befragungen erleichtern (Chang und Krosnick 2009, S. 647).

Einleitung

rakteristika ist die Untersuchung von Satisficing in diesem Erhebungsmodus von grundlegendem Interesse für die Forschung zu Datenqualität in Befragungen. Die vorliegende Studie greift daher bei der Untersuchung der zuvor dargelegten Fragestellungen auf Daten aus webbasierten Befragungen der GLES (siehe Schmitt-Beck 2010; Schmitt-Beck et al. 2010) zurück.[6] Die GLES ist eine den Zeitraum der Bundestagswahlen 2009 bis 2017 umspannende Wahlstudie, die aus mehreren aufeinander abgestimmten Studienkomponenten besteht, die einzelne oder multiple Erhebungen umfassen. Die hier durchgeführten Analysen verwenden Daten des Langfrist-Online-Trackings (T12–T15), welches in wiederholten webbasierten Querschnittsbefragungen die Einstellungen und politischen Verhaltensweisen der wahlberechtigten Bürger zwischen den Bundestagswahlen erhebt, sowie Daten des webbasiert durchgeführten Wahlkampfpanels 2013 (WKP 2013), welches auf die Untersuchung des Wandels der politischen Einstellungen und des Verhaltens der Befragten im Wahlkampf auf individueller Ebene abzielt. Die Daten entstammen einem integrierten Forschungsprogramm und sind auf Grund des verwendeten Designs sowie des Inhalts der Befragungen sehr gut zur Untersuchung der hier aufgeworfenen Fragestellungen geeignet.

1.4 Aufbau und Gliederung

Die vorliegende Studie gliedert sich in insgesamt sechs Kapitel. Der Einleitung folgt die ausführliche Darstellung der Satisficing-Theorie (Krosnick 1991, 1999) in Kapitel 2. Neben der Verortung der Satisficing-Theorie im Kontext von Theorien des Antwortprozesses in Befragungen leitet das zweite Kapitel die bereits skizzierten Fragestellungen detailliert her und zeigt auf, wie sich diese aus der Beschäftigung mit der Theorie und der empirischen Forschung zu Satisficing ergeben.

Kapitel 3 behandelt die Messung von Satisficing in empirischen Untersuchungen. Vor dem Hintergrund der Erweiterung der Perspektive der Theorie auf ganze Befragungen oder Sätze von Fragen, geht das Kapitel der Fragestellung nach, inwiefern die Wahl der Antwortstrategie als latente Variable verstanden und in statistischen Analysen modelliert werden kann. Mit der

---

6 Allgemeine Informationen zur GLES sind im Internet unter der Adresse http://gles.eu/wordpress/ erhältlich. Die Daten der GLES stehen der wissenschaftlichen Gemeinschaft kostenfrei zur Verfügung. Sie können über das Datenarchiv von GESIS – Leibniz-Institut für Sozialwissenschaften bezogen werden (http://www.gesis.org/wahlen/gles/).

Analyse latenter Klassen („latent class analysis", LCA) wird eine Methode vorgestellt, die es erlaubt, die Wahl der Antwortstrategie als latente Variable – unter Verwendung von vier manifesten Indikatoren für Satisficing und eines antwortzeitbasierten Indikators für die kognitive Aktivität im Antwortprozess – zu modellieren und Befragte anhand von geschätzten Wahrscheinlichkeiten zu klassifizieren.

Kapitel 4 widmet sich der Überprüfung eines umfangreichen Satzes von Annahmen zur Erklärung der Wahl der Antwortstrategie in Befragungen. Auf Grundlage der vorliegenden Formulierungen der Satisficing-Theorie sowie dem aktuellen Stand der empirischen Forschung werden Hypothesen zur Erklärung des Auftretens von Satisficing abgeleitet und anschließend untersucht. Ein besonderes Augenmerk der Analyse liegt auf der Untersuchung der relativen Bedeutung der Einflussgrößen Schwierigkeit der Aufgabe, Fähigkeiten und Motivation. Abschließend wird das bislang wenig beachtete Zusammenwirken der Einflussgrößen in der Wahl der Antwortstrategie studiert.

Kapitel 5 untersucht wie groß das Ausmaß der intra-individuellen Variabilität in der Wahl der Antwortstrategie der Befragten über die Wellen einer Panelbefragung hinweg ist. Zudem zielen die Analysen darauf ab, Stabilität und Variabilität in der Wahl der Antwortstrategie anhand von zeitstabilen und zeitvarianten Variablen zu erklären und somit neue Erkenntnisse zu Satisficing zu gewinnen.

Kapitel 6 fasst die in den Analysen gewonnenen Ergebnisse zusammen und diskutiert ihre Bedeutung für die empirische Umfrageforschung. Darüber hinaus werden die Implikationen für den Umgang mit Satisficing erörtert. Das Kapitel schließt mit einschränkenden Bemerkungen und Anregungen für zukünftige Untersuchungen von Satisficing in Befragungen.

2 Satisficing in Befragungen: Theorie und Forschungsstand

In diesem Kapitel werden die Satisficing-Theorie (Krosnick 1991, 1999; Krosnick und Alwin 1987) als Erklärungsansatz für die Entstehung von Messfehlern in Befragungen vorgestellt, die Messung des Auftretens von Satisficing in empirischen Untersuchungen thematisiert und schließlich offene Fragen in der Erklärung der Wahl von Satisficing als Antwortstrategie herausgearbeitet sowie Desiderate für die Forschung zu Satisficing in Befragungen aufgezeigt. Die Satisficing-Theorie wird hierbei im Kontext von Modellen des Antwortprozesses verortet (siehe z.B. Cannell et al. 1981; Strack und Martin 1987; Tourangeau und Rasinski 1988; Tourangeau et al. 2000). Sie hebt sich von diesen alternativen theoretischen Ansätzen ab, indem sie insbesondere betont, dass der Antwortprozess oftmals nicht idealtypisch verläuft und akkurate Antworten auf Fragen erbringt. Nach der Erläuterung der grundlegenden Prämissen der Satisficing-Theorie werden die Bedingungen erörtert, unter denen Befragte ihre Antwortstrategie anpassen, um die mit der Beantwortung der Fragen einhergehenden psychischen Belastungen zu reduzieren. Das Ergebnis sind spezifische Antworteffekte, die Messfehler konstituieren und somit die Qualität der Daten hinsichtlich ihrer Genauigkeit und Glaubwürdigkeit unterminieren. Die Darstellung geht neben den von Krosnick (1991, 1999) genannten auch auf weitere Antworteffekte ein, welche in der empirischen Umfrageforschung mit der Wahl von Satisficing als Antwortstrategie in Verbindung gebracht werden.

Im Anschluss werden die zu untersuchenden Fragestellungen hergeleitet und es wird detailliert aufgezeigt, wie sich diese aus der Beschäftigung mit der Theorie und der empirischen Forschung zu Satisficing ergeben. Zunächst wird die Messung von Satisficing thematisiert. Vor dem Hintergrund einer in vielen empirischen Studien implizit vorgenommenen Erweiterung der Perspektive der Theorie von einzelnen Fragen auf ganze Befragungen oder Sätze von Fragen, wird die Frage aufgeworfen, inwiefern die Wahl der Antwortstrategie als latente Variable begriffen und gemessen werden kann. Die sich anschließenden Ausführungen widmen sich der Darstellung der vorliegenden empirischen Evidenz für die Gültigkeit grundlegender Annahmen der Satisficing-Theorie. Hierbei wird aufgezeigt, dass der theoretische Ansatz zwar oftmals als Grundlage verwendet wird, um beispielsweise Unterschiede in der Messung zwischen verschiedenen Erhebungsmodi zu analysieren, während zugleich die grundlegenden Annahmen der Satisficing-Theorie bislang nur in begrenztem Umfang empirischen Überprüfungen unterzogen wurden. Wie gezeigt wird, ergeben sich hieraus mindestens zwei Desiderate für die Forschung zu Satisficing in Befragungen. Erstens fehlen in Ermangelung von Studien, welche die grundlegenden Annahmen der Theorie umfassend untersuchen, wichtige Erkenntnisse über die relative Bedeutung der Einflussgrößen Schwierigkeit der Aufgabe, Fähigkeiten und Motivation in der Wahl der Antwortstrategie. Zweitens haben sich bislang nur sehr wenige Studien der Überprüfung der angenommenen Interaktion der Einflussgrößen im Auftreten von Satisficing gewidmet. Abschließend wird erörtert, dass auf Grundlage der vorliegenden Forschung zu Satisficing keine präzisen Aussagen darüber getroffen werden können, wie groß die intra-individuelle Variabilität in der Wahl der Antwortstrategie in Wiederholungsbefragungen ist.

2.1 Die Satisficing-Theorie

2.1.1 Optimizing und Satisficing als Antwortstrategien

Seit den 1980er-Jahren wurde eine Reihe von Modellen des Antwortprozesses (siehe z.B. Cannell et al. 1981; Strack und Martin 1987; Tourangeau und Rasinski 1988; Tourangeau et al. 2000) entwickelt, deren zentrales Anliegen die Herausarbeitung der kognitiven Prozesse während der Beantwortung von Fragen in Umfragen und die Bereitstellung von Erklärungen ist, in welchem Zusammenhang diese kognitiven Prozesse mit der Qualität der Antworten von Befragten stehen (siehe auch Groves et al. 2009, S. 218-224; Häder 2015, S. 204-210). Die Satisficing-Theorie (Krosnick 1991, 1999; Krosnick und Alwin 1987) stellt eine wichtige Weiterentwicklung der Modelle des Antwortprozesses dar (Roberts 2016) und ist, nicht zuletzt auf Grund der Prägnanz und Sparsamkeit ihrer Annahmen, in der Folge zu einem weithin beachteten theoretischen Ansatz in der Erklärung und Analyse der Genauigkeit der Antworten von Befragten in Umfragestudien geworden (Turner et al. 2014, S. 13).

Die Satisficing-Theorie greift den schon im Modell des Antwortprozesses von Cannell et al. (1981) angelegten Gedanken auf, dass die sorgfältige und zutreffende Beantwortung der Fragen in Umfragestudien ein komplexer und mitunter äußerst aufwendiger Prozess ist und dass Befragte nicht immer ausreichend fähig oder motiviert sind, die mit der sorgfältigen Ausführung der kognitiven Prozesse während der Fragebeantwortung verbundenen Anstrengungen auf sich zu nehmen.[7] Krosnick und Alwin (1987, S. 203) bringen diesen Grundgedanken in Zusammenhang mit dem von Simon (1957) geprägten Konzept des „satisficing", welches im Kontext ökonomischer Entscheidungsprozesse die Annahme angreift, dass Menschen in Entscheidungssituationen jeglichen Aufwand auf sich nehmen, um ihre Profite zu maximieren. Der Begriff des Satisficings adressiert die konkurrierende Annahme, dass Menschen oftmals nur ein so hohes Maß an Anstrengungen auf sich zu nehmen bereit sind, dass sie lediglich zufriedenstellende („satisfactory") oder akzeptable („acceptable") Entscheidungen treffen. Diese Annahme wird auf den Antwortprozess in Befragungen übertragen.

> *„Instead of seeking optimal solutions to problems, people usually seek solutions that are simply satisfactory or acceptable in order to minimize psychological costs. When responding to survey questions, there is essentially no cost to the respondent if he or she chooses an acceptable answer instead of an optimal one. And for survey items involving a large number of response options, the cognitive costs entailed by making the optimal choice may be substantial."* (Krosnick und Alwin 1987, S. 203)

Die Satisficing-Theorie postuliert daher, dass Befragte die vier grundlegenden kognitiven Prozesse während der Fragebeantwortung – das Frageverstehen, das Abrufen relevanter Informationen, die Urteilsbildung auf Grund der abgerufenen Informationen sowie die Abgabe der Antwort (Tourangeau et al. 2000, S. 7-16) – mit variierenden Graden der Sorgfalt und Vollständigkeit absolvieren können. Den im Sinne der Qualität der Antworten idealen Fall stellt das *Optimizing* dar (Krosnick 1991, S. 214) – eine

---

7 Cannell et al. (1981) gehen in ihrem Modell des Antwortprozesses im Gegensatz zur Satisficing-Theorie auch auf Antwortverzerrungen ein, die auf Konformitätsbestrebungen oder sozial erwünschtes Antworten (siehe z.B. Häder 2015, S. 212-213; Kreuter et al. 2008; Krosnick 1999, S. 545-546; Tourangeau et al. 2000, S. 257-258) zurückzuführen sind. Insofern sozial erwünschtes Antworten beinhaltet, dass Befragte in einer konkreten Interviewsituation darüber reflektieren, welche Antwort mit gesellschaftlichen Normen übereinstimmt und sie daher in einem günstigen Licht erscheinen lässt, steht diese Erklärung der Entstehung von Messfehlern im Gegensatz zur Satisficing-Theorie. Die Antwortstrategie Satisficing zielt auf eine Reduzierung der Belastungen bei der Fragebeantwortung ab, während die Reflektion über wünschenswerte Einstellungen oder Verhaltensweisen mitunter erhöhte Anstrengungen von den Befragten erfordert. Folgerichtig wird sozial erwünschtes Antworten von Krosnick (1991, 1999) nicht als Folge von Satisficing angesehen.

Antwortstrategie, die auf die akkurate Beantwortung der Fragen abzielt und die vollständige und sorgsame Ausführung aller kognitiven Prozesse bei der Fragebeantwortung beinhaltet. Ihre Anwendung stellt in Abhängigkeit von der Komplexität der Fragen mitunter sehr hohe Anforderungen an die Befragten. Zudem sind die kognitiven Belastungen, die schon bei der Beantwortung einzelner Fragen beträchtlich sein können, nicht isoliert vom Kontext des Interviews zu betrachten. Demnach ist zu erwarten, dass die kumulative Belastung für Befragte mit der Beantwortung jeder weiteren Frage in einem Fragebogen stetig zunimmt (Krosnick 1999, S. 547). Inwieweit Befragte bereit sind, die mit der Antwortstrategie Optimizing verbundenen kognitiven Anstrengungen auf sich zu nehmen, hängt von drei Einflussgrößen ab: Der Schwierigkeit der Aufgabe, ihren Fähigkeiten und ihrer Motivation (Krosnick 1991, S. 220-225). Je schwieriger Fragen und je geringer die Fähigkeiten und die Motivation von Befragten sind, desto größer ist die Wahrscheinlichkeit, dass Befragte nicht bereit sind, die mit Optimizing verbundenen Anstrengungen auf sich zu nehmen. Auf die an sie gestellten Herausforderungen können Befragte mit einer Anpassung ihrer Antwortstrategie reagieren. Diese Anpassung erfolgt gemäß der Theorie kontinuierlich, wobei Optimizing den Endpunkt des vollständigen und sorgfältigen kognitiven Prozessierens darstellt (Krosnick 1991, S. 214-215). Insbesondere mit zunehmender Belastung und abnehmender Motivation erhöht sich die Wahrscheinlichkeit der Anpassung der Antwortstrategie hin zu einem weniger sorgfältigen und tiefgründigen Prozessieren während einer oder mehrerer der vier Phasen des Antwortprozesses. Befragte können sich beispielsweise weniger Gedanken über die Bedeutung der Frage machen, die Informationssuche und die Integration der Informationen zu einem Urteil nur oberflächlich gestalten sowie die Selektion der zutreffenden Antwortmöglichkeit abschließen, sobald ihnen eine Antwortmöglichkeit als einigermaßen zutreffend erscheint. Das Resultat ist eine dem Befragten akzeptabel oder zufriedenstellend erscheinende anstatt einer akkuraten Antwort. Die Anpassung der Antwortstrategie hin zu einem weniger sorgfältigen Beantworten der Fragen wird als *Weak Satisficing*, mithin eine vergleichsweise schwache Form von Satisficing, bezeichnet (Krosnick 1991, S. 215). Unter bestimmten Bedingungen kann die Anpassung der Antwortstrategie jedoch beinhalten, die kognitiven Prozesse des Informationsabrufs und der Urteilsbildung auszulassen und die mentalen Aktivitäten auf ein oberflächliches Verstehen der Frage und die Auswahl einer zumindest plausibel erscheinenden Antwort zu beschränken oder sogar eine willkürliche Auswahl unter den zur Verfügung stehenden Antwortmöglichkeiten zu treffen. Diese starke Form von Satisficing, das sogenannte *Strong Satisficing*, stellt den am anderen Ende des Kontinuums der Vollständigkeit und Gründlichkeit des kognitiven Prozessierens liegenden Extrempunkt dar (Krosnick 1991, S. 215). Obgleich die Terminologie von Optimizing sowie schwachem und starkem Satisficing diskrete Ausprägungen der Antwortstrategie von Befragten impliziert, geht die Theorie nichtsdestoweniger von einem Kontinuum der Extensivität und Intensivität der mentalen Aktivitäten im Antwortprozess mit den Endpunkten Optimizing und Strong Satisficing aus. Zwischen diesen beiden Extremen der Antwortstrategie liegen schwächere Formen von Satisficing (Krosnick 1991, S. 214-215; 1999, S. 546-548; Krosnick et al. 1996, S. 30-32).

2.1.2 Die Einflussgrößen in der Wahl der Antwortstrategie

Den Annahmen der Theorie zufolge hängt die Wahrscheinlichkeit der Wahl von Optimizing oder Satisficing als Antwortstrategie bei der Beantwortung einer Frage vom Zusammenwirken der drei Einflussgrößen Schwierigkeit der Aufgabe, Fähigkeiten und Motivation ab (Krosnick 1991, S. 220-225). Diese werden von Krosnick (1991, 1999) nicht als unmittelbare kausale Ursachen von Satisficing sondern als die Bedingungen definiert, die das Auftreten von Satisficing als Antwortstrategie fördern. Die kausalen Mechanismen, die zur Wahl von Satisficing als Antwortstrategie führen, können danach geordnet werden, in welcher Weise sie die Schwierigkeit der Aufgabe beeinflussen oder auf die Fähigkeiten und Motivation von Befragten einwirken (Roberts 2016).

Die *Schwierigkeit der Aufgabe* ist die erste Einflussgröße. Die Wahl von Satisficing als Antwortstrategie ist demnach umso wahrscheinlicher, je schwerer eine Frage für Befragte zu verstehen und zu beantworten ist. Wie schwierig eine Frage ist, ergibt sich aus den Schwierigkeiten von Befragten während der vier Phasen des Antwortprozesses (Krosnick 1991, S. 221-222). Das Frageverstehen wird unter anderem durch die Verwendung multipler Stimuli, mehrdeutiger oder vager Begriffe sowie langer Sätze mit komplexer grammatikalischer Struktur und komplizierter Syntax erschwert. Schwierigkeiten beim Informationsabruf entstehen beispielsweise dann, wenn nach Ereignissen in der Vergangenheit gefragt wird oder wenn sich die Frage auf mehrere Objekte bezieht (Krosnick 1991, S. 221-222). Die Zugänglichkeit von Informationen im Gedächtnis hängt zudem davon ab, wie besonders Ereignisse waren, wie groß die Passung zwischen den in der Frage benutzten Begriffen und der Codierung der Ereignisse im Gedächtnis ist, wie hoch die Anzahl und wie gut die Qualität der Hinweise zur gesuchten Information ist, die eine Frage bereitstellt, woher die Erinnerungen stammen und wie viel Zeit zwischen der Frage und dem in Frage stehenden Ereignis liegt (Tourangeau et al. 2000, S. 9-10, 12-13). Schwierigkeiten während der Urteilsbildung können auftreten, wenn eine Antwort nicht durch eine einfache Bewertung generiert werden kann, sondern die Integration mehrerer einzelner Bewertungen erfordert. Je mehr Bewertungen in ein Gesamturteil integriert werden müssen, desto schwieriger wird die Urteilsbildung für den Befragten und desto wahrscheinlicher wird die Wahl von Satisficing als Antwortstrategie. Die Urteilsbildung wird zudem herausfordernder, wenn sie die Integration sich widersprechender Informationen beinhaltet (Krosnick 1991, S. 221-222). Letztendlich hat der Befragte eine Antwort zu formulieren und muss diese anschließend auf die zur Verfügung gestellten Antwortoptionen übertragen (Tourangeau et al. 2000, S. 13-14). Dies wird Befragten umso schwerer fallen, je vielzähliger die Antwortalternativen sind, wenn die Antwortalternativen ambivalente oder unklare Begriffe beinhalten oder wenn Skalen mit vielen Skalenpunkten verwendet werden und diese nur an den Endpunkten beschriftet sind. Wiederum gilt, dass die Wahl von Satisficing als Antwortstrategie umso wahrscheinlicher wird, je schwieriger es dem Befragten fällt, seine Antwort auf die vorgegebenen Antwortoptionen zu übertragen (Krosnick 1991, S. 222). Weiterhin können zwei Aspekte der Interviewsituation die Schwierigkeit der Aufgabe erhöhen. In Interviewer-administrierten Befragungen kann eine hohe Geschwindigkeit, mit der ein Interviewer die Fragen und die Antwortoptionen vorträgt, einerseits dazu führen, dass Befragte Probleme beim Verstehen der Fragen sowie der Antwortmöglichkeiten bekommen. Andererseits können sich Befragte unter dem Eindruck des Verhaltens des Interviewers zu einer schnellen Beantwortung der Fragen gedrängt fühlen, was eine weniger vollständige und sorgsame Ausführung der kognitiven Prozesse bei der Beantwortung zur Folge haben kann (Krosnick 1991, S. 222). Darüber hinaus können Ablenkungen während des Interviews die Aufmerksamkeit von Befragten einschränken und folglich die Wahrscheinlichkeit für die Wahl von Satisficing als Antwortstrategie erhöhen.

Drei Aspekte der *Fähigkeiten von Befragten* stehen mit der Auswahl der Antwortstrategie in Zusammenhang. Erstens die kognitive Gewandtheit („cognitive sophistication") von Befragten. Diese beinhaltet die Gesamtheit der Fähigkeiten des Informationsabrufs und der Informationsintegration, über die eine Person verfügt. Die Annahme der Satisficing-Theorie ist, dass Personen, die es gewohnt sind, komplexe Denkprozesse auszuführen, eher in der Lage dazu sein sollten, auch auf schwierige Fragen akkurate Antworten geben zu können. Je geringer die kognitive Gewandtheit der Befragten ist, desto wahrscheinlicher wird die Wahl von Satisficing als Antwortstrategie (Krosnick 1991, S. 222). Zweitens sollte eine Person umso besser in der Lage sein, eine Frage zutreffend beantworten zu können, über je mehr Erfahrungen und Vorwissen zum Thema der Frage sie verfügt. Je stärker sich eine Person bereits mit dem Thema einer Frage beschäftigt hat, desto geringer ist folglich die Wahrscheinlichkeit, dass sie Satisficing als Antwortstrategie verfolgen wird (Krosnick 1991, S. 223). Drittens ist die Wahrscheinlichkeit der Wahl von Satisficing als Antwortstrategie umso geringer, über je mehr vorhandene Einstellungen oder Beurteilungen Befragte bereits verfügen. Besitzen Befragte feststehende Einstellungen und Bewertungen zu Objekten und sind diese mental leicht zugänglich, so verläuft der Antwortprozess schnell und automatisch. Ist dies jedoch nicht der Fall, so müssen Befragte einen größeren mentalen Aufwand betreiben und die Wahl von Satisficing als Antwortstrategie wird wahrscheinlicher (Krosnick 1991, S. 223).

Die *Motivation von Befragten* ist die dritte Einflussgröße. Eine Vielzahl an Motiven kann erklären, warum Befragte die Fragen in einer Umfrage akkurat beantworten. Hierunter fallen die Bedürfnisse nach Selbstdarstellung, zwischenmenschlichen Kontakten, einem besseren Verständnis und Kennenlernen der eigenen Person, altruistischem Handeln oder emotionaler Reinigung. Weitere Motive für die Wahl von Optimizing als Antwortstrategie umfassen die Erwartung einer Belohnung für die erfolgreiche Absolvierung der Aufgabe, den Wunsch, zur Verbesserung von Produkten beitragen zu können oder die Absicht, den politischen Institutionen dabei zu helfen, wohlinformierte Entscheidungen zu treffen (Krosnick 1991, S. 214). Darüber hinaus steht die als Need for Cognition (Cacioppo und Petty 1982; Cacioppo et al. 1984) bezeichnete Persönlichkeitseigenschaft mit der Wahl der Antwortstrategie in Zusammenhang (Krosnick 1991, S. 223). Personen mit einer starken Neigung zu kognitiven Herausforderungen ziehen demnach eine innere Befriedigung aus der Ausführung komplexer Denkprozesse und sind daher intrinsisch motiviert, komplexe Fragen akkurat und umfassend zu beantworten. Befragte mit einer geringen Neigung zu kognitiven Herausforderungen tendieren hingegen in stärkerem Maße zur Wahl von Satisficing als Antwortstrategie (Krosnick 1991, S. 223). Weiterhin postuliert die Satisficing-Theorie, dass Befragte, denen das Thema einer Frage persönlich wichtig ist, stärker motiviert sind und folglich einen höheren Aufwand während des Antwortprozesses betreiben (Krosnick 1991, S. 223-224). Die Motivation sollte zudem bei denjenigen Befragten höher sein, die der Überzeugung sind, dass die Teilnahme an der Befragung wichtig und gewinnbringend für die Gesellschaft oder Teile dieser ist (Krosnick 1991, S. 224). In Interviewer-administrierten Umfragen kann sich darüber hinaus das Verhalten des Interviewers auf die Motivation von Befragten auswirken. Die Wahrscheinlichkeit von Optimizing sollte demnach umso höher sein, je stärker Interviewer den Eindruck vermitteln, sie erwarteten präzise Antworten von Befragten. Zudem können zusätzliche Instruktionen, sich bei der Beantwortung anzustrengen und zu konzentrieren, einen Motivationsschub bei Befragten bewirken (Krosnick 1991, S. 224). Die wahrgenommene Verantwortlichkeit für die eigenen Antworten spielt ebenfalls eine Rolle. Gezielte Nachfragen von Interviewern sind demnach geeignet, Befragten zu vermitteln, dass sie ihre Antworten rechtfertigen können müssen. Dieser Mechanismus kann wiederum bewirken, dass sich Befragte bei der Beantwortung stärker anstrengen (Krosnick 1991, S. 224). Letztendlich kann sich die physische und psychische Konstitution unmittelbar auf die Motivation von Befragten auswirken. Mit dem Andauern der Befragung und der damit zunehmenden Erschöpfung von Befragten kann die Motivation abnehmen. Folglich sollte die Wahrscheinlichkeit von Satisficing zunehmen, je länger eine Befragung andauert und je erschöpfter Befragte sich fühlen (Krosnick 1991, S. 224-225).

Über die Darlegung der Einflussgrößen hinaus thematisiert die Satisficing-Theorie das Zusammenwirken der Schwierigkeit der Aufgabe, der Fähigkeiten und der Motivation in der Wahl der Antwortstrategie von Befragten. Sie bietet zwei konkurrierende Sichtweisen an und bleibt somit hinsichtlich des angenommenen Zusammenspiels vage. Die erste Sichtweise unterstellt, dass die Wahrscheinlichkeit der Wahl von Satisficing als Antwortstrategie von der additiven Verknüpfung der drei Haupteffekte abhängt (Krosnick 1991, S. 225).

$$P(\text{Satisficing}) = \alpha_1(\text{Schwierigkeit der Aufgabe}) + \alpha_2(\text{Fähigkeiten}) + \alpha_3(\text{Motivation}) \tag{1}$$

Die konkurrierende und nach Krosnick (1991, S. 225) mit größerer Wahrscheinlichkeit zutreffende Perspektive hingegen postuliert einen multiplikativen Zusammenhang zwischen den drei Einflussgrößen.

$$P(\text{Satisficing}) = \frac{\alpha_1(\text{Schwierigkeit der Aufgabe})}{\alpha_2(\text{Fähigkeiten}) \times \alpha_3(\text{Motivation})} \quad (2)$$

Aus dieser Formalisierung des Zusammenwirkens der Einflussgrößen mit der Schwierigkeit der Aufgabe im Zähler und dem multiplikativen Term aus den Fähigkeiten sowie der Motivation im Nenner des Bruchs lässt sich einerseits ableiten, dass die Fähigkeiten als auch die Motivation des Befragten einen geringen Einfluss auf die Wahrscheinlichkeit von Satisficing bei einer einfach zu beantwortenden Frage haben sollten. Ist eine Frage jedoch kompliziert, so sollten die Fähigkeiten und die Motivation der Befragten einen wesentlich stärkeren Einfluss auf die Wahl der Antwortstrategie haben. Die multiplikative Assoziation der Fähigkeiten und Motivation von Befragten impliziert weiterhin, dass ausgeprägte Fähigkeiten zumindest in gewissem Rahmen eine geringe Motivation ausgleichen können und anders herum (Krosnick 1991, S. 225).

2.1.3 Die Antworteffekte von Satisficing

In theoretischen Abhandlungen als auch in empirischen Beiträgen der Umfrageforschung wird eine Vielzahl von Antworteffekten[8] oder Antwortstilen[9] beschrieben, die auf Satisficing zurückgeführt werden. Viele dieser Antworteffekte werden bereits in der Primärliteratur zu Satisficing bespro-

---

8 Der Begriff des Antworteffekts wird von der gebräuchlichen englischsprachigen Bezeichnung „response effect" (siehe z.B. Krosnick 1991; Roberts 2016) abgeleitet. Er bezieht sich auf beobachtbare Muster von Antworten in Umfragedaten, weshalb bisweilen auch die synonymen Begriffe „response pattern" (siehe z.B. Krosnick 1999) oder „response set" (siehe z.B. Häder 2015) verwendet werden. Obwohl der Begriff auf beobachtbare Antwortmuster abzielt und weniger auf einen Effekt im engeren Sinne rekurriert, wird hier aus Gründen der Konsistenz von einem Antworteffekt gesprochen, da es sich um einen international weithin gebräuchlichen Begriff in der fachlichen Diskussion handelt.

9 Unter dem Begriff des Antwortstils wird allgemeinhin das konsistente Auftreten von Antwortmustern über die Zeit und unterschiedliche Situationen hinweg verstanden (siehe z.B. Paulhus 1991, S. 17). Im Gegensatz dazu rekurriert der Begriff des Antworteffekts (bzw. Response-Sets) auf das Auftreten von Antwortmustern als Folge der Interaktion von Merkmalen der Person und der Messsituation (siehe

chen (siehe Krosnick 1991, 1999; Krosnick und Alwin 1987; Krosnick et al. 2002; Krosnick et al. 1996). Entsprechend der Extensivität und Intensivität des kognitiven Prozessierens bei der Fragebeantwortung werden die Antworteffekte mit schwächerem oder stärkerem Satisficing erklärt.

Eine Möglichkeit für Befragte, die mentalen Anstrengungen der Fragebeantwortung durch eine weniger sorgfältige Ausführung der kognitiven Prozesse zu erreichen, besteht in der Auswahl der ersten plausiblen Antwort aus einer Liste von vorgegebenen Antwortmöglichkeiten (Krosnick 1991, S. 216-217; Krosnick und Alwin 1987, S. 202-204). Den theoretischen Annahmen nach führt diese schwache Form von Satisficing bei visueller Präsentationsform[10] zu Primacy-Effekten, d.h. der Auswahl der zuerst aufgeführten oder einer der zuerst genannten Antwortmöglichkeiten. Bei oraler Präsentation sind Befragten hingegen zumeist die zuletzt genannten Antwortmöglichkeiten im Gedächtnis präsent, weshalb schwaches Satisficing in diesem Modus zu Recency-Effekten führt (Krosnick 1991, S. 216-217; Krosnick und Alwin 1987, S. 202-204). Das Auftreten dieser *Antwortreihenfolgeeffekte* wird weithin als Folge der Wahl von Satisficing als Antwortstrategie verstanden und in empirischen Studien mit Rückgriff auf die Satisficing-Theorie untersucht (siehe u.a. Chang und Krosnick 2010; Couper et al. 2004; Häder und Kühne 2009; Holbrook et al. 2007; Jäckle et al. 2006; Krosnick et al. 1996; Lynn und Kaminska 2012; Narayan und Krosnick 1996; Rada und Domínguez-Álvarez 2014; Roberts et al. 2010).

Eine weitere Form von Satisficing ist die inhaltsunabhängige Zustimmung zu Aussagen (Krosnick 1991, S. 217-218), was als *Akquieszenz* bezeichnet wird. Dieser Antworteffekt tritt potenziell bei allen Einstellungsfragen auf, bei denen Befragte angehalten sind, einer oder mehreren Aussagen zuzustimmen oder diese abzulehnen. Akquieszenz kann als Folge sowohl von schwachem als auch starkem Satisficing interpretiert werden (Krosnick 1991, S. 217-218; 1999, S. 553-554). Grundlegend ist die Annahme, dass Befragte zunächst nach Gründen dafür suchen, einer Aussage zuzustimmen. Befragte mit geringen Fähigkeiten oder wenig motivierte Befragte können jedoch schnell Ermüden und den Prozess der Antwortfindung abbrechen,

---

z.B. Hui und Triandis 1985; Schuman und Presser 1981). Siehe hierzu auch die ausführlichere Diskussion in Abschnitt 2.4 dieses Kapitels.

10 In „Face-to-Face"-Befragungen werden die Fragen und Antwortmöglichkeiten zumeist vom Interviewer vorgelesen. Dennoch werden in vielen Fällen Showcards oder Listenhefte, auf denen z.B. die Antwortskala abgebildet ist, zur visuellen Unterstützung verwendet.

bevor sie nach Gründen gesucht haben, eine Aussage abzulehnen. Die hieraus resultierende Tendenz, einer Aussage unabhängig von deren Inhalt zuzustimmen, versteht Krosnick (1999, S. 553) als eine Folge von schwachem Satisficing. Jedoch kann Akquieszenz auch als das Ergebnis von starkem Satisficing interpretiert werden. Insbesondere wenn Befragte nicht in der Lage oder motiviert genug sind, die Frage sorgfältig zu rezipieren, können die vorgegebenen Antwortmöglichkeiten als Hinweis darauf hin interpretiert werden, was eine akzeptable Antwort auf die Frage darstellt. Da es auf Grund sozialer Konventionen im Allgemeinen als höflich gilt, Aussagen zuzustimmen, wird unter der Bedingung von starkem Satisficing erwartet, dass Befragte Aussagen unabhängig von ihrem Inhalt zustimmen, da es ihnen als geboten erscheint (Krosnick 1999, S. 553-554). Akquieszenz wird in einigen empirischen Studien als allgemeiner Indikator für die Güte der Daten verwendet (siehe u.a. Fricker et al. 2005; Heerwegh 2009; Mayerl und Urban 2008; Menold und Kemper 2014). In einer beträchtlichen Anzahl von empirischen Untersuchungen wird Akquieszenz jedoch als Antworteffekt angesehen, der aus der Wahl von Satisficing als Antwortstrategie resultiert (siehe z.B. Holbrook et al. 2003; Jäckle et al. 2006; Kieruj und Moors 2013; Krosnick et al. 1996; Lenzner et al. 2010; Lynn und Kaminska 2012; O'Muircheartaigh et al. 2001).

Weiterhin werden in der originären Literatur vier Antworteffekte genannt, die auf starkes Satisficing zurückgeführt werden: Die inhaltsunabhängige Auswahl der Mittelkategorie einer Skala bzw. der „Status quo"-Antwortmöglichkeit, eine geringe oder nicht vorhandene Differenzierung zwischen den Antworten bei Fragebatterien mit Ratingskala, die Abgabe von „Weiß nicht"-Antworten, unabhängig davon, ob eine Einstellung berichtet werden könnte, sowie, letztlich, die willkürliche Auswahl einer Antwortmöglichkeit (Krosnick 1991, S. 218-220; 1999, S. 555-559). Die Auswahl der *„Status quo"-Antwortmöglichkeit* vereinfacht die Beantwortung von bipolaren Einstellungsfragen, da die kognitiven Prozesse des Informationsabrufs und der Urteilsbildung übersprungen werden können (Krosnick 1991, S. 218-219). Die für Befragte in der Regel als plausible und gleichsam sichere Antwort erscheinende Antwortmöglichkeit, es solle alles so bleiben wie es ist, stellt oftmals die Mittelkategorie von Ratingskalen dar (Krosnick 1999, S. 548; siehe auch Alwin und Krosnick 1991, S. 151-152; Krosnick und Fabrigar 1997, S. 147-148; Krosnick und Presser 2010, S. 271). In empirischen Untersuchungen lassen sich erhebliche Differenzen hinsichtlich der Verwendung und Interpretation von „Status quo"- bzw. Mittelkategorie-Antworten vorfinden. Während manche Studien die Verwendung der „Status quo"-Antwortmöglichkeit untersuchen (siehe z.B. Krosnick et al. 1996), wird in anderen Arbeiten die neutrale Mittelkategorie der Antwortskala inspiziert (siehe z.b. Lenzner 2012; Lenzner et al. 2010). Wieder andere Studien differenzieren explizit zwischen Mittelkategorie-Antworten, welche den Status quo widerspiegeln und solchen, die eine neutrale oder mittlere Position repräsentieren (siehe z.b. Narayan und Krosnick 1996). Weiterhin werden Mittelkategorie-Antworten in einigen Studien als allgemeiner Indikator der Antwortqualität (siehe z.b. Velez und Ashworth 2007) und in anderen als zeitstabiler Antwortstil untersucht (siehe z.b. He et al. 2014a; He et al. 2014b; Kieruj und Moors 2010; Menold und Kemper 2014; Weijters et al. 2010b). Eine Reihe von Studien schließlich analysiert Mittelkategorie-Antworten unter expliziter Bezugnahme auf die Satisficing-Theorie (siehe u.a. Kaminska et al. 2010; Krosnick et al. 1996; Lenzner 2012; Lenzner et al. 2010; Lynn und Kaminska 2012; Narayan und Krosnick 1996; O'Muircheartaigh et al. 2001; Roberts et al. 2010).

Ein weiterer Antworteffekt, der auf die Wahl von starkem Satisficing als Antwortstrategie zurückgeführt wird, ist die *Nichtdifferenzierung* der Antworten auf Fragen, die in einer Matrix angeordnet sind und mit Ratingskalen beantwortet werden (Krosnick 1991, S. 219). Hierbei ist zwischen einer geringen Antwortdifferenzierung zu unterscheiden, unter der eine sehr stark eingeschränkte Variabilität in der Nutzung der Skalenwerte bei Matrixfragen verstanden wird (vgl. McCarty und Shrum 2000), und der Nichtdifferenzierung, welche die Beantwortung aller oder zumindest fast aller Frageitems in der Matrix mit dem gleichen Skalenwert meint (Krosnick 1991; Krosnick und Alwin 1988). Die Nichtdifferenzierung im engeren Sinne der Verwendung des stets gleichen Skalenpunkts der Antwortskala wird als *Straightlining* bezeichnet (vgl. Baker et al. 2010; Kaminska et al. 2010).[11] Zwar zielt die Anordnung mehrerer Frageitems in einer kompakten Matrix mit einer einheitlichen Antwortskala darauf ab, die Beantwortung für Befragte schneller (Couper et al. 2001, S. 233; Tourangeau et al. 2004, S. 389-390), einfacher und angenehmer zu machen (Krosnick 1991, S. 219), indem die subjektiv wahrgenommene Länge des Fragebogens verringert

---

11 Der englische Begriff „straightlining" leitet sich vom englischen „to draw a straight line" ab, also vom Malen einer geraden, vertikalen Linie durch das Gitter der Matrixfrage. Straightlining bezeichnet somit die Beantwortung aller Fragen in der Matrix mit dem exakt gleichen Skalenwert.

und der Kontext der Fragen vereinheitlicht wird (Heerwegh 2009, S. 112). Jedoch stellt das Design als kompakte Fragematrix insbesondere in visuellen Erhebungsmodi mitunter hohe Ansprüche an die Befragten. Obwohl die Antwortskala nur einmal eingeführt werden muss, wird Befragten oftmals sehr viel Text und Information in einem eng begrenzten Kontext zugemutet. Dies kann Befragte abschrecken und dazu führen, dass sie den Fragetext, Ausfüllanweisungen oder die Frageitems nicht oder nur oberflächlich wahrnehmen und prozessieren. Eine Möglichkeit zur Reduzierung der Belastung bei der Fragebeantwortung besteht darin, sich an dem Skalenwert zu orientieren, der für das zuerst beantwortete Frageitem in der Matrix ausgewählt wurde und diesen Skalenwert zur Beantwortung aller weiteren Frageitems in der Matrix zu verwenden (Krosnick 1991, S. 219). Im extremen Fall, dass Befragte die gesamte Frage nur oberflächlich betrachten, werden sie sich an der Antwortskala orientieren und für die Beantwortung der Frageitems in der Matrix denjenigen Skalenwert verwenden, von dem sie annehmen, dass er eine durchschnittliche oder gewöhnliche Antwort ausdrückt oder den Erwartungen des Forschers entspricht. Dies kann einerseits einer der extremen Werte der Antwortskala sein (Krosnick und Alwin 1988, S. 532). Andererseits werden Befragte oftmals die Mittelkategorie verwenden, da diese eine durchschnittliche oder typische Einstellung auszudrücken verspricht. Obgleich eine geringe Antwortdifferenzierung und Straightlining auch das Ergebnis tatsächlicher Einstellungsmuster (Chang und Krosnick 2009, S. 651; Krosnick 1999, S. 556) oder schlecht konstruierter Fragen sein können (Baker et al. 2010, S. 756-757), werden sie oftmals unter den Bedingungen vorgefunden, die das Auftreten von Satisficing wahrscheinlich machen (Chang und Krosnick 2009, S. 651; Krosnick 1999, S. 556). Ein Indiz hierfür ist, dass die Anordnung von Fragen in einer kompakten Matrix in einigen Studien zu mehr Straightlining führte als die separate Abfrage der gleichen Fragen auf je einzelnen Seiten einer Web-Befragung (Tourangeau et al. 2004, S. 389; siehe auch Klausch et al. 2012; Roßmann 2013a). Die Befunde weiterer Studien zeigen zudem, dass Straightlining in Übereinstimmung mit den Annahmen der Theorie insbesondere bei Befragten mit geringer Bildung und geringen verbalen Fähigkeiten sowie häufiger gegen Ende von Befragungen zu beobachten ist (Krosnick 1999, S. 556). Folgerichtig werden die geringe Antwortdifferenzierung und Straightlining in vielen empirischen Untersuchungen als Antworteffekte interpretiert, die aus der Wahl von starkem Satisficing als Antwortstrategie resultieren (siehe u.a. Chang und Krosnick 2009, 2010; Couper et al. 2013; Heerwegh 2009;

Heerwegh und Loosveldt 2008; Holbrook et al. 2003; Jäckle et al. 2006; Kaminska et al. 2010; Krosnick et al. 1996; Lynn und Kaminska 2012; Revilla und Ochoa 2015; Roberts et al. 2010; Zhang und Conrad 2014).

„Weiß nicht"-Antworten können die Folge der Wahl von starkem Satisficing als Antwortstrategie sein, insofern sie es Befragten erlauben, die kognitiven Prozesse des Informationsabrufs und der Urteilsbildung vollständig zu überspringen (Krosnick 1991, S. 219-220; 1999, S. 556-559; Krosnick et al. 2002). Insbesondere wenn „weiß nicht" als Antwortmöglichkeit explizit vorgegeben wird, sollten wenig motivierte und befähigte Befragte verleitet sein, mit „weiß nicht" zu antworten, obwohl sie eine substantielle Antwort hätten geben können, wenn sie den mit Optimizing verbundenen Aufwand bei der Fragebeantwortung auf sich genommen hätten.[12] Diese grundlegenden Annahmen werden durch die Befunde empirischer Untersuchungen gestützt, wonach „Weiß nicht"-Antworten verstärkt bei Befragten mit niedriger Bildung und bei Befragten, die eine Frage oder eine Befragung weniger wichtig finden, vorkommen und wonach der Anteil von „Weiß nicht"-Antworten mit der Schwierigkeit von Fragen ansteigt (Krosnick 1991, S. 228; 1999, S. 559). Jedoch können diese Befunde ebenfalls mit der These in Einklang gebracht werden, dass „Weiß nicht"-Antworten das Resultat von Optimizing sind und die Nichtverfügbarkeit der gesuchten Informationen widerspiegeln (Krosnick 1999, S. 559; Krosnick et al. 2002, S. 396). Für die Hypothese der Satisficing-Theorie hingegen spricht die zunehmende Häufigkeit von „Weiß nicht"-Antworten mit dem Voranschreiten im Fragebogen und einer damit einhergehenden nachlassenden Motivation der Befragten (Krosnick 1999, S. 559). Zudem konnte in einer Studie gezeigt werden, dass der zu Beginn der Befragung nicht vorhandene Zusammenhang zwischen Bildung und der Abgabe von „Weiß nicht"-Antworten gegen Ende der Befragung deutlich ausgeprägt war (Krosnick et al. 2002, S. 396). Weitere Studien weisen darauf hin, dass „Weiß nicht"-Antworten seltener

---

12 Holbrook et al. (2003, S. 89, Fußnote 4) argumentieren jedoch, dass spontane „Weiß nicht"-Äußerungen von Befragten kein Satisficing darstellen, da kein Merkmal der Frage Satisficing anregt und eine „Weiß nicht"-Antwort zudem bedeutet, dass Befragte den Satz der vorgegeben Antwortmöglichkeiten übergehen. Gegen diese Argumentation kann jedoch eingewendet werden, dass Befragte im Laufe einer Befragung lernen können, dass spontane „Weiß nicht"-Antworten von den Interviewern akzeptiert werden. Sie erlauben es dem Befragten folglich, den kognitiven Aufwand zu mindern und können somit die Folge von Satisficing sein, auch wenn sie nicht explizit als Antwortmöglichkeit angeboten werden.

vorkommen, wenn eine prestigeträchtige Institution als Auftraggeber einer Studie genannt wird und wenn Befragte explizit zum sorgsamen und akkuraten Antworten angehalten werden (Krosnick 1999, S. 559). Zusammengenommen indizieren die Befunde, dass „Weiß nicht"-Antworten zumindest unter bestimmten Bedingungen die Folge der Wahl von starkem Satisficing als Antwortstrategie anstatt von Nichtwissen oder Nichteinstellungen sein können (Krosnick et al. 2002, S. 397). Die Interpretation von „Weiß nicht"-Antworten als Resultat von starkem Satisficing findet sich in einer Vielzahl von empirischen Untersuchungen wieder (siehe u.a. Fricker et al. 2005; Heerwegh 2009; Heerwegh und Loosveldt 2002, 2008; Holbrook et al. 2003; Jäckle et al. 2006; Kaminska et al. 2010; Krosnick et al. 1996; Lenzner 2012; Lipps 2007; Lynn und Kaminska 2012; Mavletova 2013; Narayan und Krosnick 1996; O'Muircheartaigh et al. 2001; Pickery und Loosveldt 1998, 2004; Turner et al. 2014; Vogl 2013).

Befragte, die starkes Satisficing als Antwortstrategie verfolgen, können während eines Interviews mit der Situationen konfrontiert werden, dass die fortwährende Beantwortung von Fragen mit „weiß nicht" oder der Mittelkategorie der Antwortskala entweder nicht möglich ist oder ihnen nicht (länger) angebracht erscheint. Letzteres sollte insbesondere in Intervieweradministrierten Befragungen von Bedeutung sein, wenn ursprüngliche „Weiß nicht"-Antworten hinterfragt werden, um letztendlich zu substantiellen Antworten zu gelangen. In solchen Situationen können Befragte zufällig eine Antwort aus der Menge der zur Verfügung stehenden Antwortmöglichkeiten auswählen. Das *zufällige Antworten* („random responding") erlaubt eine Reduzierung der Belastung durch die Fragebeantwortung, indem die kognitiven Prozesse der Informationssuche und der Urteilsbildung vollständig übersprungen werden (Krosnick 1991, S. 220).[13] Die Annahme, wonach sich starkes Satisficing in der zufälligen Auswahl einer Antwort äußern kann, wird durch empirische Befunde gestützt, wonach der zufäl-

---

13 In diesem Zusammenhang wird auch von einem gedanklichen Münzwurf („mental coin-flipping") gesprochen (Krosnick 1991, S. 220). Es ist jedoch fraglich, ob Befragte tatsächlich einen Zufallsmechanismus bei der Auswahl der Antwortmöglichkeit anwenden. Wahrscheinlicher ist es, dass sie sich bei der Auswahl der Antwort an Merkmalen der Frage oder der Antwortmöglichkeiten orientieren, die unabhängig vom Inhalt der Frage sind. Bei Skalen mit numerischen Beschriftungen kann die Auswahl eines Skalenwerts beispielsweise vom Zahlenbereich der Skala abhängen (siehe Tourangeau et al. 2000, S. 230-250). Insofern die Annahme zutreffend ist, dass zufällige Antworten tatsächlich systematischen Mustern folgen, dann wäre der Begriff des willkürlichen Antwortens besser geeignet.

lige Messfehler bei Befragten mit geringer Bildung und bei Fragen, die gegen Ende einer Befragung gestellt wurden, höher war, während er geringer ausfiel, wenn komplexe Einstellungsfragen in separate Fragen nach der Richtung und Intensität einer Einstellung zerlegt wurden (Krosnick 1991, S. 228-229; siehe auch Malhotra et al. 2009; Krosnick und Berent 1990). Zufällige Antworten wurden bislang sehr selten mit Rückgriff auf die Satisficing-Theorie untersucht. Zwei Studien von Krosnick et al. (1996) und Lenzner (2012) verwenden die Konsistenz von Antworten auf die identische Frage in wiederholten Messungen als Indikator für zufälliges Antworten. In der Studie von Krosnick et al. (1996) fiel die temporale Konsistenz bei Befragten mit geringen Fähigkeiten und geringer Motivation niedriger aus, während Lenzner (2012) einen entsprechenden Zusammenhang mit den verbalen Fähigkeiten der Befragten sowie der Schwierigkeit der Frage findet. In der Studie von Kaminska et al. (2010) wird das Vorkommen von Inkonsistenzen in vier Paaren von Fragen, deren Antworten sich logisch widersprechen, als einer von vier Indikatoren für Satisficing verwendet. Zusammengenommen zählt das zufällige Antworten zu den bislang sehr selten untersuchten Antworteffekten von Satisficing.

Weitere Antworteffekte wurden bislang nur vereinzelt oder erst jüngst mit der Wahl von Satisficing als Antwortstrategie in Verbindung gesetzt. Diese umfassen nichtsubstantielle oder qualitativ minderwertige Antworten auf offene Fragen, Item Nonresponse, das Runden von numerischen Angaben sowie die Abgabe extremer Antworten. Weiterhin wird in den letzten Jahren die Verwendung von Antwortzeiten zur Messung von Satisficing propagiert.

Ein bislang selten unmittelbar mit Satisficing in Verbindung gebrachter Antworteffekt ist die *Abgabe nichtsubstantieller oder qualitativ minderwertiger Antworten auf kognitiv herausfordernde offene Fragen*. In einigen empirischen Untersuchungen wird die Länge der Antworten auf offene Fragen, beispielsweise gemessen als die absolute oder mittlere Anzahl der verwendeten Worte, als allgemeiner Indikator für die Antwortqualität verwendet (siehe u.a. Denscombe 2008; Galesic 2006; Galesic und Bosnjak 2009; Kwak und Radler 2002; Mavletova 2013; Revilla und Ochoa 2015; Schaefer und Dillman 1998; Smyth et al. 2009; Toepoel und Lugtig 2014).[14] Längere Ant-

---

14 Es handelt sich hierbei ausnahmslos um Untersuchungen von selbstadministrierten Befragungen, bei denen die Befragten die Antworten entweder handschriftlich oder mittels eines Computers notierten. Bei Interviewer-administrierten Befra-

worten werden dabei durchweg im Sinne einer höheren Antwortqualität interpretiert. Lediglich die Studie von Rada und Domínguez-Álvarez (2014) interpretiert die Länge der Antworten auf offene Fragen als Resultat von Satisficing, ohne jedoch eine explizite Begründung für diese Interpretation beizusteuern. Smyth et al. (2009) verwenden neben der Länge der Antworten auch die Anzahl der von den Befragten angesprochenen Themen und das Vorhandensein von erläuternden Erklärungen zu den angesprochenen Themen als weitere Indikatoren für die Qualität der Antworten auf offene Fragen. Baker et al. (2010, S. 756-757) thematisieren die Qualität der Antworten auf offene Fragen in Web-Befragungen in Zusammenhang mit Antworteffekten, die sie als Ergebnis von Satisficing verstehen. Sie regen dabei an, nicht nur die Länge, sondern auch den Inhalt der Antworten zu untersuchen. Unverständliche, nicht interpretierbare oder scheinbar kopierte und immer wieder in die Textfelder eingefügte Wörter, Ausdrücke oder Sätze können demnach als Hinweise auf nicht ernsthaft teilnehmende Befragte gewertet werden. Die Studie von Revilla und Ochoa (2015) verwendet die Eingabe von unsinnigen, unverständlichen oder nichtsubstantiellen Antworten, wie „weiß nicht", als Indikator für die Antwortqualität. Jedoch interpretieren die Autoren dies nicht mit explizitem Rückgriff auf die Satisficing-Theorie. Grundlegend für die Interpretation von nichtsubstantiellen oder qualitativ minderwertigen Antworten als Folge von Satisficing ist die Annahme, dass die Beantwortung von offenen Fragen kognitiv herausfordernder für Befragte ist als die Beantwortung geschlossener Fragen (Reja et al. 2003, S. 161-163). Dies findet unter anderem Ausdruck in höheren Anteilen fehlender Antworten bei offenen Fragen im Vergleich zur Verwendung alternativer Frageformate (Reja et al. 2003, S. 168, 172-173). Während die Antwortmöglichkeiten bei geschlossenen darauf hinweisen, was eine adäquate Antwort auf die Frage ist, müssen Befragte dies bei offenen Fragen bezugnehmend auf ihr Verständnis der Fragestellung interpretieren, was je nach Inhalt der Frage und Präzision der Fragestellung sehr schwierig sein kann. Diese Interpretationsleistung zu erbringen, die notwendigen Informationen zusammenzutragen und in eine selbstformulierte Antwort zu überführen, ist kognitiv anspruchsvoll und bedarf gewisser Fähigkeiten

---

gungen kann auf Grund der Involvierung eines Interviewers bei der Eingabe der Antworten nur bedingt oder unter bestimmten Umständen (z.B. bei selbstadministrierten Befragungsteilen) auf die Qualität der Antworten von Befragten geschlossen werden.

sowie einer nicht zu geringen Motivation seitens der Befragten. Es kann folglich angenommen werden, dass Befragte mit geringen Fähigkeiten und weniger motivierte Befragte bei kognitiv herausfordernden offenen Fragen mit einer erhöhten Wahrscheinlichkeit zur Wahl von Satisficing als Antwortstrategie tendieren. Unter der Bedingung von schwachem Satisficing, bei dem die kognitiven Prozesse der Fragebeantwortung lediglich weniger tiefgründig ausgeführt werden, ist dann zu erwarten, dass Befragte weniger reflektierte und kürzere Antworten auf offene Fragen geben werden. Das Auslassen der kognitiven Prozesse des Informationsabrufs und der Urteilsbildung unter der Bedingung von starkem Satisficing sollte hingegen dazu führen, dass Befragte nichtsubstantiell, z.B. mit „weiß nicht", antworten. Bei selbstadministrierten Befragungen ist zudem die Eingabe von unverständlichen oder nicht interpretierbaren Antworten sowie die wiederholte Eingabe von kopierten Zeichenfolgen oder Wörtern zu erwarten (vgl. Baker et al. 2010, S. 756-757).

Item Nonresponse, d.h. die explizite Verweigerung oder Auslassung einer Antwort, wird in empirischen Untersuchungen regelmäßig als allgemeiner Indikator für die Antwortqualität verwendet (siehe u.a. Fricker et al. 2005; Galesic 2006; Galesic und Bosnjak 2009; Heerwegh und Loosveldt 2002, 2008; Heerwegh 2009; Kwak und Radler 2002; Menold und Kemper 2014; Shin et al. 2012; Toepoel und Lugtig 2014). Inwiefern Item Nonresponse als Resultat der Wahl von Satisficing als Antwortstrategie angesehen werden kann, ist stark umstritten. Im Kontext von Web-Befragungen führen Baker et al. (2010, S. 736) die Nichtbeantwortung neben „Weiß nicht"-Antworten als Folge von Satisficing an, ohne jedoch eine explizite Begründung anzuführen. Holbrook et al. (2003, S. 92, Fußnote 5) weisen hingegen ausdrücklich darauf hin, dass Item Nonresponse gemäß der ursprünglichen Definition nicht die Folge von Satisficing sein kann, da die Verfolgung einer Strategie zur Reduzierung der Belastungen bei der Fragebeantwortung die Abgabe einer Antwort impliziert. Heerwegh (2005, S. 70-71) argumentiert diesbezüglich jedoch, dass in selbstadministrierten Befragungen die Schwelle zwischen starkem Satisficing und Item Nonresponse weniger strikt ist als in Interviewer-administrierten Befragungen.

> *„There is a good possibility that in a self-administered questionnaire, as opposed to an interviewer-administered questionnaire, the transition from satisficing to leaving questions blank and eventually terminating the survey cooperation is less gradual. That is, if task difficulty should rise above a certain level, or motivation drops below a certain*

threshold, the respondent might more quickly decide to stop answering particular survey questions or to discontinue survey participation in a web survey than in a face-to-face survey for instance." (Heerwegh 2005, S. 70-71)

Insbesondere hinsichtlich selbstadministrierter Befragungen kann folglich argumentiert werden, dass die Satisficing-Theorie unter bestimmten Annahmen zur Erklärung von Item Nonresponse herangezogen werden kann. Entsprechend lassen sich inzwischen einige Beispiele für empirische Untersuchungen finden, die Item Nonresponse mit Rückgriff auf die Satisficing-Theorie analysieren (siehe z.b. Häder und Kühne 2010; Jäckle et al. 2006; Lenzner et al. 2010; Rada und Domínguez-Álvarez 2014; Roberts et al. 2010).

Ein weiterer potenzieller Antworteffekt der Antwortstrategie Satisficing, der in der originären Literatur nicht behandelt wird, ist das *Runden von numerischen Angaben*, welches auch als „rounding" oder „response heaping" bezeichnet wird (Holbrook et al. 2014; Turner et al. 2014). Vor allem bei aggregierten numerischen Angaben fallen Häufungen bei bestimmten Werten auf (Turner et al. 2014, S. 7), die oftmals Vielfache von 5 oder 10 und bei Datumsangaben Vielfache von 7 und 30 sind (Tourangeau et al. 2000, S. 232-235). Diese Häufungen lassen sich auf unterschiedliche Prozesse zurückführen. Sie können auf Unsicherheit über den exakten Wert, etwa die Häufigkeit einer Tätigkeit, als auch auf Unsicherheit über die Zuordnung des erfragten Sachverhalts zu einem numerischen Wert beruhen (Tourangeau et al. 2000, S. 235-238). Die Verwendung von gerundeten Angaben kann einerseits der Kommunikation der eigenen Unsicherheit dienen, andererseits aber auch der Verschleierung des exakten Werts bei heiklen Fragen. In einigen Fällen sind gerundete Werte jedoch auch eine Möglichkeit, die Aufgabe der Fragebeantwortung zu erleichtern, indem statt eines genauen Schätzwerts ein plausibler Wert aus einer kleineren Menge nachvollziehbarer Werte ausgewählt wird (Tourangeau et al. 2000, S. 235-238). Das Runden von numerischen Angaben kann somit unter bestimmten Bedingungen als das Resultat von schwachem Satisficing interpretiert werden (Schaeffer und Presser 2003, S. 68; Turner et al. 2014, S. 7). Entsprechend verwenden einige empirische Studien das Vorkommen von gerundeten numerischen Angaben als Indikator für Satisficing (siehe z.B. Lynn und Kaminska 2012). Zwei aktuelle Studien untersuchen das Vorkommen von gerundeten numerischen Angaben mit Rückgriff auf die Satisficing-Theorie (Holbrook et al. 2014; Turner et al. 2014). Die Studie von Turner et al. (2014) kommt auf Grundlage der Analyse von Antwortzeiten zu dem Schluss, dass das Auftreten gerundeter numerischer Angaben nicht mit den Annahmen der Satisficing-Theorie in Einklang gebracht werden kann. Die Untersuchung von Holbrook et al. (2014) kommt auf Basis der Unterscheidung zwischen verschiedenen Typen von Fragen zu dem Befund, dass sich lediglich bei Fragen nach persönlichen Merkmalen der Befragten vage Hinweise auf einen Zusammenhang zwischen gerundeten numerischen Angaben und der Wahl von Satisficing als Antwortstrategie vorfinden lassen. Die Befunde der Studien von Holbrook et al. (2014) und Turner et al. (2014) stellen mithin die Annahme in Zweifel, dass das Runden von numerischen Angaben auf Satisficing zurückzuführen ist.

In einigen Forschungsarbeiten wird die Verwendung der extremen Antwortmöglichkeiten von Ratingskalen mit der Wahl von Satisficing als Antwortstrategie in Verbindung gebracht (siehe u.a. Kaminska et al. 2010; Kieruj und Moors 2010, 2013; Lipps 2007; Lynn und Kaminska 2012). Kieruj und Moors (2010, S. 325) argumentieren, dass insbesondere mit steigender Anzahl der Skalenpunkte die Schwierigkeit für Befragte ansteigen sollte, den auf sie zutreffenden Skalenpunkt zu identifizieren. Die Abgabe von *extremen Antworten* bietet somit eine Möglichkeit, den Aufwand bei der Beantwortung zu reduzieren, indem eine akzeptabel oder zufriedenstellend erscheinende anstatt einer akkuraten Antwort gegeben wird. Dieser Interpretation nach sind extreme Antworten als das Resultat von schwachem Satisficing zu begreifen. Für eine solche Interpretation spricht auch der Befund, dass extreme Antworten verstärkt bei älteren Befragten mit geringer Bildung vorkommen. Dies kann als Hinweise darauf hin verstanden werden, dass bestimmte Befragte die extremen Antwortmöglichkeiten der Skala verwenden, um die Aufgabe der Fragebeantwortung zu vereinfachen (Weijters et al. 2010b, S. 104). Gegen diese Interpretation sprechen hingegen empirische Befunde, wonach extreme Antworten unabhängig von der Anzahl der Skalenpunkte vorkommen (Kieruj und Moors 2010, 2013). Zudem wird in einer Untersuchung eine sehr hohe intra-individuelle Stabilität in der Abgabe extremer Antworten vorgefunden, was eine Interpretation als Antwortstil nahelegt, der unabhängig von der Schwierigkeit der Aufgabe auftritt (Weijters et al. 2010b). Die vorliegenden empirischen Befunde sprechen insofern gegen die Annahme, dass extreme Antworten das Resultat von schwachem Satisficing sind. Aus Sicht der Satisficing-Theorie ist zudem die Frage aufzuwerfen, inwiefern extreme Antworten bei Fragen mit Ratingskalen konzeptionell von Primacy- und Recency-Effekten unterschieden werden können.

Mit dem Aufkommen von computerunterstützten Befragungsmethoden haben Antwortzeiten seit den 1990er-Jahren zunehmende Verwendung in einem weiten Spektrum von Anwendungen und Fragestellungen in der sozialwissenschaftlichen Forschung gefunden (siehe u.a. Bassili und Fletcher 1991; Bassili und Scott 1996; Draisma und Dijkstra 2004; Heerwegh 2003; Mayerl und Urban 2008; Mayerl 2003, 2008; Mayerl et al. 2005; Mulligan et al. 2003; Fazio 1990b; Fazio et al. 1986; Stocké 2002; Urban und Mayerl 2007). Antwortzeiten werden zumeist als Indikator für das Ausmaß der kognitiven Aktivität interpretiert (vgl. Bassili und Fletcher 1991; Bassili und Scott 1996; Yan und Tourangeau 2008; Couper und Kreuter 2013). Vor allem drei Anwendungen von Antwortzeiten lassen sich unterscheiden (vgl. Mayerl und Urban 2008, S. 17-30). Erstens werden sie in der sozialwissenschaftlichen Einstellungsforschung als Maß für die Einstellungsstärke und -stabilität verwendet (siehe z.B. Bassili 1993; Fazio et al. 1986; Fazio 1990a; Heerwegh 2003). Die zu Grunde liegende Annahme ist, dass stark verankerte und stabile Einstellungen mental gut zugänglich sind und daher schnell abgerufen werden können. Zweitens werden Antwortzeiten als Indikator für den Modus der Informationsverarbeitung verwendet (Mayerl und Urban 2008, S. 22-24). Hierbei wird angenommen, dass die Informationsverarbeitung im menschlichen Gehirn in variierenden Graden der Elaboration geschehen kann. Diese Interpretation liegt insbesondere sozialpsychologischen Theorien dualer Prozesse der Informationsverarbeitung zu Grunde, welche von zwei Informationsverarbeitungssystemen ausgehen. In einem System werden Informationen spontan, automatisch oder auch intuitiv prozessiert, während das andere System für überlegtes bzw. reflexivkalkulierendes Prozessieren zuständig ist (siehe z.B. Chen und Chaiken 1999; Fazio 1990a; Kahneman 2003; Petty und Cacioppo 1986). Kurze Antwortzeiten indizieren demnach spontan-automatisches bzw. intuitives Prozessieren von bereits vorhandenen Bilanzurteilen oder die Informationsverarbeitung auf Basis situativer Hinweisreize, während längere Antwortzeiten auf eine elaboriert-überlegte Verarbeitung von Einzelinformationen zu einem Bilanzurteil hindeuten (Mayerl und Urban 2008, S. 23; siehe auch Neumann 2015, S. 94-96). Drittens werden Antwortzeiten in der Umfrageforschung angewendet. Bassili und Scott (1996) verwenden sie zur Identifikation von Problemen der Befragten bei der Fragebeantwortung. Schlecht gestellte Fragen mit überflüssigen Negativierungen oder mehreren Stimuli führen demnach zu längeren Antwortzeiten. Draisma und Dijkstra (2004) untersuchen Wissensfragen und zeigen, dass die kürzesten Antwortzeiten bei richtigen Antworten, gefolgt von falschen Antworten und von nichtsubstantiellen Antworten, wie „weiß nicht", auftreten. Mayerl (2003) untersucht, inwiefern „nonattitudes" (siehe Converse 1964) durch die Messung von Antwortzeiten ermittelt werden können. Darüber hinaus werden Antwortzeiten in einigen aktuellen Publikationen explizit mit der Wahl von Optimizing und Satisficing als Antwortstrategien in Verbindung gesetzt bzw. zur Messung des Auftretens von Satisficing verwendet (siehe Baker et al. 2010; Callegaro et al. 2009; Greszki et al. 2014, 2015; Lenzner et al. 2010; Lynn und Kaminska 2012; Malhotra 2008; Neumann 2015; Turner et al. 2014; Wanich 2010; Zhang und Conrad 2014). Antwortzeiten werden hierbei als Indikator des Ausmaßes der kognitiven Aktivität während des Antwortprozesses interpretiert (vgl. Callegaro et al. 2009; Greszki et al. 2014; Turner et al. 2014; Zhang und Conrad 2014). Es wird angenommen, dass die mit der Wahl von Optimizing als Antwortstrategie verbundene vollständige und sorgfältige Ausführung der kognitiven Prozesse bei der Fragebeantwortung zu vergleichsweise längeren Antwortzeiten führt als das unvollständige oder oberflächliche Prozessieren von Informationen unter der Bedingung von Satisficing. Während diese Hypothese mit der Annahme der Theorien dualer Informationsverarbeitungsprozesse übereinstimmt, wonach längere Antwortzeiten ein elaboriert-überlegtes Prozessieren indizieren, widerspricht sie der Interpretation von kurzen Antwortzeiten als Hinweis auf das Vorliegen von stabilen und mental gut zugänglichen Einstellungen (siehe z.B. Fazio 1990a; Fazio et al. 1986; Heerwegh 2003; Yan und Tourangeau 2008). Aus theoretischer Sicht ist es sehr wahrscheinlich, dass allen drei Interpretationen unter bestimmten Bedingungen Gültigkeit zukommt. Aus diesem Grunde fokussiert sich die Anwendung von Antwortzeiten zur Untersuchung der Wahl der Antwortstrategie zunehmend auf *Speeding*, das heißt die Identifikation von sehr schnellen bzw. außergewöhnlich schnellen Antwortzeiten bei der Beantwortung von Fragen (siehe z.B. Greszki et al. 2014, 2015; Zhang und Conrad 2014). Bislang sind wenige Studien publiziert worden, die den Zusammenhang zwischen Antwortzeiten und der Wahl von Satisficing als Antwortstrategie empirisch untersuchen (Zhang und Conrad 2014, S. 128). Die Studie von Malhotra (2008) zeigt, dass Primacy-Effekte mit einer sehr kurzen Interviewdauer in Zusammenhang stehen, insbesondere bei Befragten mit geringen Fähigkeiten. Callegaro et al. (2009) beobachten in ihrer Studie, dass Inhaber einer Arbeitsstelle insbesondere den ersten Teil einer Befragung schneller absolvieren als Stellenbewerber, was sie damit erklären, dass die Stelleninhaber eine geringere Motivation zur sorgfältigen Beantwortung der Fragen haben und somit eher zur Wahl von Satisficing neigen sollten. Zudem zeigen die Autoren, dass beide Gruppen von Befragten im Verlauf der Befragung schneller werden, was sie als weiteren Hinweis auf die Gültigkeit der Annahme auffassen, dass Satisficing durch Antwortzeiten gemessen werden kann. Wanich (2010) verwendet Antwortzeiten zur Identifikation von Befragten, die Satisficing als Antwortstrategie anwenden. Sie kommt zu dem Schluss, dass der Ausschluss dieser Befragten aus Analysen in begrenztem Maße zur Verbesserung der Konstruktvalidität der von ihr untersuchten Skalen beiträgt (Wanich 2010, S. 126-127, 131-132). Ohne expliziten Bezug zur Satisficing-Theorie untersuchen Mayerl und Urban (2008) den Zusammenhang zwischen Akquieszenz und den Antwortzeiten der Befragten. Sie kommen zu dem Ergebnis, dass die Antwortzeiten mit zunehmender Zustimmungstendenz kürzer ausfallen. Die Studie von Turner et al. (2014) untersucht den Zusammenhang zwischen „Weiß nicht"-Antworten und Antwortzeiten. Ihre Analysen zeigen, dass „Weiß nicht"-Antworten bei Faktenfragen mit längeren Antwortzeiten einhergehen, was darauf hindeutet, dass sie zumindest bei dieser Art von Fragen in der Mehrzahl akkurate Antworten darstellen. Auch Greszki et al. (2014) untersuchen den Zusammenhang zwischen „Weiß nicht"-Antworten und Antwortzeiten. Sie kommen jedoch zum gegenteiligen Befund, dass die Anzahl der „Weiß nicht"-Antworten umso höher liegt, je geringer die Antwortzeiten im Mittel sind. Darüber hinaus finden sie einen negativen Zusammenhang zwischen den mittleren Antwortzeiten und der Häufigkeit von Straightlining. Dieser Befund steht in Einklang mit den Ergebnissen der Studie von Zhang und Conrad (2014), die zeigt, dass Befragte mit sehr kurzen Antwortzeiten häufiger Straightlining aufweisen und dass dieser Zusammenhang insbesondere bei Befragten mit geringen Fähigkeiten stark ausgeprägt ist. Revilla und Ochoa (2015) untersuchen den Zusammenhang zwischen Antwortzeiten und einer geringen Antwortqualität, welche sie unter anderem über das Vorliegen von Straightlining, unsinnige Antworten auf offene Fragen und inkonsistente Antworten auf wiederholte oder gegensätzlich formulierte Fragen messen. Ihre Ergebnisse zeigen einen signifikanten negativen Zusammenhang zwischen den Antwortzeiten und geringer Antwortqualität. Zusammengenommen lassen die empirischen Forschungsergebnisse den Schluss zu, dass sehr oder außergewöhnlich kurze Antwortzeiten die Wahl von Satisficing als Antwortstrategie indizieren können. Gegenüber der Verwendung von Indikatoren für beobachtbare Antworteffekte haben Antwortzeiten zudem den Vorteil, dass sie als Maß für die kognitive Aktivität bei der Informationsverarbeitung auch Folgen von Satisficing erfassen können, die andernfalls schwer zu messen sind, wie es beispielsweise bei der zufälligen Auswahl einer Antwort der Fall ist. Nichtsdestoweniger ist bei der Verwendung von Antwortzeiten zur Messung der verfolgten Antwortstrategie stets zu beachten, dass kurze Antwortzeiten gleichermaßen das Resultat sorgfältigen Antwortens und lange Antwortzeiten das Ergebnis von Problemen bei der Beantwortung von Fragen sein können (siehe auch Neumann 2015, S. 97). Inwiefern Antwortzeiten als valide und reliable Indikatoren für die Wahl von Satisficing als Antwortstrategie verwendet werden können, sollte daher von der konkreten Messung der Antwortzeiten als auch der Operationalisierung des zu verwendenden Indikators abhängen.

2.2 Die Messung von Satisficing

In den bislang vorliegenden empirischen Studien kommt eine Vielzahl von Methoden zur Messung des Auftretens von Satisficing als Antwortstrategie zum Einsatz.[15] Da die kognitiven Aktivitäten von Befragten während des Antwortprozesses in Befragungen in der Regel nicht unmittelbar gemessen werden können, wird zumeist auf manifeste Indikatoren für die Antworteffekte von Satisficing zurückgegriffen (Roberts et al. 2011). Innerhalb dieses Ansatzes können insbesondere zwei grundsätzliche Methoden unterschieden werden, die unterschiedliche Vor- und Nachteile aufweisen und sich folglich unterschiedlich gut zur Untersuchung spezifischer Fragestellungen eignen. Die erste Methode besteht in der Verwendung experimenteller Designs. Die zu untersuchende Stichprobe wird in der Regel zufällig in zwei oder mehr Gruppen aufgeteilt, die anschließend unterschiedliche Varianten

---

15 Die Ausführungen in diesem Abschnitt haben nicht den Anspruch einen vollständigen Überblick über Methoden zu geben, die zur Messung von Satisficing als Antwortstrategie verwendet werden. Vielmehr konzentriert sich die Darstellung und Diskussion auf die in den bislang vorliegenden empirischen Studien am häufigsten verwendeten Methoden. Im Abschnitt 2.4 werden im Kontext der Forschung zu Antwortstilen weitere Methoden angesprochen, die zum Teil auch zur Analyse bzw. Messung von Satisficing herangezogen werden könnten. Darüber hinaus wird die Verwendung von „instructional manipulation checks" (Oppenheimer et al. 2009), Kontrollfragen (Miller und Baker-Prewitt 2009) oder „bogus items" (Meade und Craig 2011) vorgeschlagen.

einer oder mehrerer Fragen erhalten. Aus der Differenz in der Verteilung der Antworten lassen sich dann Rückschlüsse über das Vorkommen von Satisficing und die Größe des Effekts ziehen (Krosnick 1991, S. 229). Diese Methode kommt unter anderem in Untersuchungen von Akquieszenz (Krosnick et al. 1996), Antwortreihenfolgeeffekten (Couper et al. 2004; Holbrook et al. 2007; Krosnick et al. 1996; Malhotra 2008, 2009; Mavletova 2013; Narayan und Krosnick 1996), Mittelkategorie-Antworten (Krosnick et al. 1996; Narayan und Krosnick 1996) und „Weiß nicht"-Antworten (Krosnick et al. 2002; Krosnick et al. 1996; Narayan und Krosnick 1996) zum Einsatz. In Studie 1 von Krosnick et al. (1996) wird beispielsweise eine Reihe von Experimenten von Schuman und Presser (1981) erneut analysiert. In diesen Experimenten wurden die Befragten zufällig in zwei Gruppen eingeteilt. Zur Untersuchung von Antwortreihenfolgeeffekten wurden in der Experimentalgruppe jeweils die Reihenfolge aller oder eines Teils der Antwortmöglichkeiten variiert. Die Abgabe von „Weiß nicht"- oder „Status quo"-Antworten wurde inspiziert, indem die Experimentalgruppe diese zusätzlich zu den weiteren Antwortmöglichkeiten vorgelegt bekam. Akquieszenz wurde untersucht, indem eine Gruppe sich zwischen zwei widerstreitenden Aussagen entscheiden musste, während die andere Gruppe der ersten Aussagen zustimmen oder diese ablehnen konnte. Das Vorkommen von Satisficing und die Stärke des Effekts können dann bestimmt werden, indem beispielsweise die Häufigkeit der Nennung von „weiß nicht" zwischen den beiden Gruppen verglichen wird. Der Vorteil der Verwendung von Experimenten ist, dass das Vorkommen der Antworteffekte von Satisficing gut quantifiziert werden kann. Zudem kann das Vorkommen und die Stärke des Antworteffekts auf der Ebene einzelner Fragen untersucht werden. Die Methode weist jedoch zwei bedeutende Nachteile auf. Einerseits kann auf der Ebene der Befragten nicht exakt bestimmt werden, wer Satisficing als Antwortstrategie verfolgt hat und wer nicht. Die Abgabe einer „Weiß nicht"-Antwort durch einen individuellen Befragten kann sowohl in der Kontroll- als auch in der Experimentalgruppe auf Nichtwissen oder inhaltlichen Gründen sowie auf der Wahl von Satisficing als Antwortstrategie beruhen. Welche Befragten in der Experimentalgruppe diese Antwortmöglichkeit auf Grund des gesetzten Stimulus, d.h. auf Grund von Satisficing, gewählt haben, kann daher auf der Individualebene nicht mit Sicherheit bestimmt werden. Der Effekt von Satisficing kann daher vornehmlich auf der Aggregatebene studiert werden. Der zweite schwerwiegende Nachteil der Methode ist, dass zur Messung von Satisficing entsprechend geeignete Experimente durchgeführt werden müssen. Dies ist in Primärerhebungen, welche auf die Untersuchung von Antworteffekten abzielen, in der Regel ohne weiteres möglich. In Primärerhebungen, die in der Hauptsache auf die Beantwortung inhaltlicher Fragestellungen ausgerichtet sind, wird die Implementierung entsprechender Experimente vermutlich in vielen Fällen auf Vorbehalte unter den beteiligten Primärforschern stoßen, da die Verwendung unterschiedlicher Antwortskalen oder Frageformate die Analysierbarkeit der Daten mitunter erheblich einschränkt. In der Konsequenz müssten Analysen je nach Design des Experiments separat für die untersuchten Gruppen durchgeführt werden oder es muss zumindest in Analysen für die experimentelle Variation kontrolliert werden. Auch in Sekundärerhebungen findet man häufig eine Situation vor, dass in der Befragung keine experimentell variierten Fragen verwendet wurden, die zur Messung von Satisficing herangezogen werden können.

Die zweite Methode zur Messung des Auftretens von Satisficing findet daher insbesondere in der Abwesenheit geeigneter Experimente Anwendung. Sie basiert auf der Zählung bestimmter Antworten oder Antwortmuster von Befragten in einem Satz von Fragen oder über alle Fragen in einem Fragebogen hinweg und wird daher auch als „count procedure" (Van Vaerenberg und Thomas 2013, S. 206) bezeichnet. Als Indikator für das Auftreten von Satisficing wird dann die absolute oder die relative Häufigkeit der interessierenden Antworten oder Antwortmuster über den Satz der betrachteten Fragen oder den gesamten Fragebogen hinweg verwendet (Roberts 2016). Die Ansprüche der Methode an die vorliegenden Daten sind geringer als bei der Methode der Verwendung speziell designter Experimente. Zur Messung von „Weiß nicht"-Antworten bedarf es Fragen, die „weiß nicht" als Antwortmöglichkeit zulassen. Die Messung von Straightlining erfordert Fragebatterien mit einer Ratingskala und die Messung von Akquieszenz setzt Fragen mit einer Zustimmungs- oder Ja/Nein-Skala voraus (Holbrook et al. 2003, S. 69). Die Methode wird auch zur Messung von Antwortstilen herangezogen (Van Vaerenberg und Thomas 2013), wobei betont wird, dass die zur Messung verwendeten Frageitems inhaltlich möglichst heterogen und gering korreliert sein sollten (Greenleaf 1992). Nicht zuletzt auf Grund der vermeintlich geringen Ansprüche an die Daten wird die Methode der Zählung der Häufigkeit von Antworten oder Antwortmustern in einer Vielzahl von empirischen Studien verwendet, die auf die Satisficing-Theorie zurückgreifen. Sie findet unter anderem Anwendung in der Messung von Antwortreihenfolgeeffekten, z.B. mittels der Bestimmung der absoluten (siehe z.B. Menold und Kemper 2014; Rada und Domínguez-Álvarez 2014; Roberts et al. 2010) oder der relativen Häufigkeit der Nennung der ersten oder letzten Antwortmöglichkeit der Antwortskala (siehe z.B. Lynn und Kaminska 2012). Sie wird darüber hinaus zur Messung von Akquieszenz (siehe z.B. Fricker et al. 2005; Heerwegh 2009; Holbrook et al. 2003; Lenzner et al. 2010; Lynn und Kaminska 2012; Menold und Kemper 2014; Roberts et al. 2010), Nichtdifferenzierung bzw. Straightlining (siehe z.B. Holbrook et al. 2003; Lynn und Kaminska 2012; Revilla und Ochoa 2015; Roberts et al. 2010), „Weiß nicht"-Antworten (siehe z.B. Fricker et al. 2005; Heerwegh 2009; Heerwegh und Loosveldt 2002, 2008; Holbrook et al. 2003; Jäckle et al. 2006; Lenzner 2012; Lipps 2007; Lynn und Kaminska 2012; Mavletova 2013; O'Muircheartaigh et al. 2001; Pickery und Loosveldt 1998; Vogl 2013) oder auch „Status quo"- und Mittelkategorie-Antworten (siehe z.B. Kieruj und Moors 2010; Lenzner 2012; Lenzner et al. 2010; O'Muircheartaigh et al. 2001; Roberts et al. 2010) angewendet. Die Methode weist einige Vorteile auf. Auf Grund der oftmals gegebenen Anwendbarkeit bei Primär- und Sekundärerhebungen und der geringeren Ansprüche an die Datengrundlage können bei einem entsprechend umfang- und variantenreichen Frageprogramm auch multiple Indikatoren für die Antworteffekte von Satisficing in einer Erhebung untersucht werden. Ein weiterer, der Methode inhärenter Vorteil ist, dass das Auftreten von Satisficing gut auf der Ebene der Befragten analysiert werden kann (vgl. Krosnick 1991, S. 229). Während bei der Verwendung von Experimenten der Fokus zumeist sehr viel stärker auf den Fragen liegt, rückt die Methode der Zählung von Antworten oder Antwortmustern den Befragten und die von ihm gewählte Antwortstrategie in den Mittelpunkt. Obgleich es auch die Durchführung von Experimenten erlaubt, Aussagen darüber zu treffen, welche Befragten im Allgemeinen dazu neigen, die interessierenden Antworteffekte zu zeigen, ermöglicht es die zuletzt genannte Methode besser, Hypothesen zum Auftreten oder zur Wirkung von Satisficing auf der Ebene der Befragten zu überprüfen. Jedoch ist auch die Methode der Zählung von Antworten oder Antwortmustern nicht frei von gewichtigen Nachteilen. Sie erlaubt auf Grund der Fokussierung auf die Befragten keine genauen Aussagen über die Größe des Effekts von Satisficing bei einzelnen Fragen. Vielmehr gibt sie an, inwieweit bestimmte Befragte bei der Beantwortung von Sätzen von Fragen auf Satisficing als Antwortstrategie zurückgegriffen haben. Weiterhin lässt auch diese Methode keine sicheren Schlüsse darüber zu, ob die beobachteten Antworten und Antwortmuster auf die Antwortstrategie Satisficing oder substantielle Einstellungsmuster der Befragten zurückzuführen sind. Eine hohe absolute oder relative Häufigkeit von „Weiß nicht"-Antworten kann neben einem häufigen Rückgriff auf Satisficing auch mit einem Mangel an Einstellungen zu dem Thema der Befragung bzw. der Fragen erklärt werden. Daher müssen zumeist zusätzliche Annahmen getroffen werden, etwa dass das Auftreten der Antwortmuster ab einer bestimmten absoluten oder relativen Häufigkeit mit hoher Wahrscheinlichkeit nicht mehr auf tatsächliche Einstellungsmuster sondern auf die Wahl von Satisficing als Antwortstrategie zurückzuführen ist oder dass Befragte in variierenden Graden auf Optimizing und Satisficing als Antwortstrategien zurückgreifen. Ein weiterer gravierender Nachteil ist, dass durch die Verwendung multipler Frageitems zur Konstruktion von Indikatoren für die Antworteffekte der theoretische Rahmen der Satisficing-Theorie verlassen wird. Wie aus der Konzeptualisierung von Satisficing durch Krosnick (1991) hervorgeht, handelt es sich um eine auf der Ebene von individuellen Fragen angesiedelte Theorie. Zwar findet das Interview als Kontext von Fragen in der Theorie Berücksichtigung, dies jedoch lediglich in Hinblick auf die Wahrscheinlichkeit, dass Befragte bei der Beantwortung einer spezifischen Frage auf die Antwortstrategie Satisficing zurückgreifen. Nichtsdestoweniger besteht in vielen Forschungskontexten – insbesondere, aber nicht ausschließlich, in der Umfrageforschung – ein Interesse an der Messung von Satisficing auch in Abwesenheit von speziell designten Experimenten oder Fragen, die eine unmittelbare Messung von Satisficing zulassen. Die Verwendung der Methode der Zählung von Antworten oder Antwortmustern macht daher eine – zumindest implizite – Modifikation des theoretischen Rahmens der Satisficing-Theorie notwendig, der diese um eine Perspektive auf Sätze von Fragen oder die gesamte Befragung erweitert.

Wie zuvor bereits erläutert wurde, setzen einige aktuelle Publikationen die Antwortzeiten von Befragten mit der Wahl von Satisficing als Antwortstrategie in Verbindung (siehe Baker et al. 2010; Callegaro et al. 2009; Greszki et al. 2014; Lenzner et al. 2010; Lynn und Kaminska 2012; Malhotra 2008; Turner et al. 2014; Wanich 2010; Zhang und Conrad 2014). Ein allgemeiner Vorteil der Verwendung von Antwortzeiten ist, dass diese als unmittelbarer Indikator des Ausmaßes der kognitiven Aktivität während des Antwortprozesses interpretiert werden können (vgl. Callegaro et al. 2009; Greszki et al. 2014; Turner et al. 2014; Zhang und Conrad 2014). Sie versprechen eine direktere Messung der Wahl der Antwortstrategie als bei der Verwendung von Indikatoren für die Antworteffekte von Satisficing. Gemäß der Annahme, dass das unvollständige oder oberflächliche Prozessieren von Informationen unter der Bedingung von Satisficing mit kürzeren Antwortzeiten einhergeht, finden einige Studien signifikante Zusammenhänge zwischen Antwortzeiten und dem Auftreten von Antwortreihenfolgeeffekten (Malhotra 2008), Straightlining (Greszki et al. 2014; Zhang und Conrad 2014), „Weiß nicht"-Antworten (Greszki et al. 2014) sowie einem kombinierten Maß für geringe Antwortqualität (Revilla und Ochoa 2015). Darüber hinaus können Antwortzeiten als Maß für die kognitive Aktivität in der Informationsverarbeitung potenziell auch zur Messung schwer erfassbarer Antworteffekte von Satisficing verwendet werden, wie der Abgabe zufälliger Antworten. Ein weiterer gewichtiger Vorteil von Antwortzeiten zur Messung der Wahl der Antwortstrategie ist, dass diese als Paradaten insbesondere in computerunterstützten Erhebungsmethoden automatisch als Nebenprodukt des Befragungsprozesses gesammelt werden können (Couper 2000; siehe auch Kreuter 2013). Wie andere Paradaten auch, können sie in unterschiedlichen Aggregationsstufen und Graden der Messgenauigkeit vorliegen (Olson und Parkhurst 2013, S. 48-49). In der am stärksten aggregierten Form liegen sie als Interviewdauer vor, während feinere Differenzierungen die Messung für Blöcke von Fragen oder einzelne Frageitems umfassen.[16] Ähnlich wie bei den beiden zuvor skizzierten Methoden, welche auf den beobachtbaren Antworteffekten von Satisficing beruhen, können Antwortzeiten je nach Aggregationsstufe zur Messung von Satisficing auf der Ebene einzelner Fragen als auch auf der Ebene von Sätzen von Fragen oder gesamter Befragungen verwendet werden. Der größte Nachteil von Antwortzeiten liegt jedoch in der Problematik, dass kurze Antwortzeiten nicht notwendigerweise eine geringe Antwortqualität implizieren müssen, da beispielsweise der Abruf mental gut zugänglicher Einstellungen ebenfalls wenig Zeit benötigt. Umgekehrt garantieren längere Antwortzeiten keine gute Antwortqualität, insofern sie mitunter Probleme bei der Beantwortung von Fragen widerspiegeln können. Zudem existieren bislang zu wenige Studien, die einen konsistenten Zusammenhang zwischen kurzen Antwortzeiten bzw. Speeding und den Antworteffekten von Satisficing demonstrieren (siehe z.B. Greszki et al. 2014; Malhotra 2008; Revilla und

---

16 Insbesondere in Web-Befragungen können noch feinere Analyse von Antwortzeiten auf der Ebene von Tastenanschlägen und Mausklicks erfolgen (Callegaro 2013, S. 270-271; Kaczmirek 2008, S. 69-71; Olson und Parkhurst 2013, S. 47-49; Yan und Tourangeau 2008, S. 55).

Ochoa 2015; Zhang und Conrad 2014). Darüber hinaus gibt es vereinzelte Studien, die keine oder theoretisch widersprüchliche Zusammenhänge zwischen Antwortzeiten und interessierenden Antworteffekten finden (siehe z.B. Turner et al. 2014).

Sowohl die Messung von Satisficing über Indikatoren der Antworteffekte als auch mittels Antwortzeiten verlassen den von Krosnick (1991) gesetzten Rahmen der Theorie unter der Bedingung, dass die Messung über die Verwendung individueller Fragen hin ausgedehnt wird. Die Ausdehnung der Messung auf Sätze von Fragen oder gesamte Fragebögen hat erläuterungsbedürftige Implikationen für die theoretische Beschäftigung mit der Wahl der Antwortstrategie von Befragten. Satisficing wird von Krosnick (1991) als Antwortstrategie konzeptualisiert, welche die Reduzierung von Belastungen bei der Beantwortung individueller Fragen zum Ziel hat. Dieses Ziel kann durch das lediglich oberflächliche Abarbeiten oder das vollständige Überspringen der kognitiven Prozesse bei der Fragebeantwortung erreicht werden, was in der Folge zum Auftreten von Antworteffekten führt.

> *„Respondents are likely to satisfy whatever desires motivate them to participate just a short way into an interview, and they are likely to become increasingly fatigued, disinterested, impatient, and distracted as the interview progresses. This situation presents respondents with a dilemma. Their motivation to work hard has evaporated, and the cognitive costs of hard work have become increasingly burdensome. Nonetheless, the interviewer continues to ask a seemingly unending stream of questions and to carefully record responses, which suggests that the interviewer expects the respondent to devote the effort necessary to generate high-quality responses. Many survey respondents probably deal with this situation by shifting their response strategy. Rather than continuing to expend the mental effort necessary to generate optimal answers to question after question, respondents are likely to compromise their standards and expend less energy instead. At first, respondents probably do so simply by being less thorough in comprehension, retrieval, judgment, and response selection. [...] After a respondent answers questions using this strategy for a while, fatigue continues to increase, and executing all four steps of the response process becomes more and more taxing. At this point, respondents may simplify their endeavor even further by omitting the retrieval and judgment steps from the response process altogether."* (Krosnick 1991, S. 214-215)

Diese Darstellung einer idealtypischen Sequenz im Verlauf eines Interviews, wonach Befragte mit zunehmender Dauer und Erschöpfung ihre

Antwortstrategie von Optimizing über schwächere letztendlich zu stärkeren Formen von Satisficing umstellen, impliziert einen Zusammenhang zwischen stärkeren und schwächeren Formen von Satisficing. Es ist jedoch zu konstatieren, dass diese stark vereinfachende Darstellung der an anderer Stelle präsentierten Annahme widerspricht, dass neben der Motivation auch die grundlegenden Fähigkeiten von Befragten sowie die Schwierigkeit der Aufgabe ausschlaggebend dafür sind, ob Optimizing oder Satisficing als Antwortstrategie angewendet wird (vgl. Krosnick 1991, S. 220-225).

Es ist somit festzuhalten, dass die Satisficing-Theorie in der vorliegenden Form keine präzisen Aussagen darüber erlaubt, unter welchen Bedingungen Befragte welche Antworteffekte zeigen und ob sie dabei jeweils auf distinkte Antworteffekte oder Sätze von Antworteffekten zurückgreifen. Zudem ist unklar, ob Befragte bei der Teilnahme an einer Umfrage eine ganz bestimmte Sequenz durchlaufen, wonach sie zu Beginn motiviert sind und sorgfältig und akkurat antworten und mit zunehmender Dauer und Belastung zunächst zu schwächeren und später zu stärkeren Formen von Satisficing übergehen oder ob das Auftreten und die Stärke von Satisficing vielmehr von den spezifischen Fragen, dem situativen Kontext und der grundsätzlichen Verfasstheit sowie den Prädispositionen der Befragten abhängt. Legt man seinen Überlegungen die letztere Annahme zu Grunde, so kann wohlbegründet davon ausgegangen werden, dass Befragte in Abhängigkeit von der Befragungssituation und den spezifischen Fragen mitunter fließend zwischen Optimizing sowie schwachen und starken Formen von Satisficing wechseln können. Wird die Perspektive der Satisficing-Theorie auf die Ebene von Sätzen von Fragen oder gesamte Fragebögen ausgedehnt, so ergeben sich zwei offenen Fragen. Erstens, inwieweit ist die Wahl der Antwortstrategie innerhalb einer Befragung variabel? Zweitens, inwieweit zeigen Befragte, die Satisficing als Antwortstrategie verfolgen, distinkte Antworteffekte oder Sätze von Antworteffekten?

Vor dem Hintergrund dieser offenen Fragen wird hier ein erweiterter theoretischer Rahmen für die Satisficing-Theorie entworfen, der ihre Ausdehnung auf Sätze von Fragen oder gesamte Fragebögen erlaubt. Wie im Folgenden gezeigt wird, kann die Wahl der Antwortstrategie in diesem erweiterten Rahmen als latente Variable verstanden und in statistischen Analysen modelliert werden. Gemäß der theoretischen Konzeptualisierung durch Krosnick (1991) ist mit Blick auf den zeitlichen Ablauf einer Befragung von einer intra-individuellen Variabilität in der Wahl der Antwortstrategie auszugehen. Diese Annahme der Satisficing-Theorie erfährt empirische Evidenz durch die Studien von Galesic und Bosnjak (2009) und Roberts et al. (2010), wonach die Wahrscheinlichkeit des Auftretens von Satisficing mit zunehmender Länge einer Befragung ansteigt. Auf der Grundlage der theoretischen Annahme, dass die Wahrscheinlichkeit für die Wahl von Satisficing unter anderem von der Schwierigkeit der zu beantwortenden Frage sowie der persönlichen Relevanz der Frage für den Befragen abhängt, erscheint der Befund von intra-individueller Variabilität in der Wahl der Antwortstrategie über den Verlauf einer Befragung hinweg höchst plausibel. Das Beispiel von Krosnick (1991, S. 214-215) für einen idealtypischen Interviewverlauf, der das Auftreten von Satisficing illustriert, verdeutlicht jedoch zugleich, dass die intra-individuelle Variabilität in der Wahl der Antwortstrategie durch den Kontext der zu beantwortenden Fragen in einer Befragung begrenzt wird. So kann zwar davon ausgegangen werden, dass Befragte bei jeder Frage neu evaluieren, welche Antwortstrategie sie bei der Beantwortung verfolgen, jedoch erfolgt diese Evaluation unter dem Eindruck der kumulierten Belastungen durch die Beantwortung vorhergehender Fragen sowie der damit möglicherweise einhergehenden sinkenden Motivation zur sorgsamen Beantwortung weiterer Fragen. Mit anderen Worten ist es unwahrscheinlich, dass Befragte während einer Befragung ihr Antwortverhalten bei jeder Frage anpassen. Nichtsdestoweniger ist es möglich, dass Befragte ihr Antwortverhalten von Optimizing zu mehr oder weniger starken Formen von Satisficing ändern, um zu einem späteren Zeitpunkt wieder zu Optimizing zurückzukehren, etwa weil die dann gestellten Fragen leichter zu beantworten sind und eine höhere persönliche Relevanz für die Befragten aufweisen. Wie stark letztendlich die intra-individuelle Variabilität in der Wahl der Antwortstrategie ausfällt, hängt maßgeblich davon ab, inwieweit die Einflussgrößen im Entscheidungsprozess innerhalb der Individuen über die Zeit variieren und wie bedeutsam sie im Entscheidungsprozess sind. Die von der Satisficing-Theorie genannten Einflussgrößen (siehe insbesondere Krosnick 1991, S. 220-225) sind in temporaler Hinsicht in unterschiedlich starkem Ausmaß variabel bzw. stabil. Während die Schwierigkeit der Aufgabe für den Befragten in zeitlicher Perspektive in hohem Maße mit der Schwierigkeit der jeweiligen Fragen variiert, so ist der Einfluss der Vorlesegeschwindigkeit seitens des Interviewers sowie von Ablenkungen während der Befragung wahrscheinlich durch eine geringere Variabilität geprägt. Hinsichtlich der Fähigkeit zur akkuraten Beantwortung der Fragen ist anzunehmen, dass die Übung im Denken über das Thema der Befragung sowie das Vorhandensein von gefestigten Einstellungen zu den Fragen in höherem Maße variabel sein sollte als die prinzipielle kognitive Gewandtheit eines Befragten. Insbesondere die kognitive Gewandtheit sollte nach dem Erreichen eines gewissen Alters auch in langfristiger Perspektive nur noch geringfügiger Variation unterliegen, sodass mit Blick auf einzelne Befragungen oder Panelbefragungen mit kurzen oder moderat langen Abständen zwischen den Erhebungswellen von intra-individueller Stabilität ausgegangen werden kann.

Ähnliche Überlegungen lassen sich hinsichtlich der Einflussgröße der Motivation von Befragten anstellen. Während die Salienz des Themas oder der Themen einer Umfrage für Befragte sowie die von diesen erwartete Bedeutung der Umfrage für die Gesellschaft zumindest in Hinblick auf Panelbefragungen mit moderaten oder längeren Abständen zwischen den Erhebungswellen einer gewissen intra-individuellen Variation unterliegen können, wird die Persönlichkeit von Befragten, etwa in Gestalt des Need for Cognitions, weitgehende intra-individuelle Stabilität auch über längere Zeiträume aufweisen. Die Fragen nach der intra-individuellen Variabilität in der Wahl der Antwortstrategie stellt eine Forschungslücke dar. Bislang liegen neben den Studien von Galesic und Bosnjak (2009) und Roberts et al. (2010) keine weiteren Publikationen vor, welche die intra-individuelle Variabilität im Antwortverhalten von Befragten mit expliziter Bezugnahme auf die Satisficing-Theorie und unter Rückgriff auf ihre Annahmen untersuchen. Auf Grund der limitierten empirischen Befunde wird hier angenommen, dass die intra-individuelle Variabilität in der Wahl der Antwortstrategie durch den Kontext der zu beantwortenden Fragen in einer Befragung begrenzt wird. Die Entscheidung über die anzuwendende Antwortstrategie erfolgt demnach unter dem Eindruck der kumulierten Belastungen durch die Beantwortung vorhergehender Fragen sowie der damit möglicherweise einhergehenden sinkenden Motivation zur sorgsamen Beantwortung weiterer Fragen. Eine fortwährende Anpassung der Antwortstrategie im Verlauf einer Befragung ist folglich wenig wahrscheinlich. Nichtsdestoweniger wird die Wahl der Antwortstrategie stets durch Eigenschaften der individuellen Fragen moderiert, was wiederum die mögliche Stabilität im Antwortverhalten begrenzen sollte.

Insofern die intra-individuelle Variabilität in der Wahl der Antwortstrategie durch Eigenschaften der Befragten als auch den Kontext der Fragen in der Befragung begrenzt wird, kann vermutet werden, dass Befragte in Abhängigkeit von Eigenschaften der individuellen Fragen auf unterschiedliche Mittel zurückgreifen werden, um die Belastungen bei der Fragebeantwortung zu minimieren. Ist ein Befragter beispielsweise auf Grund seiner grundlegenden Fähigkeiten und seiner momentanen Motivation dazu geneigt, die Belastungen bei der Beantwortung der aktuellen Frage stark zu reduzieren, so stehen ihm hierzu in Abhängigkeit von den Eigenheiten dieser Frage mal mehr und mal weniger Möglichkeiten zur Verfügung. Handelt es sich z.B. um eine Fragebatterie mit einer Ratingskala, die eine ungerade Anzahl von Skalenpunkten und die Möglichkeit „weiß nicht" zu antworten aufweist, so kann der Prozess der Fragebeantwortung prinzipiell durch die Abgabe von „Weiß nicht"- oder Mittelkategorie-Antworten sowie durch Straightlining oder die zufällige Auswahl von Antworten minimiert werden. Handelt es sich jedoch um eine offene Frage, so bleibt vermutlich oftmals nur die Wahl zwischen einer „Weiß nicht"- oder einer anderen nichtsubstantiellen Antwort, um eine Vereinfachung der Beantwortung zu erreichen. Bei kategorialen Fragen, die keine „Status quo"- oder Mittelkategorie umfassen und „weiß nicht" als Antwort nicht möglich oder angebracht ist, verbleibt bei Satisficing als Antwortstrategie hingegen lediglich die Auswahl einer zufälligen Antwort. Gemäß der Annahme, dass sich Satisficing in einer Vielzahl von Antworteffekten äußern kann, ist zu erwarten dass die Wahl der Antwortstrategie als latente Variable angesehen und in statistischen Analysen unter Verwendung multipler manifester Indikatoren für die Antworteffekte modelliert werden kann (vgl. Kaminska et al. 2010). Insofern zudem die Annahme korrekt ist, dass Antwortzeiten als unmittelbarer Indikator des Ausmaßes der kognitiven Aktivität während des Antwortprozesses interpretiert werden können (vgl. Callegaro et al. 2009; Greszki et al. 2014; Turner et al. 2014; Zhang und Conrad 2014), so sollte die Verwendung eines antwortzeitbasierten Indikators die statistische Modellierung der Antwortstrategie als latente Variable unterstützen können. Die vorliegende Untersuchung schlägt daher vor, neben manifesten Indikatoren für die Antworteffekte von Satisficing einen antwortzeitbasierten Indikator für das Ausmaß der kognitiven Aktivität während des Antwortprozesses zur Modellierung von Satisficing heranzuziehen. Die simultane Verwendung von Indikatoren für die Antworteffekte von Satisficing und das Ausmaß der kognitiven Aktivität während des Antwortprozesses könnte die Problematiken abschwächen, dass einerseits bestimmte Antworteffekte, wie das zufällige Antworten, schwer über die Betrachtung von Antwortmustern zu erfassen sind, während andererseits der Nachteil der Verwendung von Antwortzeiten adressiert wird, dass kurze Antwortzeiten sowohl eine geringe Tiefe der kognitiven Aktivität im Antwortprozess als auch das Vorliegen mental gut zugänglicher Einstellungen indizieren können. Vor dem Hintergrund der Erweiterung des theoretischen Rahmens der Satisficing-Theorie auf Sätze von Fragen oder gesamte Fragebögen untersucht die vorliegende Studie, inwiefern die Wahl der Antwortstrategie als latente Variable verstanden und in statistischen Analysen mittels der Verwendung von Indikatoren für die Antworteffekte von Satisficing als auch der kognitiven Aktivität im Antwortprozess modelliert werden kann.

Die Beantwortung dieser Frage ist in zweierlei Hinsicht von Bedeutung: Erstens kann im Rahmen der hier vorgeschlagenen Erweiterung der Satisficing-Theorie auf Sätze von Fragen oder gesamte Fragebögen die Antwortstrategie als latente Variable aufgefasst werden. Erweist sich diese Annahme in der empirischen Analyse als zutreffend, so spricht dies für die Gültigkeit der grundlegenden Annahme der Theorie, wonach die beschriebenen Antworteffekte auf die gleichen Mechanismen während der Fragebeantwortung und mithin auf die Wahl von Satisficing als Antwortstrategie zurückzuführen sind. Das Zurückweisen der Annahme würde hingegen unvermeidlich kritische Fragen aufwerfen. Einerseits wäre zu hinterfragen, ob die vereinfachende Differenzierung zwischen Optimizing, schwachem und starkem Satisficing verkennt, dass Krosnick (1991) von einem Kontinuum im Ausmaß und der Qualität der kognitiven Aktivität während des Antwortprozesses ausgeht, dessen Extrempunkte Optimizing und starkes Satisficing bilden. Demnach stünde das Auftreten der unterschiedlichen Antworteffekte mit je spezifischen Ausprägungen auf dem Kontinuum in Zusammenhang. Andererseits könnte die noch kritischere Frage aufgeworfen werden, inwiefern die analysierten Antworteffekte auf die gleichen Mechanismen während der Fragebeantwortung zurückgeführt werden können und ob diese theoretisch nicht vielmehr als voneinander unabhängige Antwortstrategien oder Antwortstile zu begreifen sind. Zweitens stellt die hier vorgeschlagene Modellierung der Antwortstrategie als latente Variable interessierten Forschern ein innovatives Werkzeug für die Untersuchung des Antwortverhaltens von Befragten und der Antwortqualität zur Verfügung. Wie den vorangegangenen Ausführungen entnommen werden kann, ergibt sich der Vorteil einer solchen Modellierung insbesondere dann, wenn die zu verwendende Datengrundlage über keine speziell designten Experimente und Fragen zur Messung von Satisficing verfügt und zudem ein analytisches Interesse an der Untersuchung der Antwortstrategie auf der Ebene individueller Befragter besteht.

Die hier thematisierte Fragestellung zur Messung von Satisficing wird im dritten Kapitel aufgegriffen und auf Grundlage von Daten aus vier webbasierten Querschnittserhebungen mit der Methode der LCA untersucht.

2.3 Die Erklärung von Satisficing: Empirische Evidenz und offene Fragen

Die vorliegende Untersuchung zielt weiterhin darauf ab, die empirische Evidenz für die Gültigkeit grundlegender Annahmen der Satisficing-Theorie zu sichten und offene Fragen bzw. bislang nicht mit ausreichender Genauigkeit untersuchte Fragen zu identifizieren. Wie im Weiteren gezeigt wird, sind insbesondere drei Aspekte hervorzuheben: Erstens untersuchen wenige empirische Studien umfangreiche Sätze der Annahmen, die in der Satisficing-Theorie hinsichtlich der Wahl der Antwortstrategie enthalten sind. Zudem werden die Annahmen häufig nur unter Verwendung einzelner oder begrenzter Sätze von Antworteffekten untersucht. Die Überprüfung einer Vielzahl von Annahmen der Satisficing-Theorie erscheint daher als ein Forschungsdesiderat. Zweitens findet bislang die Frage zu wenig Beachtung, in welchem Ausmaß die Einflussgrößen der Schwierigkeit der Aufgabe sowie der Fähigkeiten und Motivation der Befragten relativ zueinander zur Erklärung der Wahl der Antwortstrategie beitragen. Sie ist daher als offene Frage zu begreifen. Drittens wird die nur knapp und vage von Krosnick (1991) thematisierte Frage nach dem Zusammenwirken der Einflussgrößen in der Wahl der Antwortstrategie in wenigen Studien aufgegriffen und untersucht (vgl. Roberts 2016). Auch diese Frage kann daher als offen gelten.

Während die Satisficing-Theorie oftmals als Grundlage verwendet wird, um beispielsweise Unterschiede in der Messung zwischen verschiedenen Erhebungsmodi zu analysieren und zu erklären (siehe z.B. Chang und Krosnick 2009, 2010; Fricker et al. 2005; Heerwegh 2009; Heerwegh und Loosveldt 2008; Holbrook et al. 2003; Rada und Domínguez-Álvarez 2014; Vogl 2013), wurden ihre zentralen Annahmen bislang nur in begrenztem Umfang empirischen Untersuchungen unterzogen (siehe z.B. Callegaro et al. 2009; Galesic und Bosnjak 2009; Holbrook et al. 2014; Holbrook et al. 2007; Krosnick et al. 1996; Krosnick et al. 2002; Lenzner 2012; Malhotra 2009; Narayan und Krosnick 1996; O'Muircheartaigh et al. 2001; Roberts et al. 2010; Toepoel et al. 2009c; Turner et al. 2014; Zhang und Conrad 2014). Die Mehrzahl dieser Studien bezieht lediglich einzelne oder eine begrenzte Anzahl von Antworteffekten in die Untersuchung ein (siehe z.B. Galesic und Bosnjak 2009; Holbrook et al. 2014; Holbrook et al. 2007; Krosnick et al. 2002; Lenzner 2012; Malhotra 2009; O'Muircheartaigh et al. 2001; Toepoel et al. 2009c; Turner et al. 2014; Zhang und Conrad 2014), während vergleichsweise wenige Studien umfassendere Sätze von Antworteffekten inspizieren (siehe Krosnick et al. 1996; Narayan und Krosnick 1996; Roberts et al. 2010).

Die empirischen Analysen unterscheiden sich weiterhin darin, ob einzelne oder umfangreiche Sätze von Annahmen der Satisficing-Theorie überprüft werden. Mehrere Studien untersuchen den Zusammenhang von Antwortzeiten als Indikatoren für die Vollständigkeit und Sorgfalt des kognitiven Prozessierens und dem Auftreten von Satisficing. Die Mehrzahl dieser Studien findet signifikante Zusammenhänge zwischen kurzen Antwortzeiten bzw. Speeding und den untersuchten Antworteffekten (siehe z.b. Greszki et al. 2014; Malhotra 2008; Revilla und Ochoa 2015; Zhang und Conrad 2014), während die Untersuchung von Turner et al. (2014) insignifikante oder theoretisch widersprüchliche Zusammenhänge entdeckt. Die Studien von Galesic und Bosnjak (2009) sowie Roberts et al. (2010) untersuchen den Zusammenhang zwischen Fragebogenlänge, Frageposition und dem Auftreten von Satisficing und präsentieren Befunde, wonach die Wahrscheinlichkeit von Satisficing mit zunehmender Länge einer Befragung ansteigt. In den Studien von Holbrook et al. (2003), Holbrook et al. (2007), Malhotra (2009), Narayan und Krosnick (1996), O'Muircheartaigh et al. (2001), Pickery und Loosveldt (1998), Pickery und Loosveldt (2004) sowie Roberts et al. (2010) werden Zusammenhänge zwischen Eigenschaften der Befragten und dem Auftreten der mit Satisficing assoziierten Antworteffekte analysiert. Dies geschieht teils mit expliziter Bezugnahme auf Annahmen der Satisficing-Theorie und teils implizit im Kontext der Analyse von Moduseffekten und anderen Fragestellungen. Die Arbeit von Holbrook et al. (2003) untersucht im Rahmen eines Modusvergleichs in insgesamt drei Studien das Auftreten von „Weiß nicht"-Antworten, Nichtdifferenzierung in Fragebatterien und Akquieszenz. Ihre Analysen zeigen, dass „Weiß nicht"-Antworten insbesondere unter Befragten mit geringer Bildung vorkommen (Studien 1 bis 3). Entgegen ihren Erwartungen finden sie jedoch keine signifikanten Zusammenhänge zwischen dem Auftreten von Nichtdifferenzierung und Bildung (Studien 1 und 2). Widersprüchliche Befunde ergeben sich für die Zusammenhänge zwischen dem Alter von Befragten und dem Auftreten von „Weiß nicht"-Antworten und Nichtdifferenzierung (Studien 1 bis 3) sowie dem Auftreten von Akquieszenz und dem Bildungsniveau

(Studien 2 und 3). Holbrook et al. (2007) untersuchen das Auftreten von Antwortreihenfolgeeffekten bei dichotomen, kategorialen Fragen. In den telefonisch durchgeführten Experimenten finden sie vornehmlich Recency-Effekte bei vergleichsweise schwierigeren Fragen, die später im Interview gefragt wurden. Diese Antwortreihenfolgeeffekte zeigen sich zudem stärker bei Befragten mit geringer und mittlerer Bildung als bei hochgebildeten Befragten, während sie in keinem signifikanten Zusammenhang mit dem Alter stehen. Die Studie von Malhotra (2009) untersucht das Auftreten von Antwortreihenfolgeeffekten bei einfachen und komplexen Fragen. Entgegen seinen Erwartungen findet Malhotra (2009) geringe Antwortreihenfolgeeffekte bei komplexen Fragen, die nicht in Zusammenhang mit der Bildung der Befragten stehen. Bei einfachen Fragen treten hingegen deutliche Reihenfolgeeffekte auf, insbesondere unter Befragten mit geringer Bildung. Auf der Grundlage einer Metaanalyse von über 130 Experimenten von Schuman und Presser (1981) untersuchen Narayan und Krosnick (1996) den Zusammenhang zwischen der Bildung von Befragten und dem Auftreten von sieben Antworteffekten, von denen vier unmittelbar mit der Antwortstrategie Satisficing in Verbindung gebracht werden. Ihre Analysen zeigen, dass Antwortreihenfolgeeffekte und Akquieszenz unter Befragten mit geringer Bildung signifikant stärker ausfallen als unter Befragten mit mittlerer oder hoher Bildung. Mittelkategorie-Antworten treten verstärkt bei Befragten mit geringer oder mittlerer Bildung auf. Dieser Zusammenhang zeigt sich jedoch nicht, wenn die Mittelkategorie den Status quo repräsentiert. Auch für drei verschiedene Arten von „Weiß nicht"-Antworten finden die Autoren signifikant stärkere Effekte für Befragte mit geringerer Bildung. O'Muircheartaigh et al. (2001) untersuchen im Rahmen eines Experiments das Auftreten von Mittelkategorie- und „Weiß nicht"-Antworten. Sie kommen zu dem Befund, dass „Weiß nicht"-Antworten häufiger bei Befragten mit einem geringeren Interesse am Thema und geringerer Bildung sowie älteren Befragten auftreten. Mittelkategorie-Antworten kommen hingegen häufiger bei jüngeren Befragten sowie Befragten mit einem geringen Interesse vor, während kein signifikanter Zusammenhang mit der Bildung gefunden wird. Die Studie von Pickery und Loosveldt (1998) untersucht die Häufigkeit von „Weiß nicht"-Antworten zu Einstellungsfragen in Abhängigkeit von Eigenschaften der Befragten und der Interviewer. Ihre Ergebnisse zeigen unter anderem, dass „Weiß nicht"-Antworten insbesondere unter älteren und gering gebildeten Befragten vorkommen. Die Studie von Pickery und Loosveldt (2004) kommt zu ähnlichen Ergebnissen, wonach die Wahrscheinlichkeit von „Weiß nicht"-Antworten insbesondere bei älteren Befragten erhöht ist, während sie bei hochgebildeten Befragten geringer ausfällt. Roberts et al. (2010) schließlich untersuchen das Vorkommen von Antwortreihenfolgeeffekten, Akquieszenz, Mittelkategorie-Antworten sowie Nichtdifferenzierung im Rahmen eines Experiments zur Interviewlänge in telefonischen Befragungen. Ihre Studie zeigt, dass Akquieszenz und Nichtdifferenzierung insbesondere bei älteren Befragten und Befragten mit geringerer Bildung vorkommen. Keine signifikanten Zusammenhänge finden sie hingegen zwischen der Bildung von Befragten und dem Auftreten von Mittelkategorie-Antworten sowie Primacy- und Recency-Effekten. Während ebenfalls kein Zusammenhang zwischen dem Alter von Befragten und Mittelkategorie-Antworten beobachtet wird, kommen die untersuchten Antwortreihenfolgeeffekte signifikant häufiger bei älteren Befragten vor. Mittelkategorie-Antworten stehen darüber hinaus mit einem geringen Interesse an Politik in Zusammenhang.

Hinsichtlich der vorgestellten Studien und ihrer Befunde sind zwei Anmerkungen zu machen. Erstens berichten die betrachteten Studien in Bezug auf die analysierten Antworteffekte und Eigenschaften der Befragten teils übereinstimmende und teils widersprüchliche Ergebnisse. Insbesondere werden signifikante Zusammenhänge zwischen der Bildung sowie dem Alter von Befragten und dem Vorkommen von „Weiß nicht"-Antworten gefunden, wonach Befragte mit geringerer Bildung und ältere Befragte diese Antwortmöglichkeit häufiger bzw. mit höherer Wahrscheinlichkeit verwenden. Widersprüchliche Befunde sind hingegen unter anderem hinsichtlich der Verwendung der Mittelkategorie von Skalen bzw. der „Status quo"-Antwortmöglichkeit zu konstatieren. Zweitens untersucht der Großteil der vorgestellten Studien Zusammenhänge zwischen den mit Satisficing assoziierten Antworteffekten und einem begrenzten Satz von sozio-demographischen Merkmalen der Befragten, insbesondere ihrer formalen Bildung sowie ihrem Alter. Die formale Bildung wird regelmäßig als Indikator für die kognitive Gewandtheit von Befragten und somit als Maß für die Fähigkeit zur Fragebeantwortung angesehen (siehe z.B. Holbrook et al. 2007; Krosnick et al. 1996; Narayan und Krosnick 1996). Das Alter von Befragten wird von manchen Autoren mit der Kapazität des Arbeitsgedächtnisses in Zusammenhang gebracht (siehe z.B. Craik und Jennings 1992; Knäuper 1999) und daher ebenfalls als Indikator für die kognitive Gewandtheit bzw. die Fähigkeiten von Befragten verwendet (siehe z.B. Holbrook et al. 2007). In der Folge untersuchen die betreffenden Studien insbesondere den Zusammenhang zwischen der kognitiven Gewandtheit bzw. den Fähigkeiten von Befragten und dem Auftreten der Antworteffekte von Satisficing, während unter anderem der Beitrag der Motivation von Befragten in der Wahl der Antwortstrategie unberücksichtigt bleibt. Diese Begrenzung auf einzelne oder wenige Annahmen zu den Einflussgrößen in der Wahl der Antwortstrategie bedingt, dass der Fokus häufig auf der Fragestellung liegt, ob die mit den Einflussgrößen assoziierten Variablen signifikante Einflüsse in der theoretisch erwarteten Richtung haben. Die Frage hingegen, wie stark unterschiedliche Einflussgrößen auf die Wahl der Antwortstrategie einwirken, bleibt folglich weitgehend unbeachtet.

Von den zuvor vorgestellten Studien heben sich die Untersuchungen von Holbrook et al. (2014), Krosnick et al. (1996), Lenzner (2012) und Toepoel et al. (2009c) ab, welche über die Erfassung der Fähigkeiten und Motivation der Befragten sowie der Schwierigkeit der Aufgabe darauf abzielen, die Satisficing-Theorie in umfassenderer Art und Weise zu überprüfen. In insgesamt vier Studien untersuchen Holbrook et al. (2014) die Frage, inwiefern gerundete Angaben bei offenen Fragen nach numerischen Angaben auf die Anwendung der Antwortstrategie Satisficing zurückzuführen sind. Während Studie 1 lediglich auf die Bildung als Indikator für die Fähigkeiten von Befragten zurückgreift, stützen sich die Studie 4 und insbesondere die Studien 2 und 3 auf umfangreiche Operationalisierungen der Einflussgrößen Schwierigkeit der Aufgabe, Fähigkeiten und Motivation. Sie verwenden unter anderem die Bildung sowie die von den Interviewern eingeschätzte Intelligenz von Befragten zur Messung der Fähigkeiten, einen Index für Need for Cognition sowie die selbstberichtete Anstrengung bei der Beantwortung der Fragen zur Messung der Motivation und eine Frage nach der wahrgenommenen Schwierigkeit des Fragebeantwortungsprozesses zur Messung der Schwierigkeit der Aufgabe. Auf der Grundlage dieses Untersuchungsdesigns zeigen die Analysen von Holbrook et al. (2014), dass gerundete numerische Angaben in der Regel nicht unter den Bedingungen vorkommen, die mit dem Auftreten von Satisficing in Verbindung gesetzt werden. Krosnick et al. (1996) untersuchen in drei Studien die Bedingungen, unter denen Antwortreihenfolgeeffekte, Akquieszenz, „Status quo"- und „Weiß nicht"-Antworten (Studien 1 und 2) sowie zufällige Antworten und Nichtdifferenzierung auftreten (Studie 3). Die Ergebnisse der Studien 1 und 2 zeigen, dass entsprechend der Annahmen der Satisficing-Theorie Antwortreihenfolgeeffekte, Akquieszenz und „Weiß nicht"-Antworten insbesondere bei Befragten mit geringerer Bildung bzw. geringeren Werten bei verschiedenen Tests der kognitiven Fähigkeiten auftreten, während sie für „Status quo"-Antworten einen umgekehrten Zusammenhang finden. In Studie 3 verwenden Krosnick et al. (1996) Fragen nach der Bedeutung der Befragung für die Wissenschaftler, die Bürger der USA sowie die Bürger des Bundesstaates Ohio und einen Indikator für Need for Cognition zur Messung der Motivation von Befragten. Sie kommen zu dem Befund, dass zufälliges Antworten verstärkt bei Befragten mit geringerer Bildung und niedrigem Need for Cognition vorkommt. Zudem geht eine geringe wahrgenommene Bedeutung der Befragung für die Wissenschaftler mit einer stärkeren Neigung zu zufälligen Antworten einher. Nichtdifferenzierung tritt den Erwartungen der Autoren entsprechend signifikant häufiger bei geringer gebildeten Befragten auf. Der Antworteffekt ist zudem seltener bei Befragten zu beobachten, die der Befragung eine hohe Bedeutung für die Wissenschaftler zuschreiben. Keinen signifikanten Zusammenhang finden sie jedoch mit Need for Cognition. Entgegen der Hypothesen der Autoren treten beide Antworteffekte signifikant stärker bei Befragten auf, die der Befragung eine hohe Bedeutung für die Bürger des Bundesstaates Ohio zusprechen. Die Studie von Lenzner (2012) untersucht das Auftreten von nichtsubstantiellen („Weiß nicht"- und Nichtantworten) und Mittelkategorie-Antworten sowie die intertemporale Konsistenz von Antworten bei wiederholter Befragung der Teilnehmer mit Hilfe experimenteller Variation der Frageschwierigkeit. Die Fähigkeiten von Befragten werden anhand eines Wortschatztests zur Bestimmung der verbalen Intelligenz und ihre Motivation mittels eines Index aus Need for Cognition und Need to Evaluate bestimmt. Die Ergebnisse der Studie von Lenzner (2012) zeigen, dass erstens die Häufigkeit von nichtsubstantiellen Antworten mit höherer Schwierigkeit der Fragen sowie geringeren Fähigkeiten und geringerer Motivation der Befragten zunimmt. Zweitens steigt die Anzahl von Mittelkategorie-Antworten mit höherer Schwierigkeit der Fragen und geringerer Motivation der Befragten an. Die Fähigkeiten der Befragten hingegen stehen in keinem Zusammenhang mit diesem Antworteffekt. Drittens wird eine geringere intertemporale Konsistenz von Antworten bei schwierigeren Fragen und geringeren Fähigkeiten der Befragten konstatiert, während die Motivation keinen Einfluss hat. Toepoel et al. (2009c) schließlich untersuchen den Einfluss von Alter und Bildung als Indikatoren für die Fähigkeiten sowie von Need for Cognition und Need to Evaluate als Indikatoren für die Motivation von Befragten auf Unterschiede in den Antwortverteilungen von vier verschieden schweren Fragen, die mit unterschiedlichen Antwortskalen nach

Häufigkeiten von Tätigkeiten fragen. Während die Ergebnisse hinsichtlich der Fähigkeiten der Befragten widersprüchlich sind, zeigen sich deutliche Antworteffekte für gering motivierte Befragte.

Auch hinsichtlich der Studien von Holbrook et al. (2014), Krosnick et al. (1996), Lenzner (2012) und Toepoel et al. (2009c) sind die zwei zuvor thematisierten Anmerkungen zu machen. Erstens berichten die Studien teils übereinstimmende und teils widersprüchliche Ergebnisse, wobei das Runden von numerischen Angaben höchstwahrscheinlich keine Folge von Satisficing ist (Holbrook et al. 2014) und es bei den von Toepoel et al. (2009c) untersuchten Antworteffekten zumindest fraglich erscheint, ob diese auf die Wahl von Satisficing als Antwortstrategie zurückzuführen sind. Zweitens gilt auch für diese vier Studien, dass der Fokus auf der Fragestellung liegt, ob die Variablen der betrachteten Einflussgrößen signifikante Einflüsse auf die Wahl der Antwortstrategie in der theoretisch erwarteten Richtung haben. Die Frage nach der relativen Bedeutung der Einflussgrößen in der Wahl der Antwortstrategie bleibt trotz der umfassenderen Operationalisierungen der Satisficing-Theorie auch in diesen Studien weitgehend unbeachtet. Diese offene Frage wird daher in der vorliegenden Studie aufgegriffen und untersucht.

Die zuletzt behandelten Untersuchungen unterscheiden sich weiterhin in der Thematisierung des Zusammenwirkens der Einflussgrößen in der Wahl der Antwortstrategie. Während Holbrook et al. (2014) in ihren Analysen lediglich die Haupteffekte der Einflussgrößen berücksichtigen, untersuchen Krosnick et al. (1996), Lenzner (2012) und Toepoel et al. (2009c) darüber hinaus, inwieweit Interaktionen zwischen den Einflussgrößen im Auftreten der Antwortstrategie Satisficing wirksam sind. In Studie 3 von Krosnick et al. (1996) werden Interaktionen zwischen den verwendeten Indikatoren für die Fähigkeiten und die Motivation der Befragten in den Analysen zu Nichtdifferenzierung und zufälligen Antworten berücksichtigt. Neben signifikanten und theoriekonformen Haupteffekten der Indikatoren berichten Krosnick et al. (1996, S. 40-42) von zwei signifikanten Interaktionseffekten zwischen der von den Befragten wahrgenommenen Bedeutung der Befragung für die Forscher und der Positionierung der Fragen im Fragebogen sowie zwischen Need for Cognition und der wahrgenommenen Bedeutung der Befragung für die Bürger der USA. Obgleich diese Interaktionen vornehmlich Indikatoren der Motivation betreffen, werten die Autoren sie als Hinweis darauf, dass die Fähigkeiten und die Motivation von Befragten zumindest unter bestimmten Bedingungen in der Wahl der Antwortstrategie interagieren könnten (Krosnick et al. 1996, S. 42). Mit Bezug auf die Schlussfolgerungen von Krosnick et al. (1996) berücksichtigen auch Toepoel et al. (2009c) in ihrer Studie Interaktionseffekte zwischen den verwendeten Indikatoren für die Fähigkeiten und die Motivation von Befragten. Sie finden drei signifikante Interaktionseffekte, die dahingehend interpretiert werden, dass eine höhere Motivation insbesondere dann zu genaueren Antworten beiträgt, wenn das abgefragte Verhalten nur schlecht im Gedächtnis repräsentiert ist. Signifikante Interaktionseffekte zeigen sich hierbei ausschließlich bei den schwierigeren Fragen, was auf eine weitere Interaktion mit der Schwierigkeit der Aufgabe hindeuten könnte. Dieser Befund wird von Toepoel et al. (2009c) jedoch nicht weiter diskutiert. Die Studie von Lenzner (2012) ist die bislang einzige Untersuchung, welche die Annahme der Interaktion zwischen der Schwierigkeit der Aufgabe, den Fähigkeiten und der Motivation in der Wahl der Antwortstrategie explizit überprüft. In der Analyse nichtsubstantieller Antworten findet Lenzner (2012) einen signifikanten Interaktionseffekt zwischen der Frageschwierigkeit und den Fähigkeiten der Befragten, der dahingehend zu interpretieren ist, dass eine höhere Frageschwierigkeit insbesondere bei Befragten mit geringen Fähigkeiten zu mehr nichtsubstantiellen Antworten führt. Bezüglich von Mittelkategorie-Antworten zeigt sich eine signifikante Interaktion zwischen der Frageschwierigkeit und der Motivation von Befragten. Der Effekt der Frageschwierigkeit auf Mittelkategorie-Antworten ist demnach insbesondere bei wenig motivierten Befragten ausgeprägt. Die Analyse der intertemporalen Konsistenz von Antworten erbringt hingegen keine Hinweise auf das Vorliegen von Interaktionseffekten zwischen den untersuchten Einflussgrößen. Die Studie von Lenzner (2012) findet mithin für keinen der drei untersuchten Antworteffekte Hinweise auf eine Interaktion zwischen allen drei Einflussgrößen. Zusammenfassend ist daher festzuhalten, dass die Studien von Krosnick et al. (1996), Lenzner (2012) und Toepoel et al. (2009c) übereinstimmend Hinweise präsentieren, dass sich die Einflussgrößen Schwierigkeit der Aufgabe, Fähigkeiten und Motivation unter bestimmten Umständen in der Wahl der Antwortstrategie wechselseitig beeinflussen können. Jedoch liefern die drei Studien keine vollständig konsistenten Befunde zu Interaktionen zwischen den Einflussgrößen.[17] Übereinstimmung besteht jedoch

---

17 Ein möglicher Grund für die Inkonsistenz der Befunde könnte darin gesehen werden, dass die drei Studien teils sehr unterschiedliche Antworteffekte analysieren. Während die Studien von Krosnick et al. (1996) und Lenzner (2012) die intertem-

dahingehend, dass bislang kein Nachweis dafür erbracht werden konnte, dass alle drei Einflussgrößen die Wahl der Antwortstrategie in einem komplexen Interaktionszusammenhang bedingen. In Abwesenheit weiterer empirischer Befunde ist die Frage des Zusammenwirkens der Einflussgrößen in der Wahl der Antwortstrategie daher nach wie vor als offene Frage zu betrachten, deren Beantwortung sowohl für die Theoriebildung als auch für zukünftige empirische Untersuchungen von Satisficing von Bedeutung ist.

Das vierte Kapitel greift die zuvor skizzierten Fragestellungen und Forschungsdesiderate auf und leistet mit der empirischen Untersuchung einen Beitrag zur Überprüfung der zentralen Annahmen der Satisficing-Theorie.

2.4 Die Erklärung von Satisficing: Stabilität und Variabilität in der Wahl der Antwortstrategie

Vor dem Hintergrund der vorgeschlagenen Erweiterung des theoretischen Rahmens der Satisficing-Theorie auf gesamte Fragebögen oder Sätze von Fragen sowie der im Abschnitt 2.2 aufgeworfenen Frage nach dem Ausmaß der intra-individuellen Variabilität in der Wahl der Antwortstrategie in zeitlicher Perspektive ergibt sich die weitergehende Frage nach der intra-individuellen Variabilität in der Wahl der Antwortstrategie über Befragungen hinweg. Die Untersuchung dieser Frage ist insbesondere relevant für Panelstudien als auch Befragungen, die auf Teilnehmer von Access-Panels oder andere fest definierte Personengruppen (z.B. Mitarbeiter einer Firma oder Studierende einer Universität) zurückgreifen. In beiden Fällen besteht ein Interesse an der Frage, inwieweit die Güte der Antworten durch intra-individuelle Variabilität in der Wahl der Antwortstrategie geprägt wird. Der Fokus verschiebt sich somit von der Frage, inwieweit die Antwortstrategie über die Fragen in einer Befragung hinweg variiert, hin zu der Frage, inwieweit Befragte innerhalb einer Befragung stärker auf Optimizing oder Satisficing als Antwortstrategie zurückgreifen und inwiefern dieses Verhältnis in der Wahl der Antwortstrategie der Befragten über die Befragungen hinweg variiert. Die Frage ist also mit anderen Worten, inwieweit Befragte, die

---

porale Konsistenz von Antworten zwischen zwei Befragungen analysieren (als zufälliges Antworten bei Krosnick et al. (1996) bezeichnet), untersucht Lenzner (2012) zudem die Abgabe von nichtsubstantiellen und Mittelkategorie-Antworten. Toepoel et al. (2009c) hingegen studieren Unterschiede in Antwortverteilungen in Abhängigkeit von der verwendeten Antwortskala, was zumeist nicht mit Bezug auf die Satisficing-Theorie untersucht wird.

in einer Befragung in hohem Maße auf Satisficing als Antwortstrategie zurückgreifen, dieses Antwortverhalten auch in nachfolgenden Befragungen oder anschließenden Wellen eines Panels zeigen.

Ebenso wie hinsichtlich der Frage nach der intra-individuellen Variabilität in der Wahl der Antwortstrategie im zeitlichen Ablauf einer Befragung argumentiert wurde, kann auch in Bezug auf die intra-individuelle Variabilität im Antwortverhalten der Befragten über Befragungen hinweg angenommen werden, dass diese einerseits durch die Stabilität bestimmter persönlicher Merkmale der Befragten als auch durch den Kontext der Befragung innerhalb eines Panels bzw. eines Access-Panels begrenzt wird. Nichtsdestoweniger ist jedoch davon auszugehen, dass die Wahl der Antwortstrategie stets durch Eigenschaften der individuellen Befragungen sowie ihres situativen Kontexts moderiert wird, was wiederum die mögliche Stabilität im Antwortverhalten begrenzen sollte. Wie stark letztendlich die intra-individuelle Variabilität in der Wahl der Antwortstrategie ausfällt, hängt maßgeblich davon ab, inwieweit die Einflussgrößen im Entscheidungsprozess über die Zeit variieren und wie bedeutsam sie im Entscheidungsprozess sind. Die von der Satisficing-Theorie genannten Einflussgrößen (siehe insbesondere Krosnick 1991, S. 220-225) sind in temporaler Hinsicht in unterschiedlich starkem Ausmaß variabel. Die Schwierigkeit der Aufgabe bestimmt sich einerseits durch den objektiven als auch den subjektiv empfundenen Schwierigkeitsgrad spezifischer Fragen (Krosnick 1991, S. 221-222). Hinsichtlich der Schwierigkeit der Aufgabe ist somit zu unterstellen, dass Befragungen sich in Bezug auf die kumulative Schwierigkeit der Fragen unterscheiden. Die objektive Schwierigkeit variiert somit zunächst im Wesentlichen zwischen Befragungen. Jedoch können Filterführungen innerhalb von Fragebögen sowie „dependent interviewing" (siehe Jäckle 2009; Mathiowetz und McGonagle 2000) bedingen, dass die Schwierigkeit von Befragungen auch zwischen den Befragten variiert. Zudem mag die subjektiv empfundene Schwierigkeit zwischen den Befragten innerhalb einer Befragung variieren. Weiterhin wird angenommen, dass eine hohe Vorlesegeschwindigkeit seitens der Interviewer in persönlich-mündlichen oder telefonischen Befragungen sowie Ablenkungen durch dritte in der Interviewsituation anwesende Personen die Schwierigkeit der Aufgabe für den Befragten erhöhen können (Krosnick 1991, S. 222). Beides sind situative Faktoren, die über die Dauer der gesamten Befragung als auch nur zeitlich begrenzte Auswirkungen haben können. Inwieweit diese beiden Faktoren auf die intra-individuelle Variabilität in der Wahl der Antwortstrategie von

Befragten einwirken, hängt unter anderem davon ab, ob etwa Teilnehmer eines Panels von den gleichen Interviewern befragt werden sowie von den persönlichen Lebensumständen der Befragten, etwa ob diese alleine leben oder mit mehreren Personen im Haushalt. Fest Befragten zugeordnete Interviewer sowie stabile Lebensumstände sollten somit vor allem in persönlich-mündlichen Befragungen die Variabilität in der Wahl der Antwortstrategie begrenzen, während wechselnde Interviewer in persönlich-mündlichen Befragungen oder eine erhöhte Variabilität in der Interviewsituation bei Verwendung von mobilen Endgeräten in Web-Befragungen die intra-individuelle Variabilität in der Wahl der Antwortstrategie fördern sollten. Hinsichtlich der Fähigkeiten von Befragten zur akkuraten Beantwortung der Fragen in einer Befragung ist anzunehmen, dass die Übung im Denken über das Thema oder die Themen einer Befragung sowie das Vorhandensein von Einstellungen zu den Fragen in höherem Maße über Befragungen hinweg variabel sein sollten als die prinzipielle kognitive Gewandtheit eines Befragten. Letztere ist ab einem gewissen Alter von Befragten als weitgehend stabile persönliche Eigenschaft anzusehen, die sich einesteils durch genetische Faktoren und andernteils durch die Sozialisation einer Person bestimmt (Krosnick 1991, S. 222). Die kognitive Gewandtheit von Befragten sollte somit in langfristiger Perspektive nur geringfügiger Variation unterliegen, sodass hinsichtlich von wiederholten Befragungen und Panelbefragungen mit kurzen oder moderat langen Abständen zwischen den Erhebungswellen von weitgehender intra-individueller Stabilität auszugehen ist. Die kognitive Gewandtheit von Befragten sollte folglich das Ausmaß der intra-individuellen Variabilität in der Wahl der Antwortstrategie über Befragungen hinweg begrenzen. Ähnliche Überlegungen bezüglich der Variabilität der Einflussgrößen lassen sich hinsichtlich der Motivation von Befragten anstellen. Während die Salienz des Themas oder der Themen einer Umfrage für Befragte sowie die von diesen erwartete Bedeutung der Umfrage für die Gesellschaft zumindest in Hinblick auf wiederholte Befragungen oder Panelbefragungen mit moderaten oder längeren Abständen zwischen den Erhebungswellen einer gewissen intra-individuellen Variation unterliegen können, wird die Persönlichkeit von Befragten, etwa in Gestalt des Need for Cognitions (Cacioppo und Petty 1982; Cacioppo et al. 1984), wiederum weitgehende intra-individuelle Stabilität auch über längere Zeiträume aufweisen. Es ist daher hinsichtlich der Motivation von Befragten zu erwarten, dass insbesondere weitgehend stabile Persönlichkeitsmerkmale das Ausmaß der intra-individuellen Variabilität in der Wahl der Antwortstrategie über Befragungen hinweg begrenzen sollten.

Die Frage nach der intra-individuellen Variabilität in der Wahl von Optimizing und Satisficing als Antwortstrategien über Befragungen hinweg stellt eine Forschungslücke dar. Bislang liegen keine Publikationen vor, welche die intra-individuelle Variabilität im Antwortverhalten von Befragten über Befragungen hinweg und mit expliziter Bezugnahme auf die Satisficing-Theorie und deren Annahmen untersuchen. Die hier aufgeworfene Frage ist jedoch anschlussfähig an die Debatte über Antwortstile als das Ergebnis zeitlich stabiler Persönlichkeitseigenschaften („trait") oder als Manifestationen eines aktuellen Zustands („state"), der von Eigenschaften der Messung sowie der Messsituation abhängt (siehe u.a. Aichholzer 2013; Baumgartner und Steenkamp 2001; Van Vaerenberg und Thomas 2013; Weijters 2006). Der Begriff des Antwortstils rekurriert auf das konsistente Auftreten eines Antwortmusters über die Zeit und unterschiedliche Situationen hinweg (Paulhus 1991, S. 17). Den Vertretern der „Befragten"- oder auch „Dispositionsperspektive" (Aichholzer 2013, S. 959) zufolge sind Antwortstile als persönliche Merkmale von Befragten anzusehen, die einer Persönlichkeitseigenschaft gleichkommen. Die entgegengesetzte „Stimuli"- oder „Situationsperspektive" (Aichholzer 2013, S. 959) hingegen geht davon aus, dass Antworteffekte vor allem das Ergebnis externer Stimuli sowie der Messsituation sind (siehe z.B. Schuman und Presser 1981). Diese Sichtweise war insbesondere in frühen Arbeiten vertreten, die eine weitgehende zeitliche Instabilität im Auftreten von Antworteffekten bzw. Antwortstilen annahmen (siehe Hui und Triandis 1985; Rorer 1965). Die aktuelle Forschung widmet insbesondere den Ursachen und Auswirkungen der Antwortstile Akquieszenz („acquiescence response style", ARS), Disakquieszenz („disacquiescence response style", DARS), Mittelkategorie-Antworten („midpoint response style", MRS) und extremen Antworten („extreme response style, ERS) eine große Beachtung (Van Vaerenberg und Thomas 2013, S. 196-198). Drei Studien finden eine hohe intra-individuelle Konsistenz von ERS (Greenleaf 1992; Naemi et al. 2009) sowie von ARS und ERS (Weijters et al. 2010a) über den Verlauf eines Fragebogens vor. Darüber hinaus berichten Weijters et al. (2010b) von einer substantiellen intra-individuellen Stabilität von ARS, DARS, ERS und MRS sowie Lipps (2007) von ERS über die Wellen von Panelstudien, bei denen jeweils ein Jahr zwischen den Erhebungen lag, während Billiet und Davidov (2008) eine hohe intra-individuelle Stabilität von ARS in einer Panelstudie mit 4-Jahresabstand zwischen den Wellen konstatieren. Die intra-individuelle Stabilität im Auftreten der Antwortstile innerhalb von Befragungen und über Befragungen hinweg wird allgemeinhin als Hinweis auf einen ursächlichen Zusammenhang mit stabilen Merkmalen von Befragten gedeutet. In dieser Weise werden Befunde interpretiert, wonach Antwortstile mit dem Bildungsniveau als Indikator für die grundlegende kognitive Gewandtheit oder Indikatoren für Persönlichkeitsmerkmale korreliert sind. Mit wenigen Ausnahmen kommen Studien zu dem Schluss, dass Bildung und Antwortstile in einem negativen Zusammenhang stehen (Van Vaerenberg und Thomas 2013, S. 202). Ein solcher Zusammenhang wurde zwischen Bildung und ARS (Billiet und McClendon 2000; Meisenberg und Williams 2008; Rammstedt et al. 2010; Rammstedt und Kemper 2011), ERS (Aichholzer 2013; Greenleaf 1992; He et al. 2014a; Meisenberg und Williams 2008; Weijters et al. 2010b) sowie MRS (Weijters et al. 2010b) gefunden.[18] Einige wenige Studien finden hingegen keinen Zusammenhang zwischen Bildung und ARS (Kieruj und Moors 2013; He et al. 2014a; He et al. 2014b) sowie ERS (He et al. 2014b). Zusammenhänge zwischen Persönlichkeitsmerkmalen und ARS (Couch und Keniston 1960) sowie ERS (Kieruj und Moors 2013; Naemi et al. 2009) werden in einer begrenzten Anzahl von Studien berichtet. Kieruj und Moors (2013) hingegen finden keinen Zusammenhang zwischen Persönlichkeitsmerkmalen und ARS. Alles in allem liegen demnach bislang keine konsistenten Befunde zum Zusammenhang von Persönlichkeitsmerkmalen und Antwortstilen vor, was die Frage aufwirft, wie bedeutsam diese für das Auftreten von Antwortstilen sind. Hierzu passen die Befunde, dass sozio-demographische Variablen auf der Individualebene einen vergleichsweise geringen Anteil der Varianz im Auftreten von ARS, DARS, ERS und MRS (Weijters et al. 2010b) bzw. von ARS und ERS (Meisenberg und Williams 2008) erklären.

---

18 Einige Studien finden hingegen einen positiven Zusammenhang zwischen dem Bildungsniveau und MRS bzw. der Abgabe von Mittelkategorie-Antworten (siehe z.B. He et al. 2014a; He et al. 2014b; Krosnick et al. 1996; Sturgis et al. 2014), während andere Studien keinen Zusammenhang zwischen der Verwendung der Mittelkategorie und der Bildung finden (O'Muircheartaigh et al. 2001). Die Ergebnisse der Studie von Sturgis et al. (2014) weisen darauf hin, dass die Mittelkategorie als gesichtswahrende „Weiß nicht"-Antwort gerade für diejenigen Befragten dient, die ein größeres Interesse an dem behandelten Thema haben. Insofern eine höhere Bildung mit einem gesteigerten Interesse an bestimmten Themen einhergeht, könnten die inkonsistenten Befunde zur Verwendung der Mittelkategorie auch mit Eigenschaften der untersuchten Fragen oder Befragungen erklärt werden.

Auch Van Vaerenberg und Thomas (2013, S. 205) kommen auf Grundlage einer umfassenden Literaturschau zu dem Ergebnis, dass sozio-demographische und Persönlichkeitsvariablen im Allgemeinen einen relativ kleinen Anteil der Varianz im Auftreten von Antwortstilen erklären. Zwei aktuelle Studien stellen weiterhin die intra-individuelle Stabilität von Antwortstilen über die Zeit und verschiedene Situationen in Frage. Die Ergebnisse der Studie von Kam und Zhou (2014) weisen darauf hin, dass ARS nicht absolut konsistent über den Verlauf einer Befragung auftritt, wenn der Antwortstil auf der Ebene individueller Fragen modelliert wird, was die Befunde von Weijters et al. (2010a) in Frage stellt, die ARS auf der Ebene von Sätzen von Fragen messen. Die auf Daten einer Mixed-Mode-Panelstudie basierenden Untersuchungen von Aichholzer (2013) zeigt zwar einerseits eine hohe intra-individuelle Stabilität im Auftreten von ERS. Diese wird andererseits jedoch nur für einen Teil der Befragten vorgefunden. Der andere Teil der Befragten variierte den Antwortstil in Abhängigkeit von Wechseln im Erhebungsmodus (Interviewer- oder selbstadministriert). Die Variation im Antwortverhalten wurde zudem von der Bildung der Befragten moderiert, was Aichholzer (2013, S. 966-967) im Sinne eines Effekts von Satisficing als Antwortstrategie interpretiert. Aichholzer (2013) plädiert daher für eine dynamische Perspektive, wie sie etwa von der „latent state-trait"-Theorie vertreten wird, der zufolge Kognitionen, Emotionen und Verhalten systematisch von Eigenschaften der Personen, der Situation sowie der Interaktion von Person und Situation abhängen (siehe auch Steyer et al. 1999, S. 391-392). Wie zuvor bereits gezeigt wurde, liegt der Satisficing-Theorie eine solche dynamische Perspektive, welche die Interaktion von Person und Situation beinhaltet, implizit zu Grunde. Aus der theoretischen Perspektive betrachtet ist die in dieser Untersuchung zu beantwortende Frage weniger, ob die Antwortstrategie Satisficing absolut konsistent über Befragungen hinweg auftritt, sondern vielmehr, wie groß das Ausmaß der intra-individuellen Variabilität in der Wahl der Antwortstrategie über Befragungen hinweg ist.

Die Aussagekraft der vorliegenden Forschung zu Antwortstilen für die Beantwortung der Frage nach der intra-individuellen Variabilität in der Wahl der Antwortstrategie ist begrenzt. Mit ARS und MRS werden lediglich zwei Antwortstile bzw. Antworteffekte untersucht, die mit Satisficing in

Verbindung gebracht werden.[19] Der Antwortstil ERS wird hingegen nur gelegentlich als Indikator für Satisficing gebraucht (siehe z.B. Kaminska et al. 2010; Lynn und Kaminska 2012). Weitere durch Satisficing hervorgerufene Antworteffekte, wie eine geringe Antwortdifferenzierung, die Abgabe von „Weiß nicht"-Antworten oder die zufällige Auswahl einer Antwort, wurden dem hier zu Grunde liegenden Kenntnisstand nach bislang nicht auf ihre intra-individuelle Variabilität hin untersucht. Rückschlüsse auf die intra-individuelle Variabilität im Auftreten der Antworteffekte von Satisficing lassen sich lediglich hinsichtlich des Zusammenhangs mit weitgehend zeitstabilen Merkmalen von Befragten, wie dem höchsten allgemeinbildenden Schulabschluss und den Persönlichkeitsmerkmalen Need for Cognition oder Need to Evaluate ziehen. Wie bereits in Abschnitt 2.3 dargelegt wurde, untersucht eine Reihe von Studien die Zusammenhänge zwischen soziodemographischen und Persönlichkeitsmerkmalen und dem Auftreten von verschiedenen Antworteffekten, die auf Satisficing zurückgeführt werden. Die Ergebnisse der Studien von Krosnick et al. (1996), Narayan und Krosnick (1996) und Roberts et al. (2010) stützen die Annahme der Satisficing-Theorie, wonach Akquieszenz insbesondere bei Befragten mit geringeren Fähigkeiten auftritt. Holbrook et al. (2003) hingegen finden einen Zusammenhang in umgekehrter Richtung. Wiederum in Übereinstimmung mit den theoretischen Annahmen findet eine Reihe von Studien einen Zusammenhang zwischen geringer Bildung – im Sinne geringer Fähigkeiten – und dem Auftreten von Antwortreihenfolgeeffekten (siehe Holbrook et al. 2007; Krosnick et al. 1996; Malhotra 2008, 2009; Narayan und Krosnick 1996) sowie von „Weiß nicht"-Antworten (Holbrook et al. 2003; Krosnick et al. 1996; Narayan und Krosnick 1996; O'Muircheartaigh et al. 2001; Pickery und Loosveldt 1998, 2004). Lenzner (2012) berichtet darüber hinaus negative Zusammenhänge zwischen den Fähigkeiten (verbale Intelligenz) sowie der Motivation (Need for Cognition und Need to Evaluate) von Befragten und der Anzahl nichtsubstantieller Antworten. Holbrook et al. (2003) finden keinen Zusammenhang zwischen den Fähigkeiten von Befragten und einer geringen Antwortdifferenzierung, während Roberts et al. (2010) einen negativen und Zhang und Conrad (2014) einen von der Antwortgeschwin-

---

19 Auf Grund der in den Studien von Weijters (2006) und Billiet und Davidov (2008) konstatierten intra-individuellen Stabilität von Akquieszenz über wiederholte Messungen hinweg zweifeln Stoop et al. (2010, S. 199) und Weijters (2006) jedoch an, ob es sich bei diesem Antwortstil um ein Resultat von Satisficing handeln kann.

digkeit moderierten negativen Zusammenhang feststellen. Kein Zusammenhang zwischen den Fähigkeiten und Mittelkategorie-Antworten wird in den drei Untersuchungen von Lenzner (2012), O'Muircheartaigh et al. (2001) und Roberts et al. (2010) vorgefunden. Während Krosnick et al. (1996) einen positiven Zusammenhang zwischen der Bildung von Befragten und Mittelkategorie-Antworten feststellen, berichten Narayan und Krosnick (1996) von einem signifikanten negativen Zusammenhang mit allgemeinen Mittelkategorie-Antworten und einem nicht signifikanten Zusammenhang, wenn die Mittelkategorie den Status quo repräsentiert. Letztendlich finden zwei Studien von Lenzner (2012) und Krosnick et al. (1996) eine geringere Antwortkonsistenz über die Zeit bei Befragten mit geringen Fähigkeiten. Während Krosnick et al. (1996) zudem einen Zusammenhang mit dem Persönlichkeitsmerkmal Need for Cognition findet, ist der Zusammenhang zwischen Need for Cognition sowie Need to Evaluate und der Antwortkonsistenz über die Zeit in der Studie von Lenzner (2012) nicht signifikant. Zusammengenommen ergibt sich hinsichtlich der in der Forschungsliteratur berichteten Zusammenhänge zwischen zeitstabilen Merkmalen der Befragten und dem Auftreten der mit Satisficing assoziierten Antworteffekte ein uneinheitliches Bild. Insbesondere für Akquieszenz, Antwortreihenfolgeeffekte und „Weiß nicht"-Antworten finden die hier betrachteten Studien weitgehend konsistente Zusammenhänge mit zeitstabilen Merkmalen der Befragten vor, die zumindest nahelegen, dass das Auftreten dieser Antworteffekte eine gewisse intra-individuelle Stabilität aufweisen könnte. Für die Antworteffekte einer geringen Antwortdifferenzierung, Mittelkategorie-Antworten sowie einer geringen Antwortkonsistenz über die Zeit sind die Befunde zu den Zusammenhängen teils unsicher oder sogar widersprüchlich, was eine substantielle intra-individuelle Stabilität in ihrem Auftreten zumindest fraglich erscheinen lässt.

Auf Grund der mangelnden empirischen Evidenz hinsichtlich des Ausmaßes der intra-individuellen Variabilität im Auftreten der Antwortstile bzw. Antworteffekte, die mit der Wahl von Satisficing als Antwortstrategie in Zusammenhang gebracht werden, sowie der teilweise unklaren Befundlage zu den Zusammenhängen zwischen zeitstabilen Merkmalen von Befragten und dem Auftreten der Antworteffekte von Satisficing wird die Frage nach dem Ausmaß der intra-individuellen Variabilität in der Wahl der Antwortstrategie über Befragungen hinweg als offene Frage angesehen. Das fünfte Kapitel greift diese Fragestellung auf und untersucht sie mit Daten einer webbasierten Panelbefragung. Die Analysen zielen zudem darauf ab, intra-individuelle Stabilität und Variabilität in der Wahl der Antwortstrategie anhand von zeitstabilen und zeitvarianten Merkmalen von Befragten und der Interviewsituation zu erklären und somit neue Erkenntnisse zu Satisficing in Befragungen zu gewinnen.

3 Die Messung von Satisficing

Dieses Kapitel thematisiert die Messung von Satisficing in Befragungen. Vor dem Hintergrund der im vorhergehenden Kapitel vorgeschlagenen Erweiterung der Perspektive der Satisficing-Theorie von einzelnen Fragen auf ganze Befragungen oder Sätze von Fragen wird die forschungsleitende Frage untersucht, inwiefern die Wahl der Antwortstrategie als latente Variable verstanden und in statistischen Analysen mittels der Verwendung von multiplen Indikatoren für Satisficing modelliert werden kann. Zur Untersuchung dieser Fragestellung wird mit der LCA eine Methode angewendet, die es erlaubt, die Wahl der Antwortstrategie als latente Variable zu modellieren und Befragte anhand der geschätzten Wahrscheinlichkeiten gemäß der von ihnen verfolgten Antwortstrategie zu klassifizieren. Die hier durchgeführte LCA verwendet vier manifeste Indikatoren für starkes Satisficing sowie einen antwortzeitbasierten Indikator für die kognitive Aktivität während der Fragebeantwortung. Im Anschluss an die Darstellung der Methode und die verwendeten Operationalisierungen werden die Ergebnisse der empirischen Analyse mit Daten aus Querschnittserhebungen des Langfrist-Online-Trackings der GLES präsentiert. Das Kapitel schließt mit einer Zusammenfassung und Diskussion der Ergebnisse sowie der Erläuterung ihrer Bedeutung für die weiteren Analysen in der vorliegenden Untersuchung.

3.1 Die Modellierung der Antwortstrategie als latente Variable

Im zweiten Kapitel wurde eine Erweiterung der Perspektive der Satisficing-Theorie auf ganze Fragebögen oder Sätze von Fragen vorgeschlagen, die dem Umstand Rechnung trägt, dass die Messung des Auftretens von Satisficing mittels der „count procedure" (Van Vaerenberg und Thomas 2013, S. 206) oder antwortzeitbasierter Indikatoren mitunter den auf individuelle Fragen angelegten Rahmen der Theorie verlässt. Bezugnehmend auf diese Erweiterung der Theorie wurde argumentiert, dass die intra-individuelle Variabilität in der Wahl der Antwortstrategie durch Eigenschaften der Befragten als auch den Kontext der Fragen in der Befragung begrenzt wird. Demnach ist zwar davon auszugehen, dass Befragte bei jeder Frage neu evaluieren, welche Antwortstrategie sie bei der Beantwortung verfolgen, jedoch erfolgt diese Evaluation unter dem Eindruck der kumulierten Belastungen durch die Beantwortung vorhergehender Fragen sowie der damit möglicherweise einhergehenden sinkenden Motivation zur sorgsamen Beantwortung weiterer Fragen. Zudem begrenzen zeitlich weitgehend stabile Merkmale von

Befragten, wie z.B. ihre kognitive Gewandtheit oder ihre Persönlichkeit, die intra-individuelle Variabilität in der Wahl der Antwortstrategie. Folglich ist es unwahrscheinlich, dass Befragte während einer Befragung ihr Antwortverhalten bei jeder Frage anpassen.[20]

Basierend auf der Annahme einer begrenzten intra-individuellen Variabilität in der Wahl der Antwortstrategie wird hier davon ausgegangen, dass Befragte in Abhängigkeit von Eigenschaften der individuellen Fragen auf unterschiedliche Mittel zurückgreifen, um die Belastungen bei der Fragebeantwortung zu minimieren. Gemäß der Annahme, dass sich Satisficing in einer Vielzahl von Antworteffekten äußern kann, wird daher erwartet, dass die Wahl der Antwortstrategie als latente Variable angesehen und in statistischen Analysen unter Verwendung von multiplen manifesten Indikatoren modelliert werden kann.

Weiterhin wird angenommen, dass die Antwortzeit bei der Fragebeantwortung als Indikator des Ausmaßes der kognitiven Aktivität während des Antwortprozesses interpretiert werden kann (vgl. Callegaro et al. 2009; Greszki et al. 2014; Turner et al. 2014; Zhang und Conrad 2014). Die Antwortzeit ist demnach zur Verwendung als Indikator für schwer messbare Antworteffekte von Satisficing, wie dem zufälligen Antworten, geeignet. Daher wird hier die Verwendung eines antwortzeitbasierten Indikators für das Ausmaß der kognitiven Aktivität während des Antwortprozesses zur Modellierung von Satisficing vorgeschlagen.

Auf diesen Annahmen aufbauend wird die forschungsleitende Frage untersucht, inwiefern die Wahl der Antwortstrategie als latente Variable verstanden und in statistischen Analysen mittels der Verwendung von multiplen manifesten Indikatoren für Satisficing sowie eines antwortzeitbasierten Indikators für das Ausmaß der kognitiven Aktivität während des Antwortprozesses modelliert werden kann.

---

20 Diese Argumentation geht von einer weitgehenden thematischen Homogenität der zu untersuchenden Befragung aus. Bei Mehrthemenbefragungen ist es zudem denkbar, dass Befragte ihre Antwortstrategie auch in Abhängigkeit ihres Interesses an den jeweils behandelten Themen anpassen (zum Einfluss des thematischen Interesses siehe auch Kapitel 4). Die in diesem Kapitel vorgeschlagene Methode erlaubt die Modellierung der Antwortstrategie sowohl in ganzen Fragebögen als auch in Sätzen von Fragen. Bei der Untersuchung von Satisficing in Mehrthemenbefragungen kann die vorgeschlagene Methode daher auch auf thematische Blöcke von Fragen angewendet werden.

Die Untersuchung dieser Frage zielt auf die Prüfung der Gültigkeit der grundlegenden Annahme der Satisficing-Theorie ab, wonach die beschriebenen Antworteffekte auf die gleichen Mechanismen während der Fragebeantwortung und mithin auf die Wahl von Satisficing als Antwortstrategie zurückzuführen sind. Das Gelingen der Modellierung der Wahl der Antwortstrategie als latente Variable kann als Indiz für die Gültigkeit dieser Annahme interpretiert werden. Gelingt eine solche Modellierung hingegen nicht, so würde dies unvermeidlich kritische Fragen aufwerfen. Einerseits wäre zu hinterfragen, ob die analytische Vereinfachung der Differenzierung zwischen Optimizing und Satisficing verkennt, dass Krosnick (1991) von einem Kontinuum im Ausmaß und der Qualität der kognitiven Aktivität während des Antwortprozesses ausgeht, dessen Extrempunkte Optimizing und (starkes) Satisficing bilden. Demnach stünde das Auftreten der unterschiedlichen Antworteffekte mit je spezifischen Ausprägungen auf dem Kontinuum der kognitiven Aktivität während des Antwortprozesses in Zusammenhang. Andererseits könnte die Gültigkeit der Annahme hinterfragt werden, dass die analysierten Antworteffekte allesamt auf die Wahl von Satisficing als Antwortstrategie zurückgeführt werden können. Dies würde wiederum die Frage aufwerfen, ob die betrachteten Antworteffekte allesamt oder in Teilen als voneinander unabhängige Antwortstrategien oder Antwortstile zu begreifen sind.

3.2 Methodik

3.2.1 Analyseverfahren

Zur Untersuchung der Fragestellung wird hier auf die „traditionelle" oder auch „klassische" Variante der LCA zurückgegriffen (siehe z.B. Bacher und Vermunt 2010; Biemer 2011; Hagenaars und McCutcheon 2002; Magidson und Vermunt 2004; McCutcheon 1987, 2002; Vermunt und Magidson 2004, 2005). Die LCA ist ein multivariates Verfahren der empirischen Klassifikation. Die Methode basiert auf der Annahme, dass den Daten hinsichtlich der verwendeten Indikatoren eine bestimmte Anzahl von latenten Klassen zu Grunde liegt (Bacher und Vermunt 2010, S. 553). Der Grundgedanke ist somit, dass eine kategoriale latente Variable für die beobachteten Muster in den manifesten Indikatoren verantwortlich ist (Aichholzer 2013, S. 961). Jede Klasse ist durch bestimmte Verteilungsparameter in den manifesten Indikatoren gekennzeichnet und jede Person oder jedes Objekt in der Stichprobe oder Grundgesamtheit gehört mit einer bestimmten Wahrscheinlichkeit einer latenten Klasse an (Bacher und Vermunt 2010, S. 553). Die LCA kann somit auch als personenorientierter Ansatz bezeichnet werden, insofern Individuen zu latenten Klassen zugeordnet werden (Aichholzer 2013, S. 961).

Im Hinblick auf die zu untersuchende Fragestellung wird folglich erwartet, dass in der empirischen Analyse eine 2-Klassenlösung vorgefunden werden kann, bei der Befragte auf Basis der verwendeten Indikatoren für Satisficing inhaltlich konsistent mit den Annahmen der Theorie den latenten Klassen für die Antwortstrategien Optimizing und Satisficing zugeordnet werden können (vgl. Kaminska et al. 2010, S. 961-962). Lässt sich eine solche Klassenstruktur empirisch beobachten, so kann dies im Sinne der Gültigkeit der Annahme interpretiert werden, dass die untersuchten Antworteffekte auf Satisficing als Antwortstrategie von Befragten zurückzuführen sind. Resultiert die LCA hingegen in einer höheren Anzahl von latenten Klassen, so sind die oben angeführten Fragen aufzuwerfen, ob die hier gewählte Methode der Konzeptualisierung eines Kontinuums von Optimizing hin zu (starkem) Satisficing gerecht wird bzw. ob die Antworteffekte, auf denen die Indikatoren beruhen, allesamt oder in Teilen als voneinander unabhängige Antwortstrategien oder Antwortstile zu begreifen sind.

Zur Überprüfung der Robustheit der Ergebnisse wird die LCA mit variierenden Modellspezifikationen wiederholt und evaluiert, ob die Modelle zu einer unterschiedlich hohen Anzahl von Klassen führen. Weiterhin wird untersucht, inwieweit die Messung über die vier verwendeten Datensätze hinweg äquivalent ist. Trifft die Annahme der Messäquivalenz („measurement equivalence") bzw. Messinvarianz („measurement invariance") nicht zu, so ist die Interpretation von Vergleichen über Gruppen (hier Umfragen) hinweg hochproblematisch (siehe Steenkamp und Baumgartner 1998; Vandenberg und Lance 2000). Es bleibt dann unklar, ob beobachtete Differenzen in den interessierenden Konstrukten vielmehr auf systematische Verzerrungen in den Antworten oder unterschiedliche Verständnisse über die Gruppen hinweg anstatt auf substantielle Unterschiede zurückzuführen sind (Steenkamp und Baumgartner 1998). Sollen folglich Vergleiche von interessierenden Konstrukten über Gruppen hinweg durchgeführt werden, so ist die Gültigkeit der Annahme der Messinvarianz statistisch zu testen (Ariely und Davidov 2012). Im Kontext der LCA bedeutet der Test der Messinvarianz die Überprüfung der Annahme, dass die latenten Klassen dieselbe Bedeutung über alle untersuchten Gruppen haben (Kankaraš et al.

2010). Die Messinvarianz der LCA wird hier anhand des von Kankaraš et al. (2010) vorgeschlagenen Vorgehens überprüft.

3.2.2 Daten

Die LCA wurde auf der Grundlage der Erhebungen T12 (Rattinger et al. 2011b), T13 (Rattinger et al. 2011c), T14 (Rattinger et al. 2011d) und T15 (Rattinger et al. 2011e) des Langfrist-Online-Trackings der GLES durchgeführt, welches in wiederholten webbasierten Querschnittsbefragungen die Einstellungen und politischen Verhaltensweisen der wahlberechtigten Bürger in Deutschland zwischen den Bundestagswahlen erhebt (Schmitt-Beck et al. 2010, S. 157-158). Die Auswahlgesamtheit der Online-Trackings waren die zum Zeitpunkt der Erhebungen wahlberechtigten deutschen Internetnutzer aus dem Online-Access-Panel der Respondi AG. Auf Grund von Verzerrungen in der Repräsentation bestimmter Gruppen von Befragten in der Population der Internetnutzer bzw. unter den Mitgliedern im Online-Access-Panel der Respondi AG im Vergleich zur wahlberechtigten Bevölkerung wurden die Stichproben für die Online-Trackings durch eine Quotenauswahl aus der Auswahlgesamtheit des Online-Access-Panels gezogen. Die Quotierung erfolgte über die Merkmale Geschlecht, Bildung und Alter der Befragten. Durch die Quotierung wurde erreicht, dass Personen mit Merkmalskombinationen, die in der Population der Internetnutzer selten vorkommen, dennoch in ausreichendem Maße in der Stichprobe enthalten sind.[21]

Zwischen 1.137 (T13) und 1.158 (T15) Befragte absolvierten die Befragungen vollständig (siehe Tabelle 1). Die „participation rate" (AAPOR 2011, S. 38) betrug zwischen 16,4% (T15) und 27,7% (T12), während die „breakoff rate" (Callegaro und DiSogra 2008, S. 1022) zwischen 10,6% (T12) und 19,7% (T14) abgebrochene Interviews ausweist.[22] Der Anteil der Befragungsabbrü-

---

21 Für weitere detaillierte Angaben zum Langfrist-Online-Tracking der GLES siehe Anhang A.1.
22 Die Participation Rate wurde nach den Empfehlungen der AAPOR (2011, S. 38) als Anteil der vollständigen und partiell vollständigen Interviews an allen versendeten Einladungen an teilnahmeberechtigte Mitglieder des Online-Access-Panels berechnet. Obgleich die Participation Rate keinen Aufschluss über zu befürchtende Verzerrungen bei inhaltlich interessierenden Variablen auf Grund von Nonresponse gibt, kann sie dennoch als ein aufschlussreicher Indikator für die Effizienz des verwendeten Online-Access-Panels angesehen werden. Sie gibt Aufschluss darüber, wie viel Aufwand betrieben werden muss, um die Panelmitglieder zur Teilnahme an einer spezifischen Web-Befragung zu bewegen und wie

che in den untersuchten Online-Trackings liegt somit im Bereich der 5% bis 37% abgebrochener Interviews, die Vehovar et al. (2002, S. 231) für Web-Befragungen berichten. Der für die Analysen verwendete, gepoolte Datensatz umfasst insgesamt 4.589 Fälle.

Tabelle 1 Teilnahme an den Online-Trackings T12–T15

Umfrage	N	Participation Rate	Breakoff Rate
T12	1.144	27,7%	10,6%
T13	1.137	25,2%	16,3%
T14	1.150	23,2%	19,7%
T15	1.158	16,4%	12,7%

Die Auswahl der vier Online-Trackings T12 bis T15 als Datengrundlage erfolgte aus drei Gründen. Erstens weisen die Daten der Online-Trackings den allgemeinen Vorteil auf, dass sie einem integrierten Forschungsprogramm entstammen und auf Grund des verwendeten Designs sowie des Inhalts der Befragungen sehr gut zur Untersuchung der aufgeworfenen Fragestellungen geeignet sind. Das für Web-Befragungen vergleichsweise umfangreiche Frageprogramm der verwendeten Online-Trackings erlaubt einerseits die Konstruktion einer Reihe von Indikatoren für Satisficing, die hier in der LCA verwendet werden. Weiterhin umfassen die Fragebögen der Befragungen einen Satz von Fragen, die eigens für diese Untersuchung entworfen und implementiert wurden. Sie werden zudem von einer Reihe weiterer Fragen komplementiert, die sich hervorragend zur Operationalisierung der Einflussgrößen von Satisficing eignen. Zweitens wurde angenommen, dass Satisficing eine vergleichsweise selten gewählte Antwortstrategie der Befragten darstellt. Die Auswahl von vier Erhebungen ermöglicht es, die Daten zu poolen, sodass für die Analysen ausreichend große Fallzahlen zur Verfügung stehen. Die Abstammung aus einem integrierten Forschungsprogramm sowie die weitgehende inhaltliche Kohärenz der Online-Trackings

---

viele Einladungen versendet werden müssen, um eine vorgegebene Anzahl an Interviews zu realisieren (AAPOR 2011, S. 38). Die Breakoff Rate wurde berechnet als Anteil der abgebrochenen Interviews an allen vollständigen, teilweise vollständigen und abgebrochenen Interviews (siehe Callegaro und DiSogra 2008, S. 1022). Die Breakoff Rate gibt folglich den Anteil der Befragungsabbrüche an allen begonnen Interviews wieder.

erhöht zudem die Vergleichbarkeit der Ergebnisse über die vier Befragungen hinweg. Drittens und letztens dient diese Auswahl der Datengrundlage dem Zweck, die Robustheit des hier gewählten Untersuchungsansatzes gegenüber der Verwendung unterschiedlicher Datensätze zu überprüfen. Insofern sich zeigen lässt, dass die hier verwendete Methode über die vier untersuchten Datensätze vergleichbare Ergebnisse erbringt, so kann dies als Hinweis auf die allgemeine Anwendbarkeit der Methode zur Untersuchung von Satisficing in Befragungen interpretiert werden.

3.3 Operationalisierung der Indikatoren für Satisficing

In der LCA werden insgesamt fünf Indikatoren für Satisficing als Antwortstrategie der Befragten verwendet. Vier dieser manifesten Indikatoren beruhen auf Antworteffekten, die in der Primärliteratur sowie in der empirischen Umfrageforschung auf starkes Satisficing zurückgeführt werden: Erstens die als Straightlining bezeichnete Nichtdifferenzierung der Antworten bei Matrixfragen. Zweitens die Verwendung der Mittelkategorie bei Fragen mit Ratingskalen. Drittens die Beantwortung von Fragen mit „weiß nicht" oder entsprechenden nichtsubstantiellen Antwortmöglichkeiten. Viertens die nichtsubstantielle Beantwortung einer kognitiv fordernden offenen Frage. Darüber hinaus findet ein Indikator für Speeding, d.h. für ungewöhnlich schnelle Antwortzeiten bei der Fragebeantwortung, in der LCA Verwendung. Dieses antwortzeitbasierte Maß für die kognitive Aktivität im Antwortprozess wird hier ebenfalls als Indikator für Satisficing angesehen.[23] Die verwendeten Operationalisierungen werden nachfolgend erläutert.

---

23 Auf die Verwendung von manifesten Indikatoren für Antworteffekte, die mit schwachem Satisficing in Verbindung gebracht werden, wurde aus drei Gründen verzichtet. Erstens werden mit Antwortreihenfolgeeffekten und Akquieszenz lediglich zwei Antworteffekte auf schwaches Satisficing zurückgeführt, sodass die Anzahl der verwendbaren Indikatoren stark eingeschränkt ist. Zweitens kann Akquieszenz nach Krosnick (1991, S. 217-218) sowohl die Folge schwachen als auch starken Satisficings sein. Es bleibt somit unklar, welche Form von Satisficing Indikatoren für Akquieszenz abbilden. Drittens wurden die bisweilen verwendeten Operationalisierungen von Antwortreihenfolgeeffekten und Akquieszenz über die Auszählung der Häufigkeit der Nennung der ersten oder letzten bzw. der zustimmenden Antwortmöglichkeit als nicht optimal umsetzbar angesehen. Insbesondere für Akquieszenz sollte die Indikatorenbildung auf balancierte Skalen zurückgreifen, bei denen Einstellungen oder Prädispositionen mittels multipler Frageitems

3.3.1 Straightlining

Straightlining oder eine sehr geringe Antwortdifferenzierung werden in vielen empirischen Untersuchungen als Indikator für starkes Satisficing verwendet (siehe u.a. Chang und Krosnick 2009, 2010; Couper et al. 2013; Heerwegh 2009; Heerwegh und Loosveldt 2008; Holbrook et al. 2003; Jäckle et al. 2006; Kaminska et al. 2010; Krosnick et al. 1996; Lynn und Kaminska 2012; Revilla und Ochoa 2015; Roberts et al. 2010; Zhang und Conrad 2014). Unter Straightlining wird in dieser Untersuchung die Nichtdifferenzierung der Antworten in Matrixfragen im engeren Sinne verstanden (vgl. Kapitel 2).

Straightlining wird hier über die Standardabweichung der Antworten der Befragten in Matrixfragen bestimmt, welche Werte im Intervall $[0, \infty) := \{x \in \mathbb{R} \mid 0 \leq x\}$ aufweist. Ein Wert von null entspricht der Nichtdifferenzierung der Antworten und ist somit gleichbedeutend mit dem Vorliegen von Straightlining.[24] Steigende Werte hingegen zeigen eine stärkere Differenzierung der Antworten in der Matrixfrage an.[25] Das Vorliegen von

---

erhoben werden, die gegensätzlich formuliert sind. Solche Skalen waren jedoch in der verwendeten Datengrundlage nur sehr begrenzt verfügbar.

24 Nichtsubstantielle Antwortmöglichkeiten wie „weiß ich nicht", „kann ich nicht beurteilen" usw. wurden, soweit vorhanden, in die Berechnung der Standardabweichung einbezogen. Diesem Vorgehen liegt die Annahme zu Grunde, dass die Beantwortung aller Frageitems einer Matrixfrage mit der nichtsubstantiellen Antwortmöglichkeit mit hoher Wahrscheinlichkeit einen systematischen Antworteffekt repräsentiert. Dieser resultiert demnach daraus, dass Befragte die am rechten Rand der Matrix positionierte Kategorie verwenden, welche ihnen gleichsam als extreme Antwortmöglichkeit erscheint. Eine weitere Ursache könnte sein, dass Befragte das erste Frageitem einer Matrixfrage nicht substantiell beantworten und auf Grund der „near means related"-Heuristik (Tourangeau et al. 2004, S. 387) davon ausgehen, dass sie die konzeptionell ähnlichen Folgefragen vermutlich ebenfalls nicht beantworten können werden. Insofern diese Mutmaßung zu einer starken Vereinfachung der kognitiven Prozesse bei der Fragebeantwortung führt, kann ein solches Antwortmuster als Folge von starkem Satisficing angesehen werden. Item Nonresponse, d.h. die Nichtbeantwortung einzelner Items aus der Matrix, wurde hingegen nicht berücksichtigt. Praktisch bedeutet das, dass wenn einzelne Items nicht beantwortet wurden, alle weiteren Items jedoch denselben Skalenwert aufweisen, das resultierende Antwortmuster nichtsdestoweniger als Straightlining angesehen wird. Solche Antwortmuster können in Web-Befragungen entstehen, wenn sich Befragte schnell durch die Matrixfrage durchklicken und bei der Beantwortung einzelne Antwortfelder verfehlen. Das Antwortmuster kann dann ebenfalls als Resultat von starkem Satisficing interpretiert werden.

25 Die Berechnung der Standardabweichung der Antworten kann mithin dazu verwendet werden, die Differenziertheit der Antworten jenseits der Unterscheidung

Straightlining in einer Matrixfrage *j* zeigt eine binäre Variable an, die den Wert eins annimmt, wenn die Standardabweichung gleich null ist und den Wert null in allen anderen Fällen. Anschließend wird ein Straightlining-Index unter Einbeziehung aller Matrixfragen berechnet, die das ex ante definierte Kriterium erfüllen, dass sie mindestens drei Frageitems umfassen und eine Ratingskala mit mindestens fünf Skalenpunkte aufweisen.[26] Der Straightlining-Index für eine Person *i* wird durch Aufsummierung des Auftretens von Straightlining und die anschließende Division dieser Summe durch die Anzahl der zur Messung verwendeten Matrixfragen n_i gebildet (siehe Formel (3)).

$$Straightlining\text{-}Index_i = \frac{\sum_{j=1}^{n_i} Straightlining_j}{n_i} \quad (3)$$

Der Straightlining-Index nimmt somit Werte im Intervall $[0, 1] := \{x \in \mathbb{R} \mid 0 \leq x \leq 1\}$ an.[27]

Die Betrachtung des Straightlining-Index zeigt, dass die theoretisch maximale Häufigkeit von Straightlining in allen vier Datensätzen empirisch

---

von Nichtdifferenzierung und differenzierten Antworten zu untersuchen. Die Voraussetzung hierfür ist jedoch, dass die zu vergleichenden Matrixfragen die gleiche Anzahl an Frageitems aufweisen. Zudem hängt die Standardabweichung von der Skalierung der Antwortskala ab. In diesen Fällen kann der Variationskoeffizient v oder eine normierte Variante von v verwendet werden.

26 Dieses ex ante definierte Kriterium diente neben der Eingrenzung der zu verwendenden Matrixfragen auch dem Zweck, die Wahrscheinlichkeit zu senken, Straightlining zufällig zu beobachten, da sich mit steigender Anzahl der Frageitems und der Skalenpunkte die Anzahl der möglichen Antwortkombinationen erhöht. In begründeten Einzelfällen wurden auch Matrixfragen verwendet, deren Antwortskala lediglich vier Skalenpunkte umfasste, wenn dafür die Anzahl der Frageitems entsprechend größer war.

27 Ein allgemeiner Vorteil des Straightlining-Index besteht in der einfachen Interpretation als Anteil von Straightlining in den zur Messung verwendeten Matrixfragen einer Befragung. Seine Verwendung mildert zudem die Problematik ab, dass bei manchen Matrixfragen nicht mit Sicherheit festgestellt werden kann, ob Straightlining ein substantielles Einstellungsmuster widerspiegelt oder ein Produkt von Satisficing ist. Diesbezüglich wird unterstellt, dass substantielle Einstellungsmuster zu Straightlining führen können, das Vorkommen eines solchen Antwortmusters aber nur bei einem begrenzten Anteil der Matrixfragen wahrscheinlich ist. Wird Straightlining hingegen empirisch bei einem großen Anteil der Matrixfragen in der Umfrage beobachtet, so kann dies mit sehr hoher Wahrscheinlichkeit auf einen systematischen Antworteffekt zurückgeführt werden, welcher durch Satisficing hervorgerufen wird.

beobachtet werden kann (siehe Tabelle 2). Arithmetische Mittelwerte zwischen 0,18 in T12 und 0,24 in T13 weisen – wie erwartet – darauf hin, dass bei der gewählten Operationalisierung und dem zur Verfügung stehenden Fragebestand Straightlining mitunter substantielle Einstellungsmuster repräsentieren kann und somit offensichtlich auch bei Befragten vorkommt, die Optimizing als Antwortstrategie verfolgen (siehe Anhang B.1 für die grafische Darstellung der Verteilungen der hier verwendeten Indices).

Tabelle 2 Deskriptive Statistiken zum Straightlining-Index (T12–T15)

Umfrage	n	$\bar{x}$	s	Min.	Max.	Anzahl Matrixfragen
T12	1.144	0,18	0,25	0,00	1,00	9
T13	1.137	0,24	0,20	0,00	1,00	29
T14	1.150	0,23	0,23	0,00	1,00	28
T15	1.158	0,21	0,22	0,00	1,00	25

Anmerkungen: $\bar{x}$ = Arithmetischer Mittelwert, s = Standardabweichung.

Für die Verwendung in der LCA wird der Straightlining-Indikator dichotomisiert. Einerseits basiert die hier angewandte „traditionelle" oder auch „klassische" LCA auf der Verwendung kategorialer Indikatoren (Vermunt und Magidson 2005; Magidson und Vermunt 2004; Vermunt und Magidson 2004). Andererseits soll das ungewöhnlich häufige Vorkommen der manifesten Antworteffekte von Satisficing erfasst werden (vgl. Kaminska et al. 2010, S. 961). Hierfür gibt es mehrere Möglichkeiten.

Erstens kann eine vorab bestimmte absolute oder relative Anzahl von Fällen auf Grund ihrer Lage in der Verteilung einer Variablen (hier der Straightlining-Index) ausgewählt werden. Dies könnten z.B. die hundert Fälle mit den geringsten Ausprägungen oder das oberste Perzentil der Verteilung sein. Der Nachteil dieses Ansatzes ist, dass die Form der Verteilung nicht berücksichtigt wird, sodass nicht sicher ist, ob die selektierten Fälle (allesamt) ungewöhnlich niedrige oder hohe Ausprägungen aufweisen.

Zweitens können auf Grund theoretischer Erwägungen im Voraus absolute oder relative Schwellenwerte, wie z.B. Anteilswerte, bestimmt werden, deren Unter- bzw. Überschreitung ein ungewöhnlich häufiges Auftreten widerspiegelt. Oftmals wird jedoch keine Theorie vorliegen, die einen Zusammenhang zwischen absoluten oder relativen Werten und einem ungewöhnlich häufigen Auftreten herstellt, sodass eine Entscheidung für einen

Schwellenwert letztendlich zumeist ad-hoc und weitgehend willkürlich erfolgt. Da auch bei diesem Ansatz die Form der Verteilung nicht berücksichtigt wird, bleibt auch hier weitgehend unklar, ob ein ungewöhnlich seltenes oder häufiges Auftreten vorliegt.

Der dritte, hier gewählte, Ansatz ist die Anwendung von Verfahren zur Identifikation von Ausreißern. Ausreißer repräsentieren ungewöhnliche oder außergewöhnliche Werte in Verteilungen (Hoaglin et al. 1986, S. 991), weshalb entsprechende Verfahren zur Identifikation von Schwellenwerten geeignet sind. Ein verbreitetes Verfahren ist die Boxplot-Methode, bei der Werte als Ausreißer betrachtet werden, die mehr als 1,5-mal den Interquartilsabstand vom ersten bzw. vom dritten Quartil der Verteilung entfernt liegen (Hoaglin et al. 1986; Sim et al. 2005).[28] Während diese Methode auch bei nicht normalverteilten Daten gut angewendet werden kann, wird in der vorliegenden Untersuchung auf ein in der empirischen Sozialforschung weithin gebräuchliches Verfahren zur Identifikation von Ausreißern zurückgegriffen, welches die zentrale Tendenz und die Streuung von Verteilungen berücksichtigt (vgl. Mayerl und Urban 2008, S. 60). Gemäß der Formel (4) werden diejenigen Fälle i als Ausreißer identifiziert, die mehr als k Standardabweichungen (s) vom arithmetischen Mittelwert ($\bar{x}$) der Verteilung des Indikators x (hier der Straightlining-Index) entfernt liegen.

$$x_i > \bar{x} + k \times s \qquad (4)$$

Da bei normalverteilten Daten ca. 68% der Fälle im Bereich $\bar{x} \pm s$ und ca. 95% der Fälle im Bereich $\bar{x} \pm 2s$ liegen (Bortz 2005, S. 42), wurde ein Wert von $k = 1$ bei einseitiger Analyse als zu wenig rigide erachtet, um ungewöhnlich hohe Ausprägungen zu identifizieren, während Werte von $k \geq 2$ dazu führen, dass nur extrem hohe Ausprägungen als Ausreißer identifiziert würden. Daher wurde hier ein Wert von $k = 1,5$ für die Bestimmung des Schwellenwerts gewählt.[29]

---

28 Als extreme Ausreißer werden üblicherweise Werte betrachtet, die mehr als 3-mal den Interquartilsabstand vom ersten oder dritten Quartil entfernt liegen (Hoaglin et al. 1986; Sim et al. 2005).

29 Zur Überprüfung der Robustheit der Analyseergebnisse gegenüber Änderungen der Modellspezifikationen wurden vier weitere Verfahren bei der Dichotomisierung der Indikatoren verwendet. Für Details siehe Abschnitt 3.4 in diesem Kapitel sowie Anhang B.2.

Die Anwendung dieser Methode führt zu Schwellenwerten zwischen 0,54 in T13 bzw. T15 und 0,58 in T14, d.h. das Vorliegen von Satisficing wird indiziert, wenn Befragte in mehr als 54% der Matrixfragen in T13 bzw. T15 und in mehr als 58% der Matrixfragen in T14 Straightlining aufwiesen. Entsprechend dieser Schwellenwerte liegt bei 9,1% (T14) bis 9,9% (T13) der Befragten ein ungewöhnlich hohes Ausmaß von Straightlining vor, was als Anzeichen für Satisficing interpretiert wird (siehe Tabelle 3).

Tabelle 3 Straightlining als Indikator für Satisficing (T12-T15)

Umfrage	Optimizing		Satisficing		Gesamt		Schwellenwert
	n	%	n	%	n	%	
T12	1.035	90,5	109	9,5	1.144	100,0	0,56
T13	1.024	90,1	113	9,9	1.137	100,0	0,54
T14	1.045	90,9	105	9,1	1.150	100,0	0,58
T15	1.046	90,3	112	9,7	1.158	100,0	0,54

3.3.2 Mittelkategorie-Antworten

Mittelkategorie-Antworten finden in einer Reihe von empirischen Studien Anwendung als Indikator für starkes Satisficing (siehe z.b. Kaminska et al. 2010; Krosnick et al. 1996; Lenzner 2012; Lenzner et al. 2010; Lynn und Kaminska 2012; Narayan und Krosnick 1996; O'Muircheartaigh et al. 2001; Roberts et al. 2010). Die vorliegende Untersuchung lehnt sich an die Operationalisierung von Lenzner et al. (2010, S. 1015) an, die die Häufigkeit der Nennung der Mittelkategorie bei zwölf Fragepaaren zählen. Es wird ein Index für die relative Häufigkeit der Verwendung der Mittelkategorie in Matrixfragen mit einem oder mehreren Frageitems, die eine 5-, 7- oder 11-stufige Ratingskala mit Mittelkategorie verwenden, erstellt.

$$Mittelkategorie\text{-}Index_i = \frac{\sum_{j=1}^{n_i} Mittelkategorie_j}{n_i} \quad (5)$$

Der Mittelkategorie-Index berechnet sich gemäß Formel (5), wobei j das jeweilige Frageitem und n_i die Gesamtzahl der zur Messung verwendeten Frageitems des Befragten i ist. Der Mittelkategorie-Index nimmt folglich Werte im Bereich [0, 1] := $\{x \in \mathbb{R} \mid 0 \leq x \leq 1\}$ an und kann als Anteil von

Mittelkategorie-Antworten in den zur Messung herangezogenen Fragen interpretiert werden.

Tabelle 4 Deskriptive Statistiken zum Mittelkategorie-Index (T12–T15)

Umfrage	n	$\bar{x}$	s	Min.	Max.	Anzahl Items Bereich	$\bar{x}$
T12	1.144	0,23	0,14	0,00	1,00	78-82	81,51
T13	1.137	0,23	0,13	0,00	0,99	127-161	155,65
T14	1.150	0,20	0,11	0,00	1,00	152-163	162,42
T15	1.158	0,26	0,14	0,00	0,99	109-150	148,62

Anmerkungen: $\bar{x}$ = Arithmetischer Mittelwert, s = Standardabweichung.

Der Mittelkategorie-Index erreicht in zwei der vier Online-Trackings das theoretische Maximum und liegt in den beiden anderen nur sehr geringfügig darunter (siehe Tabelle 4). Zur Dichotomisierung des Indikators wird die gleiche Vorgehensweise wie beim Indikator für Straightlining gewählt und es werden Schwellenwerte nach der Formel (4) mit $k = 1{,}5$ bestimmt. Die resultierenden Schwellenwerte liegen bei Anteilswerten zwischen 0,36 (T14) und 0,47 (T15). Zwischen 5,2% (T14) und 8,0% (T12) der Befragten hat demnach die Mittelkategorie ungewöhnlich häufig verwendet, was hier als Indiz für Satisficing als Antwortstrategie interpretiert wird (siehe Tabelle 5).

Tabelle 5 Mittelkategorie-Antworten als Indikator für Satisficing (T12–T15)

Umfrage	Optimizing		Satisficing		Gesamt		Schwellenwert
	n	%	n	%	n	%	
T12	1.053	92,1	91	8,0	1.144	100,0	0,45
T13	1.052	92,5	85	7,5	1.137	100,0	0,43
T14	1.090	94,8	60	5,2	1.150	100,0	0,36
T15	1.077	93,0	81	7,0	1.158	100,0	0,47

3.3.3 „Weiß nicht"-Antworten

„Weiß nicht"-Antworten gehören zu den verbreitetsten Indikatoren für starkes Satisficing in empirischen Untersuchungen (siehe u.a. Fricker et al. 2005; Heerwegh 2009; Heerwegh und Loosveldt 2002, 2008; Holbrook et al.

2003; Jäckle et al. 2006; Kaminska et al. 2010; Krosnick et al. 1996; Lenzner 2012; Lipps 2007; Lynn und Kaminska 2012; Mavletova 2013; Narayan und Krosnick 1996; O'Muircheartaigh et al. 2001; Pickery und Loosveldt 1998, 2004; Turner et al. 2014; Vogl 2013). Sie kommen in Umfragen in diversen Erscheinungsformen vor, beispielsweise als Antwortmöglichkeiten wie „weiß ich nicht", „kann ich nicht sagen", „habe keine Meinung dazu" oder „kenne ich nicht". Je nach Kontext und Autor werden sie oftmals unter die Begriffe Item Nonresponse oder nichtsubstantielle Antworten subsummiert. In Interviewer-administrierten Befragungen wird unter Item Nonresponse im Allgemeinen die Nichtbeantwortung von Fragen verstanden (Dillman et al. 2002, S. 12; Groves et al. 2009, S. 208), was zumeist die explizite Antwortverweigerung einschließt. Im Unterschied hierzu kann in selbstadministrierten Befragungen nur dann von einer expliziten Antwortverweigerung gesprochen werden, wenn eine entsprechende „Keine Angabe"-Kategorie angeboten wird. Ist dies nicht der Fall, so liegt Item Nonresponse immer dann vor, wenn Befragte keine der vorgegebenen Antwortmöglichkeiten auswählen oder keine Antwort auf offene Fragen geben. Umfassen Fragen in selbstadministrierten Befragungen jedoch keine explizite „Weiß nicht"-Antwortmöglichkeit, so kann nicht endgültig entschieden werden, ob Item Nonresponse im Sinne einer Antwortverweigerung oder einer „Weiß nicht"-Antwort zu interpretieren ist (vgl. Heerwegh 2005, S. 67). In der vorliegenden Untersuchung wird unter „Weiß nicht"-Antworten die Nennung der explizit vorgegebenen Antwortmöglichkeiten „weiß ich nicht", „kann ich nicht beurteilen", „kann ich nicht einschätzen", „kann ich nicht sagen" oder „kenne ich nicht" verstanden. Diese Form der nichtsubstantiellen Beantwortung von Fragen wird mithin von impliziten „Weiß nicht"-Antworten in Form von Item Nonresponse abgegrenzt. Die genannten Antwortmöglichkeiten erfüllen allesamt das Kriterium, dass sie es Befragten erlauben, die kognitiven Prozesse des Informationsabrufs und der Urteilsbildung zu überspringen. Ihre Auswahl ermöglicht somit eine weniger mühsame Beantwortung von Fragen.[30]

---

30 Es ist diesbezüglich anzumerken, dass „Weiß nicht"-Antworten bei Einstellungsfragen inhaltlich eine andere Bedeutung haben können als bei Wissens- oder Faktenfragen. Während sie bei Einstellungsfragen unter anderem Meinungslosigkeit oder „nonattitudes" (vgl. Converse 1964) ausdrücken können, sind sie bei Wissens- oder Faktenfragen oftmals im Sinne der mangelnden Verfügbarkeit von Informationen zu verstehen. Diese wichtige Unterscheidung ist für die vorliegende Untersuchung jedoch von geringerer Bedeutsamkeit, insoweit „Weiß nicht"-Ant-

Für die Indikatorenbildung wird zunächst ein „Weiß nicht"-Antworten-Index (WN-Index) konstruiert. Hierfür wurden alle Fragen in den Fragebögen identifiziert, die eine explizit vorgegebene nichtsubstantielle Antwortmöglichkeit aufwiesen.

$$WN\text{-}Index_i = \frac{\sum_{j=1}^{n_i} WN_j}{n_i} \qquad (6)$$

Der WN-Index berechnet sich entsprechend der Formel (6), wobei WN_j die Nennung einer nichtsubstantiellen Antwort bei einer Frage j und n_i die Anzahl der vom Befragten i gesehenen und bearbeiteten Fragen mit einer nichtsubstantiellen Antwortmöglichkeit ist. Der WN-Index nimmt folglich Werte im Intervall $[0, 1] := \{x \in \mathbb{R} \mid 0 \leq x \leq 1\}$ an, wobei null die vollständige Abwesenheit von nichtsubstantiellen Antworten bedeutet, während ein Wert von eins anzeigt, dass ein Befragter sämtliche betreffende Frageitems nichtsubstantiell beantwortet hat.

Maximale Werte des WN-Index zwischen 0,95 (T15) und 0,99 (T14) zeigen, dass einige Befragte nahezu alle Fragen mit einer „Weiß nicht"-Antwortmöglichkeit nichtsubstantiell beantworteten (siehe Tabelle 6). Die vergleichsweise geringen Mittelwerte zwischen 0,12 (T13) und 0,16 (T14) verdeutlichen jedoch zugleich, dass der Großteil der Befragten die „Weiß nicht"-Antwortmöglichkeit selten verwendete.

Die Schwellenwerte für die Dichotomisierung des Indikators für „Weiß nicht"-Antworten werden erneut nach der Formel (4) mit $k = 1,5$ bestimmt. Sie liegen bei Anteilswerten zwischen 0,35 (T13) und 0,45 (T14). Demnach weisen zwischen 7,9% (T14) und 9,6% (T15) der Befragten einen ungewöhn-

---

worten es Befragten sowohl bei Einstellungs- als auch bei Wissens- und Faktenfragen erlauben, die Belastungen bei der Fragebeantwortung zu reduzieren, indem die kognitiven Prozesse des Informationsabrufs und der Urteilsbildung übersprungen werden können (siehe auch Krosnick et al. 2002, S. 397). Hinzu kommt, dass die große Mehrheit der verwendeten Fragen Einstellungsfragen waren. Lediglich eine geringe Anzahl von Faktenfragen, etwa die Rückerinnerung einer Wahlentscheidung, wurde in der Konstruktion der Indikatoren berücksichtigt. Ausschließlich in T13 wurden zudem zwei Wissensfragen verwendet. Sozio-demographische Faktenfragen fanden keine Berücksichtigung. Angesichts des Überwiegens von Einstellungsfragen in der Indikatorenbildung kann folglich davon ausgegangen werden, dass „Weiß nicht"-Antworten als Indikator für Satisficing herangezogen werden können.

lich hohen Anteil von „Weiß nicht"-Antworten auf, was hier auf Satisficing als Antwortstrategie zurückgeführt wird (siehe Tabelle 7).

Tabelle 6   Deskriptive Statistiken zum WN-Index (T12–T15)

Umfrage	n	$\bar{x}$	s	Min.	Max.	Anzahl Items Bereich	$\bar{x}$
T12	1.144	0,13	0,17	0,00	0,98	45-50	47,11
T13	1.137	0,12	0,15	0,00	0,97	51-83	78,52
T14	1.150	0,16	0,20	0,00	0,99	141-152	151,29
T15	1.158	0,13	0,17	0,00	0,95	60-68	67,75

Anmerkungen: $\bar{x}$ = Arithmetischer Mittelwert, s = Standardabweichung.

Tabelle 7   „Weiß nicht"-Antworten als Indikator für Satisficing (T12–T15)

Umfrage	Optimizing		Satisficing		Gesamt		Schwellenwert
	n	%	n	%	n	%	
T12	1.046	91,4	98	8,6	1.144	100,0	0,39
T13	1.045	91,9	92	8,1	1.137	100,0	0,35
T14	1.059	92,1	91	7,9	1.150	100,0	0,45
T15	1.047	90,4	111	9,6	1.158	100,0	0,39

3.3.4 Nichtsubstantielle Antworten auf eine kognitiv fordernde offene Frage

Nichtsubstantielle oder qualitativ minderwertige Antworten auf kognitiv fordernde offene Fragen wurden bislang selten mit Satisficing in Verbindung gebracht (vgl. Kapitel 2). In der vorliegenden Untersuchung wird angenommen, dass Befragte, die Satisficing als Antwortstrategie verfolgen, kognitiv fordernde offene Fragen mit erhöhter Wahrscheinlichkeit nichtsubstantiell, z.B. mit „weiß nicht", beantworten. In selbstadministrierten Befragungen sollte sich Satisficing zudem in der Eingabe von unverständlichen oder nicht interpretierbaren Antworten äußern (vgl. Baker et al. 2010, S. 756-757).

Für die Untersuchung wird die kognitiv anspruchsvolle offene Frage nach dem wichtigsten politischen Problem in Deutschland verwendet, die zum Kernfrageprogramm aller hier verwendeten Befragungen gehört und somit für alle Datensätze verfügbar ist. Die Frage soll das von den Befragten zum Zeitpunkt der Befragung subjektiv wahrgenommene wichtigste politische Problem in Deutschland erheben. Die Beantwortung erfordert einen erheblichen kognitiven Aufwand von den Befragten, die zunächst eruieren müssen, welche Probleme in Deutschland dem politischen Geschehen zuzuordnen sind. Anschließend müssen aus der Menge der identifizierten politischen Probleme diejenigen herausgefiltert werden, die zum Zeitpunkt der Erhebung relevant sind. Aus dieser Untermenge ist nun das Problem auszuwählen, welches die in der subjektiven Wahrnehmung des Befragten höchste Priorität für Deutschland aufweist. Abschließend muss der Befragte eine Antwort in seinen eigenen Worten formulieren, die das von ihm identifizierte Problem nachvollziehbar zum Ausdruck bringt. Insofern die ausgewählte Frage explizit nach dem wichtigsten politischen Problem fragt, ist davon auszugehen, dass die Länge der Antwort kein ideales Kriterium für die Messung des Vorliegens von Satisficing darstellt. In vielen Fällen lässt sich das wichtigste Problem adäquat in einem oder wenigen Schlagworten formulieren, beispielsweise „hohe Arbeitslosigkeit", „Wirtschaftskrise" oder „unsichere Atomkraftwerke". Lediglich unter der Bedingung, dass Befragte sehr komplexe Problemlagen nennen und diese detailliert erläutern, bedeuten längere zugleich auch qualitativ hochwertigere Antworten. Darüber hinaus können vergleichsweise längere Antworten auf die offene Frage sogar mit einer geringeren Qualität der Antwort in Zusammenhang stehen. Dies wäre z.B. dann der Fall, wenn Befragte anstatt eines klar umrissenen politischen Problems mehrere Aspekte einer übergreifenden Problemlage oder mehrere politische Probleme aufzählen. Die Klärung der Frage, welches politische Problem für den Befragten das wichtigste ist, bleibt dann der Interpretation derjenigen Person überlassen, die die offenen Angaben codiert. Der hieraus resultierende Messfehler mindert in der Konsequenz die Qualität der Antwort. Vor diesem Hintergrund wird die Qualität des Inhalts der Antworten auf die kognitiv herausfordernde offene Frage als Indikator für Satisficing verwendet. Zur Bestimmung der Qualität der Antwort wird die Annahme zu Grunde gelegt, dass eine Antwort qualitativ hochwertig ist, wenn sie anhand eines zuvor erstellten Codierschemas einem vorgegebenen substantiellen Code zugeordnet werden kann.[31] Als qualitativ minderwertig

---

31 Es handelt sich um das vom GLES-Projekt entworfene Codierschema „Agendafragen", welches zur Codierung der Frage nach dem wichtigsten politischen Problem in Deutschland verwendet wurde.

gelten hingegen alle nichtsubstantiellen Antworten, worunter in der hier verwendeten Definition alle unverständlichen und nicht interpretierbaren sowie „Weiß nicht"- und „Keine Ahnung"-Antworten verstanden werden. Die Nichtbeantwortung der kognitiv herausfordernden offenen Frage wird hingegen gemäß der theoretischen Annahmen nicht im Sinne des Vorliegens von Satisficing interpretiert (vgl. Holbrook et al. 2003, S. 92, Fußnote 5), obwohl die Inklusion der Nichtbeantwortung zumindest im Kontext von selbstadministrierten Befragungen durchaus argumentativ gerechtfertigt werden kann (Heerwegh 2005, S. 67; siehe auch Couper et al. 2004, S. 119).

Tabelle 8 Nichtsubstantielle Antworten auf eine offene Frage (T12–T15)

Umfrage	(1) Substantiell		(2) Unverständlich		(3) „Weiß nicht"		(4) Keine Angabe		Gesamt		(2 + 3) Nichtsubstantiell	
	n	%	n	%	n	%	n	%	n	%	n	%
T12	1.005	87,8	42	3,7	30	2,6	67	5,9	1.144	100,0	72	6,3
T13	927	81,5	56	4,9	32	2,8	122	10,7	1.137	100,0	88	7,7
T14	933	81,1	49	4,3	21	1,8	147	12,8	1.150	100,0	70	6,1
T15	985	85,1	36	3,1	28	2,4	109	9,4	1.158	100,0	64	5,5

Die Tabelle 8 gibt die absoluten und relativen Häufigkeiten von substantiellen und nichtsubstantiellen Nennungen auf die offene Frage nach dem wichtigsten politischen Problem in Deutschland wieder. Nichtsubstantielle Nennungen sind hierbei nach unverständlichen bzw. nicht interpretierbaren Antworten, „Weiß nicht"-Antworten und Nichtantworten (Keine Angabe) aufgeschlüsselt. Die relativ häufigsten nichtsubstantiellen Nennungen sind Nichtantworten (Keine Angabe) mit 5,9% in T12 bis 12,8% in T14, gefolgt von unverständlichen bzw. nicht interpretierbaren Angaben mit 3,1% in T15 bis 4,9% in T13. „Weiß nicht"-Nennungen sind mit 1,8% in T14 bis 2,8% in T13 vergleichsweise selten.

Für die Verwendung in der LCA werden unverständliche bzw. nicht interpretierbare und „Weiß nicht"-Antworten zu einer Dummy-Variable für nichtsubstantielle Antworten zusammengefasst. Diese Variable wird in der LCA als Indikator für Satisficing verwendet. Der Anteil nichtsubstantieller Antworten liegt zwischen 5,5% in T15 und 7,7% in T13.

3.3.5 Speeding

In einigen aktuellen Publikationen werden Antwortzeiten explizit mit der Wahl von Optimizing und Satisficing als Antwortstrategien in Verbindung gesetzt bzw. zur Messung des Auftretens von Satisficing verwendet (siehe Baker et al. 2010; Callegaro et al. 2009; Greszki et al. 2014, 2015; Lenzner et al. 2010; Lynn und Kaminska 2012; Malhotra 2008; Neumann 2015; Turner et al. 2014; Wanich 2010; Zhang und Conrad 2014). Sie werden hierbei als Indikator des Ausmaßes der kognitiven Aktivität während des Antwortprozesses interpretiert (vgl. Callegaro et al. 2009; Greszki et al. 2014; Turner et al. 2014; Zhang und Conrad 2014). Die zu Grunde liegende Annahme ist, dass die mit der Wahl von Optimizing als Antwortstrategie verbundene vollständige und sorgfältige Ausführung der kognitiven Prozesse bei der Fragebeantwortung zu vergleichsweise längeren Antwortzeiten führt als das unvollständige oder oberflächliche Prozessieren von Informationen unter der Bedingung von Satisficing. Anwendungen von Antwortzeiten zur Untersuchung der Wahl der Antwortstrategie nehmen daher zunehmend Speeding in den Blick, d.h. die Identifikation von sehr schnellen bzw. außergewöhnlich schnellen Antwortzeiten bei der Beantwortung von Fragen (siehe z.B. Greszki et al. 2014, 2015; Zhang und Conrad 2014).

In der vorliegenden Untersuchung wird ein antwortzeitbasiertes Maß für die kognitive Aktivität im Antwortprozess als Indikator für Satisficing verwendet. Antwortzeiten sind die gebräuchlichsten Paradaten. Sie können auf vier Aggregationsstufen und in unterschiedlichen Graden der Messgenauigkeit vorliegen (Olson und Parkhurst 2013, S. 47-49). In der am stärksten aggregierten Form geben Zeitstempel die Antwortzeit zwischen dem Beginn und dem Ende der Befragung an. Feinere Differenzierungen lassen Zeitstempel für Abschnitte der Befragung oder für einzelne Fragen im Fragebogen zu. Die feinste Analyse erlauben Zeitstempel auf der Ebene von Tastaturanschlägen und Mausklicks. Die Genauigkeit der Messung liegt dabei in der Regel zwischen Millisekunden und Minuten. Eine weitere Differenzierung hinsichtlich der Genauigkeit der Messung in Web-Befragungen ist bezüglich der Verwendung von clientseitigen und serverseitigen Antwortzeiten zu treffen. Serverseitige Messungen erfassen die Zeit, die zwischen dem Absenden der Befragungsdaten vom Server, auf dem die Web-Befragung vorgehalten wird, bis zur Ankunft der Antwortdaten des Befragten auf dem Server vergeht. Sie umfassen also auch die Zeit, die für das Senden der Daten sowie die Interpretation und Verarbeitung der Daten durch den Browser auf dem Computer des Befragten benötigt wird. Die clientseitige Erhebung von Paradaten nutzt hingegen Skripte aus Programmcode, die auf dem Computer des Befragten ausgeführt werden. Diese erlauben eine genauere Erfassung von Antwortzeiten, da diese auf der Ebene von Tastaturanschlägen und Mausklicks erhoben werden und somit weniger stark von nicht interessierendem Rauschen bzw. Messfehlern betroffen sind (Callegaro 2013, S. 270-271; Kaczmirek 2008, S. 69-71; Olson und Parkhurst 2013, S. 47-49; Yan und Tourangeau 2008, S. 55).

In der vorliegenden Untersuchung stehen zwei Arten von Zeitstempeln für die Analyse der Antwortzeit zur Verfügung: Erstens die Interviewdauer und zweitens die Antwortzeit auf einzelnen Seiten der Web-Befragung.[32] Beide Maße wurden serverseitig sekundengenau erfasst und umfassen neben der reinen Antwortzeit weitere Zeitkomponenten. Aus den zuvor beschriebenen methodischen Gründen ist die Verwendung clientseitiger Paradaten vorzuziehen, was jedoch einen erhöhten Programmier- und Datenaufbereitungsaufwand sowie datenschutzrechtliche und ethische Fragen nach sich zieht (vgl. Callegaro 2013; Couper und Singer 2013; Olson und Parkhurst 2013). Als Folge standen clientseitige Antwortzeitmessungen für die hier verwendeten Datensätze nicht zur Verfügung. Diese Problematik wird jedoch durch die starken Korrelationen zwischen client- und serverseitigen Antwortzeiten mit Werten zwischen 0,91 und 0,99 (Yan und Tourangeau 2008, S. 66) bzw. 0,94 und 0,99 (Kaczmirek 2008, S. 73) abgemildert.[33] Daher wird begründet angenommen, dass die verwendeten serverseitigen Antwortzeiten für die Zwecke der Untersuchung ausreichend genau sind.

---

32 Antwortzeiten wurden auf der Ebene von Befragungsseiten gemessen. Die Fragebögen der hier verwendeten Web-Befragungen der GLES sehen in der Regel die Platzierung einer Frage je Befragungsseite vor. Dies wird auch als „paging"-Design bezeichnet (Couper 2008). Matrixfragen werden ebenso auf einer Befragungsseite platziert wie Fragen mit einfachen Antwortlisten. Es liegen somit keine Antwortzeitmessungen auf der Ebene der einzelnen Frageitems von Matrixfragen vor. Matrixfragen mit einer größeren Anzahl von Frageitems wurden bei Bedarf auf zwei oder mehr Befragungsseiten aufgeteilt. Eine weitere Abweichung vom Paging-Design ist die Anordnung der für die Quotierung verwendeten Fragen nach Geschlecht, Alter und höchstem allgemein bildenden Schulabschluss auf der zweiten Seite der Web-Befragungen.

33 In einer weiteren Untersuchung, die in Teilen auf den hier verwendeten Fragebögen der Online-Trackings der GLES basierte, wurden zudem äußerst geringe absolute Unterschiede zwischen client- und serverseitigen Antwortzeiten festgestellt (siehe Roßmann 2013b).

Die Verwendung der Interviewdauer zur Bestimmung der Vollständigkeit und Sorgfältigkeit des kognitiven Prozessierens seitens der Befragten ist im Kontext von Web-Befragungen problematisch. Die Befragten können selbst über den Fortgang des Fragebogens entscheiden, wozu auch das Unterbrechen der Befragung gehört. Fehlende und extrem hohe Werte bei der Interviewdauer signalisieren, dass Unterbrechungen und das Verlassen des Fragebogens nicht selten vorkommen. In den hier verwendeten Datensätzen haben zwischen 4,4% (T15) und 7,6% (T13) der Befragten das Interview zeitweilig unterbrochen und den Fragebogen verlassen. Unter den Befragten, die den Fragebogen nicht verlassen und bis zum Ende beantwortet haben, kommen extrem hohe Werte wie etwa eine Befragungsdauer von knapp drei Stunden bei einer Mediandauer von 31 Minuten und 48 Sekunden in T13 vor. Solche extremen Werte lassen sich nur mit einzelnen längeren oder mehreren kürzeren Unterbrechungen während der Beantwortung erklären. Insgesamt dürften Unterbrechungen daher noch zahlreicher sein als die Zahlen der erfassten Unterbrechungen nahelegen.[34]

Extrem niedrige Werte zwischen einer Befragungsdauer von einer Minute und vier Sekunden in T15 und fünf Minuten und 26 Sekunden in T14 hingegen legen nahe, dass einige Befragte sich bei der Beantwortung der Fragen keine nennenswerte Mühe gegeben haben können. Satisficing ist eine mögliche Ursache hierfür. Umgekehrt kann jedoch aus einer mittleren oder langen Befragungsdauer nicht ohne weiteres geschlossen werden, dass Befragte sorgfältig geantwortet haben, da eine vergleichsweise längere Befragungsdauer auch das Ergebnis einer Kombination aus Satisficing und Interviewunterbrechungen sein kann. Ablenkungen in der Befragungssituation erschweren mitunter die sorgsame Beantwortung der Fragen und sind somit ein Faktor, der das Auftreten von Satisficing begünstigt (Krosnick 1991, S. 222). Das Unterbrechen des Interviews in Folge von Ablenkungen durch weitere anwesende Personen, das Telefon oder zeitgleich am Computer laufende Anwendungen kann folglich mit dem Auftreten von Satisficing einhergehen und sich gegenseitig bedingen. Die Verwendung der Befragungsdauer ist somit wenig geeignet zur Messung des Auftretens von Satisficing während der Befragung.

Diese prinzipielle Problematik kann vermieden werden, indem auf die Antwortzeiten der Befragten auf den einzelnen Seiten bzw. bei einzelnen

---

34 Zu einer detaillierten Übersicht über die Befragungsdauer und Unterbrechungen der Befragung in den verwendeten Datensätzen siehe Anhang A.1.

Fragen der Web-Befragung zurückgegriffen wird. Unterbrechungen während des Interviews haben hier nur Auswirkungen auf diejenige Antwortzeitmessung, die der Frage bzw. Befragungsseite zugeordnet ist, bei der die Unterbrechung auftrat. Bei mehrfachen Unterbrechungen kann dies mehrere Antwortzeitmessungen betreffen. In der Regel sollte jedoch nur ein geringer Teil aller Antwortzeitmessungen in einer Befragung betroffen sein. Analysiert man folglich die Gesamtheit aller Antwortzeitmessungen, ist eine sehr verlässliche Identifikation von Befragten möglich, die Fragen im Mittel außergewöhnlich schnell beantworteten. Dieser Logik folgend wird in der vorliegenden Untersuchung ein Index berechnet, der die mittlere relative Antwortgeschwindigkeit der Befragten abbildet. Hierzu wird einerseits die Antwortgeschwindigkeit der Befragten über alle Befragungsseiten der Web-Befragung gemittelt. Ein Problem hierbei ist, dass sich die Fragen hinsichtlich des Fragetypus, des Umfangs der Fragestellung und der Antwortmöglichkeiten sowie ihrer Schwierigkeit teils erheblich unterscheiden. Daher ist es notwendig die Antwortzeiten zu standardisieren, bevor sie über alle Befragungsseiten gemittelt werden. Hierfür werden die Antwortzeiten auf jeder Seite der Befragung ins Verhältnis zur mittleren Antwortzeit für die jeweilige Frage gesetzt.

$$\textit{Speeding-Index}_i = \frac{\sum_{j=1}^{n_i} \textit{Indexwert}_{ij} = \begin{cases} \dfrac{rt_{ij}}{\widetilde{rt}_j}, rt_{ij} \leq \widetilde{rt}_j \\ 1 + (1 - \dfrac{\widetilde{rt}_j}{rt_{ij}}), rt_{ij} > \widetilde{rt}_j \end{cases}}{n_i} \qquad (7)$$

Der Speeding-Index[35] für den Befragten i berechnet sich entsprechend der Formel (7) als Summe von Indexwerten über die Befragungsseiten j geteilt durch die Gesamtzahl der vom Befragten i gesehenen und bearbeiteten Befragungsseiten n_i. Der Indexwert eines Befragten i auf der Befragungsseite j wiederum ergibt sich durch Division der Antwortzeit rt_{ij} durch den Median der Antwortzeiten auf der Befragungsseite j, wenn die Antwortzeit des Befragten auf jener Seite rt_{ij} kleiner gleich des Medians aller Befragten auf dieser Seite ist. Ist die Antwortzeit rt_{ij} größer als der Median, ändert

---

35 Die Bezeichnung Speeding-Index wurde von dem englischen Verb „to speed", was eilen oder rasen bedeutet und dem englischen „speeding", der Geschwindigkeitsübertretung, abgeleitet.

sich die Berechnung des Indexwerts gemäß der Bestimmung in Formel (7). Die Indexwerte nehmen theoretisch Werte größer null und kleiner zwei an, wobei ein Wert von eins anzeigt, dass die Antwortzeit des Befragten i auf der Befragungsseite j dem Median aller Befragten auf der Seite j entspricht. Der Speeding-Index nimmt Werte im Intervall $(0, 2) := \{x \in \mathbb{R} \mid 0 < x < 2\}$ an, wobei gilt: Je niedriger der Wert des Speeding-Index, desto schneller hat ein Befragter im Mittel geantwortet. Ein Wert von eins ist als eine über alle Seiten der Umfrage und alle Befragten mittlere Antwortgeschwindigkeit zu interpretieren.

Der Speeding-Index wird in allen vier Online-Trackings unter Verwendung der Antwortzeiten auf sämtlichen Seiten der Befragung berechnet. Das empirische Minimum liegt bei 0,15 in T15 und das Maximum bei 1,75 in T12 (siehe Tabelle 9). Die geringen Minimalwerte weisen darauf hin, dass einige Befragte mit einer im Mittel sehr hohen Geschwindigkeit geantwortet haben.

Tabelle 9 Deskriptive Statistiken zum Speeding-Index (T12–T15)

Umfrage	n	$\bar{x}$	s	Min.	Max.	Anzahl Seiten Bereich	$\bar{x}$
T12	1.144	1,01	0,24	0,28	1,75	90–124	109,34
T13	1.137	1,01	0,25	0,23	1,71	108–146	134,31
T14	1.150	1,00	0,24	0,28	1,72	110–132	127,25
T15	1.158	1,00	0,25	0,15	1,60	50–104	100,06

Anmerkungen: $\bar{x}$ = Arithmetischer Mittelwert, s = Standardabweichung.

Da eine hohe mittlere Antwortgeschwindigkeit durch niedrige Werte des Speeding-Index angezeigt wird, werden entsprechend der Formel (8) die Fälle i als Ausreißer identifiziert, die mehr als $k = 1,5$ Standardabweichungen (s) vom Mittelwert ($\bar{x}$) der Verteilung entfernt liegen.

$$x_i < \bar{x} - k \times s \qquad (8)$$

Es ergeben sich Schwellenwerte zwischen 0,63 (T13 bzw. T15) und 0,66 (T12). Im Resultat wird bei 5,9% (T12) bis 7,8% (T15) der Befragten eine ungewöhnlich schnelle mittlere Antwortzeit festgestellt, die auf Satisficing als Antwortstrategie hindeutet (siehe Tabelle 10).[36]

---

[36] Es ist anzumerken, dass sich Befragte auf Grund unterschiedlich stark ausgeprägter Kapazitäten des Arbeitsgedächtnisses, unterschiedlicher kognitiver Kompetenzen sowie weiterer Prädispositionen hinsichtlich ihrer allgemeinen Basisgeschwindigkeit unterscheiden (Mayerl 2005; Mayerl et al. 2005; Mayerl und Urban 2008; Neumann 2015). Ein Befragter, welcher eine vergleichsweise hohe Basisgeschwindigkeit aufweist, kann demnach auch unter der Bedingung von Optimizing geringere Werte auf dem Speeding-Index aufweisen als ein Befragter, der lediglich in begrenztem Umfang auf Satisficing als Antwortstrategie zurückgreift. Diesem Umstand kann auf technischem Wege durch die Messung der individuellen Basisgeschwindigkeit sowie der anschließenden Bereinigung der Antwortzeitmessungen um die Basisgeschwindigkeit Rechnung getragen werden (siehe hierzu Mayerl 2005; Mayerl et al. 2005; Mayerl und Urban 2008). Die Problematik bei der Messung der individuellen Basisgeschwindigkeit besteht darin, dass eine von den interessierenden Antwortzeitmessungen unabhängige Messung der Basisgeschwindigkeit notwendig ist. Üblicherweise wird hierzu das arithmetische Mittel aller aufgezeichneten Antwortzeiten oder die mittlere Antwortzeit bei einem bestimmten Satz von kognitiv mehr oder weniger aufwändigen Frageitems verwendet (Mayerl und Urban 2008, S. 63-70). Im ersten Fall ergibt sich das Problem, dass die Messung der individuellen Basisgeschwindigkeit nicht unabhängig von der Messung der interessierenden Antwortzeiten ist. Diese Problematik besteht auch im Falle der Berechnung des Speeding-Index, da in diesen sämtliche Antwortzeitmessungen eingehen und somit in der Regel keine unabhängige Messung der individuellen Basisgeschwindigkeit zur Verfügung steht. Ein Problem ist zudem, dass Befragte bereits bei den zur Basisgeschwindigkeitsmessung verwendeten Fragen Satisficing als Antwortstrategie verfolgt haben können. Beantwortet ein Befragter die zur Messung verwendeten Frageitems entsprechend schnell, so werden seine übrigen Antwortzeiten durch die Bereinigung mittels der Basisgeschwindigkeit gleichsam ex-post verlangsamt. Als Folge kann die verfolgte Antwortstrategie nicht mehr anhand der Antwortzeiten bestimmt werden. Die Bereinigung des Speeding-Index um die individuelle Basisgeschwindigkeit kann somit die nicht intendierte Folge habe, dass der Erfolg bei der Identifikation von Satisficing eingeschränkt wird. Mittels der Daten einer Web-Befragung von Teilnehmern eines Online-Access-Panels, welches auf einer Zufallsstichprobe von Internetnutzern basiert, untersucht Roßmann (2013b) die Eignung verschiedener antwortzeitbasierter Maße zur Identifikation von zu Satisficing neigenden Befragten. In dieser Studie zeigt sich, dass die Bereinigung des verwendeten Antwortzeit-Index um die individuelle Basisgeschwindigkeit vor allem bei der Verwendung von clientseitigen Antwortzeiten deutlich schlechtere Ergebnisse erbringt. Werden hingegen serverseitige Antwortzeiten verwendet, so ist die Erklärungsleistung des nicht bereinigten Maßes geringfügig besser als die des bereinigten Maßes. Unter Berücksichtigung dieser Ergebnisse wurde hier entschieden, den Speeding-Index nicht um die individuelle Basisgeschwindigkeit der Befragten zu bereinigen.

Tabelle 10 Speeding als Indikator für Satisficing (T12–T15)

Umfrage	Optimizing		Satisficing		Gesamt		Schwellenwert
	n	%	n	%	n	%	
T12	1.076	94,1	68	5,9	1.144	100,0	0,66
T13	1.048	92,2	89	7,8	1.137	100,0	0,63
T14	1.073	93,3	77	6,7	1.150	100,0	0,65
T15	1.073	92,7	85	7,3	1.158	100,0	0,63

3.4 Ergebnisse

Die LCA wurde nach dem von Kankaraš et al. (2010) empfohlenen Vorgehen durchgeführt.[37] Zur Bestimmung der Klassenzahl wurden insbesondere die „likelihood ratio chi-squared statistic" (L^2), das Bayessche Informationsmaß (*BIC*) und das Informationsmaß nach Bozdogan (*CAIC*) herangezogen. Niedrigere Werte dieser Maße zeigen eine bessere Modellanpassung an (vgl. Bacher und Vermunt 2010; McCutcheon 2002; Vermunt und Magidson 2005). Da die L^2-Statistik bei großen Stichproben tendenziell zu konservativ ist und schon bei kleinsten Differenzen einen geringen Modellfit anzeigt, werden die Informationsmaße *BIC* und *CAIC* bei der Modellselektion bevorzugt, da sie für die Stichprobengröße kontrollieren (Kankaraš et al. 2010, S. 373; siehe auch Bacher und Vermunt 2010, S. 557).

Zunächst wurde die LCA einzeln für die Online-Trackings T12 bis T15 durchgeführt, um die Anzahl der Klassen zu bestimmen, die in der nachfolgenden Untersuchung der Messinvarianz zu berücksichtigen ist. Auf Grundlage der eingangs dargelegten Annahmen wurde eine 2-Klassenlösung unterstellt, in der Befragte auf Basis der verwendeten Indikatoren für Satisficing den latenten Klassen für die Antwortstrategien Optimizing und Satisficing zugeordnet werden. Diese wurde gegen eine 1-Klassenlösung sowie Lösungen mit einer größeren Anzahl an Klassen getestet.

---

37 Die Durchführung der LCA erfolgte mit der Syntaxversion von LatentGOLD 5.0 (Vermunt und Magidson 2013a).

Tabelle 11 Fit der LC-Modelle für die Online-Trackings T12–T15

	Anzahl der Parameter	L^2	$BIC(L^2)$	$CAIC(L^2)$	Klassifikations- fehler (E)
T12					
1 Klasse	6,00	451,26	275,20	250,20	0,00
2 Klassen	12,00	44,75	-89,06	-108,06	0,03
3 Klassen	18,00	22,50	-69,05	-82,05	0,12
4 Klassen	24,00	7,96	-41,34	-48,34	0,19
5 Klassen	30,00	7,87	0,83	-0,17	0,49
T13					
1 Klasse	7,00	324,39	155,52	131,52	0,00
2 Klassen	13,00	45,90	-80,75	-98,75	0,02
3 Klassen	19,00	16,21	-68,22	-80,22	0,06
4 Klassen	25,00	6,36	-35,86	-41,86	0,06
5 Klassen	31,00	3,10	3,10	3,10	0,05
T14					
1 Klasse	6,00	520,68	344,49	319,49	0,00
2 Klassen	12,00	24,18	-109,73	-128,73	0,02
3 Klassen	18,00	11,30	-80,32	-93,32	0,17
4 Klassen	24,00	7,34	-42,00	-49,00	0,18
5 Klassen	30,00	6,67	-0,38	-1,38	0,23
T15					
1 Klasse	6,00	424,73	248,37	223,37	0,00
2 Klassen	12,00	25,72	-108,31	-127,31	0,01
3 Klassen	18,00	15,90	-75,80	-88,80	0,06
4 Klassen	24,00	10,19	-39,19	-46,19	0,22
5 Klassen	30,00	5,10	-1,96	-2,96	0,21

Für alle vier Online-Trackings zeigt sich eine sehr starke Verringerung der L^2-Statistik für die erwartete 2-Klassenlösung im Vergleich zu einer 1-Klassenlösung (siehe Tabelle 11).[38] Die LC-Modelle mit drei oder mehr Klassen

---

38 Für alle LC-Modelle wurden die paarweisen Residuen analysiert, um auf Verletzungen der Annahme der lokalen Unabhängigkeit zu kontrollieren (siehe Bacher und Vermunt 2010, S. 564-565). Im Allgemeinen weisen paarweise Residuen mit einem Wert größer 3,84 auf Korrelationen zwischen Indikatoren hin, die nicht adäquat durch das Modell erklärt werden (Vermunt und Magidson 2005, S. 124-125). Auf Grund dieser Analysen wurde maximal ein direkter Effekt zwischen

erbringen in allen Fällen eine weitere Reduzierung der L^2-Statistik im Vergleich zur 2-Klassenlösung, jedoch fällt die Abnahme der Werte vergleichsweise sehr viel geringer aus. Bezüglich der Informationskriterien *BIC* und *CAIC* weist das LC-Modell mit zwei Klassen zudem für alle vier Online-Trackings die geringsten Werte auf. Die LC-Modelle mit drei Klassen folgen mit etwas höheren Werten für *BIC* und *CAIC*. Gegenüber den LC-Modellen mit drei Klassen weisen die LC-Modelle mit zwei Klassen weiterhin teils deutlich geringere Klassifikationsfehler auf. Zusammenfassend sind für die Online-Trackings T12 bis T15 die LC-Modelle mit zwei Klassen gegenüber den LC-Modellen mit einer Klasse vorzuziehen. LC-Modelle mit drei Klassen zeigen ebenfalls eine hohe Güte, jedoch wird die 2-Klassenlösung auf Grund der geringeren Werte bei den Informationskriterien *BIC* und *CAIC* vorgezogen.

Um diesen Befund weiter abzusichern, wurde die Robustheit der Ergebnisse der LCA gegenüber Modifikationen der Modellspezifikation überprüft. Hierzu wurde die Vorgehensweise bei der Dichotomisierung der Indikatoren für Straightlining, Mittelkategorie- und „Weiß nicht"-Antworten sowie Speeding variiert. Einerseits wurden Schwellenwerte bestimmt, indem Fälle i als Ausreißer behandelt wurden, die mehr als $k = 2$ Standardabweichungen (s) vom Mittelwert ($\bar{x}$) der Verteilung der Indikatoren entfernt liegen ($x_i > \bar{x} + 2s$ für Straightlining, Mittelkategorie- und „Weiß nicht"-Antworten und $x_i < \bar{x} - 2s$ für Speeding). Zum anderen wurden die 95%-, 90%- und 75%-Perzentile verwendet, um ungewöhnliche Ausprägungen der Indikatoren zu bestimmen (für Speeding wurden entsprechend die 5%-, 10%- und 25%-Perzentile verwendet). Der binäre Indikator für nichtsubstantielle Antworten auf eine herausfordernde offene Frage wurde nicht modifiziert. Im Ergebnis zeigte sich, dass die LC-Modelle mit zwei Klassen unabhängig von der gewählten Vorgehensweise bei der Dichotomisierung der Indikato-

---

zwei Indikatoren aufgenommen, um lokale Abhängigkeiten zu modellieren (siehe Bacher und Vermunt 2010, S. 565; Vermunt und Magidson 2005, S. 75-76). Insbesondere wurden direkte Effekte zwischen den Indikatoren für nichtsubstantielle Antworten auf eine herausfordernde offene Frage und Speeding (T12 und T13) bzw. „Weiß nicht"-Antworten (T15) sowie zwischen den Indikatoren für Mittelkategorie- und „Weiß nicht"-Antworten (T14) in die Modellierung aufgenommen. Der letztere Effekt erklärt sich vermutlich durch die unter bestimmten Bedingungen auftretende inhaltliche Nähe zwischen Mittelkategorie- und „Weiß nicht"-Antworten (siehe Raaijmakers et al. 2000; Sturgis et al. 2014). Die Modellierung lokaler Abhängigkeiten führte in keinem Fall dazu, dass die Identifikation der Modelle verloren ging (vgl. Bacher und Vermunt 2010, S. 565).

ren gegenüber LC-Modellen mit einer Klasse und LC-Modellen mit drei oder mehr Klassen vorzuziehen sind (siehe Anhang B.2 zu den Ergebnissen der Robustheitsanalysen). Der Befund, wonach eine 2-Klassenlösung gegenüber anderen Modellen vorzuziehen ist, kann somit als robust gelten.

Um die Klassifikationsergebnisse der LCA über die Online-Trackings T12 bis T15 vergleichen zu können, wurde anschließend die Gültigkeit der Annahme der Messinvarianz statistisch geprüft (vgl. Ariely und Davidov 2012; Steenkamp und Baumgartner 1998; Vandenberg und Lance 2000). In der LCA liegt Messinvarianz vor, wenn die klassenspezifischen bedingten Antwortwahrscheinlichkeiten („conditional response probabilities") über Gruppen (hier zu unterschiedlichen Zeitpunkten durchgeführte Umfragen) hinweg gleich sind. Die Überprüfung der Annahme der Messinvarianz erfordert daher die Spezifikation von LC-Modellen, in denen bestimmte Sätze von Modellparametern auf Gleichheit über die Gruppen beschränkt werden (Kankaraš et al. 2010, S. 366-367). Zunächst wird ein LC-Modell spezifiziert, in dem alle Parameter des Messmodells über die Gruppen variieren können. Dieses heterogene, unbeschränkte Modell repräsentiert die vollständige Abwesenheit von Messinvarianz. Die zwei folgenden LC-Modelle beinhalten daher Restriktionen der Modellparameter. Diese zwei Varianten partiell homogener LC-Modelle erlauben entweder direkte Effekte zwischen den Gruppen und den manifesten Indikatoren oder gruppenspezifische Konstanten.[39] Insbesondere das letztere LC-Modell erlaubt den Vergleich von Unterschieden in der Zugehörigkeit zu den latenten Klassen (Kankaraš et al. 2010, S. 369). Das strukturell homogene LC-Modell, welches die vollständige Messinvarianz repräsentiert, beinhaltet die Beschränkung von Konstanten und Steigungsparametern („slopes") auf Gleichheit über die Gruppen. In diesem LC-Modell sind die Beziehungen zwischen den manifesten Indikatoren und der latenten Variable über die Gruppen identisch, weshalb die Klassenzugehörigkeit die gleiche Bedeutung über die Gruppen hat (Kankaraš et al. 2010, S. 369-370). Die unterschiedliche Grade von Messinvarianz (bzw. deren Abwesenheit) implizierenden LC-Modelle wurden auf Grundlage des gepoolten Datensatzes der Online-Trackings T12 bis T15 berechnet. Das Ausmaß der Homogenität des LC-Modells, welches die

---

39 Die Spezifikation eines LC-Modells mit gruppenspezifischen Konstanten entspricht konzeptionell dem Modell der metrischen Äquivalenz („metric equivalence") in konfirmatorischen Faktoranalysen mit multiplen Gruppen (Kankaraš et al. 2010; siehe auch Ariely und Davidov 2012).

beste Anpassung an die Daten aufweist, indiziert den Grad der Äquivalenz der Messung (Kankaraš et al. 2010, S. 375).

Das vollständig heterogene LC-Modell M_{2a}, welches die vollständige Abwesenheit von Messinvarianz impliziert, weist innerhalb der 2-Klassenmodelle den besten Modellfit nach der L^2-Statistik auf (siehe Tabelle 12). Die in Hinblick auf die Anzahl der Parameter sparsameren partiell homogenen Modelle, die gruppenspezifische Slopes (M_{2b}) bzw. Konstanten (M_{2c}) beinhalten, weisen hingegen eine bessere Anpassung an die Daten bezüglich der Informationsmaße *BIC* und *CAIC* auf. Den besten Modellfit hinsichtlich *BIC* und *CAIC* erzielt das strukturell homogene, d.h. das vollständig messinvariante Modell M_{2d}, welches sowohl die Slopes als auch die Konstanten auf Gleichheit über die vier Online-Trackings beschränkt.

Um den Befund aus der separat für die Online-Trackings T12 bis T15 durchgeführten LCA zu verifizieren, dass eine 2-Klassenlösung gegenüber einer 1-Klassenlösung vorzuziehen ist, wurden weiterhin ein vollständig heterogenes (M_{1a}) sowie ein strukturell homogenes (M_{1b}) LC-Modell mit einer Klasse berechnet. In Übereinstimmung mit den vorherigen Ergebnissen weisen die LC-Modelle mit einer Klasse gegenüber den unterschiedlich homogenen LC-Modellen mit zwei Klassen erheblich größere Werte für die L^2-Statistik als auch für die Informationsmaße *BIC* und *CAIC* auf. Demnach sind die LC-Modelle mit zwei Klassen in allen Fällen LC-Modellen mit nur einer Klasse vorzuziehen.

Da weiterhin die Möglichkeit besteht, dass latente Klassen nur in bestimmten Gruppen zu beobachten sind, während andere latente Klassen in allen Gruppen vorkommen, wurden alle LC-Modelle erneut mit drei Klassen (Modelle M_{3a} bis M_{3d} in der Tabelle 12) berechnet und die Änderungen im Modellfit untersucht (vgl. Kankaraš et al. 2010, S. 376). Das vollständig heterogene LC-Modell (M_{3a}) hat innerhalb der 3-Klassenmodelle den geringsten Wert für die L^2-Statistik, während das strukturell homogene Modell (M_{3d}) die besten Werte für *BIC* und *CAIC* aufweist. Vergleicht man jedoch die LC-Modelle mit zwei und drei Klassen nach Grad der Homogenität untereinander (M_{2a} mit M_{3a}, M_{2b} mit M_{3b} usw.), so weisen die LC-Modelle mit zwei Klassen in allen Vergleichen geringere Werte für *BIC* und *CAIC* auf. Alles in allem verfügt das messinvariante LC-Modell mit zwei Klassen (M_{2d}) über den besten Modellfit nach *BIC* und *CAIC*. Die bis hierhin präsentierten Ergebnisse der LCA stimmen mit der Erwartung überein, dass eine 2-Klassenlösung vorgefunden werden kann, die mit einer Unterscheidung zwischen der Wahl von Optimizing und Satisficing als Antwortstrategien vereinbar ist. Zur Verifizierung dieses Befunds wurde das messinvariante 2-Klassenmodell (M_{2d}) auf seine inhaltliche Interpretierbarkeit hin untersucht. Zu diesem Zweck wurden die in den Klassenprofilen zusammengefassten marginalen bedingten Wahrscheinlichkeiten ($\hat{\pi}$) betrachtet, welche den Zusammenhang zwischen den Klassen und den Indikatoren aufzeigen (siehe Vermunt und Magidson 2005, S. 115-116; 2013b, S. 77-80). Die hier zu überprüfende Annahme ist, dass die Zusammenhänge zwischen den Indikatoren und den Klassen inhaltlich konsistent mit den Annahmen der Satisficing-Theorie sind.

Tabelle 12 Fit der LC-Modelle für den gepoolten Datensatz der Online-Trackings

LC-Modell	Anzahl der Parameter	L^2	$BIC(L^2)$	$CAIC(L^2)$	Klassifikationsfehler (E)
1 Klasse					
M_{1a} Heterogenität	23	1.688,1	836,5	735,5	0,00
M_{1b} Strukturelle Homogenität	8	1.706,9	728,8	612,8	0,00
2 Klassen					
M_{2a} Heterogenität	47	144,4	-504,9	-581,9	0,02
M_{2b} Partielle Homogenität (gruppenspez. Slopes)	32	171,2	-604,5	-696,5	0,02
M_{2c} Partielle Homogenität (gruppenspez. Konstanten)	32	211,9	-563,8	-655,8	0,02
M_{2d} Strukturelle Homogenität	17	246,3	-655,8	-762,8	0,02
3 Klassen					
M_{3a} Heterogenität	71	53,9	-393,0	-446,0	0,07
M_{3b} Partielle Homogenität (gruppenspez. Slopes)	56	82,5	-490,9	-558,9	0,17
M_{3c} Partielle Homogenität (gruppenspez. Konstanten)	41	151,7	-548,1	-631,1	0,10
M_{3d} Strukturelle Homogenität	26	195,1	-631,1	-729,1	0,16

Die Betrachtung der marginalen bedingten Wahrscheinlichkeiten für das messinvariante 2-Klassenmodell (M_{2d}) illustriert, dass die beiden Klassen inhaltlich sehr gut mit den Antwortstrategien Optimizing und Satisficing übereinstimmen (siehe Abbildung 1). Befragte, die der Klasse *Satisficing* zugeordnet werden, weisen insbesondere eine sehr hohe bedingte Wahrscheinlichkeit für Straightlining ($\hat{\pi}$ = 0,79) und hohe bedingte Wahrscheinlichkeiten für „Weiß nicht"- ($\hat{\pi}$ = 0,55) und Mittelkategorie-Antworten ($\hat{\pi}$= 0,47) auf. Der Indikator für Straightlining hat somit den stärksten Einfluss im LC-Modell.

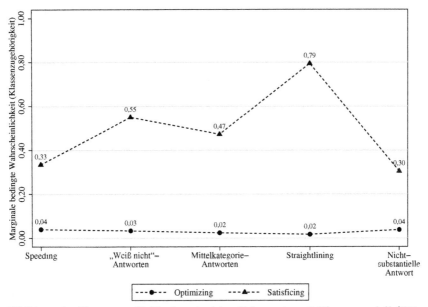

Abbildung 1 Klassenprofil für das strukturell homogene 2-Klassenmodell (T12–T15)

Der Zusammenhang der Klasse Satisficing mit den Indikatoren für Speeding ($\hat{\pi}$ = 0,33) sowie für nichtsubstantielle Antworten auf eine kognitiv fordernde offene Frage ($\hat{\pi}$ = 0,30) ist hingegen schwächer ausgeprägt. Dieses Muster spiegelt sich auch deutlich in den bedingten Wahrscheinlichkeiten für die Zugehörigkeit zur Klasse Satisficing in Abhängigkeit von den Ausprägungen der Indikatoren wider (siehe Abbildung 2). Befragte, die ungewöhnlich häufig Straightlining zeigten, haben eine bedingte Wahrscheinlichkeit von p = 0,85 zur Klasse Satisficing zu gehören, während die entsprechenden bedingten Wahrscheinlichkeiten für „Weiß nicht"- und Mittelkategorie-Antworten p = 0,66 bzw. p = 0,70 sind. Die bedingten Wahrscheinlichkeiten für Speeding und nichtsubstantielle Antworten auf eine kognitiv fordernde offene Frage sind hingegen mit p = 0,49 deutlich geringer. Im Umkehrschluss bedeutet dies, dass Befragte, die Fragen im Mittel ungewöhnlich schnell beantworteten oder nichtsubstantiell auf die kognitiv fordernde offene Frage geantwortet haben, mit einer bedingten Wahrscheinlichkeit von $p = 0{,}51$ zur Klasse Optimizing zugeordnet werden. Die beiden Indikatoren diskriminieren somit weniger gut zwischen den beiden Klassen als die Indikatoren für Straightlining, „Weiß nicht"- und Mittelkategorie-Antworten.

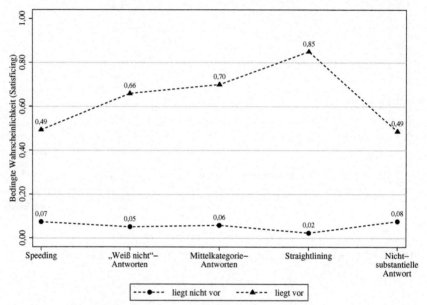

Abbildung 2 Bedingte Wahrscheinlichkeiten für die Zugehörigkeit zur Klasse Satisficing in Abhängigkeit von den Ausprägungen der Indikatoren (T12–T15)

Der vergleichsweise schwächere Zusammenhang der Klasse Satisficing mit dem Indikator für nichtsubstantielle Antworten ist sehr wahrscheinlich darauf zurückzuführen, dass Antworten wie „weiß ich nicht" oder „kann ich nicht beurteilen" zwar einerseits das Ergebnis von Satisficing, andererseits aber auch äußerst akkurate Antworten auf die hier verwendete Frage nach dem derzeit wichtigsten politischen Problem in Deutschland sein können, die das Ergebnis eines sorgfältigen und vollständigen Antwortprozesses sind. Insofern ist anzunehmen, dass diese nichtsubstantiellen Antworten teils das Resultat von Optimizing und teils von Satisficing sein können (vgl. Turner et al. 2014, S. 14). Der ebenfalls schwächer ausgeprägte Zusammenhang der Klasse Satisficing mit dem Indikator für Speeding weist auf die in Kapitel 2 thematisierte Problematik hin, dass kurze Antwortzeiten sowohl eine geringe Tiefe der kognitiven Aktivität im Antwortprozess als auch das Vorliegen mental gut zugänglicher Einstellungen indizieren können. Die hier durchgeführten Analysen zeigen einerseits, dass antwortzeitbasierte Indikatoren für das Ausmaß der kognitiven Aktivität während des Antwortprozesses die Modellierung von Satisficing effektiv unterstützen können. Andererseits legen die Ergebnisse jedoch nahe, dass die Identifikation von Befragten, die Satisficing als Antwortstrategie verfolgen, mittels der ausschließlichen Verwendung von antwortzeitbasierten Indikatoren für Speeding problematisch ist, da schnelle Antwortzeiten auch unter der Bedingung von Optimizing vorkommen können.

Trotz dieser Einschränkungen unterscheiden sich beide Klassen deutlich in ihren Profilen. Die Klasse Optimizing steht nur in einem sehr geringen Zusammenhang mit den fünf verwendeten Indikatoren für Satisficing. Dieser Befund wird zudem durch die Statistiken der Modellparameter unterstützt, die zeigen, dass sämtliche Indikatoren signifikant ($p < 0{,}001$) zwischen den beiden Klassen diskriminieren.[40] Zusammengenommen ist festzuhalten, dass sich das messinvariante LC-Modell mit zwei Klassen (M_{2d}) inhaltlich konsistent mit den Annahmen der Satisficing-Theorie interpretieren lässt.

Die abhängige Variable für die Analysen im nachfolgenden Kapitel ist die auf Basis des selektierten LC-Modells (M_{2d}) vorgenommene modale Klassenzuordnung der Befragten (siehe Tabelle 13).[41] Satisficing verfolgten demnach zwischen 9,2% (T15) und 9,5% (T13) der Befragten als Antwortstrategie. Diese Zahlen machen deutlich, dass die Wahl von Satisficing

---

40 Es ist jedoch zu beachten, dass die Signifikanz des Werts der Wald-Statistik von der Stichprobengröße abhängig ist. Bei großen Stichproben kann die Wald-Statistik auch signifikant sein, wenn ein Indikator irrelevant ist. Umgekehrt kann bei einer kleinen Stichprobe die Wald-Statistik insignifikant sein, obwohl ein Indikator für eine bestimmte latente Klasse relevant ist (Bacher und Vermunt 2010, S. 568-569).

41 Bei der modalen Zuordnung werden die Fälle der Klasse mit der höchsten aus dem Modell geschätzten Zugehörigkeitswahrscheinlichkeit zugeordnet (Vermunt und Magidson 2005, S. 3). Die Verteilungen der Wahrscheinlichkeiten zur Zugehörigkeit zur Klasse Satisficing in den vier Studien sind im Anhang B.3 dargestellt.

als Antwortstrategie ein ausgeprägtes Phänomen in den untersuchten Befragungen darstellt.

Tabelle 13 Optimizing und Satisficing in den Online-Trackings T12–T15

Umfrage	Optimizing		Satisficing		Gesamt	
	n	%	n	%	n	%
T12	1.038	90,7	106	9,3	1.144	100,0
T13	1.029	90,5	108	9,5	1.137	100,0
T14	1.042	90,6	108	9,4	1.150	100,0
T15	1.051	90,8	107	9,2	1.158	100,0

3.5 Zusammenfassung und Diskussion

In diesem Kapitel wurde die forschungsleitende Frage untersucht, inwiefern die Wahl der Antwortstrategie als latente Variable verstanden und in statistischen Analysen mittels der Verwendung von multiplen Indikatoren für Satisficing sowie eines antwortzeitbasierten Indikators für das Ausmaß der kognitiven Aktivität während des Antwortprozesses modelliert werden kann. Die Fragestellung verweist unter anderem darauf, dass bislang nicht ausreichend geklärt wurde, wie die theoretisch mit der Antwortstrategie Satisficing assoziierten Antworteffekte empirisch miteinander in Verbindung stehen: Handelt es sich um distinkte Strategien der Befragten zur Reduzierung von Belastungen während der Fragebeantwortung, die als solche auch individuell untersucht werden müssen, oder lassen sich die Antworteffekte auf Satisficing als Antwortstrategie von Befragten zurückführen, sodass Indikatoren für die Antworteffekte zur Modellierung einer latenten Variable für die verfolgte Antwortstrategie herangezogen werden können?

Zur Beantwortung dieser zentralen Fragestellung wurden LC-Modelle unter Verwendung von vier Indikatoren für Satisficing sowie eines antwortzeitbasierten Indikators für das Ausmaß der kognitiven Aktivität während des Antwortprozesses durchgeführt. Diese Analyse latenter Klassen, die durch weitere Robustheitsanalysen unterstützt wurde, kam zu dem Ergebnis, dass die erwartete 2-Klassenlösung empirische Unterstützung erfährt. Um die Ergebnisse der LCA über die vier, zu unterschiedlichen Zeitpunkten erhobenen Datensätze des Online-Trackings vergleichen zu können, wurde darüber hinaus die Annahme der Messinvarianz statistisch geprüft. Es zeigte sich, dass ein strukturell homogenes LC-Modell mit zwei Klassen den im Vergleich der Modelle besten Fit aufweist. Dies bedeutet, dass die Äquivalenz der Messung gegeben ist und die Ergebnisse der LCA über die vier untersuchten Online-Trackings verglichen werden konnten. Wie weiterhin gezeigt werden konnte, steht die Klassifikation der Befragten in zwei Klassen inhaltlich in Einklang mit der den Indikatoren zu Grunde liegenden Unterscheidung zwischen Optimizing und Satisficing.

Im Hinblick auf die eingangs formulierten Annahmen wird dieses Ergebnis dahingehend interpretiert, dass die Wahl der Antwortstrategie als latente Variable verstanden und in empirischen Untersuchungen mittels der LCA modelliert werden kann. Für die konkurrierende Annahme, dass die Indikatoren für Satisficing distinkte Strategien zur Reduzierung von Belastungen während der Fragebeantwortung abbilden, wurden keine nennenswerten Hinweise gefunden. Dieser Befund spricht somit für die Gültigkeit der grundlegenden Annahme der Theorie, wonach die untersuchten Antworteffekte auf die gleichen Mechanismen während der Fragebeantwortung und mithin auf Satisficing als Antwortstrategie zurückzuführen sind.

Weiterhin zeigen die hier präsentierten Befunde, dass ein antwortzeitbasierter Indikator für Satisficing die Modellierung der Wahl der Antwortstrategie als latente Variable effektiv unterstützt. Antwortzeiten können als Indikator des Ausmaßes der kognitiven Aktivität während des Antwortprozesses interpretiert werden (vgl. Callegaro et al. 2009; Greszki et al. 2014; Turner et al. 2014; Zhang und Conrad 2014). Sie erlauben somit eine unmittelbare Messung der Vollständigkeit und Sorgfältigkeit des Antwortprozesses. Dabei stehen sie aktuellen Studien zufolge nicht nur im Zusammenhang mit dem Auftreten einiger Antworteffekte von Satisficing (siehe z.B. Greszki et al. 2014; Zhang und Conrad 2014), sondern können zudem als Indikator für schwer messbare Antworteffekte von Satisficing, wie dem zufälligen Antworten, verwendet werden. Die Ergebnisse der vorliegenden Untersuchung lassen daher die Empfehlung für zukünftige Studien zu, in der Modellierung der Antwortstrategie als latente Variable eine Kombination aus manifesten Indikatoren für beobachtete Antworteffekte und antwortzeitbasierte Indikatoren für das Ausmaß der kognitiven Aktivität während des Antwortprozesses zu verwenden. Die simultane Verwendung solcher Indikatoren ist geeignet die Problematiken abzuschwächen, dass einerseits bestimmte Antworteffekte, wie das zufällige Antworten, schwer über die Analyse von Antwortmustern zu erfassen sind, während andererseits der Nachteil der Verwendung von antwortzeitbasierten Maßen adressiert wird, dass kurze Antwortzeiten sowohl eine geringe Sorgfalt und die Unvollständigkeit der kognitiven Prozesse bei der Fragebeantwortung als auch das Vorliegen mental gut zugänglicher Einstellungen und Wissensbestände indizieren können.

Die hier durchgeführten Analysen zeigen zudem, dass die hier vorgeschlagene Modellierung der Antwortstrategie als latente Variable mittels der LCA robust gegenüber Variationen der Modellspezifikationen als auch gegenüber der Verwendung unterschiedlicher Datensätze ist. Obgleich die Variationen der Modellspezifikationen und der verwendeten Datensätze begrenzt waren, kann dieser Befund als Hinweis auf die allgemeine Anwendbarkeit der hier verwendeten Methode zur Untersuchung von Satisficing in Befragungen interpretiert werden.

Für die weiteren empirischen Analysen in der vorliegenden Untersuchung sind diese Ergebnisse von grundlegender Bedeutung. Die hier vorgeschlagene Modellierung der Antwortstrategie als latente Variable mittels der personenorientierten Methode der LCA erlaubt die Schätzung von Klassenzugehörigkeitswahrscheinlichkeiten für die Befragten in der untersuchten Stichprobe. Diese Wahrscheinlichkeiten können einerseits unmittelbar für analytische Verfahren genutzt und andererseits zur diskreten Zuordnung von Befragten zu den Klassen Optimizing und Satisficing verwendet werden. In theoretischer Hinsicht bedeutet diese Erkenntnis jedoch nicht notwendigerweise, dass die von Krosnick (1991) vorgenommene Konzeptualisierung von Optimizing und (starkem) Satisficing als die Endpunkte eines Kontinuums im Ausmaß und der Qualität der kognitiven Aktivität während des Antwortprozesses grundsätzlich in Frage gestellt wird. Vielmehr stellt die hier vorgeschlagene Modellierung der Antwortstrategie als latente Variable eine analytische Vereinfachung dar, die interessierten Forschern ein innovatives Werkzeug für die Untersuchung von Satisficing in Befragungen zur Verfügung stellt. Wie aus der Diskussion zur Messung von Satisficing in Kapitel 2 hervorgeht, ergibt sich der Vorteil einer solchen Modellierung insbesondere dann, wenn die zu verwendende Datengrundlage über keine speziell designten Experimente und Fragen zur Messung von Satisficing verfügt und zudem ein analytisches Interesse an der Untersuchung der Antwortstrategie auf der Ebene individueller Befragter besteht.

4 Die Erklärung von Satisficing

Dieses Kapitel greift die im zweiten Kapitel skizzierten Forschungsdesiderate und offenen Fragestellungen zur Erklärung der Wahl der Antwortstrategie von Befragten auf und zielt in einer empirischen Untersuchung darauf ab, einen Beitrag zur Überprüfung von zentralen Annahmen der Satisficing-Theorie zu leisten.

Wie zuvor gezeigt wurde, untersuchen wenige der bislang vorliegenden empirischen Studien zu Satisficing umfangreiche Sätze der Annahmen zur Wahl der Antwortstrategie (siehe z.b. Holbrook et al. 2014; Krosnick et al. 1996; Lenzner 2012; Toepoel et al. 2009c). Zudem werden diese Annahmen oftmals nur unter Verwendung von einzelnen oder einer begrenzten Anzahl von Indikatoren für Satisficing untersucht (siehe z.B. Holbrook et al. 2007; Krosnick et al. 2002; Malhotra 2008, 2009; Zhang und Conrad 2014). Die Überprüfung einer weitreichenden Anzahl von Annahmen der Satisficing-Theorie auf der Grundlage von multiplen Indikatoren für Satisficing bzw. einer latenten Variable für die Wahl der Antwortstrategie ist somit ein Forschungsdesiderat. Die vorliegende Studie untersucht daher die forschungsleitende Frage, inwieweit sich grundlegende Annahmen der Theorie zur Wirkung der Einflussgrößen Schwierigkeit der Aufgabe, Fähigkeiten und Motivation der Befragten im Auftreten von Satisficing als haltbar erweisen.

Wie weiterhin gezeigt wurde, vernachlässigen die bislang vorliegenden Untersuchungen zu Satisficing die Frage, in welchem Ausmaß die Einflussgrößen relativ zueinander zur Erklärung der Wahl der Antwortstrategie beitragen. So untersuchen viele Studien die Zusammenhänge zwischen Indikatoren für Satisficing und einem begrenzten Satz von sozio-demographischen Merkmalen der Befragten, insbesondere ihrer formalen Bildung sowie ihrem Alter (siehe z.B. Holbrook et al. 2007; Krosnick et al. 1996; Narayan und Krosnick 1996). Die Analysen bleiben somit auf die Untersuchung der Frage begrenzt, ob die zur Messung der Einflussgrößen verwendeten Variablen signifikante Einflüsse in der theoretisch erwarteten Richtung haben. Aus diesem Grund untersucht die vorliegende Studie die offene Frage, welche relative Bedeutung den Einflussgrößen in der Wahl von Satisficing als Antwortstrategie zukommt.

Die Sichtung des Forschungsstands zu Satisficing in Befragungen offenbarte darüber hinaus, dass das von Krosnick (1991) nur knapp thematisierte Zusammenwirken der Einflussgrößen in der Wahl der Antwortstrategie in wenigen Studien aufgegriffen und untersucht wird (vgl. Roberts 2016). Die Theorie bietet hierbei zwei konkurrierende Sichtweisen an. Während die erste Sichtweise unterstellt, dass sich die Wahrscheinlichkeit der Wahl von Satisficing als Antwortstrategie aus der additiven Verknüpfung der Effekte der drei Einflussgrößen ergibt, postuliert die zweite Sichtweise einen komplexen multiplikativen Zusammenhang zwischen den Einflussgrößen (Krosnick 1991, S. 225). Obgleich Krosnick (1991, S. 225) die zweite Sichtweise favorisiert, bleibt er in dieser Frage letztendlich vage. Lediglich drei Studien greifen die Frage nach dem Zusammenwirken der Einflussgrößen auf und untersuchen diese empirisch (siehe Krosnick et al. 1996; Lenzner 2012; Toepoel et al. 2009c). Diese Studien ergeben übereinstimmend Hinweise auf eine unter Umständen auftretende wechselseitige Beeinflussung der Einflussgrößen Schwierigkeit der Aufgabe, Fähigkeiten und Motivation in der Wahl der Antwortstrategie. Jedoch liefern sie keine vollständig konsistenten Befunde zu Interaktionen zwischen den Einflussgrößen. Die vorliegende Studie untersucht daher die offene Frage, wie die Einflussgrößen im Auftreten von Satisficing zusammenwirken.

Auf Grundlage der vorliegenden Formulierungen der Theorie sowie dem aktuellen Stand der empirischen Forschung werden in diesem Kapitel zunächst Hypothesen zur Erklärung des Auftretens von Satisficing abgeleitet. Im Anschluss werden die Daten, die methodische Vorgehensweise bei der Untersuchung der forschungsleitenden Fragestellungen und die verwendeten Operationalisierungen für die Einflussgrößen von Satisficing vorgestellt. Die Präsentation der Ergebnisse ist entlang der drei Fragestellungen organisiert. Zunächst werden die Effekte der Einflussgrößen auf die Wahrscheinlichkeit von Satisficing anhand der Hypothesen untersucht. Hierauf folgt die Analyse der relativen Bedeutung der Einflussgrößen in der Wahl der Antwortstrategie. Nachfolgend wird das Zusammenwirken der Einflussgrößen untersucht. Abschließend werden die Ergebnisse knapp zusammengefasst und die Implikationen der gewonnenen Erkenntnisse diskutiert.

4.1 Die Einflussgrößen von Satisficing

Die Wahrscheinlichkeit des Auftretens von Satisficing bei der Fragebeantwortung hängt vom Zusammenwirken der drei Einflussgrößen Schwierigkeit der Aufgabe, Fähigkeiten und Motivation ab (Krosnick 1991, S. 220-225). Die kausalen Mechanismen, die zur Wahl von Satisficing als Antwortstrategie führen, können demnach danach geordnet werden, in welcher Weise sie die Schwierigkeit der Aufgabe beeinflussen oder auf die Fähigkeiten und Motivation von Befragten einwirken (Roberts 2016). Im Folgenden werden die in der Untersuchung verwendeten Konstrukte den Einflussgrößen zugeordnet und es werden Hypothesen formuliert, die den theoretisch angenommenen Zusammenhang mit dem Auftreten von Satisficing explizieren.

4.1.1 Schwierigkeit der Aufgabe

Die Schwierigkeit der Aufgabe ist eine Funktion der Schwierigkeiten von Befragten bei der Ausführung der kognitiven Prozesse während der Fragebeantwortung (siehe Tourangeau et al. 2000, S. 7-16). Sie ergibt sich durch die auftretenden Schwierigkeiten beim Frageverstehen, beim Abruf der zur Beantwortung der Frage notwendigen Informationen, bei der sich anschließenden Urteilsbildung sowie bei der abschließenden Antwortformulierung und Antwortabgabe. Umso mehr Schwierigkeiten Befragte beim Verstehen und Beantworten der Fragen in einer Umfrage haben, desto wahrscheinlicher ist es, dass sie auf Satisficing als Antwortstrategie zurückgreifen.

H_1: Je mehr Schwierigkeiten Befragte beim Frageverstehen und der Fragebeantwortung haben, desto wahrscheinlicher ist es, dass sie zur Wahl von Satisficing als Antwortstrategie neigen.

Weiterhin erhöhen *Ablenkungen in der Interviewsituation* die Schwierigkeit der Aufgabe, indem sie die Aufmerksamkeit von den Fragen auf andere Objekte lenken. Als Folge von Ablenkungen durch weitere in der Interviewsituation anwesende Personen, das Telefon, den Fernseher oder sonstige Vorkommnisse wird die Wahl von Satisficing als Antwortstrategie wahrscheinlicher.

H_2: Befragte, die während der Beantwortung der Fragen in der Umfrage abgelenkt werden, neigen mit größerer Wahrscheinlichkeit zur Wahl von Satisficing als Antwortstrategie als Befragte, deren Aufmerksamkeit nicht gestört wird.

Letztlich können das zur Beantwortung einer Umfrage verwendete Endgerät sowie der Ort der Teilnahme als situative Randbedingung einen Einfluss auf die Schwierigkeit der Aufgabe haben. Die Diversifizierung von Endgeräten und ihre zunehmende Verbreitung in der Bevölkerung zieht auf Grund der möglichen Auswirkungen auf die Datenqualität eine wachsende Forschungstätigkeit nach sich (siehe u.a. De Bruijne und Wijnant 2013; Lugtig und Toepoel 2015; Lynn und Kaminska 2012; Mavletova 2013; Peytchev und Hill 2010; Stapleton 2013; Toepoel und Lugtig 2014). Die *Nutzung von Smartphones und Tablets* kann sich über verschiedene Mechanismen auf die Wahrscheinlichkeit des Auftretens von Satisficing auswirken. Erstens unterscheiden sich Smartphones und Tablets hinsichtlich der Bildschirmgröße, ihres Funktionsumfangs sowie ihrer Handhabung von stationären Computern sowie Notebooks. Durch die geringe Bildschirmgröße ist die darstellbare Menge an Information bei Tablets und insbesondere bei Smartphones begrenzt und Befragte sehen mitunter nur einen Teil der Frage oder der Antwortskala (Peytchev und Hill 2010; Stapleton 2013). Deshalb kann die Beantwortung von Fragen auf mobilen Endgeräten für die Befragten aufwändig und demotivierend sein. Zweitens ist die Geschwindigkeit der Internetverbindung bei mobilen Endgeräten oftmals geringer (De Bruijne und Wijnant 2013; Mavletova 2013), insbesondere bei der Verwendung mobiler Netzwerke anstatt einer Verbindung über ein lokales Netzwerk (z.B. ein WLAN) mit Breitbandanschluss an das Internet. Die geringere Geschwindigkeit des Seitenaufbaus kann negative Auswirkungen auf die Motivation der Befragten zur sorgfältigen Beantwortung haben, insbesondere wenn der Fragebogen multimediale Elemente enthält, welche die Datenmenge vergrößern und somit die Befragungsdauer erheblich verlängern. Drittens erlauben es mobile Endgeräte, dass Befragungen außerhalb des eigenen Wohnumfelds ausgefüllt werden können. Dieser veränderte Kontext der Umfrageteilnahme könnte sich unter Umständen negativ auf die Sorgfalt bei der Fragebeantwortung auswirken, insofern Befragte weniger konzentriert sind und häufiger abgelenkt werden, wenn sie die Umfrage beantworten, während sie sich in öffentlichen Räumen aufhalten oder bewegen (vgl. Gummer und Roßmann 2015, S. 220; siehe auch Häder et al. 2009, S. 51 zu Effekten der Interviewsituation auf das Antwortverhalten bei Befragungen über das Mobilfunknetz). Die Art und Stärke der Effekte auf das Antwortverhalten sollten zudem vom Typ des verwendeten Endgeräts abhängen. Einerseits weisen Smartphones im Vergleich zu Tablets eine geringere Bildschirmgröße auf, was die Beantwortung bestimmter Fragen bzw. Fragetypen erschweren kann (z.B. große Fragebatterien oder Fragen mit umfangreichen Antwortskalen). Andererseits sind Smartphones auf Grund ihrer geringeren Größe sowie der Fähigkeit zur Verbindung mit dem mobilen Internet in weitaus größerem Maße als Tablets dazu geeignet, unterwegs genutzt zu werden. Tablets werden hingegen von ihren Besitzern häufig zu Hause verwendet (Müller et al. 2012). Zudem sind sie hinsichtlich der Bildschirmgröße und der Bedienbarkeit stationären Computern und Notebooks ähnlicher als Smartphones. Insofern ist zu vermuten, dass die Nutzung von Smartphones die Aufgabe der Umfragebeantwortung stärker beeinflussen sollte als die Nutzung eines Tablets.

> H_3: *Befragte, die ein Smartphone zur Beantwortung einer Umfrage verwenden, verfolgen mit größerer Wahrscheinlichkeit Satisficing als Antwortstrategie als Befragte, die diese mit einem Tablet oder einem stationären Computer beantworten.*

Die mobile Nutzbarkeit von Smartphones und Tablets verweist bereits auf die Bedeutung des *Orts der Umfrageteilnahme* als situative Randbedingung. Einerseits erlaubt es die Bereitstellung des Fragebogens über das Internet, dass die Umfrage auch am Arbeitsplatz oder einem öffentlich zugänglichen Computer beantwortet werden kann. Andererseits vervielfältigen sich die Möglichkeiten zur Beantwortung von Web-Befragungen im öffentlichen Raum mit der zunehmenden Verbreitung von Smartphones und Tablets. Die Beantwortung am Arbeitsplatz kann z.B. unter erhöhtem Zeitdruck stattfinden, wenn sie während der Arbeitszeit oder innerhalb einer zeitlich begrenzten Pause erfolgt. Zudem wird das Beantworten von Umfragen am Arbeitsplatz in vielen Fällen nicht erwünscht oder erlaubt sein und ist daher sozial oder formal sanktioniert. Die tatsächliche oder antizipierte soziale Kontrolle durch Kollegen oder Vorgesetzte schafft dann einen Kontext, in dem eine konzentrierte und sorgfältige Beantwortung nur schwer möglich ist. Die Beantwortung einer Umfrage an einem öffentlich zugänglichen Computer oder an einem öffentlichen Ort mittels eines mobilen Endgeräts begünstigt darüber hinaus Ablenkungen durch weitere anwesende Personen oder Objekte, was die sorgsame Fragebeantwortung nachhaltig erschweren kann. Zusammengenommen steht daher zu vermuten, dass die Beantwortung von Umfragen außerhalb des Wohnumfelds die Wahrscheinlichkeit von Satisficing erhöht.

> H_4: *Befragte, die eine Umfrage am Arbeitsplatz oder einem öffentlichen Ort beantworten, neigen mit größerer Wahrscheinlichkeit zur Wahl von Satisficing als Antwortstrategie als Befragte, die diese zu Hause bearbeiten.*

4.1.2 Fähigkeiten

Die Fähigkeit zur vollständigen und sorgfältigen Beantwortung von Fragen ergibt sich der Satisficing-Theorie nach aus der grundlegenden kognitiven Gewandtheit von Befragten, ihrer Übung im Nachdenken über die Themen der Fragen und dem Vorhandensein von Einstellungen zu Fragen oder Themen.

Die *kognitive Gewandtheit* beinhaltet die Gesamtheit der Fähigkeiten des Informationsabrufs und der Informationsintegration einer Person. Je stärker sie ausgeprägt ist, desto eher sollten Befragte in der Lage sein, komplexe Denkprozesse auszuführen und schwierige Fragen akkurat zu beantworten (Krosnick 1991, S. 222).

> H_5: *Je höher die kognitive Gewandtheit von Befragten ist, desto geringer ist die Wahrscheinlichkeit, dass sie zur Wahl von Satisficing als Antwortstrategie neigen.*

Die Fähigkeiten bestimmen sich weiterhin über das Ausmaß der Übung, die Befragte darin haben, über die Themen der Fragen nachzudenken. Je mehr Erfahrung eine Person in der Beschäftigung mit einem Thema hat, desto eher sollte sie in der Lage sein, die Frage zutreffend beantworten zu können. Krosnick (1991, S. 223) zufolge sind Personen, die regelmäßig Nachrichtensendungen im Fernsehen sehen oder Zeitungen lesen, geübt im Denken über politische Themen. Demnach kann begründet davon ausgegangen werden, dass Personen, die regelmäßig die politische Berichterstattung in Zeitungen, im Internet oder im Fernsehen rezipieren, gut befähigt sein sollten, Fragen zu politischen Akteuren, Inhalten und Prozessen sorgsam zu beantworten.

> H_6: *Befragte, die sich in Zeitungen, im Fernsehen oder im Internet über das Thema oder die Themen einer Umfrage informieren, sind im Nachdenken über dieses Thema oder diese Themen geübt und neigen daher mit geringerer Wahrscheinlichkeit zur Wahl von Satisficing als Antwortstrategie als Befragte, die sich nicht informieren.*

Letztendlich ergeben sich die Fähigkeiten aus dem *Ausmaß, in dem Befragte über bereits vorhandene Einstellungen zu Fragen oder Themen verfügen.* Je umfangreicher Einstellungen zu Objekten vorhanden und umso leichter diese mental zugänglich sind, desto einfacher und schneller verläuft der Antwortprozess und desto weniger wahrscheinlich wird das Auftreten von Satisficing (Krosnick 1991, S. 223). Diesbezüglich wird die Hypothese aufgestellt, dass Personen, die häufig an Befragungen zu unterschiedlichen

Themen teilnehmen, über Einstellungen zu einer Vielzahl von Themen verfügen. Es ist daher anzunehmen, dass Befragte, die an vielen Befragungen teilnehmen, gut befähigt sind, vollständige und akkurate Antworten auf Fragen zu einer Vielzahl von Themen zu geben.[42]

> H_7: *Umso häufiger Befragte an Umfragen teilnehmen, desto geübter sind sie in der Beantwortung von Fragen zu einer Vielzahl von Themen und desto geringer ist daher die Wahrscheinlichkeit, dass sie zur Wahl von Satisficing als Antwortstrategie neigen.*

4.1.3 Motivation

Die Satisficing-Theorie benennt eine Vielzahl von Gründen für die Motivation von Befragten zur sorgfältigen Beantwortung von Fragen (Krosnick 1991, S. 223-225). Eine wichtige Komponente ist die persönliche Bedeutung der behandelten Themen für die Befragten. Je größer die persönliche Salienz für Befragte ist, desto mehr Aufwand werden sie während des Antwortprozesses betreiben, um akkurate Antworten abzugeben (Krosnick 1991,

---

42 Weiterhin können sich mit einer steigenden Umfrageerfahrung Lerneffekte einstellen, die in der Literatur zu Panelbefragungen unter dem Begriff „panel conditioning" diskutiert werden. Panel Conditioning meint, dass die Teilnahme an Panelumfragen einen Einfluss auf die Einstellungen sowie das tatsächliche Verhalten der Panelteilnehmer ausüben kann (Lazarsfeld 1940, S. 128; siehe auch Abold et al. 2009, S. 132; Bartels 1999, S. 3; Clinton 2001, S. 2). Der Hypothese kognitiver Stimuli nach bewirkt die Beantwortung von Fragen zu einer gegebenen Thematik, dass sich Befragte im Anschluss an das Interview verstärkt mit dem Themenkomplex beschäftigen, sich mit anderen Leuten darüber unterhalten und/ oder sich zusätzliche Informationen zu dem Thema in den Medien beschaffen. In der Konsequenz kommt es zu Einstellungs- und Verhaltensänderungen, die sich auf die Antworten in den nachfolgenden Befragungen auswirken (Sturgis et al. 2009). Eine konkurrierende Hypothese hingegen postuliert, dass die wiederholte Teilnahme an Befragungen nicht nur die Einstellungen und das Verhalten an sich sondern vielmehr das Antwortverhalten verändert (Abold et al. 2009; Das et al. 2011; Sturgis et al. 2009; Toepoel et al. 2009b; Waterton und Lievesley 1989). Demnach führt einerseits die Perzeption sozialer Erwünschtheit dazu, dass Befragte eine tatsächliche Einstellungs- oder Verhaltensänderung nicht berichten, da sie glauben, von ihnen würden konsistente Antworten erwartet (Sturgis et al. 2009; Waterton und Lievesley 1989). Andererseits erwerben Befragte während der wiederholten Teilnahme an Befragungen Erfahrungen mit dem Frage-Antwort-Prozess. Sie lernen die Fragen kennen und erlangen Kenntnis darüber, wie die Fragen und Antwortskalen zu interpretieren sind. Folglich helfen ihnen diese Erfahrungen und Kenntnisse, Fragen akkurat zu beantworten und Fehler zu vermeiden (Das et al. 2011, S. 34; Toepoel et al. 2009b, S. 73; Waterton und Lievesley 1989, S. 324).

S. 223-224). Hier wird unterstellt, dass das Interesse am Thema oder den Themen einer Umfrage als Indikator für die persönliche Salienz des Themas oder der Themen verwendet werden kann. Personen, die sich in starkem Maße für das Thema oder die Themen interessieren, erachten die diesbezüglichen Fragen als wichtig und sind daher motiviert, die Fragen akkurat zu beantworten.

> H_8: *Je stärker sich Befragte für das Thema oder die Themen einer Umfrage interessieren, desto geringer ist die Wahrscheinlichkeit, dass sie zur Wahl von Satisficing als Antwortstrategie neigen.*

Ein weiterer bedeutender Aspekt der Motivation von Befragten sind *Erwartungen bezüglich der Bedeutung der Umfrage* für die Gesellschaft oder Teile dieser. Befragte, die der Überzeugung sind, dass die Teilnahme an der Befragung wichtig und gewinnbringend für die Gesellschaft ist, sollten zur Wahl von Optimizing motiviert sein (Krosnick 1991, S. 224). Die Stärke des Effekts solcher Erwartungen auf die Motivation variiert darüber hinaus mit dem Hintergrund, den Zielen sowie den Auftraggebern der Umfrage (siehe Krosnick et al. 1996, S. 39-42). Befragungen, die im Auftrag einer Universität durchgeführt werden, erzielen auf Grund des „Sponsoring"-Effekts höhere Response Rates als Befragungen mit weniger vertrauenswürdigen oder respektablen Auftraggebern (vgl. Groves et al. 2009, S. 205; Weisberg 2005, S. 188). Es ist daher anzunehmen, dass Befragte wissenschaftlichen Umfragen eher die Erzeugung gesellschaftlich bedeutsamer Erkenntnisse zuschreiben als nicht-wissenschaftlichen Umfragen.

> H_9: *Je wichtiger es Befragte finden, an wissenschaftlichen Umfragen teilzunehmen, desto geringer ist die Wahrscheinlichkeit, dass sie zur Wahl von Satisficing als Antwortstrategie neigen.*

Die Motivation wird der Satisficing-Theorie nach nicht ausschließlich durch Einstellungen, sondern auch durch Persönlichkeitseigenschaften der Befragten, wie dem *Need for Cognition* (Cacioppo und Petty 1982; siehe auch Cacioppo et al. 1984; Cacioppo et al. 1996; Petty et al. 2009), beeinflusst. Personen mit einem ausgeprägten Hang zu kognitiven Herausforderungen erlangen demnach Befriedigung durch komplexe Denkprozesse und sind folglich intrinsisch motiviert, auch schwierige Fragen akkurat zu beantworten. Umgekehrt tendieren Befragte mit einer geringen Neigung zu herausfordernden Aufgaben verstärkt zur Wahl von Satisficing als Antwortstrategie (Krosnick 1991, S. 223). Need for Cognition wurde bereits in einigen

Studien zur Untersuchung der Wahl der Antwortstrategie verwendet (siehe z.B. Holbrook et al. 2014; Krosnick et al. 1996; Toepoel et al. 2009c). In den Studien von Krosnick et al. (1996) und Toepoel et al. (2009c) wurden hierbei theoriekonforme Effekte auf das Vorkommen von Antworteffekten gefunden, die mit der Antwortstrategie Satisficing in Verbindung gesetzt werden.

H_{10}: *Umso stärker das Persönlichkeitsmerkmal Need for Cognition bei Befragten ausgeprägt ist, desto geringer ist die Wahrscheinlichkeit, dass sie zur Wahl von Satisficing als Antwortstrategie neigen.*

Befragte unterscheiden sich weiterhin hinsichtlich ihres *Need to Evaluate* (Jarvis und Petty 1996). Personen mit einer starken Neigung zur Beurteilung von Objekten oder Erfahrungen verfügen demnach über eine Vielzahl von Einstellungen und Bewertungen. Gerade auch im politischen Bereich sind Bewertungen von großer Bedeutung, weshalb von einem starken Einfluss von Need to Evaluate auf politische Einstellungen ausgegangen werden kann (Bizer et al. 2004, S. 997). Es wird daher angenommen, dass Personen mit einem hohen Need to Evaluate motiviert sein sollten, Fragen in Umfragen vollständig und sorgfältig zu beantworten, da sie eine Befriedigung ihrer Neigung aus der Umfrageteilnahme ziehen können (Toepoel et al. 2009c, S. 376-377).

H_{11}: *Umso stärker das Persönlichkeitsmerkmal Need to Evaluate bei Befragten ausgeprägt ist, desto geringer ist die Wahrscheinlichkeit, dass sie zur Wahl von Satisficing als Antwortstrategie neigen.*

Von der psychologischen Forschung ausgehend hat sich auch in den Wirtschafts- und Sozialwissenschaften das *„Big Five"-Modell* der Persönlichkeit etabliert (Rammstedt et al. 2010). Dieses Modell beschreibt Neurotizismus („neuroticism"), Extraversion („extraversion"), Offenheit für Erfahrungen („openness"), Verträglichkeit („agreeableness") und Gewissenhaftigkeit („conscientiousness") als die fünf grundlegenden Dimensionen der menschlichen Persönlichkeit (McCrae und John 1992; Rammstedt et al. 2010; Gerlitz und Schupp 2005). Vor allem die Dimensionen *Gewissenhaftigkeit* und *Offenheit für Erfahrungen* könnten einen Einfluss darauf haben, wie motiviert Befragte zur sorgfältigen Beantwortung der Fragen sind. Gewissenhafte Personen werden mit den Adjektiven effizient, organisiert, planvoll, verlässlich, verantwortungsvoll und sorgfältig beschrieben (McCrae und John 1992, S. 177-181). Es ist somit anzunehmen, dass sie die Teilnahme an

Befragungen sehr ernst nehmen und eine starke Verantwortung verspüren, die Fragen vollständig und sorgfältig zu beantworten.

H_{12}: Umso gewissenhafter Befragte sind, desto geringer ist die Wahrscheinlichkeit, dass sie zur Wahl von Satisficing als Antwortstrategie neigen.

Offenheit für Erfahrungen könnte ebenfalls einen Einfluss auf die Wahl der Antwortstrategie haben. Personen, die offen für neue Erfahrungen sind, werden als vielseitig interessiert, neugierig und kreativ charakterisiert (McCrae und John 1992, S. 177-181). Die Offenheit gegenüber Befragungen und die vielfältigen Interessen dieser Personen könnten folglich Optimizing begünstigen.

H_{13}: Umso offener Befragte gegenüber neuen Erfahrungen sind, desto geringer ist die Wahrscheinlichkeit, dass sie zur Wahl von Satisficing als Antwortstrategie neigen.

Eine hohe Motivation von Befragten sollte sich zudem allgemein in einem starken Bemühen in der Ausführung der kognitiven Prozesse während der Fragebeantwortung niederschlagen (Holbrook et al. 2014).

H_{14}: Umso mehr sich Befragte bei der Beantwortung der Fragen bemühen, desto geringer ist die Wahrscheinlichkeit, dass sie zur Wahl von Satisficing als Antwortstrategie neigen.

Neben den Konstrukten, die in der Satisficing-Theorie explizit als Indikatoren für die Motivation der Befragten genannt werden oder die darauf abzielen, die Motivation der Befragten unmittelbar zu erheben, werden in der vorliegenden Untersuchung drei weitere Konstrukte herangezogen, welche die Involvierung der Befragten in das Thema bzw. die Themen der Befragung widerspiegeln. Erstens das *Vorhandensein und die Stärke einer Parteiidentifikation* (siehe Campbell et al. 1960; Lewis-Beck et al. 2008). Diese ist definiert als eine psychologische Bindung zu einer Partei (Campbell et al. 1960, S. 121-128). Personen mit einer solchen psychologischen Bindung nehmen Informationen selektiv auf und bewerten diese mit Bezug auf die Positionen der Partei, mit welcher sie sich identifizieren. Umso stärker die Bindung an eine Partei ist, desto stärker wirkt dieser Wahrnehmungsfilter und desto eher weisen Personen konsistente Einstellungsmuster auf. Personen mit einer schwachen oder ohne eine solche psychologische Bindung an eine Partei hingegen verfügen mit geringerer Wahrscheinlichkeit über konsistente Einstellungen zu politischen Objekten (Campbell et al. 1960, S. 128-136). Zudem beeinflusst die Parteiidentifikation den Grad der politischen Involvierung: Umso stärker sich Personen an eine Partei gebunden fühlen, desto stärker ist auch ihre psychologische Einbindung in politische Angelegenheiten (Campbell et al. 1960, S. 142-145).[43] Politisch involvierte Personen verfügen mithin über konsistente Einstellungsmuster und es ist ihnen wichtig, sich zu politischen Themen zu äußern und politische Objekte zu bewerten. Demnach sollten sie zu einer sorgsamen Beantwortung von Umfragen motiviert sein.

> H_{15}: *Umso stärker sich Befragte psychologisch an eine Partei gebunden fühlen, desto geringer ist die Wahrscheinlichkeit, dass sie zur Wahl von Satisficing als Antwortstrategie neigen.*

Die Internalisierung der *sozialen Norm zur Beteiligung an Wahlen* (siehe Campbell et al. 1960, S. 105-107; Rattinger und Krämer 1995, S. 268) ist ein zweiter Aspekt der politischen Involvierung (Campbell et al. 1960, S. 101-110). Personen, welche die Wahlnorm stark internalisiert haben, nehmen mit hoher Wahrscheinlichkeit an Wahlen teil (Campbell et al. 1960, S. 105-107; Rattinger und Krämer 1995). Wiederum wird angenommen, dass sich dieser Aspekt der Involvierung in die Themen der Befragung auf die Motivation von Befragten auswirkt.

> H_{16}: *Umso stärker Befragte die soziale Norm zur Beteiligung an Wahlen internalisiert haben, desto geringer ist die Wahrscheinlichkeit, dass sie zur Wahl von Satisficing als Antwortstrategie neigen.*

Das Ausmaß der *politischen Kommunikation* von Befragten mit Personen aus ihrem sozialen Netzwerk ist der dritte Aspekt der thematischen Involvierung. Die Annahme ist, dass Personen, die sich intensiv mit anderen Personen in ihrem Netzwerk über politische Akteure, Inhalte und Prozesse austauschen, es begrüßen werden, ihre politischen Ansichten in Umfragen zu Politik und Wahlen berichten zu können. Demnach werden sie in gerin-

---

43 Politische Involvierung wird von Campbell et al. (1960, S. 102) definiert als „characteristic degree of interest and involvement in political affairs, which varies widely among individuals but which exhibits a good deal of stability for the same person through successive election campaigns."

gerem Maße dazu geneigt sein, diese Aufgabe nachlässig oder unvollständig auszuführen.[44]

H_{17}: *Befragte, die sich mit anderen Personen aus ihrem sozialen Netzwerk über politische Akteure, Inhalte und Prozesse unterhalten, neigen mit geringerer Wahrscheinlichkeit zur Wahl von Satisficing als Antwortstrategie als Befragte, die nicht über Politik kommunizieren.*

4.1.4 Bedeutung und Zusammenwirken der Einflussgrößen von Satisficing

Wie in Kapitel 2 dargelegt wurde, wird die relative Bedeutung der Einflussgrößen Schwierigkeit der Aufgabe, Fähigkeiten und Motivation in der Wahl der Antwortstrategie nicht und ihr Zusammenwirken nur knapp thematisiert. Insbesondere die relative Bedeutung der Einflussgrößen wird daher als offene Frage untersucht, weshalb auf die Formulierung expliziter Hypothesen verzichtet wird.

Bezüglich des Zusammenwirkens der Einflussgrößen bietet die Satisficing-Theorie zwei konkurrierende Sichtweisen an. Die erste Sichtweise unterstellt, dass sich die Wahl von Satisficing als Antwortstrategie aus der additiven Verknüpfung der Effekte der drei Einflussgrößen ergibt, während die zweite Sichtweise einen komplexen Interaktionszusammenhang zwischen den Einflussgrößen postuliert (Krosnick 1991, S. 225).

Aus der Formalisierung des Interaktionszusammenhangs der Einflussgrößen mit der Schwierigkeit der Aufgabe im Zähler und dem multiplikativen Term aus den Fähigkeiten sowie der Motivation im Nenner des Bruchs lassen sich spezifische Vorhersagen über das Zusammenwirken der Ein-

---

44 Obgleich davon ausgegangen wird, dass die Involvierung in das Thema oder die Themen der Befragung primär die Motivation von Befragten widerspiegelt, so ist nichtsdestoweniger auf den Umstand hinzuweisen, dass alle drei Konstrukte zugleich auch als Indikatoren für die Fähigkeiten der Befragten interpretiert werden können. Personen, die sich mit einer Partei identifizieren und politische Objekte über diese Parteibindung gefiltert wahrnehmen, sind vermutlich besser in der Lage, Fragen zu Politik zu beantworten als Personen, die nicht über eine solche vermittelnde Stütze verfügen. Gleichsam ist anzunehmen, dass Personen, die eine Pflicht zur Teilnahme an Wahlen verspüren und die sich regelmäßig mit anderen Personen über Politik austauschen, in stärkerem Maße mental gut zugängliche Einstellungen aufweisen. Sie sollten zur sorgsamen Beantwortung sowohl in der Lage als auch motiviert sein. Die Zuordnung der drei Konstrukte zu den Einflussgrößen der Fähigkeiten und Motivation kann mithin nicht ohne Hinweis auf diesen Umstand vorgenommen werden.

flussgrößen generieren. Demnach sollten die Fähigkeiten als auch die Motivation von Befragten einen geringen Einfluss auf die Wahrscheinlichkeit des Auftretens von Satisficing haben, wenn die Schwierigkeit der Aufgabe sehr gering ist. Ist die Schwierigkeit hingegen hoch, so sollten die Fähigkeiten und die Motivation einen wesentlich stärkeren Einfluss auf die Wahl der Antwortstrategie haben. Die multiplikative Assoziation der Fähigkeiten und Motivation von Befragten impliziert weiterhin, dass ausgeprägte Fähigkeiten zumindest in gewissem Rahmen eine geringe Motivation ausgleichen können und anders herum (Krosnick 1991, S. 225).[45] Drei Studien haben bislang das Zusammenwirken der Einflussgrößen untersucht (siehe Krosnick et al. 1996; Lenzner 2012; Toepoel et al. 2009c). Diese Studien präsentieren übereinstimmend Hinweise darauf hin, dass sich die Einflussgrößen Schwierigkeit der Aufgabe, Fähigkeiten und Motivation unter bestimmten Umständen in der Wahl der Antwortstrategie wechselseitig beeinflussen können (siehe Kapitel 2). Die Untersuchung des Zusammenwirkens der Einflussgrößen wird daher von der nachfolgenden Hypothese angeleitet.

H_{18}: Je schwieriger die Aufgabe der Beantwortung von Umfragen ist, desto bedeutsamer ist der Einfluss der Fähigkeiten und Motivation von Befragten auf die Wahrscheinlichkeit der Wahl von Satisficing als Antwortstrategie.

Die konkurrierende Annahme, wonach die Einflussgrößen die Wahl der Antwortstrategie unabhängig voneinander beeinflussen, liegt den hier durchgeführten Analysen implizit zu Grunde, weshalb sie nicht als zu untersuchende Hypothese formuliert wird.

4.2 Methodik

4.2.1 Daten

Die Grundlage für die Analysen bilden die im vorhergehenden Kapitel vorgestellten kumulierten Daten der Langfrist-Online-Trackings T12 (Rattinger et al. 2011b), T13 (Rattinger et al. 2011c), T14 (Rattinger et al. 2011d) und T15

---

45 Es ist darauf hinzuweisen, dass sich die Formalisierung von Krosnick (1991, S. 225) auf die Wahrscheinlichkeit des Auftretens von Satisficing bei einzelnen Fragen bezieht. In der vorliegenden Untersuchung wird jedoch postuliert, dass sich der angenommene Interaktionszusammenhang zwischen den Einflussgrößen auch dann zeigen sollte, wenn die Wahl von Satisficing als Antwortstrategie mit einer Perspektive auf die gesamte Befragung untersucht wird.

(Rattinger et al. 2011e) der GLES. Die abhängige Variable bildet die auf Basis des messinvarianten LC-Modells mit zwei Klassen vorgenommene modale Zuordnung der Befragten (0 = Optimizing/ 1 = Satisficing). Der Datensatz umfasst insgesamt 4.589 Fälle, von denen 429 Fälle (9,3%) der Klasse Satisficing zugeordnet wurden (siehe Tabelle 13).

4.2.2 Analyseverfahren

Die hier durchgeführten Analysen beruhen auf logistischen Regressionen (siehe Best und Wolf 2010, 2015; Long und Freese 2006).[46] Alle Modelle wurden mit robusten Standardfehlern berechnet, um zu berücksichtigen, dass die Befragten in den vier Online-Trackings geclustert sind. Zur Evaluation der Modellgüte wird das Pseudo-R^2-Maß nach McFadden (R^2_{MF}) herangezogen. Da sich die unstandardisierten Koeffizienten in der logistischen Regression („logits") inhaltlich nur schwer interpretieren lassen, wurden die durchschnittlichen marginalen Effekte („average marginal effects", AMEs) der unabhängigen Variablen berechnet (siehe z.B. Bartus 2005; Best und Wolf 2010, 2015; Williams 2012).[47] Um die Stärke der Effekte auf die abhängige Variable vergleichbar zu machen, wurden nicht-kategoriale Variablen im Modell auf einen Wertebereich von null bis eins recodiert, sodass der resultierende Koeffizient als durchschnittlicher marginaler Effekt über die gesamte Skala der unabhängigen Variable verstanden werden kann (siehe auch Tabelle 14).[48] Die Bewertung der Effektstärken der einzelnen Prädiktoren wurde auf Basis eines vollständigen, alle Indikatoren der Einflussgrößen und Kontrollvariablen umfassenden Modells vorgenommen, um dem Auftreten möglicher Verzerrungen durch die Nichtberücksichtigung wichtiger erklärender Variablen so gut wie möglich entgegenzuwirken („omitted

---

46 Die hier präsentierten Analysen wurden mit der Statistiksoftware *Stata 13.1* (StataCorp 2013b) unter Verwendung der nutzergeschriebenen Programme *coefplot* (Jann 2015a), *estout* (Jann 2015b), *fitstat* (Long und Freese 2000), *fre* (Jann 2015c) sowie *parseuas* (Roßmann und Gummer 2015) durchgeführt.

47 Krosnick (1991, S. 225) erwähnt explizit die Möglichkeit, die Koeffizienten für die Einflussgrößen mittels Regressionsanalysen zu bestimmen.

48 Hiervon ausgenommen wurde die Variable Alter (in Dekaden), da diese auf Grund ihrer Skalierung eine intuitive Interpretation der Effekte erlaubt, die durch die Recodierung auf den Wertebereich von null bis eins eingeschränkt würde.

variable bias", siehe z.B. Wooldridge 2010b, S. 247-251; Firebaugh et al. 2013, S. 114; Wolf und Best 2010, S. 616-617).[49]

4.2.3 Operationalisierung der Einflussgrößen von Satisficing

Nachfolgend werden die Operationalisierungen der Konstrukte dargestellt, die zur Überprüfung der Hypothesen zu den Effekten der Einflussgrößen Schwierigkeit der Aufgabe, Fähigkeiten und Motivation auf die Wahl von Satisficing als Antwortstrategie herangezogen wurden. Die Tabelle 14 bietet eine Übersicht und deskriptive Statistiken zu den verwendeten Konstrukten. Weitere Details zu den Fragen können dem Anhang C.1 entnommen werden.

Tabelle 14 Deskriptive Statistiken zu den unabhängigen Variablen (T12–T15)

Unabhängige Variablen	n	$\bar{x}$	s	Min.	Max.
Kontrollvariable					
Geschlecht (0 = männlich/ 1 = weiblich)	4.589	0,50	0,50	0	1
Schwierigkeit der Aufgabe					
Schwierigkeit: Frageverstehen					
(0 = niedrig – 1 = hoch)	4.549	0,19	0,21	0	1
Schwierigkeit: Fragebeantwortung					
(0 = niedrig – 1 = hoch)	4.519	0,25	0,23	0	1
Smartphone (0 = anderes Gerät/ 1 = Smartphone)	4.589	0,01	0,08	0	1
Tablet (0 = anderes Gerät/ 1 = Tablet)	4.589	0,01	0,11	0	1
Interviewsituation: Zuhause	Ref.	Ref.	Ref.	Ref.	Ref.
Arbeitsplatz	4.548	0,07	0,26	0	1
Öffentlicher Ort	4.548	0,01	0,10	0	1
Ablenkung während der Umfrage					
(0 = keine Ablenkung/ 1 = Ablenkung)	4.589	0,13	0,34	0	1
Unterbrechung der Umfrage					
(0 = keine Unterbrechung/ 1 = Unterbrechung)	4.589	0,10	0,29	0	1
Fähigkeiten					
Alter (in Dekaden)	4.589	4,35	1,46	1,8	8,1
Bildung: niedrig	Ref.	Ref.	Ref.	Ref.	Ref.
mittel	4.589	0,38	0,49	0	1
hoch	4.589	0,28	0,45	0	1

---

[49] Zu dieser Problematik siehe auch die Diskussion zu Fixed-Effects-Regressionsmodellen im Kapitel 5 sowie den Anhang D.5.

Unabhängige Variablen	n	$\bar{x}$	s	Min.	Max.
Umfrageerfahrung: keine Umfragen	Ref.	Ref.	Ref.	Ref.	Ref.
1-4 Umfragen	4.555	0,46	0,50	0	1
5-9 Umfragen	4.555	0,29	0,45	0	1
10 oder mehr Umfragen	4.555	0,19	0,40	0	1
Verweildauer im Panel: 0-2 Monate	Ref.	Ref.	Ref.	Ref.	Ref.
3-5 Monate	4.589	0,17	0,38	0	1
6-15 Monate	4.589	0,16	0,37	0	1
16-37 Monate	4.589	0,20	0,40	0	1
38-130 Monate	4.589	0,20	0,40	0	1
Keine politische Information (0 = pol. Information/ 1 = keine pol. Information)	4.589	0,07	0,26	0	1
Politische Zeitungsnutzung (0 = keine pol. Zeitungsnutzung/ 1 = pol. Zeitungsnutzung)	4.589	0,75	0,43	0	1
Politische Fernsehnutzung (0 = keine pol. Fernsehnutzung/ 1 = pol. Fernsehnutzung)	4.589	0,85	0,35	0	1
Politische Internetnutzung (0 = keine pol. Internetnutzung/ 1 = pol. Internetnutzung)	4.589	0,63	0,48	0	1
Motivation					
Interesse an Politik (0 = niedrig - 1 = hoch)	4.586	0,55	0,27	0	1
Wichtigkeit von wiss. Umfragen (0 = niedrig - 1 = hoch)	4.543	0,74	0,24	0	1
Sorgfalt (0 = niedrig - 1 = hoch)	4.569	0,90	0,16	0	1
Need for Cognition (0 = niedrig - 1 = hoch)	4.524	0,57	0,27	0	1
Need to Evaluate (0 = niedrig - 1 = hoch)	4.530	0,68	0,23	0	1
Big Five: Gewissenhaftigkeit (0 = niedrig - 1 = hoch)	4.495	0,77	0,21	0	1
Big Five: Offenheit (0 = niedrig - 1 = hoch)	4.515	0,69	0,24	0	1
Parteiidentifikation: keine	Ref.	Ref.	Ref.	Ref.	Ref.
schwach	4.584	0,27	0,44	0	1
stark	4.584	0,43	0,49	0	1
Wahlnorm (0 = niedrig - 1 = hoch)	4.531	0,72	0,32	0	1
Politische Kommunikation (0 = keine pol. Kommunikation/ 1 = pol. Kommunikation)	4.548	0,75	0,43	0	1

Anmerkungen: $\bar{x}$ = Arithmetischer Mittelwert, s = Standardabweichung.

Zur Messung der Schwierigkeit der Aufgabe (H_1) wurden zwei Fragen zur *Schwierigkeit des Frageverstehens* und der *Schwierigkeit des Fragebeantwortens* (0 = niedrig – 1 = hoch) verwendet, welche jeweils ein summarisches Urteil der Befragten über die aufgetretenen Schwierigkeiten im Verlauf der Befragung erheben. Die erste Frage bildet Schwierigkeiten während der Prozesse des Verstehens des Fragetextes sowie des Informationsabrufs ab. Die zweite Frage erfasst Schwierigkeiten während der Prozesse der Urteilsbildung, der Antwortformulierung und Antwortabgabe.[50] Da davon ausgegangen wurde, dass beide Indikatoren für die Schwierigkeit der Aufgabe nicht nur additiv auf die Wahrscheinlichkeit des Auftretens von Satisficing wirken, wurde zudem ein Interaktionsterm gebildet.

Ablenkungen in der Interviewsituation (H_2) wurden mittels zweier Indikatoren untersucht. Erstens wurde eine direkte Frage nach *Ablenkungen während der Umfrage* verwendet (0 = keine Ablenkung/ 1 = Ablenkung). Zweitens wurde ein auf Paradaten basierender Indikator für *Unterbrechungen der Umfrage* konstruiert, der anzeigt, ob die Beantwortung des Fragebogens mindestens einmal unterbrochen und zu einem späteren Zeitpunkt fortgesetzt wurde (0 = keine Unterbrechung/ 1 = Unterbrechung). Es wird unterstellt, dass Unterbrechungen auch auf Ablenkungen zurückzuführen sind, was der Aufmerksamkeit von Befragten abträglich sein und die Schwierigkeit der Aufgabe erhöhen sollte.

Weiterhin wurden Indikatoren für das zur Beantwortung der Umfrage eingesetzte Endgerät verwendet (H_3). Der Typ des verwendeten Endgeräts wurde anhand des „user agent strings" identifiziert (Callegaro 2010, 2013). Dieser enthält unter anderem Informationen über das Betriebssystem des Geräts sowie den verwendeten Webbrowser. Obwohl generell sehr feine Differenzierungen zwischen verschiedenen Geräten und Betriebssystemen (z.B. Android-, Apple- oder Windows-Systeme) vorgenommen werden können, wurden auf Grund der im Erhebungszeitraum vergleichsweise noch geringen Verbreitung mobiler Endgeräte zwei binäre Indika-

---

50 Holbrook et al. (2014) messen die Schwierigkeit der Aufgabe in zwei Studien anhand von drei (Studie 3) bzw. fünf (Studie 2) sehr ähnlich konstruierten Fragen, die anschließend zu einem Index der Schwierigkeit kombiniert werden. Im Unterschied zu der hier verwendeten Messung werden zumindest in Studie 2 zur Messung der Schwierigkeit alle vier Phasen des Antwortprozesses adressiert (siehe Holbrook et al. 2014, S. 623). Die in Studie 3 verwendeten Items zielen insbesondere auf die Prozesse des Informationsabrufs und Antwortabgabe ab (siehe Holbrook et al. 2014, S. 626).

toren für die *Nutzung eines Tablets* (0 = anderes Gerät/ 1 = Tablet) oder eines *Smartphones* (0 = anderes Gerät/ 1 = Smartphone) gebildet. Die Referenzgruppe der anderen Geräte umfasst alle stationären Computer sowie Notebooks. Die Information zum verwendeten Endgerät wurde mittels des frei verfügbaren Stata-Programms *parseuas* (Roßmann und Gummer 2015) ausgelesen. Die *Interviewsituation* (H_4) wurde mit einer Frage nach dem Ort erhoben, an dem der Befragte an der Umfrage teilgenommen hat (1 = Zuhause/ 2 = Arbeitsplatz/ 3 = Öffentlicher Ort).

Die *kognitive Gewandtheit* von Befragten (H_5) wird oftmals mittels der formalen Schulbildung und des Alters operationalisiert (vgl. Holbrook et al. 2007; Holbrook et al. 2014; Kaminska et al. 2010; Krosnick 1991; Krosnick und Alwin 1987; Krosnick et al. 1996; Krosnick et al. 2002). Obwohl die formale Schulbildung kein idealer Indikator für kognitive Fähigkeiten ist, da die Beziehung zwischen beiden Konstrukten durch eine Vielzahl weiterer Faktoren konfundiert wird (Krosnick et al. 1996, S. 32), weist sie dennoch starke positive Korrelationen mit direkten Tests der kognitiven Fähigkeiten auf (Ceci 1991). Eine höhere *formale Schulbildung* (0 = niedrig/ 1 = mittel/ 2 = hoch) geht folglich im Allgemeinen mit höheren kognitiven Fähigkeiten einher und wird daher als Indikator für die kognitive Gewandtheit verwendet.

Die Forschung zum „cognitive ageing" postuliert, dass die Kapazitäten des Arbeitsgedächtnisses mit steigendem Alter abnehmen (vgl. Craik und Jennings 1992; Knäuper 1999; Salthouse et al. 1991). Knäuper (1999) erklärt auf Grundlage dieser Hypothese den Zusammenhang im Auftreten von Fragereihenfolgeeffekten und dem Alter von Befragten. Sie weist zudem auf den Zusammenhang zwischen Alter und formaler Bildung hin. Demnach kann angenommen werden, dass die Kapazität des Arbeitsgedächtnisses als ein bestimmender Faktor für die kognitive Gewandtheit einer Person anzusehen ist (vgl. Holbrook et al. 2007, S. 332). Entsprechend wird das *Alter* der Befragten (in Dekaden) als weiterer Indikator für die kognitive Gewandtheit verwendet.

Befragte, die regelmäßig Zeitungen, das Fernsehen oder das Internet nutzen, um sich über politische Akteure, Inhalte und Prozesse zu informieren, sollten Übung im Nachdenken über die Themen in Wahlstudien aufweisen (H_6). Anhand von vier Fragen zur politischen Mediennutzung wurde festgestellt, ob Befragte aktuell *keine politischen Informationen* (0 = politische Information/ 1 = keine politische Information) beziehen oder ob sie sich in Zeitungen, in Nachrichtensendungen im Fernsehen oder im Internet über

Politik informiert haben. Eine *politische Zeitungsnutzung* wird als vorliegend angesehen, wenn Befragte politische Berichte in wenigstens einer Zeitung an mindestens einem Tag der vergangenen Woche gelesen haben (0 = keine politische Zeitungsnutzung/ 1 = politische Zeitungsnutzung). Eine *politische Fernsehnutzung* liegt vor, wenn Befragte an mindestens einem Tag der vergangenen Woche Nachrichtensendungen von mindestens einem Sender gesehen haben (0 = keine politische Fernsehnutzung/ 1 = politische Fernsehnutzung). Eine *politische Internetnutzung* ist gegeben, wenn Befragte sich an mindestens einem Tag in der vergangenen Woche im Internet über Politik informiert haben (0 = keine politische Internetnutzung/ 1 = politische Internetnutzung).

Zur Messung der *Umfrageerfahrung* (H_7) wurden die in vier Kategorien zusammengefassten Angaben auf eine Frage nach der Anzahl der Teilnahmen an Web-Befragungen im letzten Monat verwendet (0 = keine Umfrage/ 1 = 1-4 Umfragen/ 2 = 5-9 Umfragen/ 3 = 10 oder mehr Umfragen). Obwohl davon auszugehen ist, dass die Teilnehmer eines Online-Access-Panels hinsichtlich der Erfahrung mit Web-Befragungen eine vergleichsweise homogene Population mit hohen Erfahrungswerten darstellen, wird hier dennoch angenommen, dass sich individuelle Unterschiede zwischen den Befragten vorfinden lassen. Diese sollten insbesondere auf multiple Mitgliedschaften in Online-Access-Panels zurückzuführen sein. Weiterhin wurde die in Quintile unterteilte *Verweildauer im Online-Access-Panel* in Monaten als Indikator für die Umfrageerfahrung verwendet (1 = 0-2 Monate/ 2 = 3-5 Monate/ 3 = 6-15 Monate/ 4 = 16-37 Monate/ 5 = 38-130 Monate).

Die *Salienz des Themas oder der Themen* der Umfrage für Befragte (H_8) wurde über das *Interesse an Politik* (0 = niedrig – 1 = hoch) als dem übergreifenden Thema der Umfrage erhoben. Die Erwartungen bezüglich der Bedeutung der Umfrage für die Gesellschaft oder Teile dieser (H_9) wurden mittels einer Frage nach der *Wichtigkeit der Teilnahme an wissenschaftlichen Umfragen* (0 = niedrig – 1 = hoch) gemessen, die auf Grundlage der theoretischen Ausführungen von Krosnick (1991, S. 224) und der in Studie 3 von Krosnick et al. (1996, S. 39-42) verwendeten Operationalisierungen entworfen wurde.

Die Persönlichkeitsmerkmale *Need for Cognition* (H_{10}) und *Need to Evaluate* (H_{11}) wurden anhand einer Kurzskala mit jeweils einem Item pro Merkmal (0 = niedrig – 1 = hoch) gemessen. Die Persönlichkeitsdimensionen der *Gewissenhaftigkeit* (H_{12}) und *Offenheit für neue Erfahrungen* (H_{13}) wurden mittels des „Big Five"-Inventars nach Rammstedt und John (2007) erhoben.

Diese Kurzskala umfasst zwei Items je Dimension der Persönlichkeit. Da sich in Übereinstimmung mit den Untersuchungen von Rammstedt et al. (2010) und Rammstedt und Kemper (2011) zeigte, dass sich die angenommene Faktorstruktur vor allem für hochgebildete Befragte und weniger gut oder gar nicht für Befragte mit einer niedrigen Bildung vorfinden lässt, wurde auf eine Zusammenfassung verzichtet und je ein Item für die Dimensionen Gewissenhaftigkeit und Offenheit in die Analyse aufgenommen (0 = niedrig – 1 = hoch).[51]

Die Motivation von Befragten wurde weiterhin mittels der selbstberichteten *Sorgfalt* (0 = niedrig – 1 = hoch) bei der Beantwortung der Fragen (H_{14}) untersucht (vgl. auch Holbrook et al. 2014; Revilla und Ochoa 2015).[52]

Zwei Fragen nach dem *Vorhandensein und der Stärke einer Parteiidentifikation* (H_{15}) wurden zu der kategorialen Variable Parteiidentifikation (0 = keine/ 1 = schwach/ 2 = stark) zusammengefasst. Die Internalisierung der *sozialen Norm zur Beteiligung an Wahlen* (H_{16}) wurde mittels der Stärke der Zustimmung zu der Aussage erhoben, wonach es in der Demokratie die Pflicht jedes Bürgers sei, sich regelmäßig an Wahlen zu beteiligen (0 = niedrig – 1 = hoch). *Politische Kommunikation* (H_{17}) liegt der hier verwendeten Operationalisierung nach vor, wenn Befragte sich an mindestens einem Tag in der vergangenen Woche mit Personen aus ihrem sozialen Netzwerk über Politik und Parteien unterhalten haben (0 = keine politische Kommunikation/ 1 = politische Kommunikation).

---

51 Für diesen Befund wird in den Untersuchungen von Rammstedt et al. (2010) und Rammstedt und Kemper (2011) vor allem die verstärkte Neigung zu Akquieszenz von Befragten mit niedriger Bildung verantwortlich gemacht. Bei der Verwendung von unterschiedlich gepolten Items führt diese inhaltsunabhängige „Ja-Sage"-Tendenz zu einer Verschlechterung der Messeigenschaften der Skala.

52 Holbrook et al. (2014) verwenden drei ähnliche Fragen, die sie zu einem Index der Motivation kombinieren, während Revilla und Ochoa (2015) lediglich auf ein einzelnes Item zur Messung zurückgreifen. In der Studie von Holbrook et al. (2014) werden einzelne signifikante und positive Zusammenhänge zwischen der selbstberichteten Motivation und der Qualität der Antworten gefunden, während Revilla und Ochoa (2015) einen solchen Zusammenhang nicht finden.

4.3 Ergebnisse

Im ersten Teil der Analysen wurde die forschungsleitende Frage untersucht, inwiefern sich grundlegende Annahmen der Theorie zur Wirkung der Einflussgrößen Schwierigkeit der Aufgabe, Fähigkeiten und Motivation der Befragten im Auftreten von Satisficing als haltbar erweisen.[53] Zur Überprüfung der Hypothesen H_1 bis H_{17} wurde ein logistisches Regressionsmodell mit der Wahl der Antwortstrategie (0 = Optimizing/ 1 = Satisficing) als abhängige Variable aufgesetzt, welches neben dem Geschlecht der Befragten (0 = männlich/ 1 = weiblich) und einem kategorialen Indikator für die verwendeten Online-Trackings als Kontrollvariablen sämtliche Prädiktoren für die Einflussgrößen umfasst (siehe Tabelle 15).[54] Die unabhängigen Variablen sind entsprechend ihrer Zuordnung zu den Einflussgrößen in drei Sätze eingeteilt, um die Interpretation der Ergebnisse zu erleichtern. Das Modell hat mit $R^2_{MF}= 0{,}395$ eine insgesamt gute Anpassung (vgl. Backhaus et al. 2008, S. 448-457).[55]

---

53 Die Hypothesenprüfung beruhte auf dem Verfahren der Falsifikation: Wiesen die mit der Hypothese assoziierten Variablen signifikante Effekte in der erwarteten Richtung auf, so wurde die Gegenhypothese H_0, wonach keine Effekte vorliegen, vorläufig zurückgewiesen. Die untersuchte Hypothese wurde entsprechend als vorläufig bestätigt angesehen (vgl. Häder 2015, S. 51).

54 Da das Geschlecht von Befragten in keinem theoretisch fundierten Zusammenhang mit der Wahl der Antwortstrategie steht, wird von einer Interpretation des Effekts abgesehen. Die Zuordnung der Befragten zu den Online-Trackings dient der statistischen Kontrolle von Unterschieden im Design und zeitlichen Kontext der Umfragen. Auf Grund der Sparsamkeit der Darstellung werden die Regressionskonstante sowie die Koeffizienten und Standardfehler der Kontrollvariablen in der Tabelle nicht dargestellt. Das vollständige Modell wird im Anhang C.2 präsentiert.

55 Die Analyse der fehlenden Fälle zeigte, dass der Ausfall in der Klasse Satisficing höher lag als in der Klasse Optimizing (10,3% vs. 6,1%, $p < 0{,}001$). Diese Systematik im Ausfall birgt die Gefahr systematischer Verzerrungen der Analyseergebnisse in sich. Daher wurden sämtliche logistischen Regressionsmodelle zur Überprüfung der Robustheit der Ergebnisse erneut mit imputierten Indikatoren berechnet. Diese Modelle führen zu den gleichen substantiellen Schlüssen wie die unter listenweisem Fallausschluss berechneten Modelle. Dies spricht für die Robustheit der hier präsentierten Befunde gegenüber dem systematischen Ausfall auf Grund von fehlenden Angaben. Die Vorgehensweise bei der Imputation der fehlenden Werte sowie die zugehörigen Modelle sind im Anhang C.3. ausführlich dargestellt.

4.3.1 Effekte der Schwierigkeit der Aufgabe

Der erste Satz von Variablen umfasst die Indikatoren für die Schwierigkeit der Aufgabe. Der positive Effekt des Interaktionsterms zwischen der subjektiv empfundenen Schwierigkeit des Frageverstehens und der Fragebeantwortung zeigt, dass die Wahrscheinlichkeit von Satisficing mit zunehmenden Schwierigkeiten des Frageverstehens und der Fragebeantwortung ansteigt. Aufgrund der allgemeinen Problematik der Interpretation von Interaktionstermen und deren statistischer Signifikanz in der logistischen Regression (siehe z.B. Best und Wolf 2010, 2015) wurde der Interaktionseffekt mittels der durchschnittlichen vorhergesagten Wahrscheinlichkeiten sowie der geschätzten 95%-Konfidenzintervalle visualisiert (siehe Abbildung 3).

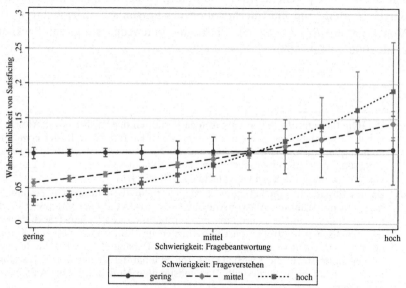

Anmerkung: Durchschnittliche vorhergesagte Wahrscheinlickeiten mit 95%-Konfidenzintervallen

Abbildung 3 Interaktionseffekt zwischen der Schwierigkeit des Frageverstehens und der Fragebeantwortung (T12–T15)

Es wird deutlich, dass die Wahrscheinlichkeit von Satisficing zunächst für diejenigen Befragten geringer ist, die mittlere oder große Schwierigkeiten beim Verstehen, aber wenig Schwierigkeiten bei der Beantwortung der Fragen hatten. Dies kann unter anderem darauf zurückgeführt werden, dass die Schwierigkeit der Fragebeantwortung zu einem gewissen Anteil widerspiegelt, wie sehr sich Befragte beim Verstehen der Fragen bemüht haben: Wurde bereits viel Aufwand beim Verstehen der Fragen betrieben und fiel die Beantwortung der Fragen dann leicht, so ist die Wahrscheinlichkeit von Satisficing sehr gering. Mit zunehmender Schwierigkeit des Frageverstehens gleichen sich die Wahrscheinlichkeiten an. Die vorhergesagte Wahrscheinlichkeit für Satisficing ist schließlich am höchsten, wenn die Fragen als schwer zu verstehen und zu beantworten empfunden wurden. Die Hypothese H_1, wonach die Wahrscheinlichkeit für Satisficing mit den Schwierigkeiten beim Frageverstehen und der Fragebeantwortung ansteigt, kann auf Basis dieser Befunde nicht zurückgewiesen werden. Jedoch ist anzumerken, dass der Effekt der Schwierigkeit der Fragebeantwortung ausschließlich bei Personen vorliegt, die mittlere oder große Schwierigkeiten beim Verstehen der Fragen hatten.

Die Hypothese H_2 thematisiert den Einfluss der Interviewsituation. Demnach neigen Befragte, die während der Beantwortung der Umfrage abgelenkt wurden, mit größerer Wahrscheinlichkeit zu Satisficing als Befragte, deren Aufmerksamkeit nicht gestört wurde. Entgegen dieser Annahme weisen die Indikatoren für Ablenkungen und Unterbrechungen der Umfrage negative Koeffizienten auf. Befragte, die während der Umfrage abgelenkt wurden, weisen im Mittel eine um 3,6 Prozentpunkte geringere Wahrscheinlichkeit für Satisficing auf als Personen, die nicht abgelenkt wurden. Der Effekt von Unterbrechungen der Umfrage auf die Wahrscheinlichkeit von Satisficing ist hingegen nicht signifikant von null verschieden (siehe Abbildung 4). Diese nicht theoriekonformen Effekte lassen sich vermutlich darauf zurückführen, dass Befragte in Abwesenheit eines Interviewers, der die Durchführung des Interviews steuert und überwacht, die Geschwindigkeit und in gewissem Rahmen auch den Ablauf des Interviews selbst bestimmen können. Unterbrechungen und Ablenkungen während der Befragung mögen dann nicht zwangsläufig eine Verschlechterung der Antwortqualität nach sich ziehen, sondern führen unter Umständen sogar dazu, dass sich Befragte nach kurzen Unterbrechungen oder Ablenkungen wieder erholt und motiviert der Umfrage widmen. Unabhängig von der Erklärung des vorgefundenen Effekts ist die Hypothese H_2 vorläufig zurückzuweisen.

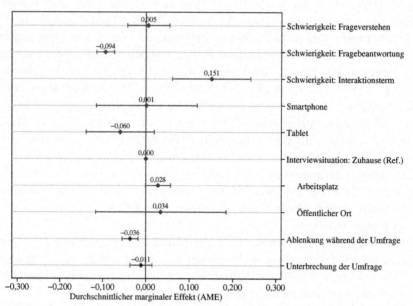

Abbildung 4 Effekte der Schwierigkeit der Aufgabe auf Satisficing (T12–T15)

Weder für die Nutzung eines Smartphones noch eines Tablets zur Beantwortung der Umfrage werden signifikante Effekte vorgefunden. Die Hypothese H_3, wonach Befragte, die ein Smartphone zur Beantwortung einer Umfrage verwenden, mit größerer Wahrscheinlichkeit Satisficing als Antwortstrategie verfolgen als Befragte, die diese mit einem Tablet oder einem stationären Computer beantworten, ist daher vorläufig zurückzuweisen.

Die Untersuchung der Hypothese H_4, welche den Einfluss des Orts der Interviewteilnahme auf die Wahl der Antwortstrategie behandelt, erbringt gemischte Befunde. Die Teilnahme an der Umfrage am Arbeitsplatz erhöht die Wahrscheinlichkeit für Satisficing gegenüber der Teilnahme zu Hause im Mittel um 2,8 Prozentpunkte. Der Effekt der Beantwortung der Umfrage an einem öffentlichen Ort auf die Wahrscheinlichkeit von Satisficing ist hingegen auf Grund des hohen Standardfehlers insignifikant.[56] Es ist

---

56 Mit anderen Worten haben nur wenige Befragte eine Teilnahme an einem öffentlichen Ort angegeben. Des Weiteren ist ganz allgemein festzuhalten, dass die stark vereinfachte Abfrage des Orts der Teilnahme nicht der Vielfalt der situativen

dennoch zu konstatieren, dass die Interviewsituation einen Einfluss auf die Wahrscheinlichkeit von Satisficing hat. Die Teilnahme am Arbeitsplatz stellt eine situative Randbedingung dar, die zu einer Minderung der Antwortqualität führen kann. Die Hypothese H_4 kann vorläufig nicht zurückgewiesen werden.

Tabelle 15 Logistische Regression auf die Antwortstrategie (T12–T15)

	Antwortstrategie (0 = Optimizing/ 1 = Satisficing)			
	β	SE	AME	SE
Schwierigkeit der Aufgabe				
Schwierigkeit: Frageverstehen	0,104	0,475	0,005	0,025
Schwierigkeit: Fragebeantwortung	-1,810***	0,227	-0,094***	0,010
Schwierigkeit: Interaktionsterm	2,907**	0,910	0,151**	0,046
Smartphone	0,021	1,143	0,001	0,059
Tablet	-1,150	0,784	-0,060	0,040
Interviewsituation: Zuhause	Ref.	Ref.	Ref.	Ref.
Arbeitsplatz	0,490*	0,231	0,028+	0,015
Öffentlicher Ort	0,582	1,157	0,034	0,077
Ablenkung während der Umfrage	-0,703***	0,173	-0,036***	0,010
Unterbrechung der Umfrage	-0,212	0,255	-0,011	0,013
Fähigkeiten				
Alter in Dekaden	-0,256**	0,085	-0,013**	0,004
Bildung: niedrig	Ref.	Ref.	Ref.	Ref.
mittel	-0,459***	0,073	-0,026***	0,005
hoch	-0,897***	0,158	-0,046***	0,008
Umfrageerfahrung: keine Umfragen	Ref.	Ref.	Ref.	Ref.
1-4 Umfragen	-0,260	0,305	-0,014	0,017
5-9 Umfragen	-0,217	0,279	-0,012	0,016
10 oder mehr Umfragen	-0,057	0,308	-0,003	0,017

Umstände gerecht wird, die tatsächlich vorzufinden sein werden. So fehlt bei der Erfassung der Interviewsituation etwa eine Differenzierung zwischen der Beantwortung der Umfrage in einer öffentlichen Einrichtung und der Beantwortung der Umfrage unterwegs. Diese Unschärfe könnte eine weitere Ursache für die hohen Standardfehler bei dieser Frage sein. Für zukünftige Untersuchungen ist daher eine differenziertere Abfrage bzw. Erhebung der Interviewsituation anzuraten.

	Antwortstrategie (0 = Optimizing/ 1 = Satisficing)			
	β	SE	AME	SE
Verweildauer im Panel: 0-2 Monate	Ref.	Ref.	Ref.	Ref.
3-5 Monate	0,525	0,381	0,025	0,018
6-15 Monate	0,609	0,402	0,029	0,019
16-37 Monate	0,656**	0,221	0,032***	0,010
38-130 Monate	0,757***	0,124	0,038***	0,003
Keine politische Information	1,067***	0,101	0,055***	0,004
Politische Zeitungsnutzung	-0,410***	0,103	-0,021***	0,005
Politische Fernsehnutzung	-0,269	0,173	-0,014	0,009
Politische Internetnutzung	0,163	0,144	0,008	0,007
Motivation				
Interesse an Politik	-0,781+	0,405	-0,040+	0,022
Wichtigkeit von wiss. Umfragen	-1,163***	0,281	-0,060***	0,013
Sorgfalt	-1,737***	0,445	-0,090***	0,024
Need for Cognition	-0,515*	0,241	-0,027*	0,012
Need to Evaluate	-0,583***	0,110	-0,030***	0,006
Big Five: Gewissenhaftigkeit	-2,134***	0,273	-0,111***	0,012
Big Five: Offenheit	-0,881***	0,150	-0,046***	0,007
Parteiidentifikation: keine	Ref.	Ref.	Ref.	Ref.
schwach	-0,557*	0,217	-0,034*	0,014
stark	-1,313***	0,163	-0,066***	0,010
Wahlnorm	-0,913*	0,442	-0,047*	0,022
Politische Kommunikation	-0,306***	0,072	-0,016***	0,004
n	4.293			
R^2_{MF}	0,395			
BIC	1593,426			

Anmerkungen: β = Logit-Koeffizient, SE = Robuste Standardfehler, AME = Durchschnittlicher marginaler Effekt. Die Regressionskonstante sowie die Koeffizienten und Standardfehler der Kontrollvariablen sind nicht dargestellt (siehe Anhang C.2 für das vollständige logistische Regressionsmodell).
+ $p < 0,10$, * $p < 0,05$, ** $p < 0,01$, *** $p < 0,001$.

4.3.2 Effekte der Fähigkeiten

Drei Hypothesen thematisieren den Einfluss der Fähigkeiten von Befragten auf die Wahrscheinlichkeit des Auftretens von Satisficing. Die Hypothese H_5 postuliert, dass die Wahrscheinlichkeit von Satisficing umso höher ausfällt, je geringer die kognitive Gewandtheit von Befragten ausgeprägt ist. In Übereinstimmung mit dieser Hypothese zeigen sich deutliche Effekte der Bildung: Befragte mit einem mittleren oder hohen Bildungsabschluss weisen eine durchschnittlich um 2,5 respektive 4,6 Prozentpunkte geringere Wahrscheinlichkeit für Satisficing auf als die Referenzgruppe der Befragten mit einem niedrigen Bildungsabschluss (siehe Abbildung 5). Dieser Befund stützt die Hypothese H_5.

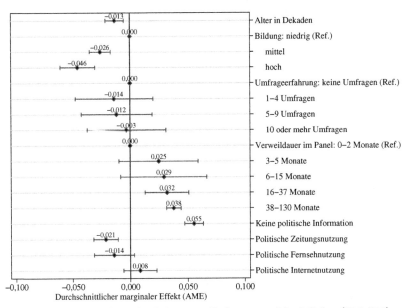

Abbildung 5 Effekte der Fähigkeiten von Befragten auf Satisficing (T12–T15)

Gemäß der Forschung zum „cognitive ageing" nimmt die Kapazität des Arbeitsgedächtnisses und somit die kognitive Gewandtheit mit steigendem Alter ab (vgl. Craik und Jennings 1992; Knäuper 1999; Salthouse et al. 1991). Demnach sollte die Wahrscheinlichkeit für Satisficing umso höher ausfallen, je älter Befragte sind. Wie die Abbildung 6 zeigt, liegt die vorhergesagte Wahrscheinlichkeit für 18-jährige Befragte bei 12,5% und fällt mit zunehmendem Alter der Befragten auf 6,6% mit 60 Jahren bis auf 4,8% mit 80 Jahren. Die Richtung des Effekts des Alters auf die Wahrscheinlichkeit von Satisficing widerspricht somit der Hypothese H_5.

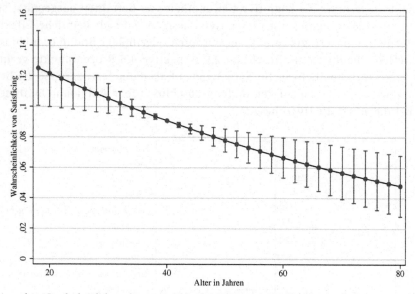

Anmerkung: Durchschnittliche vorhergesagte Wahrscheinlickeiten mit 95%-Konfidenzintervallen

Abbildung 6 Effekt des Alters auf die Wahrscheinlichkeit von Satisficing (T12–T15)

Dieses Ergebnis ergänzt eine Reihe von widersprüchlichen Befunden zum Zusammenhang des Alters mit dem Auftreten von Antworteffekten, die auf Satisficing zurückgeführt werden. Holbrook et al. (2003) finden in drei Studien sowohl insignifikante als auch signifikante positive und negative Zusammenhänge des Alters mit „Weiß nicht"-Antworten und der Nichtdifferenzierung von Antworten. Andere Studien wiederum berichten den erwarteten positiven Zusammenhang mit „Weiß nicht"-Antworten (O'Muircheartaigh et al. 2001; Pickery und Loosveldt 1998, 2004). Die Studie von Roberts et al. (2010) weist hingegen einen negativen Effekt des Alters auf die Nichtdifferenzierung von Antworten aus. Wiederum in Übereinstimmung mit den Annahmen der Satisficing-Theorie finden sie jedoch einen positiven Effekt des Alters auf das Auftreten von Antwortreihenfolgeeffekten. Dieser Effekt tritt jedoch nicht in der Studie von Holbrook et al. (2007) auf, die ebenfalls Antwortreihenfolgeeffekte untersuchen. Die Autoren führen diesen Befund, der den Ergebnissen von Knäuper (1999) widerspricht, unter anderem darauf zurück, dass die Korrelation zwischen Bildung und Alter seit den späten 1960er-Jahren schwächer geworden sei. Auch in der vorliegenden Untersuchung fällt die Korrelation zwischen entsprechend gebildeten Indikatoren für Bildung und Alter mit 0,07 sehr gering aus.[57] Holbrook et al. (2007, S. 339-340) zufolge sind die Unterschiede in den Effekten von Alter und Bildung auf das Auftreten von Satisficing auch damit zu erklären, dass diese Variablen verschiedene Aspekte der kognitiven Fähigkeiten erfassen. Während das Alter mit der Kapazität des Arbeitsgedächtnisses, der Verarbeitungsgeschwindigkeit und Erinnerungsfähigkeit in Verbindung steht, hängt die Bildung mit einer ganzen Reihe von kognitiven Fähigkeiten zusammen (Ceci 1991). Hierunter fällt beispielsweise der Zusammenhang mit dem Wortschatz von Befragten, der für die Beantwortung von Umfragen wichtig ist. Holbrook et al. (2007, S. 339-340) schlussfolgern daher, dass die Bildung zumindest für einige kognitive Fähigkeiten ein besser geeigneter Indikator ist als das Alter von Befragten.

Der hier gefundene Effekt des Alters auf die Wahrscheinlichkeit von Satisficing ist auch auf die im Mittel geringere Antwortgeschwindigkeit älterer Befragter zurückzuführen (siehe Anhang C.4). Dieser auch in anderen Studien gefundene Zusammenhang (Couper und Kreuter 2013; Yan und Tourangeau 2008) kann einerseits mit einer geringeren Leistung des Arbeitsgedächtnisses und einer geringeren Verarbeitungsgeschwindigkeit, andererseits aber auch mit geringeren Computerfertigkeiten sowie einer ge-

---

57 Die Studie von Holbrook et al. (2007) bezieht sich auf eine Studie von Knäuper (1999), in der Antwortreihenfolgeeffekte bei jüngeren Befragten in einem Alter zwischen 18 und 64 Jahren und älteren Befragten in einem Alter von mehr als 64 Jahren untersucht wurden. Vor diesem Hintergrund analysieren Holbrook et al. (2007) den Zusammenhang zwischen einer Altersvariablen mit zwei entsprechenden Ausprägungen und einer Bildungsvariablen mit den drei Ausprägungen niedrig, mittel und hoch. Der Zusammenhang zwischen Alter und Bildung veränderte sich demnach in Befragungen der ANES von -0,20 im Jahr 1968 auf 0,05 im Jahr 2002 und in Umfragen des General Social Surveys (GSS) von -0,22 im Jahr 1972 auf -0,13 im Jahr 2002. Für die Überprüfung dieses Zusammenhangs wurde hier ebenfalls eine binäre Altersvariable mit den Ausprägungen 18 bis 64 Jahre und älter als 64 Jahre gebildet. Der hier gefundene Korrelationskoeffizient von 0,07 mit der Bildung (mit den Ausprägungen niedrig, mittel und hoch) liegt somit in einem vergleichbaren Bereich wie für die ANES 2002.

ringeren Lesegeschwindigkeit älterer Personen erklärt werden (vgl. Carver 1992; Wagner et al. 2010). Da die Antwortgeschwindigkeit in der vorliegenden Studie in die Messung von Satisficing eingeht, kann nicht ausgeschlossen werden, dass der negative Effekt des Alters zumindest teilweise durch geringere Computerfertigkeiten und eine geringere Lesegeschwindigkeit älterer Befragter bedingt wird.[58]

Der Befund hingegen, dass die Wahrscheinlichkeit von Satisficing umso geringer ausfällt, je höher die formale Bildung von Befragten ist, stützt die Hypothese H_5. Zudem stimmt dieser Befund mit den Ergebnissen einer Reihe von Studien überein, wonach die Bildung von Befragten in einem negativen Zusammenhang mit dem Auftreten von Akquieszenz (Krosnick et al. 1996; Narayan und Krosnick 1996; Roberts et al. 2010), Antwortreihenfolgeeffekten (siehe Holbrook et al. 2007; Krosnick et al. 1996; Malhotra 2008, 2009; Narayan und Krosnick 1996), „Weiß nicht"-Antworten (Holbrook et al. 2003; Krosnick et al. 1996; Narayan und Krosnick 1996; O'Muircheartaigh et al. 2001; Pickery und Loosveldt 1998, 2004), Mittelkategorie-Antworten (Narayan und Krosnick 1996), Nichtdifferenzierung (Roberts et al. 2010) und einer geringeren Antwortkonsistenz über die Zeit (Krosnick et al. 1996) steht. Zusammengenommen kann die Hypothese H_5 nicht vollständig zurückgewiesen werden. Es ist jedoch einschränkend festzuhalten, dass sich ein theoriekonformer Effekt der kognitiven Gewandtheit auf die Wahrscheinlichkeit von Satisficing ausschließlich für den Indikator der formalen Bildung von Befragten feststellen lässt.

Die Fähigkeiten von Befragten erschöpfen sich nicht in ihrer allgemeinen kognitiven Gewandtheit. Der Hypothese H_6 nach sind Befragte, die sich in Zeitungen, im Fernsehen oder im Internet über das Thema oder die Themen einer Umfrage informieren, im Nachdenken über dieses Thema oder diese Themen geübt und neigen daher mit geringerer Wahrscheinlichkeit

---

58 Weiterhin besteht die Möglichkeit, dass das Alter kein gut geeigneter Indikator für die Kapazität des Arbeitsgedächtnisses und somit für die kognitive Gewandtheit von Befragten ist. Darüber hinaus ist insbesondere im Hinblick auf Web-Befragungen von Mitgliedern aus Online-Access-Panels die Frage aufzuwerfen, inwieweit ältere Befragte in Online-Access-Panels diese Personengruppe in der Population repräsentieren. Die Beherrschung der zur Teilnahme notwendigen Computer oder mobilen Endgeräte sowie der zugehörigen Software legt nahe, dass diejenigen älteren Befragten, die regelmäßig an Web-Befragungen teilnehmen, über eine ausgeprägte kognitive Gewandtheit verfügen sollten. Eine solche Selektivität könnte zur Schätzung verzerrter Alterseffekte führen. Letztendlich könnten Lebenszykluseffekte für den Befund mitverantwortlich sein.

zur Wahl von Satisficing als Antwortstrategie als Befragte, die sich nicht informieren. Zur Überprüfung dieser Hypothese wurden insgesamt vier Indikatoren in das logistische Regressionsmodell aufgenommen. Befragte, die aktuell keine politischen Informationen aus den Medien bezogen haben, weisen eine im Mittel um 5,5 Prozentpunkte höhere Wahrscheinlichkeit für Satisficing auf als Befragte, die sich über Politik informierten. Zudem zeigt sich, dass das Lesen von Artikeln über Politik in Zeitungen an mindestens einem Tag der vergangenen Woche die Wahrscheinlichkeit von Satisficing im Mittel um 2,1 Prozentpunkte reduziert. Für die Nutzung von Fernsehnachrichten und des Internets zur Beschaffung von Informationen zu Politik können hingegen keine statistisch gesicherten Effekte festgestellt werden. Nichtsdestoweniger kann die Hypothese H_6 auf Grund der Befunde zur politischen Mediennutzung nicht zurückgewiesen werden.

Gemäß der Hypothese H_7 sind Befragte umso geübter in der Beantwortung von Fragen zu einer Vielzahl von Themen, je häufiger sie an Befragungen teilnehmen. Entsprechend höher sollten demnach ihre Fähigkeiten zur vollständigen und sorgsamen Beantwortung der Fragen sein. Zur Untersuchung dieser Hypothese wurden die Anzahl der im letzten Monat absolvierten Web-Befragungen sowie die Verweildauer der Befragten im Online-Access-Panel als Indikatoren der Umfrageerfahrung in das Regressionsmodell aufgenommen. Die Befunde widersprechen der Hypothese H_7 weitgehend. Befragte, die mindestens an einer Umfrage im letzten Monat teilgenommen haben, weisen der Tendenz nach geringere Wahrscheinlichkeiten für Satisficing auf als Befragte, die an keiner Umfrage teilnahmen. Jedoch sind diese den theoretischen Erwartungen entsprechenden Effekte nicht signifikant. Zudem zeigt sich, dass mit zunehmender Verweildauer im Online-Access-Panel auch die Wahrscheinlichkeit für Satisficing ansteigt. Befragte, die bereits seit 16 bis 37 Monaten Mitglied sind, weisen eine im Mittel um 3,2 Prozentpunkte höhere Wahrscheinlichkeit auf als die Referenzgruppe der Befragten, die maximal seit zwei Monaten aktiv sind (siehe Abbildung 5). Bei einer Verweildauer von über 38 Monaten liegt die Wahrscheinlichkeit im Durchschnitt um 3,8 Prozentpunkte über derjenigen der Referenzgruppe. Dieser Befund deckt sich mit den Ergebnissen von Toepoel et al. (2008), die eine stärkere Neigung zu Satisficing bei erfahrenen im Vergleich zu neuen Panelteilnehmern vorfanden. Dieser Effekt der Erfahrung kann einerseits darauf zurückgeführt werden, dass erfahrene Befragte sich weniger bei der Beantwortung von bereits bekannten oder ihnen bekannt vorkommenden Fragen anstrengen, um die Befragung möglichst schnell absolvieren zu können (Toepoel et al. 2009b, S. 73). Hierbei unterlaufen ihnen mitunter mehr Fehler, was die Antwortqualität mindert (Das et al. 2011, S. 34). Andererseits steht zu vermuten, dass erfahrene und weniger motivierte Befragte unter bestimmten Bedingungen lernen, welche Antworten auf Fragen sie vermeiden müssen, damit sie keine zusätzlichen Nachfragen erhalten (Das et al. 2011; Duan et al. 2007; Mathiowetz und Lair 1994; Meurs et al. 1989; Toepoel et al. 2009b; Waterton und Lievesley 1989). Diese Strategie der Reduzierung der Befragungsdauer kann als Satisficing begriffen werden, insofern Befragte ihr Antwortverhalten anpassen, um die Belastungen durch die Umfrageteilnahme möglichst gering zu halten.[59] Zusammengenommen ist festzuhalten, dass die Umfrageerfahrung die Wahrscheinlichkeit von Satisficing zumindest mittel- bis langfristig weniger über die Steigerung der Fähigkeiten der Panelteilnehmer beeinflusst, sondern offenbar stärker über eine sukzessiv nachlassende Motivation zur sorgsamen Beantwortung der Fragen in Verbindung mit anwachsenden Erkenntnissen darüber, bei welcher Art von Fragen eine Anpassung der Antwortstrategie zur einer nachhaltigen Reduzierung der Belastungen führt. Die Hypothese H_7 ist auf Grund der hier gewonnenen Erkenntnisse vorläufig zurückzuweisen. Stattdessen ist auf die alternative Hypothese zu verweisen, wonach gerade bei Online-Access-Panels die Gefahr besteht, dass Panelteilnehmer übermäßig häufig Befragungen absolvieren, was neben unerwünschten Lerneffekten auch zu Abnutzungseffekten führen kann, die zusammengenommen die Antwortqualität mindern.[60]

---

[59] Obwohl diese Form strategischen Antwortens zur Vermeidung von Nachfragen in der relevanten Literatur gelegentlich beschrieben wird, gibt es nur wenige Berichte über das tatsächliche Vorkommen dieser Form von Panel Conditioning. Die Ausnahmen sind das Underreporting von Einschränkungen bei Alltagshandlungen durch ältere und kranke Befragte (Mathiowetz und Lair 1994), das Underreporting bei der Benutzung von Transportmitteln (Meurs et al. 1989) sowie das Verschweigen, Opfer krimineller Handlungen geworden zu sein (Turner 1984). Vor allem die Untersuchung von Meurs et al. (1989) zeigt auf, dass sich das Underreporting der Nutzung von Transportmitteln ab der zweiten Panelwelle wesentlich darauf zurückführen lässt, dass Befragte angaben, die entsprechenden Transportmittel gar nicht benutzt zu haben. Durch diese Angabe ließen sich alle weiteren Nachfragen zur Distanz und zur Dauer der Fahrt(en) umgehen.

[60] Eine allgemeine und aufschlussreiche Diskussion zu Online-Access-Panels sowie der Datenqualität von Umfragen mit Teilnehmern aus Online-Access-Panels findet sich in Baker et al. (2010).

4.3.3 Effekte der Motivation

Insgesamt zehn Hypothesen thematisieren den Einfluss von Indikatoren der Motivation der Befragten auf die Wahrscheinlichkeit von Satisficing. Der Hypothese H_8 nach sind Befragte umso mehr zur sorgfältigen Beantwortung der Fragen motiviert, je stärker sie sich für das Thema oder die Themen einer Umfrage interessieren. Entsprechend der Annahme weisen Befragte, die sich sehr stark für Politik interessieren im Mittel eine um 4,0 Prozentpunkte geringere Wahrscheinlichkeit für Satisficing auf als Befragte, die sich überhaupt nicht dafür interessieren. Der Effekt ist jedoch mit einer großen statistischen Unsicherheit behaftet (siehe Abbildung 7).[61] Trotz der großen Unsicherheit wird die Hypothese H_8 vorläufig nicht zurückgewiesen.

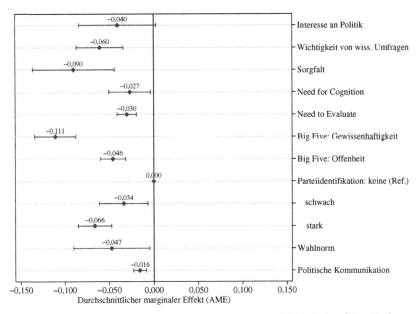

Abbildung 7 Effekte der Motivation von Befragten auf Satisficing (T12–T15)

---

61 Weitergehende Analysen zeigten diesbezüglich, dass der bei einem schrittweisen Modellaufbau zunächst auf 1‰-Niveau signifikante Effekt des politischen Interesses im Gesamtmodell insbesondere durch die Aufnahme der Indikatoren für die politische Mediennutzung eine erhöhte statistische Unsicherheit erfährt. Es ist somit anzunehmen, dass das politische Interesse der Befragten indirekte Effekte über die hier im Sinne der Fähigkeiten interpretierten Indikatoren der politischen Mediennutzung ausübt.

Die subjektiv empfundene Bedeutung einer Umfrage für die Gesellschaft ist ein weiterer Aspekt der Motivation, weshalb der Hypothese H_9 nach Befragte mit umso geringerer Wahrscheinlichkeit zu Satisficing neigen, je wichtiger sie es finden, an wissenschaftlichen Umfragen teilzunehmen. Dieser Annahme entsprechend zeigt die Analyse, dass Befragte, die die Teilnahme an wissenschaftlichen Befragungen für sehr wichtig halten, eine im Mittel um 6,0 Prozentpunkte geringere Wahrscheinlichkeit für Satisficing aufweisen als Befragte, denen dies überhaupt nicht wichtig ist. Die Hypothese H_9 wird folglich nicht zurückgewiesen.

Der Satisficing-Theorie nach bestimmt sich die Motivation eines Befragten nicht nur durch seine Einstellungen gegenüber dem Umfragethema und der Teilnahme an Umfragen an sich, sondern zudem durch Merkmale seiner Persönlichkeit. Die Hypothesen H_{10} und H_{11} thematisieren daher den Einfluss der Persönlichkeitsmerkmale Need for Cognition und Need to Evaluate, während die Hypothesen H_{12} und H_{13} den Einfluss der Persönlichkeitsdimensionen der Gewissenhaftigkeit und der Offenheit behandeln. Die Analyse zeigt, dass alle vier Indikatoren signifikante Effekte in der erwarteten Richtung aufweisen. Sehr gewissenhafte Befragte weisen eine im Mittel um 11,1 Prozentpunkte und für neue Erfahrungen offene Befragte eine um 4,6 Prozentpunkte geringere Wahrscheinlichkeit für Satisficing auf als Personen, bei denen diese Persönlichkeitsmerkmale sehr gering ausgeprägt sind. Befragte, mit einem hohen Need to Evaluate haben eine im Mittel um 3,0 Prozentpunkte geringere Wahrscheinlichkeit für Satisficing als Befragte, die eine geringe Neigung zur Bewertung von Objekten und Erfahrungen aufweisen. Der Einfluss von Need for Cognition ist ebenfalls ausgeprägt: Befragte, die eine starke Neigung zu kognitiven Herausforderungen verspüren, weisen eine im Mittel um 2,7 Prozentpunkte geringere Wahrscheinlichkeit für Satisficing auf als Befragte mit einem geringen Need for Cognition. Die Befunde zu Need for Cognition und Need to Evaluate stimmen mit Studien überein, die Zusammenhänge zwischen diesen Persönlichkeitsmerkmalen und dem Auftreten von „Weiß nicht"- und Mittelkategorie-Antworten (Lenzner 2012) sowie mit der Antwortkonsistenz über die Zeit (Krosnick et al. 1996) finden. Die Hypothesen H_{10} bis H_{13} werden auf Grund der präsentierten Befunde nicht zurückgewiesen.

Weiterhin wurde der Effekt eines direkten Indikators der Motivation auf die Wahrscheinlichkeit von Satisficing untersucht. Entsprechend der Hypothese H_{14} zeigt sich, dass Befragte, die sich nach eigener Auskunft sehr bemüht haben, sorgfältig zu antworten, eine im Mittel um 9,0 Prozentpunkte geringere Wahrscheinlichkeit für Satisficing aufweisen als Befragte, die nicht zu einer sorgfältigen Beantwortung der Fragen motiviert waren. Die Hypothese H_{14} wird folglich nicht zurückgewiesen.

Die abschließenden drei Hypothesen zur Motivation behandeln die Effekte der thematischen Involvierung von Befragten auf die Wahrscheinlichkeit von Satisficing. Der Hypothese H_{15} nach sind Befragte umso stärker politisch involviert und zur Beantwortung von Umfragen zu politischen Themen motiviert, je stärker sie sich psychologisch an eine Partei gebunden fühlen. In Übereinstimmung mit dieser Annahme zeigt sich, dass Befragte mit einer schwachen Parteibindung gegenüber Befragten ohne eine solche psychologische Bindung eine im Mittel um 3,4 Prozentpunkte geringere Wahrscheinlichkeit für Satisficing aufweisen. Befragte mit einer starken affektiven Bindung an eine Partei haben hingegen eine durchschnittlich um 6,6 Prozentpunkte geringere Wahrscheinlichkeit für Satisficing gegenüber der Referenzgruppe der Befragten ohne Parteibindung. Der Hypothese H_{15} kann somit vorläufige Gültigkeit zugesprochen werden. Das politisch involvierte Befragte zur Wahl von Optimizing als Antwortstrategie tendieren, zeigt sich auch hinsichtlich der Hypothese H_{16}. Befragte, die die Wahlnorm sehr stark verinnerlicht haben, weisen eine im Mittel um 4,7 Prozentpunkte geringere Wahrscheinlichkeit für Satisficing auf als Befragte, die keine Verpflichtung zur regelmäßigen Teilnahme an Wahlen verspüren. Die Hypothese H_{16} wird daher nicht zurückgewiesen. Dies gilt ebenso für die Hypothese H_{17}, wonach Befragte, die sich mit anderen Personen aus ihrem sozialen Netzwerk über politische Akteure, Inhalte und Prozesse unterhalten, mit geringerer Wahrscheinlichkeit zu Satisficing neigen als Befragte, die nicht über Politik kommunizieren. Entsprechend der Annahme weisen politisch kommunizierende Personen eine durchschnittlich um 1,6 Prozentpunkte geringere Wahrscheinlichkeit für Satisficing auf als Personen, die sich mit ihren Mitmenschen über andere Themen unterhalten oder die keine Gespräche führen.

4.3.4 Die relative Bedeutung der Einflussgrößen von Satisficing

Die vorliegende Studie geht über das Gros der existierenden Arbeiten zu Satisficing hinaus, indem sie die bislang vernachlässigte Frage untersucht, welche relative Bedeutung den Einflussgrößen in der Wahl von Satisficing als Antwortstrategie zukommt. Die vorangegangene Untersuchung der Hypothesen hat gezeigt, dass sowohl Indikatoren der Schwierigkeit der Aufgabe, der Fähigkeiten als auch der Motivation teils starke Effekte auf die Wahrscheinlichkeit des Auftretens von Satisficing aufweisen. Die Ergebnisse der Analyse legen hierbei nahe, dass insbesondere die mit der Motivation der Befragten assoziierten Variablen einen starken Einfluss auf die Wahl der Antwortstrategie haben. Die folgenden Analysen zielen auf eine tiefergehende Fundierung dieser Befunde und eine Bewertung der relativen Bedeutung der Einflussgrößen im Auftreten von Satisficing.

Zur Untersuchung der Fragestellung wurden fünf schrittweise aufgebaute logistische Regressionsmodelle aufgesetzt. Das Basismodell M_0 besteht ausschließlich aus Kontrollvariablen.[62] Dieses wurde nachfolgend jeweils separat um die Indikatoren für die Einflussgrößen Schwierigkeit der Aufgabe (M_1), Fähigkeiten (M_2) und Motivation (M_3) erweitert. Das Gesamtmodell (M_4) schließlich umfasst sämtliche Kontrollvariablen und Indikatoren für die Einflussgrößen. Um die Modelle untereinander vergleichbar zu halten, wurde die zu analysierende Stichprobe auf diejenigen Befragten beschränkt, die bei listenweisem Fallausschluss im Gesamtmodell (M_4) verbleiben.

Zur Evaluation ihrer relativen Bedeutung wurde für jede der drei Einflussgrößen die absolute Verbesserung der Modellanpassung des jeweils betrachteten Modells (M_j) gegenüber dem Basismodell (M_0) gemäß der Formel (9) berechnet.

$$\Delta R^2_{MF} = R^2_{MF}(M_j) - R^2_{MF}(M_0) \tag{9}$$

Da R^2_{MF} prinzipiell größere Werte annimmt, je mehr erklärende Variablen im Modell enthalten sind (Best und Wolf 2010, S. 843-844), wurde zudem die absolute Verbesserung der Modellanpassung als Differenz des Bayesschen Informationskriteriums (BIC) entsprechend der Formel (10) berechnet.

$$\Delta BIC = BIC(M_j) - BIC(M_0) \tag{10}$$

Das Informationsmaß BIC bestraft eine zusätzliche Parametrisierung im Modell und erlaubt somit auch den Vergleich nicht genesteter Modelle (Best und Wolf 2010, S. 844).

Die Tabelle 16 gibt die Ergebnisse des Modellvergleichs wieder. Das Gesamtmodell M_4 weist erwartungsgemäß sowohl in Hinblick auf ΔR^2_{MF} als

---

62 Die verwendeten Modelle werden im Anhang C.2 im Detail dargestellt.

auch ΔBIC die beste Modellanpassung auf. Von den Modellen für die Einflussgrößen erfährt das Modell für die Motivation der Befragten (M_3) die stärkste Verbesserung gegenüber dem Basismodell M_0. Dieses wird durch das Modell für die Fähigkeiten von Befragten (M_2) gefolgt. Das Modell für die Schwierigkeit der Aufgabe (M_1) erbringt hier die geringste Verbesserung der Modellanpassung. Die Analyse der Verbesserung der Modellanpassung unterstreicht somit den Befund, wonach die Motivation der Befragten den im Vergleich bedeutsamsten Beitrag zur Erklärung der Wahl von Satisficing als Antwortstrategie liefert.

Tabelle 16 Fit der Modelle für die Einflussgrößen von Satisficing (T12-T15)

Modell	R^2_{MF}	ΔR^2_{MF}	BIC	ΔBIC
M_0: Basismodell	0,020	Ref.	2565,1	Ref.
M_1: Schwierigkeit der Aufgabe	0,053	0,033	2478,8	-86,3
M_2: Fähigkeiten	0,245	0,225	1982,5	-582,6
M_3: Motivation	0,332	0,312	1756,7	-808,3
M_4: Gesamtmodell	0,395	0,375	1593,4	-971,6

Um den Erklärungsbeitrag der Einflussgrößen weiter quantifizieren zu können, wurden nachfolgend die durchschnittlichen vorhergesagten Wahrscheinlichkeiten (siehe StataCorp 2013a, S. 1152-1199) für das Auftreten von Satisficing in Abhängigkeit von variierenden Ausprägungen der Indikatoren für die Schwierigkeit der Aufgabe, Fähigkeiten und Motivation berechnet. Hierfür wurden die mit den Einflussgrößen assoziierten Indikatoren jeweils mindestens auf ein sehr geringes, geringes, mittleres, hohes und sehr hohes Niveau gesetzt.[63] Für die Schätzung der Wahrscheinlichkeiten wurden nur jene Variablen variiert, deren Effekte konform zu den zuvor aufgestellten Hypothesen waren.[64] Die Ausnahme stellt die Verweildauer im Online-

---

63 Zur Bestimmung der unterschiedlichen Niveaus wurden der minimale, maximale und der arithmetische Mittelwert sowie bedarfsweise die 5%-, 10%-, 25%-, 75%-, 90%- und 95%-Perzentile verwendet. Kategoriale Variablen wurden entsprechend der theoretischen Erwartungen sowie der empirischen Befunde aus der logistischen Regressionsanalyse auf Werte gesetzt, von denen angenommen wurde, dass sie ein entsprechend niedriges, mittleres oder hohes Niveau widerspiegeln.
64 So wurde etwa die Variable Alter nicht zur Bestimmung des Effekts der Fähigkeiten herangezogen, da auf Grund der vorhergehenden Analysen Zweifel an der

Access-Panel dar, da der hier vorgefundene Effekt zwar der vorab formulierten Hypothese widerspricht, sich aber mit Rückgriff auf die Befunde von Toepoel et al. (2008) sehr gut im Sinne einer mit der Zeit nachlassenden Motivation sowie unerwünschter Lernprozesse und einer Zunahme nicht intendierter Fehler bei der Beantwortung von Fragen interpretieren lässt. Die durchschnittlichen vorhergesagten Wahrscheinlichkeiten für Satisficing werden im Folgenden grafisch dargestellt, was eine intuitive Einschätzung der Bedeutung der Einflussgrößen in der Wahl der Antwortstrategie erlaubt.

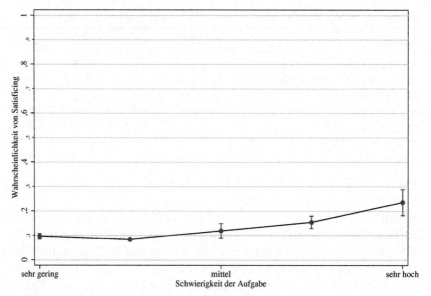

Anmerkung: Durchschnittliche vorhergesagte Wahrscheinlickeiten mit 95%-Konfidenzintervallen

Abbildung 8 Wahrscheinlichkeit von Satisficing in Abhängigkeit von der Schwierigkeit der Aufgabe (T12–T15)

Die Abbildung 8 illustriert die durchschnittlichen vorhergesagten Wahrscheinlichkeiten für Satisficing über variierende Ausprägungen der Indi-

---

Eignung dieser Variable bestanden. Sie wurde jedoch in das zu Grunde liegende logistische Regressionsmodell einbezogen. Weitere Variablen, die nicht variiert wurden, waren Ablenkungen während der Umfrage und Unterbrechungen der Umfrage.

katoren für die Schwierigkeit der Aufgabe. Mit zunehmender Schwierigkeit der Aufgabe steigt die Wahrscheinlichkeit des Auftretens von Satisficing an. Es bestätigt sich jedoch der Befund, dass die Stärke des Effekts nicht sonderlich groß ist. Für ein sehr geringes Niveau der Schwierigkeit ergibt sich eine mittlere vorhergesagte Wahrscheinlichkeit von $p = 0{,}10$, die sich über die Ausprägungen der Variablen bis auf $p = 0{,}24$ für eine sehr hohe Schwierigkeit erhöht.

Im Gegensatz zur Schwierigkeit der Aufgabe und in Einklang mit der Analyse der Verbesserung der Modellanpassung zeigt sich eine signifikante Abnahme der Wahrscheinlichkeit für Satisficing mit zunehmenden Fähigkeiten der Befragten (siehe Abbildung 9). Während das Modell für Befragte mit sehr geringen Fähigkeiten eine mittlere Wahrscheinlichkeit von $p = 0{,}29$ vorhergesagt, beträgt die Wahrscheinlichkeit bei einem mittleren Niveau noch $p = 0{,}08$ und lediglich $p = 0{,}03$ bei sehr hohen Fähigkeiten. Die Stärke des Effekts der Fähigkeiten von Befragten ist mithin deutlich stärker ausgeprägt als derjenige der Schwierigkeit der Aufgabe. Die Abnahme der Wahrscheinlichkeit für Satisficing fällt ab einem mittleren Niveau der Fähigkeiten nur noch marginal aus. Satisficing ist demnach eine Antwortstrategie, die mit einer deutlich höheren Wahrscheinlichkeit von Befragten mit geringen im Vergleich zu Befragten mit mittleren oder hohen Fähigkeiten angewendet wird.

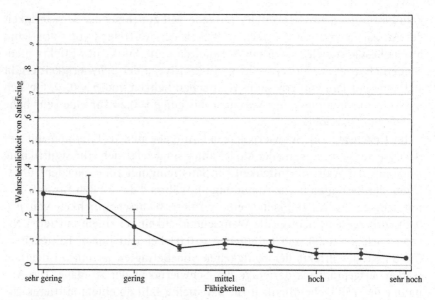

Anmerkung: Durchschnittliche vorhergesagte Wahrscheinlickeiten mit 95%-Konfidenzintervallen

Abbildung 9 Wahrscheinlichkeit von Satisficing in Abhängigkeit von den Fähigkeiten der Befragten (T12–T15)

Wie bereits auf Grund der Betrachtung der Effekte der einzelnen Indikatoren der Einflussgrößen sowie der Analyse der Verbesserung der Modellanpassung angenommen wurde, zeigt sich ein insgesamt sehr starker Effekt der Motivation von Befragten auf die Wahrscheinlichkeit von Satisficing (siehe Abbildung 10). Für sehr geringfügig motivierte Befragte sagt das Modell eine Wahrscheinlichkeit für Satisficing von $p = 0{,}98$ vorher. Die Wahrscheinlichkeit reduziert sich für gering motivierte Befragte auf $p = 0{,}42$ und liegt bei mittelmäßig motivierten Befragten noch bei $p = 0{,}05$. Höher motivierte Befragte weisen eine vorhergesagte Wahrscheinlichkeit von $p < 0{,}01$ auf. Zusammenfassend ist somit festzuhalten, dass die Motivation den stärksten Einfluss auf die Wahl der Antwortstrategie bei der Beantwortung der Umfragen hat. Der Effekt der Fähigkeiten ist schwächer und vor allem auf Unterschiede zwischen Befragten mit geringen Fähigkeiten im Vergleich zu Befragten mit mittleren oder hohen Fähigkeiten zurückzuführen. Die Schwierigkeit der Aufgabe spielt hingegen eine geringere Rolle.

Die Erklärung von Satisficing   155

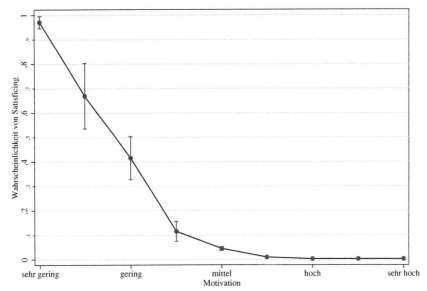

Anmerkung: Durchschnittliche vorhergesagte Wahrscheinlickeiten mit 95%-Konfidenzintervallen

Abbildung 10 Wahrscheinlichkeit von Satisficing in Abhängigkeit von der Motivation der Befragten (T12–T15)

4.3.5 Das Zusammenwirken der Einflussgrößen von Satisficing

Bislang haben lediglich drei Studien das Zusammenwirken der Einflussgrößen von Satisficing untersucht (siehe Krosnick et al. 1996; Lenzner 2012; Toepoel et al. 2009c). Obgleich diese Studien übereinstimmend Hinweise darauf hin präsentieren, dass sich die Einflussgrößen unter bestimmten Umständen wechselseitig beeinflussen können (siehe Kapitel 2), wird ihr Zusammenwirken hier als offene Frage untersucht. Die forschungsleitende Hypothese H_{18} postuliert, dass der Einfluss der Fähigkeiten und Motivation von Befragten auf die Wahrscheinlichkeit der Wahl von Satisficing als Antwortstrategie umso bedeutsamer ist, je schwieriger die Aufgabe der Beantwortung der Umfrage ist. Diese Hypothese beschreibt somit den von Krosnick (1991, S. 225) beschriebenen Interaktionszusammenhang zwischen den Einflussgrößen von Satisficing.

Auf Grund der modellinhärenten Interaktionseffekte in logistischen Regressionsmodellen sowie der prinzipiell geringeren Sensibilität für explizit spezifizierte Interaktionseffekte (siehe Best und Wolf 2010, S. 840-842) einerseits sowie der vergleichsweise großen Anzahl von unabhängigen Variablen andererseits, wurde die Interaktion der Einflussgrößen im Auftreten von Satisficing auf Basis der aus dem Gesamtmodell M_4 vorhergesagten Wahrscheinlichkeiten untersucht. Hierzu wurden die mit den Einflussgrößen assoziierten Indikatoren entsprechend der Hypothese H_{18} variiert und die vorhergesagten Wahrscheinlichkeiten für Satisficing mit den 95%-Konfidenzintervallen grafisch abgetragen.[65] Basierend auf den sich ergebenden Darstellungen kann auf das Vorliegen oder die Abwesenheit von Interaktionseffekten geschlossen werden.

Die Abbildung 11 zeigt den Verlauf der aus dem Gesamtmodell M_4 geschätzten Wahrscheinlichkeiten für Satisficing in Abhängigkeit von variierenden Ausprägungen der Einflussgrößen Schwierigkeit der Aufgabe, Fähigkeiten und Motivation. Zunächst ist der linke Graph in der Abbildung zu betrachten, der den Verlauf der geschätzten Wahrscheinlichkeiten unter der Bedingung einer sehr geringen Schwierigkeit der Aufgabe abbildet. Zu erwarten war, dass bei einer sehr geringen Schwierigkeit der Einfluss der Fähigkeiten und Motivation von Befragten auf die Wahrscheinlichkeit für Satisficing gering sein sollte (Krosnick 1991, S. 225). Es zeigt sich erstens, dass die Wahrscheinlichkeit für Satisficing auch dann sehr hoch ist, wenn sowohl die Schwierigkeit der Aufgabe als auch die Motivation der Befragten sehr gering ist. Obwohl dieser Befund auf den ersten Blick gegen die Annahme zu sprechen scheint, ist er dennoch mit der Hypothese des Interaktionszusammenhangs vereinbar, da selbst bei einer sehr geringen Schwierigkeit hohe Fähigkeiten der Befragten eine sehr geringe oder fast nicht vorhandene Motivation nicht ausgleichen können sollten. Zweitens ist ersichtlich, dass sich der Effekt einer zunehmenden Motivation für Befragte mit unterschiedlich hohen Fähigkeiten unterscheidet. Während der Unterschied zwischen Befragten mit mittleren und hohen Fähigkeiten gering und statistisch nicht signifikant ist, weisen Befragte mit geringen Fähigkeiten insbesondere für eine geringe bis hohe Motivation signifikant

---

[65] Die Vorgehensweise entspricht dem Vorgehen bei der Analyse der relativen Bedeutsamkeit der Einflussgrößen in Abschnitt 4.3.4.

höhere Wahrscheinlichkeiten für Satisficing auf. Für eine sehr geringe oder sehr hohe Motivation lassen sich keine signifikanten Unterschiede für Befragte mit niedrigen, mittleren und hohen Fähigkeiten beobachten. Dieser Befund bestätigt zunächst die Erwartung, dass eine sehr hohe Motivation den Effekt geringer Fähigkeiten kompensieren kann (Krosnick 1991, S. 225).

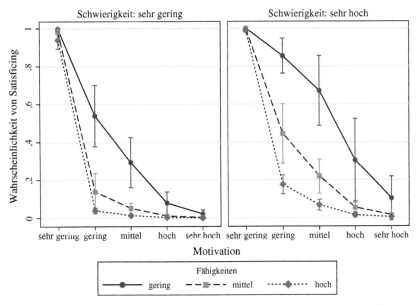

Anmerkung: Durchschnittliche vorhergesagte Wahrscheinlickeiten mit 95%-Konfidenzintervallen

Abbildung 11 Geschätzte Wahrscheinlichkeiten für Satisficing in Abhängigkeit von variierenden Ausprägungen der Einflussgrößen Schwierigkeit der Aufgabe, Fähigkeiten und Motivation (T12–T15)

Zusammenfassend zeigt sich für die Bedingung einer geringen Schwierigkeit der Aufgabe, dass eine Interaktion zwischen den Fähigkeiten und der Motivation von Befragten festgestellt werden kann. Eine zunehmende Motivation gleicht zumindest graduell den Einfluss der Fähigkeiten auf die Wahrscheinlichkeit von Satisficing aus, während sehr hohe Fähigkeiten nicht ausreichend sind, um eine sehr geringe Motivation zu kompensieren. Entsprechend der Befunde zur relativen Bedeutung der Einflussgrößen zeigt sich auch hier der sehr starke Effekt der Motivation von Befragten auf die Wahrscheinlichkeit von Satisficing. Zudem ist ersichtlich, dass insbesondere Unterschiede zwischen Befragten mit niedrigen Fähigkeiten und jenen mit mittleren oder hohen Fähigkeiten vorliegen.

Der Vergleich der beiden Graphen in Abbildung 11 schließlich lässt Rückschlüsse zu, inwieweit die Schwierigkeit der Aufgabe in die Interaktion einbezogen ist. Theoretisch wird erwartet, dass bei einer sehr hohen Schwierigkeit der Aufgabe der gemeinsame Einfluss der Fähigkeiten und Motivation von Befragten auf die Wahrscheinlichkeit für Satisficing sehr viel stärker sein sollte als unter der Bedingung einer geringen Schwierigkeit (Krosnick 1991, S. 225). Diese Erwartung wird im Wesentlichen bestätigt, auch wenn die Unterschiede teils recht gering sind. Unter der Bedingung einer sehr hohen Schwierigkeit lassen sich signifikante Unterschiede in der geschätzten Wahrscheinlichkeit von Satisficing für Befragte mit niedrigen, mittleren und hohen Fähigkeiten bei einer geringen bis hohen Motivation beobachten. Zudem sind die Unterschiede zwischen Befragten mit unterschiedlichen Fähigkeiten der Tendenz nach ausgeprägter als unter der Bedingung einer sehr geringen Schwierigkeit. Insgesamt fällt der Unterschied zwischen den Bedingungen einer sehr geringen und einer sehr hohen Schwierigkeit der Aufgabe jedoch nicht so stark aus, wie dies auf Grund der Ausführungen von Krosnick (1991, S. 225) erwartet werden konnte. Dies steht wiederum in Einklang mit der Erkenntnis, dass die Schwierigkeit der Aufgabe in der vorliegenden Untersuchung den im Vergleich schwächsten Einfluss auf die Wahrscheinlichkeit von Satisficing hatte. Zusammenfassend kann die Hypothese H_{18}, wonach der Einfluss der Fähigkeiten und Motivation auf die Wahrscheinlichkeit der Wahl von Satisficing als Antwortstrategie umso bedeutsamer ist, je schwieriger die Aufgabe ist, auf der Basis der präsentierten Befunde nicht zurückgewiesen werden.

4.4 Zusammenfassung und Diskussion

Das Ziel der hier präsentierten Analysen bestand darin, einen Beitrag zur Überprüfung der zentralen Annahmen der Satisficing-Theorie zu leisten. Die Analysen setzten hierbei drei Schwerpunkte. Zunächst wurde die Frage behandelt, inwieweit sich grundlegende Annahmen der Theorie zur Wirkung der Einflussgrößen Schwierigkeit der Aufgabe, Fähigkeiten und Motivation der Befragten im Auftreten von Satisficing als haltbar erweisen. Anschließend wurden die offenen Fragen untersucht, welche relative Bedeutung den Einflussgrößen zukommt und wie sie im Auftreten von Satisficing zusammenwirken.

Tabelle 17 Übersicht über die Ergebnisse der Hypothesenprüfung (T12–T15)

Hypothese	Falsifiziert
Schwierigkeit der Aufgabe	
H_1 Je mehr Schwierigkeiten Befragte beim Frageverstehen und der Fragebeantwortung haben, desto wahrscheinlicher ist es, dass sie zur Wahl von Satisficing als Antwortstrategie neigen.	nein
H_2 Befragte, die während der Beantwortung der Fragen in der Umfrage abgelenkt werden, neigen mit größerer Wahrscheinlichkeit zur Wahl von Satisficing als Antwortstrategie als Befragte, deren Aufmerksamkeit nicht gestört wird.	ja
H_3 Befragte, die ein Smartphone zur Beantwortung einer Umfrage verwenden, verfolgen mit größerer Wahrscheinlichkeit Satisficing als Antwortstrategie als Befragte, die diese mit einem Tablet oder einem stationären Computer beantworten.	ja
H_4 Befragte, die eine Umfrage am Arbeitsplatz oder einem öffentlichen Ort beantworten, neigen mit größerer Wahrscheinlichkeit zur Wahl von Satisficing als Antwortstrategie als Befragte, die diese zu Hause bearbeiten.	nein
Fähigkeiten	
H_5 Je höher die kognitive Gewandtheit von Befragten ist, desto geringer ist die Wahrscheinlichkeit, dass sie zur Wahl von Satisficing als Antwortstrategie neigen.	nein
H_6 Befragte, die sich in Zeitungen, im Fernsehen oder im Internet über das Thema oder die Themen einer Umfrage informieren, sind im Nachdenken über dieses Thema oder diese Themen geübt und neigen daher mit geringerer Wahrscheinlichkeit zur Wahl von Satisficing als Antwortstrategie als Befragte, die sich nicht informieren.	nein
H_7 Umso häufiger Befragte an Umfragen teilnehmen, desto geübter sind sie in der Beantwortung von Fragen zu einer Vielzahl von Themen und desto geringer ist daher die Wahrscheinlichkeit, dass sie zur Wahl von Satisficing als Antwortstrategie neigen.	ja
Motivation	
H_8 Je stärker sich Befragte für das Thema oder die Themen einer Umfrage interessieren, desto geringer ist die Wahrscheinlichkeit, dass sie zur Wahl von Satisficing als Antwortstrategie neigen.	nein

Hypothese	Falsifiziert
H_9 Je wichtiger es Befragte finden, an wissenschaftlichen Umfragen teilzunehmen, desto geringer ist die Wahrscheinlichkeit, dass sie zur Wahl von Satisficing als Antwortstrategie neigen.	nein
H_{10} Umso stärker das Persönlichkeitsmerkmal Need for Cognition bei Befragten ausgeprägt ist, desto geringer ist die Wahrscheinlichkeit, dass sie zur Wahl von Satisficing als Antwortstrategie neigen.	nein
H_{11} Umso stärker das Persönlichkeitsmerkmal Need to Evaluate bei Befragten ausgeprägt ist, desto geringer ist die Wahrscheinlichkeit, dass sie zur Wahl von Satisficing als Antwortstrategie neigen.	nein
H_{12} Umso gewissenhafter Befragte sind, desto geringer ist die Wahrscheinlichkeit, dass sie zur Wahl von Satisficing als Antwortstrategie neigen.	nein
H_{13} Umso offener Befragte gegenüber neuen Erfahrungen sind, desto geringer ist die Wahrscheinlichkeit, dass sie zur Wahl von Satisficing als Antwortstrategie neigen.	nein
H_{14} Umso mehr sich Befragte bei der Beantwortung der Fragen bemühen, desto geringer ist die Wahrscheinlichkeit, dass sie zur Wahl von Satisficing als Antwortstrategie neigen.	nein
H_{15} Umso stärker sich Befragte psychologisch an eine Partei gebunden fühlen, desto geringer ist die Wahrscheinlichkeit, dass sie zur Wahl von Satisficing als Antwortstrategie neigen.	nein
H_{16} Umso stärker Befragte die soziale Norm zur Beteiligung an Wahlen internalisiert haben, desto geringer ist die Wahrscheinlichkeit, dass sie zur Wahl von Satisficing als Antwortstrategie neigen.	nein
H_{17} Befragte, die sich mit anderen Personen aus ihrem sozialen Netzwerk über politische Akteure, Inhalte und Prozesse unterhalten, neigen mit geringerer Wahrscheinlichkeit zur Wahl von Satisficing als Antwortstrategie als Befragte, die nicht über Politik kommunizieren.	nein

Die Tabelle 17 gibt einen Überblick über die Ergebnisse der Überprüfung der Hypothesen zum Einfluss der Schwierigkeit der Aufgabe, der Fähigkeiten und Motivation auf die Wahrscheinlichkeit des Auftretens von Satisficing. Von den insgesamt 17 Hypothesen wurden drei Hypothesen falsifiziert, zwei zur Schwierigkeit der Aufgabe und eine zu den Fähigkeiten der Befragten. Die Hypothesen H_2, H_3 und H_7, welche den Einfluss von Ablenkungen, der Nutzung von mobilen Endgeräten und der Umfrageerfahrung thematisierten, wurden zurückgewiesen, da die Effekte der korrespondierenden Indikatoren insignifikant und in Teilen entgegengesetzt der theoretischen Annahmen waren. Der Effekt einer umso höheren Wahrscheinlichkeit für Satisficing, je länger Befragte Teilnehmer des Online-Access-Panel waren (H_7), steht jedoch in Einklang mit Befunden der Studie von Toepoel et al. (2008). Die Alternativhypothese lautet demnach, dass eine zunehmende Verweildauer im Online-Access-Panel mit einer tendenziell abnehmenden Motivation einhergeht, was die Wahrscheinlichkeit für Satisficing erhöht. Für den nicht theoriekonformen Effekt von Ablenkungen während der Umfrage konnte hingegen nur eine Ad-hoc-Erklärung gefunden werden, wonach die Möglichkeit zur Mitbestimmung über den Ablauf und die Geschwindigkeit des Interviews Befragte zur Wahl von Optimizing als Antwortstrategie motiviert und befähigt. Ablenkungen während der Umfrage und Unterbrechungen des Interviews führen demnach nicht zwangsläufig zu einer geringen Antwortqualität.

Die Überprüfung der Hypothese H_5, wonach die Wahrscheinlichkeit von Satisficing umso höher ausfällt, je geringer die kognitive Gewandtheit von Befragten ausgeprägt ist, erbrachte widersprüchliche Befunde hinsichtlich des Effekts des Alters von Befragten. Insbesondere auf der Argumentation von Holbrook et al. (2007) aufbauend wurde die Frage aufgeworfen, ob das Alter Aspekte der kognitiven Gewandtheit erfasst, die für die Erklärung des Auftretens von Satisficing maßgeblich sind. Nicht zuletzt mit Rückgriff auf die vorliegende Forschung zu Satisficing wird hier die Auffassung vertreten, dass die formale Bildung zwar kein optimaler aber dennoch ein besser geeigneter Indikator für die allgemeine kognitive Gewandtheit von Befragten ist. In der Konsequenz wurde die Hypothese H_5 nicht zurückgewiesen.

Alle weiteren hier untersuchten Hypothesen konnten nicht zurückgewiesen werden. Dieses Ergebnis wird dahingehend interpretiert, dass sich die Satisficing-Theorie in der empirischen Überprüfung gut bewährt. Für ihre Gültigkeit spricht weiterhin, dass sich Hypothesen zu allen drei Einflussgrößen als haltbar erwiesen. Sie ist demnach ein gut geeigneter Ansatz zur Erklärung und Untersuchung der Entstehung von Messfehlern in Befragungen und kann folglich zur Entwicklung von Strategien herangezogen werden, die auf eine Minderung von Messfehlern abzielen.

Die Entwicklung von Strategien zur Minimierung von Messfehlern profitiert weiterhin von tiefergehenden Erkenntnissen über die relative Bedeutung der Einflussgrößen im Auftreten von Satisficing. Die diesbezügliche Analyse kam zu dem Befund, dass insbesondere der Motivation und im geringerem Maße den Fähigkeiten der Befragten eine starke Bedeutung zukommt, während der Einfluss der Schwierigkeit der Aufgabe begrenzt war. In Verbindung mit den Erkenntnissen über die Effekte der Indikatoren der Einflussgrößen, die im ersten Schritt der Analysen gewonnen wurden, können diese neuen Erkenntnisse über die relative Bedeutung der Einflussgrößen genutzt werden, um spezifische Hypothesen zu generieren, wie das Design von Fragen, Fragebögen und Studien genutzt werden kann, um die Datenqualität zu erhöhen. Hierbei gilt allgemein, dass die Entwicklung wirksamer Maßnahmen zur Erhöhung der Datenqualität umso besser möglich sein sollte, je präziser die Erklärung der Wahl der Antwortstrategie ist.

Diesem Erkenntnisinteresse diente auch die Untersuchung der offenen Frage, wie die Einflussgrößen im Auftreten von Satisficing zusammenwirken. Die hier durchgeführten Analysen weisen deutlich auf das Vorliegen einer signifikanten Interaktion zwischen den Fähigkeiten und der Motivation von Befragten hin, was eine weitere zentrale Annahme der Satisficing-Theorie unterstützt. Die Annahme, dass dieser Interaktionszusammenhang zudem die Schwierigkeit der Aufgabe umfasst, konnte ebenfalls bestätigt werden, auch wenn der Effekt dieser Einflussgröße in der Interaktion begrenzt und mit einer vergleichsweise größeren Unsicherheit behaftet ist. Zusammengenommen wurden diese Befunde jedoch dahingehend gewertet, dass die Hypothese H_{18} nicht zurückgewiesen werden kann, wonach der Einfluss der Fähigkeiten und Motivation auf die Wahrscheinlichkeit der Wahl von Satisficing als Antwortstrategie umso bedeutsamer ist, je schwieriger die Aufgabe ist.

Dieses Ergebnis geht somit über die Befunde der Studien von Krosnick et al. (1996), Toepoel et al. (2009c) und Lenzner (2012) hinaus, insofern diese zwar signifikante Interaktionen zwischen einzelnen Indikatoren der Einflussgrößen finden, jedoch keine Interaktion zwischen Indikatoren aller drei Einflussgrößen. Während Krosnick et al. (1996, S. 40-42) in der Analyse der Antwortkonsistenz zwei signifikante Interaktionseffekte zwischen Indikatoren der Motivation finden, berichten Toepoel et al. (2009c) Interaktionseffekte zwischen den Indikatoren für die Fähigkeiten und die Motivation von Befragten auf Unterschiede in Antwortverteilungen von unterschiedlich schweren Fragen. Lenzner (2012) schließlich findet signifikante Interaktionseffekte zwischen der Frageschwierigkeit und den Fähigkeiten der Befragten in der Analyse von nichtsubstantiellen Antworten und zwischen der Frageschwierigkeit und der Motivation in der Untersuchung von Mittelkategorie-Antworten. Die vorliegende Untersuchung erbringt somit erstmals empirische Unterstützung für den von Krosnick (1991, S. 225) beschriebenen komplexen Interaktionszusammenhang zwischen den Einflussgrößen von Satisficing. Jedoch ist die Interaktion hinsichtlich der

Schwierigkeit der Aufgabe nicht so stark ausgeprägt, wie dies auf Grund der Ausführungen von Krosnick (1991, S. 225) erwartet werden konnte. Die unterschiedlichen Erkenntnisse hinsichtlich einer Interaktion der Fähigkeiten und Motivation mit der Schwierigkeit der Aufgabe sowie die vergleichsweise schwach ausgeprägten Effekte der Schwierigkeit der Aufgabe sind mit hoher Wahrscheinlichkeit auch auf Unterschiede im Design der Studien zurückzuführen. Während die Studie von Lenzner (2012) auf einem experimentellen Design beruht, in welchem die Schwierigkeit der Fragen variiert wurde, verwendete die vorliegende Studie zur Messung der Schwierigkeit der Aufgabe die von den Befragten subjektiv empfundene Schwierigkeit des Frageverstehens und der Fragebeantwortung. Insofern die Teilnehmer der Umfragen die prinzipiell gleichen Fragebögen beantworteten, steht zu vermuten, dass die substantielle Variation in der subjektiv empfundenen Schwierigkeit der Aufgabe geringer ausfiel, als dies bei einer experimentellen Variation der Schwierigkeit der Aufgabe zu erwarten ist. Weiterhin unterscheiden sich die Studien darin, dass die Untersuchung von Lenzner (2012) lediglich die Schwierigkeit der Fragen betrachtet, während die vorliegende Studie auch Merkmale der Interviewsituation als Indikatoren für die Schwierigkeit der Aufgabe berücksichtigt. Vor diesem Hintergrund ist zu konstatieren, dass insbesondere der Einfluss der Schwierigkeit der Aufgabe in den vorliegenden Studien zu Satisficing bislang noch nicht in erschöpfendem Maße untersucht wurde. Diese Herausforderung ist daher ein Desiderat für zukünftige Studien.

Zusammenfassend ist festzustellen, dass die Frage nach dem Zusammenwirken der Einflussgrößen Schwierigkeit der Aufgabe, Fähigkeiten und Motivation trotz des hier präsentierten Ergebnisses noch nicht endgültig beantwortet ist. Die vorliegende Untersuchung erbringt einen ersten empirischen Beleg für das Vorliegen des von Krosnick (1991, S. 225) konzipierten Interaktionszusammenhangs zwischen den Einflussgrößen. Daher sind weitere Untersuchungen des Zusammenwirkens der Einflussgrößen im Auftreten von Satisficing nachdrücklich anzuregen.

5 Intra-individuelle Stabilität und Variabilität in der Wahl der Antwortstrategie

In diesem Kapitel wird die Frage nach der intra-individuellen Stabilität und Variabilität in der Wahl der Antwortstrategie in Wiederholungsbefragungen thematisiert. Wie im zweiten Kapitel ausgeführt wurde, liegen in der aktuellen Forschung bislang keine Publikationen vor, welche die intra-individuelle Variabilität im Antwortverhalten von Befragten in Wiederholungsbefragungen mit Bezugnahme auf die Satisficing-Theorie studieren. Daher werden hier zwei forschungsleitende Fragen untersucht. Erstens wird vor dem Hintergrund der vorgeschlagenen Erweiterung der Perspektive der Satisficing-Theorie auf gesamte Fragebögen oder Sätze von Fragen untersucht, wie groß das Ausmaß der intra-individuellen Variabilität in der Wahl der Antwortstrategie ist, wenn Befragte wiederholt interviewt werden. Die Beantwortung dieser Frage ist insbesondere relevant für Panelstudien als auch Befragungen, die auf Teilnehmer von Access-Panels oder andere fest definierte Personengruppen (z.B. Befragungen von Mitarbeitern oder Studierenden) zurückgreifen. Bei der Durchführung solcher Wiederholungsbefragungen ist es von Interesse zu wissen, inwieweit die Qualität der Antworten durch intra-individuelle Variabilität in der Wahl der Antwortstrategie bedingt wird. Die Frage ist mithin, inwieweit Befragte, die in einer Befragung in hohem Maße auf Satisficing zurückgreifen, diese Antwortstrategie auch in nachfolgenden Befragungen verfolgen.

Zweitens wirft die Untersuchung unmittelbar die weitergehende Frage auf, inwieweit sich intra-individuelle Stabilität bzw. Variabilität im Antwortverhalten entsprechend der Annahmen der Satisficing-Theorie mit zeitstabilen bzw. zeitvarianten Merkmalen der Befragten und der Interviewsituation erklären lassen. Die Untersuchung dieser Frage generiert neue Erkenntnisse über die Bedingungen, unter denen Satisficing als Antwortstrategie von Befragten auftritt. Sie können genutzt werden, um Strategien zu entwickeln und zu optimieren, die auf die Minderung des Auftretens von Satisficing abzielen.

Zunächst wird basierend auf Annahmen der Satisficing-Theorie sowie der Erkenntnisse von Studien zur intra-individuellen Stabilität von Antwortstilen die Bedeutung von zeitstabilen und zeitvarianten Einflussgrößen im Auftreten von Satisficing diskutiert. Hierauf aufbauend werden Hypothesen zum Ausmaß der intra-individuellen Stabilität bzw. Variabilität in der Wahl der Antwortstrategie in Wiederholungsbefragungen aufgestellt, welche die Analysen anleiten. Im Anschluss werden die zur Untersuchung der Fragestellungen verwendeten Daten und das methodische Vorgehen dargelegt. Die Darstellung der Ergebnisse erfolgt in drei Schritten. Zunächst werden die Ergebnisse der LCA präsentiert, auf deren Grundlage die Klassifikation der Befragten nach ihrer Antwortstrategie vorgenommen wird. Anschließend wird das Ausmaß der intra-individuellen Variabilität in der Wahl der Antwortstrategie untersucht. Im dritten Schritt wird schließlich analysiert, inwieweit sich die intra-individuelle Stabilität bzw. Variabilität im Antwortverhalten mit zeitstabilen bzw. zeitvarianten Merkmalen erklären lässt. Zum Abschluss des Kapitels werden die Befunde zusammengefasst und ihre Implikationen diskutiert.

5.1 Die Bedeutung zeitstabiler und zeitvarianter Einflussgrößen im Auftreten von Satisficing

Wie im zweiten Kapitel argumentiert wurde, beinhaltet die Satisficing-Theorie eine dynamische Perspektive, welche die Interaktionen von Personen mit Interviewern und/oder Befragungsinstrumenten innerhalb spezifischer Situationen betont. Die zu untersuchende Fragestellung ist daher weniger, ob Satisficing in Wiederholungsbefragungen absolut konsistent auftritt, sondern vielmehr, wie groß das Ausmaß der intra-individuellen Variabilität in der Wahl der Antwortstrategie über Befragungen hinweg ist. Theoretisch gesehen hängt das Ausmaß der intra-individuellen Variabilität maßgeblich davon ab, wie stark die Einflussgrößen von Satisficing über die Zeit variieren und wie bedeutsam sie im Auswahlprozess der Antwortstrategie sind. Einerseits ist anzunehmen, dass das Ausmaß der intra-individuellen Variabilität durch die Stabilität bestimmter persönlicher Merkmale der Befragten als auch durch den Kontext der Befragung innerhalb eines Panels bzw. eines Access-Panels begrenzt wird. Andererseits ist jedoch davon auszugehen, dass die Wahl der Antwortstrategie auch durch Eigenschaften der individuellen Befragungen sowie ihres situativen Kontexts moderiert wird, was wiederum das Ausmaß der Stabilität im Antwortverhalten begrenzen sollte.

Die Einflussgrößen von Satisficing (siehe v.a. Krosnick 1991, S. 220-225) sind in zeitlicher Hinsicht in unterschiedlichem Ausmaß variabel bzw. stabil. Die Unterscheidung zwischen zeitstabilen Merkmalen, wie z.B. Persönlichkeitseigenschaften von Befragten, und zeitvarianten Merkmalen, wie veränderliche Einstellungen oder der situative Kontext des Interviews, kann hinsichtlich der drei Einflussgrößen Schwierigkeit der Aufgabe, Fähigkeiten und Motivation fruchtbar gemacht werden.

Die *Schwierigkeit der Aufgabe* wird sowohl durch den objektiven als auch den subjektiv empfunden Schwierigkeitsgrad der Fragen bestimmt (Krosnick 1991, S. 221-222). Einerseits können sich die Fragebögen in Wiederholungsbefragungen hinsichtlich der kumulativen Schwierigkeit der Fragen unterscheiden. Die objektive Schwierigkeit variiert somit im Wesentlichen zwischen Befragungen, wenn die Fragebögen von ihrem Design und Inhalt nicht gleich gehalten werden. Das Ausmaß der intra-individuellen Variabilität in der Wahl der Antwortstrategie von Befragten sollte folglich nicht wesentlich vom Design und Inhalt der Fragebögen beeinflusst werden, wenn diese in Wiederholungsbefragungen konstant gehalten werden. Jedoch können Filterführungen innerhalb von Fragebögen sowie die Technik des „dependent interviewings" (siehe Jäckle 2009; Mathiowetz und McGonagle 2000) dazu führen, dass die objektive Schwierigkeit auch zwischen den Befragten variiert, obwohl die Fragebögen weitgehend gleich gehalten werden. Zudem ist anzunehmen, dass die subjektiv empfundene Schwierigkeit der Fragebeantwortung in Abhängigkeit von der physischen und psychischen Befindlichkeit der Befragten variieren kann. In dieser Hinsicht kann das Ausmaß der intra-individuellen Variabilität in der Wahl der Antwortstrategie von der Schwierigkeit der Aufgabe beeinflusst werden, selbst wenn die Fragebögen in Wiederholungsbefragungen konstant gehalten werden.

Die Theorie nimmt weiterhin an, dass eine hohe Vorlesegeschwindigkeit von Interviewern sowie Ablenkungen durch weitere in der Interviewsituation anwesende Personen die Schwierigkeit der Fragebeantwortung für Befragte erhöhen (Krosnick 1991, S. 222). Diese situativen Faktoren können sowohl zeitlich begrenzte als auch über eine gesamte Befragung andauernde Auswirkungen haben. Die Annahme, dass Ablenkungen und Unterbrechungen die Wahrscheinlichkeit von Satisficing erhöhen, wurde in den Analysen des vorangegangenen Kapitels zurückgewiesen. Daher ist auch die konkurrierende Hypothese zu berücksichtigen, dass Ablenkungen und Unterbrechungen unter Umständen bewirken, dass sich Befragte kurzfristig erholen und die Befragung anschließend wieder motiviert fortsetzen. Zusammengenommen ist festzuhalten, dass Ablenkungen und Unterbrechungen zeitvariante Merkmale sind, die auf die Wahl der Antwortstrategie Einfluss nehmen können.

Wie bereits im vierten Kapitel argumentiert wurde, kann das zur Beantwortung der Umfrage verwendete Endgerät einen Einfluss auf die Schwierigkeit der Aufgabe haben. Die Nutzung von Smartphones und Tablets wirkt sich nicht nur über geringere Bildschirmgrößen (Peytchev und Hill 2010; Stapleton 2013) oder die niedrigere Geschwindigkeit der Internetverbindung auf das Antwortverhalten aus (De Bruijne und Wijnant 2013; Mavletova 2013), sondern ihre mobile Nutzbarkeit kann auch den situativen Kontext der Umfrageteilnahme beeinflussen. Die Beantwortung von Umfragen am Arbeitsplatz, in öffentlichen Räumen oder unterwegs kann sich negativ auf die Antwortqualität auswirken, da Befragte unter diesen Bedingungen häufiger abgelenkt sind und sich schlechter konzentrieren können (vgl. Gummer und Roßmann 2015, S. 220). Diese Effekte sollten verstärkt bei der Nutzung von Smartphones auftreten, da diese auf Grund ihrer geringeren Größe sowie der Fähigkeit zur Nutzung des mobilen Internets besser als Tablets geeignet sind, außerhalb des eigenen Wohnumfelds oder unterwegs genutzt zu werden. Tablets werden hingegen häufig zu Hause verwendet (Müller et al. 2012). Bezüglich der Bildschirmgröße sowie der Bedienbarkeit sind sie zudem stationären Computern und Notebooks ähnlicher als Smartphones. Daher ist anzunehmen, dass die Nutzung von Smartphones einen stärkeren Einfluss auf die Interviewsituation und die Schwierigkeit der Aufgabe haben sollte. Auf Grund der Diversifizierung von Endgeräten und insbesondere der zunehmenden Verbreitung von Smartphones und Tablets in der Bevölkerung kann weiterhin angenommen werden, dass zumindest ein Teil der Befragten bei Wiederholungsbefragungen auf unterschiedliche Endgeräte zurückgreift, was wiederum einen Einfluss auf die intra-individuelle Variabilität in der Wahl der Antwortstrategie haben könnte.

Hinsichtlich der *Fähigkeiten* von Befragten ist davon auszugehen, dass die Übung im Denken über das Thema oder die Themen einer Befragung sowie das Vorhandensein von Einstellungen zu den Fragen in höherem Maße über Befragungen hinweg variabel sein sollten als die prinzipielle kognitive Gewandtheit. Diese ist ab einem gewissen Alter als eine weitgehend stabile persönliche Eigenschaft anzusehen, die sich einesteils durch genetische Faktoren und andernteils durch die Sozialisation einer Person bestimmt (Krosnick 1991, S. 222). Die kognitive Gewandtheit von Befragten sollte somit in temporaler Perspektive lediglich geringer Variation unterliegen, sodass hinsichtlich wiederholter Befragungen mit kurzen oder moderat langen Abständen zwischen den Erhebungswellen von weitgehender intra-individueller Stabilität auszugehen ist. In den Analysen des vorangegangenen

Kapitels wurde gezeigt, dass die Bildung von Befragten als Indikator für die kognitive Gewandtheit deutliche Effekte auf die Wahrscheinlichkeit von Satisficing ausübt. Dieser den theoretischen Erwartungen entsprechende Befund weist darauf hin, dass langfristig stabile persönliche Merkmale eine nachhaltige Rolle in der Entstehung von Satisficing spielen. Hierauf weisen auch Befunde hin, wonach eine geringe Bildung in Zusammenhang mit dem Auftreten von Antwortreihenfolgeeffekten (siehe Holbrook et al. 2007; Krosnick et al. 1996; Malhotra 2008, 2009; Narayan und Krosnick 1996), Akquieszenz (Billiet und McClendon 2000; Krosnick et al. 1996; Meisenberg und Williams 2008; Narayan und Krosnick 1996; Rammstedt et al. 2010; Rammstedt und Kemper 2011; Roberts et al. 2010), extremen Antworten (Aichholzer 2013; Greenleaf 1992; He et al. 2014a; Meisenberg und Williams 2008; Weijters et al. 2010b), Mittelkategorie-Antworten (Narayan und Krosnick 1996; Weijters et al. 2010a), Nichtdifferenzierung (Roberts et al. 2010) und einer geringeren Antwortkonsistenz über die Zeit (Krosnick et al. 1996) steht. Zusammengenommen sollte die kognitive Gewandtheit von Befragten folglich das Ausmaß der intra-individuellen Variabilität in der Wahl der Antwortstrategie über Befragungen hinweg begrenzen.

Die politische Mediennutzung, als Indikator für das Ausmaß der Übung, die ein Befragter darin hat, über das konkrete Thema einer Frage nachzudenken (Krosnick 1991, S. 223), ist hingegen eine Einflussgröße, die eine größere intra-individuelle Variabilität über die Zeit aufweisen kann. Wenngleich davon auszugehen ist, dass das politische Mediennutzungsverhalten intra-individuell keinen allzu starken mittelfristigen Schwankungen unterliegt, so ist nichtsdestoweniger von einer gewissen Variabilität im Lebenslauf auszugehen. Zudem können kurzfristig auftretende oder regelmäßig wiederkehrende Ereignisse einen Einfluss auf die politische Mediennutzung haben. Urlaube, Auslandsaufenthalte oder Episoden von starker Arbeitsbelastung können zu einer zeitweiligen Reduzierung der Rezeption der politischen Berichterstattung führen. Insbesondere bei wichtigen anstehenden Wahlen werden sich hingegen viele Bürger verstärkt in den Medien über die Parteien und Kandidaten sowie ihre politischen Programme informieren, was einen positiven Effekt auf die Wahrscheinlichkeit von Optimizing als Antwortstrategie haben sollte.

Die Übung im Denken über die Themen von Fragen sowie das Vorhandensein von Einstellungen sind zudem in einer weiteren Hinsicht variabel. Panel Conditioning (siehe z.B. Abold et al. 2009; Bartels 1999; Clinton 2001) kann bewirken, dass sich Befragte im Anschluss an das Interview verstärkt mit den behandelten Themen beschäftigen, sich mit anderen Leuten über die Themen unterhalten und/oder sich zusätzliche Informationen in den Medien beschaffen, was Einstellungs- und Verhaltensänderungen zur Folge haben kann, die sich auf die Antworten in den nachfolgenden Befragungen auswirken (Sturgis et al. 2009). Zudem könnte die wiederholte Teilnahme an Befragungen die Art und Weise des Berichtens von Einstellungen und Verhalten modifizieren (Abold et al. 2009; Das et al. 2011; Sturgis et al. 2009; Toepoel et al. 2009b; Waterton und Lievesley 1989), was einer akkuraten Beantwortung von Fragen und dem Vermeiden von Fehlern förderlich ist (Das et al. 2011, S. 34; Toepoel et al. 2009b, S. 73; Waterton und Lievesley 1989, S. 324). Panel Conditioning sollte demnach die Wahrscheinlichkeit des Auftretens von Satisficing in Wiederholungsbefragungen verringern. Die Analysen des vorhergehenden Kapitels legen jedoch nahe, dass eine größere Erfahrung mit Web-Befragungen nur dann mit einer geringeren Wahrscheinlichkeit von Satisficing einhergeht, wenn Befragte zuvor sehr wenig Erfahrung mit Umfragen hatten. Eine längere Verweildauer im Online-Access-Panel stand hingegen mit einer höheren Wahrscheinlichkeit von Satisficing in Zusammenhang. Auf Grund dieses Befunds wurde die alternative Hypothese aufgestellt, wonach bei wiederholten Befragungen und insbesondere bei Online-Access-Panels die Gefahr besteht, dass die Panelteilnehmer übermäßig häufig Befragungen absolvieren, was neben unerwünschten Lerneffekten zu Abnutzungseffekten führen kann, die zusammengenommen die Qualität der Antworten nachhaltig beeinträchtigen können (siehe z.B. Baker et al. 2010; Das et al. 2011; Duan et al. 2007; Mathiowetz und Lair 1994; Meurs et al. 1989; Toepoel et al. 2009b; Waterton und Lievesley 1989). Panel Conditioning kann demnach die Wahrscheinlichkeit des Auftretens von Satisficing in Wiederholungsbefragungen auch erhöhen.

Entsprechende Überlegungen bezüglich der intra-individuellen Variabilität sind für die *Motivation* von Befragten anzustellen, die in den Analysen des vorangegangen Kapitels als eine besonders bedeutsame Einflussgröße für Satisficing identifiziert wurde. Während die Salienz des Themas oder der Themen einer Umfrage für Befragte sowie die von diesen erwartete Bedeutung der Umfrage für die Gesellschaft zumindest in Hinblick auf wiederholte Befragungen mit moderaten oder längeren Abständen zwischen den Erhebungen einer gewissen intra-individuellen Variation unterliegen können, wird die Persönlichkeit von Befragten, etwa in Gestalt des Need for Cognitions (Cacioppo und Petty 1982; Cacioppo et al. 1984), weitgehende intra-individuelle Stabilität auch über längere Zeiträume aufweisen. Die vorangegangen Analysen wiesen teils sehr starke Effekte der Persönlichkeitsmerkmale Need for Cognition (Cacioppo und Petty 1982; Cacioppo et al. 1984) und Need to Evaluate (Jarvis und Petty 1996) sowie der Persönlichkeitsdimensionen Gewissenhaftigkeit und Offenheit des „Big-Five"-Modells der Persönlichkeit (McCrae und John 1992) aus. Daher ist zu erwarten, dass diese weitgehend stabilen Persönlichkeitsmerkmale das Ausmaß der intraindividuellen Variabilität in der Wahl der Antwortstrategie in Wiederholungsbefragungen begrenzen sollten.

Das grundlegende Interesse an Politik, als Indikator der Salienz der Fragen für Befragte, ist ein vergleichsweise stabiles Merkmal von Personen (Schumann und Schoen 2009, S. 15-16) und sollte somit lediglich geringfügiger Variation über die Zeit unterliegen. Nichtsdestoweniger ist davon auszugehen, dass es im Zeitverlauf variieren kann. Das aktuelle politische Geschehen und dessen Kommunikation kann gerade bei weniger interessierten Personen zu einem kurzfristigen Ansteigen des politischen Interesses führen (Schumann und Schoen 2009, S. 16). In einer Untersuchung mit Paneldaten für die Zeiträume zwischen 1990 und 1992 sowie 1994 und 2002 finden Schumann und Schoen (2009, S. 25-26) für Deutschland eine hohe intra-individuelle Stabilität des politischen Interesses der Befragten vor. Jedoch finden sie auch Indizien für die prinzipielle Beinflussbarkeit des Interesses durch die Mobilisierung der Wähler in Wahlkämpfen. Insofern der Wahlkampf zur Bundestagswahl ein sehr bedeutsames Ereignis im politischen System der Bundesrepublik Deutschland darstellt, welches in hohem Maße Aufmerksamkeit in der wahlberechtigten Bevölkerung erzeugt, kann das Interesse am Befragungsthema als zumindest begrenzt variables Merkmal aufgefasst werden.

Eine geringe Variabilität über die Zeit ist hinsichtlich der politischen Involvierung von Befragten anzunehmen. Die Parteiidentifikation (Campbell et al. 1960; Lewis-Beck et al. 2008) ist eine langfristig stabile affektive Bindung, welche in der frühen politischen Sozialisation erworben wird und sich im Lebenslauf verfestigt (Schmitt-Beck et al. 2006, S. 581; Schoen und Weins 2005, S. 206). Sie sollte somit über kurze bis mittlere Zeiträume eine sehr hohe intra-individuelle Stabilität aufweisen. Die Internalisierung der Norm der regelmäßigen Beteiligung an Wahlen (siehe Campbell et al. 1960, S. 105-107; Rattinger und Krämer 1995) sollte ebenfalls nur in geringem Maße intra-individuellen Veränderungen unterliegen (Schumann und Schoen 2009, S. 16; Kaspar 2009, S. 64).[66] Hinsichtlich des politischen Kommunikationsverhaltens einer Person lässt sich ähnliches annehmen wie für die politische Mediennutzung. Das grundsätzliche Kommunikationsverhalten sollte intra-individuell vergleichsweise stabil sein. Nichtsdestoweniger sind kurzfristige Schwankungen in der Intensivität und Extensivität wahrscheinlich. Das politische Kommunikationsverhalten kann zudem von Panel Conditioning beeinflusst werden, sodass intra-individuelle Variabilität bei Wiederholungsbefragungen plausibel ist. Wie auch hinsichtlich anderer politischer Einstellungen argumentiert wurde, so kann auch für die politische Kommunikation angenommen werden, dass ihr Ausmaß gerade bedingt durch das politische Geschehen im Wahlkampf Veränderungen unterliegen sollte. Entsprechend kann die politische Kommunikation als ein zeitvariantes Merkmal aufgefasst werden.

Für die empirische Untersuchung der forschungsleitenden Fragen, wie groß das Ausmaß der intra-individuellen Variabilität in der Wahl der Antwortstrategie ist und inwieweit sich intra-individuelle Stabilität bzw. Variabilität im Antwortverhalten entsprechend der Annahmen der Satisficing-Theorie mit zeitstabilen und zeitvarianten Merkmalen der Befragten und der Interviewsituation erklären lassen, können auf Grundlage der zuvor dargelegten Gedanken prüfbare Hypothesen formuliert werden.

Legt man die Annahme zu Grunde, dass überwiegend oder fast ausschließlich zeitstabile persönliche Merkmale der Befragten einen Einfluss auf die Wahl der Antwortstrategie ausüben, so ist zu erwarten, dass in Wiederholungsbefragungen mit weitgehend gleichbleibenden Fragebögen eine sehr geringe intra-individuelle Variabilität im Antwortverhalten der Befragten zu beobachten sein sollte. Personen, deren persönliche Eigenschaften ein sorgsames Beantworten der Fragen fördern und zu diesem motivieren, sollten in nahezu allen Erhebungswellen Optimizing als Antwortstrategie verfolgen, während Personen, die von ihren persönlichen Merkmalen her eine starke Prädisposition zu Satisficing aufweisen, diese Antwortstrategie ebenfalls in konsistenter Weise anwenden sollten.

---

66 Nichtsdestoweniger können Rattinger und Krämer (1995, S. 273-275) anhand von Paneldaten zeigen, dass die Akzeptanz der Wahlnorm in Deutschland zwischen Sommer 1992 und Frühjahr 1993 einer moderaten intra-individuellen Variation unterlag. Dieser Befund wird für Deutschland im Zeitraum von 1992 bis 1993 und von 1994 bis 2002 von Schumann und Schoen (2009, S. 23-24) bestätigt.

H₁: Wenn überwiegend oder fast ausschließlich zeitstabile persönliche Eigenschaften der Befragten die Wahl von Optimizing oder Satisficing als Antwortstrategie beeinflussen, dann ist zu erwarten, dass in Wiederholungsbefragungen mit gleichbleibenden Fragebögen eine sehr geringe intra-individuelle Variabilität in der Wahl der Antwortstrategie zu beobachten ist.

Ein solches Muster einer geringen intra-individuellen Variabilität in der Wahl der Antwortstrategie sollte im Kontext der vorliegenden Untersuchung insbesondere dann zu erwarten sein, wenn die Wahl der Antwortstrategie in sehr hohem Maße von der grundlegenden kognitiven Gewandtheit oder Persönlichkeitsmerkmalen von Befragten, wie ihrem Need for Cognition oder ihrer Gewissenhaftigkeit beeinflusst wird. Auch starke Effekte von zeitstabilen Einflussgrößen wie der Parteiidentifikation und der Internalisierung der Wahlnorm sollten das Ausmaß der intra-individuellen Variabilität begrenzen.

Die konkurrierende Annahme postuliert folgerichtig, dass eine vergleichsweise große intra-individuelle Variabilität im Antwortverhalten der Befragten in Wiederholungsbefragungen zu erwarten ist, wenn insbesondere zeitvariante Merkmale der Befragten und der Interviewsituation die Wahl der Antwortstrategie beeinflussen. Unterstellt man weiterhin, dass Optimizing den Normalfall des Antwortverhaltens darstellt, sollte folglich ein vergleichsweise größerer Anteil von Befragten in einer begrenzten Anzahl der Erhebungswellen Satisficing als Antwortstrategie verfolgen.

H₂: Wenn überwiegend oder fast ausschließlich zeitvariante Merkmale von Befragten und der Interviewsituation die Wahl von Optimizing oder Satisficing als Antwortstrategie beeinflussen, dann ist zu erwarten, dass in Wiederholungsbefragungen mit gleichbleibenden Fragebögen eine große intra-individuelle Variabilität in der Wahl der Antwortstrategie zu beobachten ist.

Unter den Randbedingungen der vorliegenden Studie sollte das in der zweiten Hypothese dargelegte Muster im Antwortverhalten der Befragten insbesondere dann zu erwarten sein, wenn situative Faktoren, wie Ablenkungen während der Umfrageteilnahme, einen starken Einfluss auf die Wahrscheinlichkeit des Auftretens von Satisficing haben. Auch stärkere Effekte des zur Beantwortung der Umfrage verwendeten Endgeräts sollten zu einer größeren intra-individuellen Variabilität in der Wahl der Antwortstrategie führen, insofern Wechsel zwischen verschiedenen Endgeräten in einem bedeutsamen Ausmaß auftreten. Ebenso sollten stärkere Effekte der politischen Mediennutzung sowie der politischen Kommunikation die intraindividuelle Variabilität in der Wahl der Antwortstrategie fördern.

Die Synthese der Hypothesen H_1 und H_2 bildet die Annahme, dass sowohl zeitstabile als auch zeitvariante Merkmale der Befragten sowie der Interviewsituation die Wahl der Antwortstrategie in einem komplexen Zusammenspiel beeinflussen.

> H_3: *Wenn sowohl zeitstabile als auch zeitvariante Merkmale der Befragten sowie der Interviewsituation die Wahl von Optimizing oder Satisficing als Antwortstrategie beeinflussen, dann ist zu erwarten, dass in Wiederholungsbefragungen mit gleichbleibenden Fragebögen eine begrenzte intra-individuelle Variabilität in der Wahl der Antwortstrategie zu beobachten ist.*

In Wiederholungsbefragungen ist demnach zu erwarten, dass die intra-individuelle Variabilität in der Wahl der Antwortstrategie durch den Einfluss zeitstabiler Merkmale der Befragten begrenzt wird. Nichtsdestoweniger führen die Effekte zeitvarianter Merkmale von Befragten sowie situative Faktoren dazu, dass eine größere intra-individuelle Variabilität als unter den in Hypothese H_1 diskutierten Bedingungen zu beobachten ist. Zugleich sollte die intra-individuelle Variabilität im Antwortverhalten geringer sein, als dies in Hypothese H_2 erwartet wird.

5.2 Methodik

5.2.1 Daten

Die in diesem Kapitel durchgeführten Analysen beruhen auf Daten des Wahlkampfpanels 2013 der GLES (Rattinger et al. 2014). Das Wahlkampfpanel zielt auf die Untersuchung des intra-individuellen Wandels in den politischen Einstellungen und Verhaltensweisen der Befragten im Wahlkampf zur Bundestagswahl 2013 in der Bundesrepublik Deutschland ab. Die Auswahlgesamtheit des siebenwelligen Panels waren zur Bundestagswahl wahlberechtigte deutsche Internetnutzer aus dem Online-Access-Panel der Respondi AG. Insgesamt 5.256 Personen nahmen an der Panelstudie teil, wovon 4.226 Personen auf der Grundlage einer Quotenauswahl aus dem

Online-Access-Panel ausgewählt wurden.[67] Die restlichen 1.030 Personen wurden zur Teilnahme eingeladen, da sie bereits an der Vorgängerstudie, dem Wahlkampfpanel 2009, teilgenommen hatten. Die Teilnehmer des Wahlkampfpanels 2013 wurden zwischen dem 20. Juni und dem 21. September 2013 bis zu sechsmal in kurzen Abständen von wenigen Tagen bis zu zwei Wochen befragt. Nach der Bundestagswahl am 22. September 2013 folgte eine Nachwahl-Panelwelle (siehe Abbildung 12).

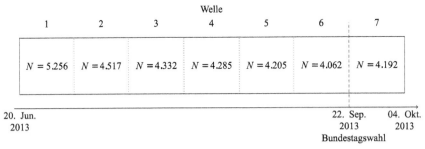

Abbildung 12 Das Design des Wahlkampfpanels 2013

Prinzipiell war es den Befragten möglich, die Teilnahme an einzelnen Wellen auszulassen.[68] Insgesamt nahmen 4.423 Personen an mindestens vier Panelwellen teil, was 84,2% der gesamten Stichprobe von 5.256 Personen entspricht. 3.487 Befragte (66,3%) nahmen an allen sieben Wellen teil. Dementgegen beteiligten sich lediglich 413 Panelteilnehmer (7,9%) nur an der ersten Welle.

Da das Wahlkampfpanel 2013 keine systematisch kontrollierte Variation der Schwierigkeit aufweist, sondern sich die Panelwellen hinsichtlich des Inhalts der Fragebögen und somit ihrer kumulativen Schwierigkeit unterscheiden, wurde entschieden, die Datengrundlage für die Messung des Auf-

---

67 Die Quotenauswahl erfolgte anhand der Merkmale Geschlecht, Alter und formale Schulbildung (siehe auch Anhang A.2). Ziel der Quotierung war eine möglichst gleichmäßige Verteilung der Teilnehmer über alle Kombinationen der Quotierungsmerkmale.

68 Die Teilnahme an der ersten Welle war obligatorisch für die Teilnahme am Wahlkampfpanel 2013. Daher bedeutet die Teilnahme an einer Welle zugleich die Teilnahme an der ersten Welle des Wahlkampfpanels. Die Teilnahme an zwei Wellen bedeutet hingegen lediglich, dass Personen an der ersten und mindestens einer weiteren Welle teilgenommen haben.

tretens von Satisficing auf eine Auswahl an Erhebungswellen und Fragen zu begrenzen. Durch diese Beschränkung der Datengrundlage wurde angestrebt, ex-post eine Kondition zu schaffen, in der die in der Analyse verwendeten Befragungsteile bzw. Fragen für alle Befragten über alle verwendeten Wellen konstant waren. Dieses Vorgehen zielte darauf ab, potentiell konfundierende Einflüsse der Variation im Inhalt bzw. der Schwierigkeit der Fragebögen auf die Messung von Satisficing so weit wie möglich zu reduzieren. Zugleich bedeutet die gewählte Vorgehensweise eine Fokussierung der Analysen auf die Effekte der Merkmale von Befragten sowie der Interviewsituation auf das Auftreten von Satisficing.

Die Auswahl der für die Messung von Satisficing verwendeten Erhebungswellen und Fragen erfolgte auf Basis einer eingehenden Analyse der strukturellen Ähnlichkeit der Fragebögen des Wahlkampfpanels 2013. Hierfür wurde die absolute als auch relative inhaltliche Übereinstimmung zwischen den Wellen in Bezug auf die Menge aller Fragen und Items sowie der Menge der für die Messung von Satisficing verwendbaren Items untersucht. Im Ergebnis wurde die größte strukturelle Ähnlichkeit für die Wellen 2, 4 und 6 festgestellt (siehe Anhang D.1). Für die Messung des Auftretens von Satisficing wurden Fragen bzw. Items ausgewählt, die in allen drei Wellen erhoben wurden. Die endgültige Auswahl umfasst zehn Matrixfragen mit Ratingskala und drei bis acht Frageitems, 68 Frageitems mit einer fünf bis elf Punkte umfassenden Ratingskala mit Mittelkategorie sowie 40 Items mit einer „Weiß nicht"-Antwortmöglichkeit (siehe auch Anhang D.2). Für die Messung von Satisficing wurden somit über die drei Panelwellen identische Fragen bzw. Items verwendet. Die Fragebögen der drei Panelwellen hingegen unterscheiden sich moderat hinsichtlich ihres Inhalts und Aufbaus, sodass nicht ausgeschlossen werden kann, dass der Kontext der verwendeten Fragen bzw. Items in den jeweiligen Fragebögen dennoch einen Einfluss auf die Messung von Satisficing hat.

Die Beschränkung auf die Panelwellen 2, 4 und 6 führte dazu, dass die Größe der zu analysierenden Stichprobe auf 4.765 Befragte reduziert wurde, was einem Anteil von 90,7% der ursprünglichen Stichprobe von 5.256 Personen entspricht. Von den 4.765 Befragten der zu analysierenden Stichprobe haben 3.745 Personen (78,6%) an allen drei, 609 Personen (12,8%) an zwei und 411 Personen (8,6%) an lediglich einer Welle teilgenommen. Der sich ergebende Paneldatensatz umfasst folglich 12.864 Beobachtungen.[69] Das Wahlkampfpanel 2013 eignet sich aus zwei Gründen sehr gut zur Untersuchung der forschungsleitenden Fragestellungen. Erstens weist die zu analysierende Stichprobe auf Grund der großen initialen Stichprobe und der hohen Teilnahmebereitschaft mit insgesamt 4.765 Befragten und 12.864 Beobachtungen einen Umfang auf, der es erlaubt, auch vergleichsweise selten auftretende Ereignisse, wie die Wahl von Satisficing als Antwortstrategie, sehr gut untersuchen zu können.[70] Zudem erlauben diese Fallzahlen auch die Durchführung detaillierter Analysen mit anteilsmäßig kleinen Gruppen in der Stichprobe. Zweitens ist das Wahlkampfpanel 2013 auf Grund seiner inhaltlichen Konzeption sehr gut für den Untersuchungszweck geeignet. Es beinhaltet einen umfangreichen Satz von Variablen, die zur Untersuchung von Satisficing herangezogen werden können. Diese umfassen unter anderem Paradaten zur Bestimmung des verwendeten Endgeräts, der Antwortzeiten und der Länge der Panelmitgliedschaft. Weiterhin enthält es viele Fragen, die zur Operationalisierung der Einflussgrößen von Satisficing verwendet werden können. Darüber hinaus liegen wiederholte Messungen für viele der hier verwendeten Fragen und Items vor, sodass insbesondere bei der Analyse des Einflusses von zeitvarianten Merkmalen auf das Auftreten von Satisficing ein Maximum an Information verwendet werden kann.

5.2.2 Analyseverfahren

Zur Messung von Satisficing wird erneut die Methode der LCA verwendet (siehe Bacher und Vermunt 2010; Biemer 2011; Hagenaars und McCutcheon 2002; McCutcheon 1987). Mit Rückgriff auf die Satisficing-Theorie sowie auf Grundlage der Ergebnisse aus Kapitel 3 wird eine 2-Klassenlösung un-

---

69 Unter Paneldatensatz wird hier der gepoolte und im Long-Format vorliegende Datensatz verstanden, in dem jede Beobachtung eines Individuums eine Zeile darstellt.

70 Auf Grund der hohen Teilnahmebereitschaft und der Möglichkeit, einzelne Wellen des Panels auszulassen, ist der Anteil der Befragten, die vorzeitig und dauerhaft aus dem Wahlkampfpanel 2013 ausschieden, relativ gering. Da das maximale Ausmaß der aus (Unit) Nonresponse resultierenden Verzerrungen auch durch die Höhe der Nichtteilnahme begrenzt wird (vgl. Groves 2006), ist die Gefahr als vergleichsweise gering einzuschätzen, dass Panel Attrition die hier durchgeführten Analysen nachhaltig verzerrt.

terstellt und empirisch gegen eine 1-Klassenlösung sowie Lösungen mit einer größeren Anzahl an Klassen getestet.

Zur Untersuchung der forschungsleitenden Frage, wie groß das Ausmaß der intra-individuellen Variabilität in der Wahl der Antwortstrategie in Wiederholungsbefragungen ist, wird die Zuordnung der Befragten zu den Klassen über die ausgewählten Wellen des Panels verglichen. Der Vergleich der Klassifikation über multiple Zeitpunkte hinweg setzt erneut die Annahme der Äquivalenz bzw. Invarianz der Messung voraus (siehe Steenkamp und Baumgartner 1998; Vandenberg und Lance 2000). Ist die Äquivalenz bzw. Invarianz der Messung nicht gegeben, so ist die Interpretation von Vergleichen über die Panelwellen hochproblematisch (vgl. Vandenberg und Lance 2000). Aus diesem Grund wird die Gültigkeit der Annahme der Messinvarianz, wie in Kapitel 3, statistisch getestet (vgl. Ariely und Davidov 2012). Dem von Kankaraš et al. (2010) empfohlenen Vorgehen folgend, wird die Annahme überprüft, dass die latenten Klassen dieselbe Bedeutung über die untersuchten Zeitpunkte haben, d.h. dass die Messung über die Panelwellen invariant ist.

Die modale Zuordnung der Befragten zu den Klassen bildet die abhängige Variable für die weiteren Analysen. Die Untersuchung der Frage, wie groß das Ausmaß der intra-individuellen Variabilität in der Wahl der Antwortstrategie ist, erfolgt mittels der Betrachtung der Übergänge zwischen den Wellen des Panels. Der Fokus dieser Analysen liegt auf den Übergangwahrscheinlichkeiten zwischen den Klassen, d.h. der Mobilität der Befragten in Bezug auf die von ihnen gewählte Antwortstrategie.

Die Untersuchung der sich anschließenden Frage, inwieweit sich intra-individuelle Variabilität und Stabilität im Antwortverhalten entsprechend der Annahmen der Satisficing-Theorie mit zeitvarianten und zeitstabilen Merkmalen der Befragten sowie der Interviewsituation erklären lassen, verwendet einerseits *Fixed-Effects-Regressionsmodelle* (siehe Allison 2009; Brüderl 2010; Brüderl und Ludwig 2015; Firebaugh et al. 2013; Halaby 2004; Wooldridge 2010b) sowie andererseits *Hybride aus Fixed-Effects- und Random-Effects-Regressionsmodellen* (siehe Allison 2009; Bell und Jones 2015; Brüderl 2010; Firebaugh et al. 2013; Schunck 2013). Die Verwendung von Fixed-Effects-Regressionsmodellen (im Folgenden FE-Modelle genannt) in Panelanalysen verspricht die Abmilderung von Verzerrungen durch unbeobachtete, konfundierende Variablen (Wooldridge 2010b, S. 247-251; siehe auch Firebaugh et al. 2013, S. 114; Wolf und Best 2010, S. 616-617) bzw. unbeobachtete Heterogenität (Brüderl 2010, S. 964; Brüderl und Ludwig 2015,

S. 327; siehe auch Wooldridge 2010b, S. 251). Jedoch weisen FE-Modelle für die Untersuchung bestimmter Fragestellungen den gravierenden Nachteil auf, dass sie nicht die Schätzung der Effekte zeitstabiler Merkmale erlauben (Allison 2009, S. 3; Brüderl 2010, S. 973; Firebaugh et al. 2013, S. 116-117). Da die Wahrscheinlichkeit der Wahl von Satisficing als Antwortstrategie gemäß der Theorie auch mit (weitgehend) zeitstabilen Merkmalen in Zusammenhang steht, werden zudem Hybride aus Fixed-Effects- und Random-Effects-Regressionsmodellen verwendet (im Folgenden als Hybrid-Modelle bezeichnet). Diese erlauben sowohl die Schätzung von „Within"-Effekten für zeitvariante Merkmale als auch die Schätzung von „Between"-Effekten für zeitstabile Merkmale.[71] Im Gegensatz zu den Within-Schätzern der zeitvarianten Merkmale können die Schätzer der beobachteten zeitstabilen Variablen jedoch in vergleichsweise stärkerem Maße von unbeobachteter Heterogenität verzerrt sein (Allison 2009, S. 23-25; Brüderl 2010, S. 977). Nichtsdestoweniger verspricht die Verwendung von Hybrid-Modellen einen Mehrwert gegenüber reinen Fixed-Effects- oder Random-Effects-Modellen, da aus theoretischen Gründen ein Interesse an den Effekten von zeitvarianten als auch zeitstabilen Merkmalen besteht.

5.2.3 Operationalisierung der Indikatoren für Satisficing

Die Operationalisierung der Indikatoren für Satisficing ist weitgehend identisch mit dem Vorgehen in Kapitel 3. In der LCA werden Indikatoren für Straightlining, Mittelkategorie-Antworten, „Weiß nicht"-Antworten, die nichtsubstantielle Beantwortung einer kognitiv fordernden offenen Frage sowie ein antwortzeitbasierter Indikator für Speeding verwendet.

Für die Messung von *Straightlining* wurde ein Index der relativen Häufigkeit von Straightlining über insgesamt 10 Matrixfragen mit einer fünf-, sieben- oder elfstufigen Ratingskala und mindestens drei bis höchstens acht Frageitems gebildet. Die Berechnung des Index erfolgte wellenweise (siehe Anhang D.2 zu deskriptiven Statistiken und den Verteilungen der hier verwendeten Indices).[72]

---

71 Auf Grund ihrer Vorzüge werden Hybrid-Modelle mittlerweile in verschiedenen Forschungsfeldern angewendet (siehe u.a. Andersen 2008; Ferrer-i-Carbonell 2005; Hedman et al. 2015; Park et al. 2011; Struminskaya 2014).
72 Zudem weisen die Verteilungen des Index über die Wellen starke Ähnlichkeit mit den Verteilungen in den Analysen des dritten Kapitels auf, was als Indiz für die Reliabilität der hier gewählten Operationalisierung zu interpretieren ist.

Der Indikator für Straightlining wurde anschließend dichotomisiert, um das ungewöhnlich häufige Vorkommen dieses Antworteffektes anzuzeigen (vgl. Kaminska et al. 2010, S. 961). Der Schwellenwert für die Dichotomisierung wurde wiederum mittels eines gebräuchlichen Verfahrens zur Identifikation von Ausreißern bestimmt (vgl. Mayerl und Urban 2008, S. 60). Gemäß der Formel (11) werden diejenigen Fälle i als Ausreißer identifiziert, die mehr als k Standardabweichungen (s) vom arithmetischen Mittelwert ($\bar{x}$) der Verteilung des Indikators x entfernt liegen.

$$x_i > \bar{x} + k \times s \tag{11}$$

Wie in Kapitel 3 wurde ein Wert von $k = 1{,}5$ gewählt, da bei einer einseitigen Ausreißeranalyse ein Wert von eins als zu wenig rigide erachtet wurde, um ungewöhnlich hohe Ausprägungen zu identifizieren, während Werte von zwei oder mehr dazu führen können, dass nur extrem hohe Ausprägungen als Ausreißer identifiziert werden.

Ein ungewöhnlich hohes Ausmaß von Straightlining – als Indikator für Satisficing – findet sich im Wahlkampfpanel bei 8,8% (Welle 2) bis 11,3% (Welle 6) der Befragten (siehe Tabelle 18). Die Inzidenz von ungewöhnlich häufigem Straightlining erhöht sich folglich leicht über die Wellen des Panels.

Tabelle 18 Straightlining als Indikator für Satisficing (WKP 2013)

Welle	Optimizing		Satisficing		Gesamt	
	n	%	n	%	n	%
2	4.121	91,2	396	8,8	4.517	100,0
4	3.872	90,4	413	9,6	4.285	100,0
6	3.604	88,7	458	11,3	4.062	100,0

Der Index der relativen Häufigkeit von *Mittelkategorie-Antworten* wurde wellenweise anhand von 67 Items mit einer fünf-, sieben- oder elfstufigen Ratingskala berechnet. Der Indikator für Mittelkategorie-Antworten wurde entsprechend der Formel (11) mit einem Wert von $k = 1{,}5$ gebildet. Ein ungewöhnlich hoher Anteil von Mittelkategorie-Antworten ist demnach bei 8,0% (Welle 2) bis 8,3% (Welle 4) der Befragten festzustellen (siehe Tabelle

19). Der Anteil der Befragten ist somit sehr konstant über die Panelwellen und es kann kein Trend festgestellt werden.

Tabelle 19 Mittelkategorie-Antworten als Indikator für Satisficing (WKP 2013)

Welle	Optimizing		Satisficing		Gesamt	
	n	%	n	%	n	%
2	4.156	92,0	361	8,0	4.517	100,0
4	3.929	91,7	356	8,3	4.285	100,0
6	3.728	91,8	334	8,2	4.062	100,0

Der Index der relativen Häufigkeit von *„Weiß nicht"-Antworten* wurde wellenweise unter Verwendung von insgesamt 40 Einstellungs-, Fakten- und Wissensfragen mit einer explizit vorgegebenen nichtsubstantiellen Antwortmöglichkeit, wie „weiß ich nicht", „kann ich nicht sagen", „habe keine Meinung dazu" oder „kenne ich nicht", berechnet. Auf Grund von Filterführungen lag die tatsächliche Anzahl der verwendeten Frageitems zwischen 37 und 40, wobei der Mittelwert in allen drei Wellen bei über 39 lag. Der Indikator für einen ungewöhnlich hohen Anteil von „Weiß nicht"-Antworten wurde ebenfalls anhand der Formel (11) mit $k = 1{,}5$ gebildet. Zwischen 11,7% (Welle 2) und 12,5% (Welle 4) der Befragten weisen einen ungewöhnlichen hohen Anteil von „Weiß nicht"-Antworten auf (siehe Tabelle 20). Der Anteil schwankt geringfügig zwischen den Wellen, zeigt dabei jedoch keinen Trend im Verlauf des Panels auf.

Tabelle 20 „Weiß nicht"-Antworten als Indikator für Satisficing (WKP 2013)

Welle	Optimizing		Satisficing		Gesamt	
	n	%	n	%	n	%
2	3.990	88,3	527	11,7	4.517	100,0
4	3.748	87,5	537	12,5	4.285	100,0
6	3.568	87,8	494	12,2	4.062	100,0

Wie im dritten Kapitel wurden *nichtsubstantielle Antworten auf die kognitiv fordernde offene Frage* nach dem derzeit wichtigsten politischen Problem in Deutschland als Indikator für Satisficing verwendet. Die Antworten der Befragten auf diese Frage wurden anhand eines vorgegebenen Schemas codiert und anschließend den Kategorien substantielle Antwort, unverständliche oder nicht interpretierbare Antwort, „Weiß nicht"- oder „keine Ahnung"-Antwort sowie Verweigerung der Angabe („keine Angabe") zugeordnet. Substantielle Angaben stellen mit 89,4% (Welle 6) bis 90,2% (Wellen 2 und 4) den größten Anteil an Antworten. Unverständliche oder nicht interpretierbare Antworten machen zwischen 4,4% (Welle 2) und 5,3% (Welle 4) der Angaben aus. „Weiß nicht"- und „Keine Ahnung"-Antworten kommen mit 0,6% (Welle 6) bis 1,7% (Welle 2) der Angaben eher selten vor. Unverständliche oder nicht interpretierbare sowie „Weiß nicht"- und „Keine Ahnung"-Antworten wurden zu einem binären Indikator für nichtsubstantielle Antworten kombiniert. Letztere machen zwischen 5,6% (Welle 6) und 6,1% (Wellen 2 und 4) der Angaben aus. Der Anteil nichtsubstantieller Antworten ist somit ebenfalls vergleichsweise konstant über die Panelwellen und zeigt keinen Trend.

Tabelle 21 Nichtsubstantielle Antworten auf eine offene Frage (WKP 2013)

Welle	(1) Substantiell		(2) Unverständlich		(3) „Weiß nicht"		(4) Keine Angabe		Gesamt		(2 + 3) Nichtsubstantiell	
	n	%	n	%	n	%	n	%	n	%	n	%
2	4.081	90,2	199	4,4	75	1,7	169	3,7	4.524	100,0	274	6,1
4	3.867	90,2	228	5,3	32	0,7	160	3,7	4.287	100,0	260	6,1
6	3.636	89,4	204	5,0	25	0,6	202	5,0	4.067	100,0	229	5,6

Das Vorkommen von *Speeding* wurde dem Vorgehen in Kapitel 3 folgend mittels eines wellenweise berechneten Speeding-Index untersucht. Die Berechnung basiert auf der serverseitig und sekundengenau erfassten Antwortzeit der Befragten bei einem Satz von Fragen, die in allen drei verwendeten Panelwellen gestellt wurden.[73] Nachfolgend wurde ein Indikator für

---

73 Clientseitige Antwortzeitmessungen wurden im Wahlkampfpanel 2013 nicht vorgenommen. Wie in Kapitel 3 argumentiert wurde, kann jedoch begründet davon ausgegangen werden, dass serverseitig gemessene Antwortzeitmaße für die Zwecke der Untersuchung ausreichend genau sind.

im Mittel außergewöhnlich schnell antwortende Befragte entsprechend der Formel (12) mit $k = 1{,}5$ gebildet.

$$x_i < \bar{x} - k \times s \tag{12}$$

Speeding – als Indikator für Satisficing – kommt bei 6,8% (Welle 6) bis 7,3% (Welle 4) der Befragten vor (siehe Tabelle 22). Der Anteil von außergewöhnlich schnell antwortenden Befragten ist wiederum weitgehend konstant über die Panelwellen.

Tabelle 22 Speeding als Indikator für Satisficing (WKP 2013)

Welle	Optimizing		Satisficing		Gesamt	
	n	%	n	%	n	%
2	4.195	92,9	322	7,1	4.517	100,0
4	3.974	92,7	311	7,3	4.285	100,0
6	3.784	93,2	278	6,8	4.062	100,0

Zusammenfassend sind hinsichtlich der fünf verwendeten Indikatoren drei Erkenntnisse festzuhalten. Erstens gleichen sich die Verteilungen der Indices für Straightlining, Mittelkategorie- und „Weiß nicht"-Antworten sowie für Speeding sehr stark über die Wellen des Panels (siehe Anhang D.2 zu den hier verwendeten Indices und Schwellenwerten für die Dichotomisierung der Indikatoren), was die Verwendung der identischen Fragen und Items in der Indexerstellung widerspiegelt. Dies legt nahe, dass die moderaten Unterschiede im Inhalt und Aufbau der Fragebögen der Panelwellen den Kontext der verwendeten Fragen bzw. Items nicht in einem Ausmaß modifizieren, das die Messung von Satisficing nachhaltig beeinflusst. Zweitens zeigt sich, dass die zur Dichotomisierung der vier Indikatoren verwendeten Schwellenwerte ebenfalls sehr einheitlich über die Wellen sind. Im Ergebnis ist auch der Anteil der Befragten, für die das Vorliegen von Satisficing indiziert wird, über die Wellen vergleichsweise konstant. Lediglich für Straightlining als Indikator für Satisficing zeigt sich ein leicht ansteigender Trend im Verlauf des Panels. Drittens ist der Vergleich zur Messung von Satisficing im dritten Kapitel von Interesse (siehe hierzu auch Anhang B.1). Hierbei wird deutlich, dass die Verteilungen der Indices für Straightlining, Mittelkategorie- und „Weiß nicht"-Antworten sowie für Speeding einerseits und die verwendeten Schwellenwerte andererseits über die Wellen des Panels homogener sind als über die vier verwendeten Umfragen des Online-Trackings, was wiederum die Verwendung der identischen Fragen und Items in der Indexerstellung bei den Paneldaten widerspiegelt. Nichtsdestoweniger ähneln sich die Verteilungen der Indices zwischen beiden Datengrundlagen grundsätzlich. Die geringfügigen Abweichungen insbesondere bei den Indices für Straightlining und „Weiß nicht"-Antworten lassen sich durch die im Vergleich geringere Anzahl der verwendeten Fragen bzw. Items im Wahlkampfpanel erklären. Vor allem jedoch für Mittelkategorie-Antworten und Speeding besteht eine sehr große Übereinstimmung in den Verteilungen als auch den Schwellenwerten zwischen beiden Datengrundlagen. Im Ergebnis ist der Anteil der Befragten, für die das Vorliegen eines ungewöhnlich hohen Ausmaßes von Straightlining und Mittelkategorie-Antworten sowie von Speeding angezeigt wird, in beiden Datengrundlagen sehr ähnlich. Zudem ist der Anteil der Befragten, die eine nichtsubstantielle Antwort auf die kognitiv fordernde offene Frage gaben, in beiden Datengrundlagen nahezu identisch. Bezüglich der verwendeten Indikatoren für Satisficing ist die hier angewendete Vorgehensweise zur Messung von Satisficing robust gegenüber der Verwendung unterschiedlicher Datengrundlagen.

5.2.4 Operationalisierung der Einflussgrößen von Satisficing

Im Folgenden werden die verwendeten Indikatoren für die Einflussgrößen von Satisficing vorgestellt. Soweit es die Datengrundlage des Wahlkampfpanels 2013 erlaubte, wurde für die Operationalisierung der Einflussgrößen eine dem vierten Kapitel entsprechende Vorgehensweise angestrebt. Dies soll die Vergleichbarkeit der Analyseergebnisse über die unterschiedlichen Datengrundlagen hinweg gewährleisten.

Die Daten des Wahlkampfpanels 2013 erlauben nur eine begrenzte Messung der *Schwierigkeit der Aufgabe*. Insbesondere erfolgte hier keine Erhebung der subjektiv empfundenen Schwierigkeit des Frageverstehens und der Fragebeantwortung. Zur Untersuchung der Effekte der Schwierigkeit der Aufgabe auf die Wahrscheinlichkeit des Auftretens von Satisficing wurden daher zwei Indikatoren des situativen Kontexts der Befragung verwendet. Der Indikator für *Unterbrechungen der Umfrage* zeigt an, ob Befragte den Fragebogen im Browser ihres Computers geschlossen und die Befragung zu einem späteren Zeitpunkt fortgesetzt haben (0 = keine Unterbrechung/ 1 = Unterbrechung). Das Vorkommen von Unterbrechungen kann hierbei auf

Ablenkungen während des Interviews hindeuten. Die *Nutzung eines Tablets* (0 = anderes Gerät/ 1 = Tablet) oder eines *Smartphones* (0 = anderes Gerät/ 1 = Smartphone) zur Beantwortung der Umfrage wurde erneut mittels des Stata-Programms *parseuas* (Roßmann und Gummer 2015) festgestellt. Die Referenzgruppe der anderen Geräte bilden stationäre Computer sowie Notebooks. Sowohl Unterbrechungen der Umfrage als auch das verwendete Endgerät sind zeitlich variable Merkmale des situativen Kontexts des Interviews und wurden wellenweise erhoben.

Für die Operationalisierung der *Fähigkeiten* von Befragten steht im Wahlkampfpanel 2013 eine Reihe von Indikatoren zur Verfügung. Die *formale Schulbildung* (0 = niedrig/ 1 = mittel/ 2 = hoch) wird erneut als Indikator für die kognitive Gewandtheit von Befragten verwendet (vgl. Holbrook et al. 2007; Holbrook et al. 2014; Kaminska et al. 2010; Krosnick 1991; Krosnick und Alwin 1987; Krosnick et al. 1996; Krosnick et al. 2002). Das *Alter* der Befragten (in Dekaden) wurde auf Grund der Analyseergebnisse des vierten Kapitels unter Vorbehalt als Indikator für die kognitive Gewandtheit verwendet (vgl. Craik und Jennings 1992; Knäuper 1999; Salthouse et al. 1991). Wegen der kurzen Feldzeit des Wahlkampfpanels waren sowohl die formale Schulbildung als auch das Alter der Befragten als zeitstabile Merkmale der Befragten zu behandeln.

Die Erfassung des Ausmaßes der Übung, die Befragte im Nachdenken über die Themen der Umfrage haben, greift wie in Kapitel 4 auf Indikatoren der politischen Mediennutzung zurück. Eine *politische Printmedien-, Fernseh- oder Internetnutzung* liegt der hier verwendeten Operationalisierung nach vor, wenn Befragte an mindestens einem Tag der Woche politische Informationen in Tageszeitungen, in Fernsehnachrichten oder im Internet rezipiert haben (0 = keine Nutzung/ 1 = Nutzung; siehe Anhang D.3 für weitere Informationen zur Operationalisierung). Wie eingangs des Kapitels diskutiert wurde, handelt es sich bei der politischen Mediennutzung um zeitvariante Merkmale, die entsprechend wellenweise erhoben wurden.

Das Vorhandensein von Einstellungen zu den Fragen in der Umfrage wurde über drei Indikatoren für die Umfrageerfahrung operationalisiert. Erstens wurde die *Anzahl der Teilnahmen an Online-Umfragen im letzten Monat* verwendet (0 = keine Umfrage/ 1 = 1-4 Umfragen/ 2 = 5-10 Umfragen/ 3 = 11 oder mehr Umfragen). Zweitens wurde ein in Quintile unterteilter Indikator für die *Verweildauer im Online-Access-Panel* gebildet (1 = 0-7 Monate/ 2 = 8-22 Monate/ 3 = 23-35 Monate/ 4 = 36-65 Monate/ 5 = 66-152 Monate). Drittens wurde die *Anzahl der Mitgliedschaften eines Be-*

fragten in unterschiedlichen Online-Access-Panels erfragt. Für die Analysen wurde auf Grundlage von Erkenntnissen zu multiplen Panelmitgliedschaften (siehe Callegaro et al. 2014, S. 43-45) entschieden, einen Indikator für die Mitgliedschaft in drei oder mehr Online-Access-Panels zu verwenden (0 = eine oder zwei/ 1 = drei oder mehr). Obwohl es sich bei diesen Indikatoren der Umfrageerfahrung prinzipiell um zeitlich variable Merkmale von Personen handelt, mussten sie auf Grund der kurzen Feldzeit des Wahlkampfpanels sowie fehlender wiederholter Messungen als zeitstabile Merkmale behandelt werden.

Die *Motivation* konnte im Wahlkampfpanel 2013 mittels einer Vielzahl von Indikatoren untersucht werden, die bereits in den Analysen des vierten Kapitels verwendet wurden. Die Salienz des Themas bzw. der Themen der Fragen für den Befragten wurde über *das politische Interesse* erfasst (0 = niedrig – 1 = hoch). Dieses zeitvariante Merkmal von Befragten wurde wellenweise erhoben. Um eine direkte Messung zu erhalten, wurde wellenweise ein additiver *Index der Motivation* (0 = niedrig – 1 = hoch) aus zwei Fragen nach der Sorgfalt und Aufmerksamkeit bei der Fragebeantwortung konstruiert (siehe hierzu auch Holbrook et al. 2014). Weiterhin wurde die *Bewertung der Panelwellen* (0 = sehr schlecht – 1 = sehr gut) erfasst. Es ist anzunehmen, dass sich die summarische Beurteilung aus einer Vielzahl von Einzelbewertungen ergibt, die verschiedene Aspekte der jeweiligen Umfrage adressieren, etwa das generelle Interesse an der Umfrage, ihre Länge, die Auswahl und die Art der Fragen sowie das allgemeine Design der Umfrage. Daher wird angenommen, dass Befragte, die eine Welle positiv bewerteten, auch zur sorgfältigen Beantwortung der Fragen motiviert waren.

Kurzskalen für die zeitstabilen Persönlichkeitsmerkmale Need for Cognition (Cacioppo und Petty 1982; siehe auch Cacioppo et al. 1984; Cacioppo et al. 1996; Petty et al. 2009) und das „Big Five"-Modell der Persönlichkeit (McCrae und John 1992) wurden in der ersten Welle des Wahlkampfpanels 2013 erhoben. Der Indikator für *Need for Cognition* (0 = niedrig – 1 = hoch) besteht aus den normierten Komponentenwerten einer Hauptkomponentenanalyse (PCA, „principal components analysis") mit den drei zur Verfügung stehenden Items der Kurzskala (zur PCA siehe z.B. Wolff und Bacher 2010). Weiterhin wurden drei Indikatoren für die Persönlichkeitsdimensionen Gewissenhaftigkeit, Offenheit für neue Erfahrungen und Verträglichkeit des

„*Big Five*"-*Modells* aus den normierten Komponentenwerten einer PCA gebildet (siehe Anhang D.3).[74]

Wie in den Analysen des vierten Kapitels wurden drei weitere Indikatoren zur Erfassung der Motivation herangezogen: Das Vorhandensein und die Stärke einer Parteiidentifikation (siehe Campbell et al. 1960; Lewis-Beck et al. 2008), die Stärke der Internalisierung der sozialen Norm der regelmäßigen Beteiligung an Wahlen (siehe Campbell et al. 1960, S. 105-107; Rattinger und Krämer 1995), sowie das Ausmaß der politischen Kommunikation der Befragten mit Personen aus ihrem sozialen Netzwerk. Da es sich bei der *Parteiidentifikation* (0 = keine/ 1 = schwach/ 2 = stark) um eine langfristig stabile affektive Bindung handelt, wurde für die Analysen lediglich die Information aus der ersten Welle verwendet.[75] Die Stärke der *Internalisierung der Wahlnorm* (0 = niedrig – 1 = hoch) unterliegt nur in geringem Maße intra-individuellen Veränderungen (Schumann und Schoen 2009, S. 16; Kaspar 2009, S. 64), weshalb auf Grund der kurzen Feldzeit des Wahlkampfpanels von Stabilität ausgegangen und ebenfalls nur die Information aus der ersten Welle verwendet wurde. Wie für die politische Mediennutzung wurde auch für die *politische Kommunikation* (0 = keine politische Kommunikation/ 1 = politische Kommunikation) von Befragten angenommen, dass sie bedingt durch das politische Geschehen im Wahlkampf Veränderungen unterliegt. Entsprechend wurde sie als zeitvariantes Merkmal aufgefasst und wellenweise erhoben.

Die Tabelle 23 bietet eine Übersicht über die verwendeten Indikatoren für die Einflussgrößen von Satisficing und ordnet diese nach der Behandlung als zeitstabile oder zeitvariante Merkmale an.

---

74 Die hier zusätzlich berücksichtigte Dimension der Verträglichkeit wird mit Adjektiven wie vertrauensvoll, konformistisch und altruistisch in Zusammenhang gebracht (McCrae und John 1992, S. 177-181).

75 Nichtsdestoweniger ist auf die Forschungsergebnisse von Schmitt-Beck et al. (2006) zu verweisen, die zumindest für Westdeutschland zwischen den Jahren 1984 und 2001 zeigen, dass die Parteiidentifikation zumindest langfristig nicht so stabil ist, wie es die zu Grunde liegende Theorie erwarten lässt. Die Untersuchung stellt hierbei die Bedeutung des sozialen und situativen Kontextes von Individuen für Veränderungen der Parteiidentifikation heraus.

Tabelle 23 Indikatoren für die Einflussgrößen von Satisficing (WKP 2013)

Indikator	Codierung	Zuordnung zu den Einflussgrößen
Zeitstabile Merkmale		
Geschlecht	0 = männlich/ 1 = weiblich	Kontrollvariable
Alter	in Dekaden	Fähigkeiten
Bildung	0 = niedrig/ 1 = mittel/ 2 = hoch	Fähigkeiten
Umfrageerfahrung	0 = keine Umfrage/ 1 = 1-4 Umfragen/ 2 = 5-10 Umfragen/ 3 = 11 oder mehr Umfragen	Fähigkeiten
Verweildauer im Panel	1 = 0-7 Monate/ 2 = 8-22 Monate/ 3 = 23-35 Monate/ 4 = 36-65 Monate/ 5 = 66-152 Monate	Fähigkeiten
Panelmitgliedschaften	0 = eine oder zwei/ 1 = drei oder mehr	Fähigkeiten
Big Five: Gewissenhaftigkeit	0 = niedrig – 1 = hoch	Motivation
Big Five: Offenheit	0 = niedrig – 1 = hoch	Motivation
Big Five: Verträglichkeit	0 = niedrig – 1 = hoch	Motivation
Need for Cognition	0 = niedrig – 1 = hoch	Motivation
Parteiidentifikation	0 = keine/ 1 = schwach/ 2 = stark	Motivation
Wahlnorm	0 = niedrig – 1 = hoch	Motivation
Zeitvariante Merkmale		
Unterbrechung der Umfrage	0 = keine Unterbrechung/ 1 = Unterbrechung	Schwierigkeit der Aufgabe/ Interviewsituation
Smartphone	0 = anderes Gerät/ 1 = Smartphone	Schwierigkeit der Aufgabe/ Interviewsituation
Tablet	0 = anderes Gerät/ 1 = Tablet	Schwierigkeit der Aufgabe/ Interviewsituation
Politische Internetnutzung	0 = keine politische Internetnutzung/ 1 = politische Internetnutzung	Fähigkeiten
Politische Zeitungsnutzung	0 = keine politische Zeitungsnutzung/ 1 = politische Zeitungsnutzung	Fähigkeiten
Politische Fernsehnutzung	0 = keine politische Fernsehnutzung/ 1 = politische Fernsehnutzung	Fähigkeiten
Interesse an Politik	0 = niedrig – 1 = hoch	Motivation
Motivation	0 = niedrig – 1 = hoch	Motivation
Bewertung der Umfrage	0 = sehr schlecht – 1 = sehr gut	Motivation

Indikator	Codierung	Zuordnung zu den Einflussgrößen
Politische Kommunikation	0 = keine politische Kommunikation/ 1 = politische Kommunikation	Motivation

5.3 Ergebnisse

5.3.1 Analyse latenter Klassen

Das Vorgehen bei der Durchführung der LCA und der Überprüfung der Annahme der Messinvarianz folgt den Empfehlungen von Kankaraš et al. (2010). Zur Evaluation des Fits der LC-Modelle wurden die L^2-Statistik sowie die Informationsmaße *BIC* und *CAIC* herangezogen. Für diese drei Maße des Modellfits gilt, dass niedrigere Werte eine bessere Anpassung an die Daten anzeigen (vgl. Bacher und Vermunt 2010; McCutcheon 2002; Vermut und Magidson 2005). Wie in Kapitel 3 werden die Informationsmaße *BIC* und *CAIC* bei der Modellselektion gegenüber der L^2-Statistik bevorzugt, da sie für die Stichprobengröße kontrollieren (Kankaraš et al. 2010, S. 373; siehe auch Bacher und Vermunt 2010, S. 557).[76]

Zur Bestimmung der Anzahl der Klassen, die in der Überprüfung der Annahme der Messinvarianz zu berücksichtigen ist, wurden die LC-Modelle für die Wellen 2, 4 und 6 zunächst separat geschätzt.[77] Für alle drei Wellen sind für die erwartete 2-Klassenlösung im Vergleich zu einer 1-Klassenlösung erheblich geringere Werte der L^2-Statistik zu beobachten (siehe die Tabelle 57 in Anhang D.4). LC-Modelle mit drei oder mehr Klassen führen zu einer weiteren Verringerung der L^2-Statistik im Vergleich zur 2-Klassenlösung,

---

76 Ebenfalls wie in Kapitel 3 wurden die paarweisen Residuen der LC-Modelle analysiert, um auf Verletzungen der Annahme der lokalen Unabhängigkeit zu prüfen (siehe Bacher und Vermunt 2010, S. 564-565). Auf Grund dieser Analysen wurde in allen Wellen ein direkter Effekt in die LC-Modelle aufgenommen, um eine lokale Abhängigkeit zwischen den Indikatoren für Straightlining und Mittelkategorie-Antworten zu modellieren (siehe Bacher und Vermunt 2010, S. 565; Vermunt und Magidson 2005, S. 75-76). Die Modellierung lokaler Abhängigkeiten führte in keinem Fall dazu, dass die Identifikation der LC-Modelle verloren ging (vgl. Bacher und Vermunt 2010, S. 565).

77 Die LCA wurde mit der Syntaxversion von LatentGOLD 5.0 (Vermunt und Magidson 2013a) durchgeführt.

jedoch fällt die Abnahme sehr viel kleiner aus als beim Schritt von einer 1-Klassenlösung zu einer 2-Klassenlösung. Das LC-Modell mit zwei Klassen weist darüber hinaus die geringsten Werte für die Informationsmaße *BIC* und *CAIC* auf, gefolgt vom LC-Modell mit drei Klassen. Gegenüber diesem sind die Klassifikationsfehler beim LC-Modell mit 2-Klassen deutlich geringer. Zusammengenommen ist die 2-Klassenlösung für die Wellen 2, 4 und 6 des Wahlkampfpanels 2013 gegenüber einem LC-Modell mit einer Klasse vorzuziehen. LC-Modelle mit drei Klassen weisen ebenfalls eine hohe Güte auf, jedoch wird die 2-Klassenlösung auf Grund der geringeren Werte für *BIC* und *CAIC* vorgezogen.

Anschließend wurde die Gültigkeit der Annahme der Messinvarianz statistisch geprüft, um sicherzustellen, dass die Klassifikationsergebnisse der LCA über die Wellen des Panels verglichen werden können. Hierfür wurden LC-Modelle mit bis zu drei Klassen spezifiziert, die Sätze von Modellparametern auf Gleichheit über die Zeitpunkte beschränken (Kankaraš et al. 2010, S. 366-367). Zunächst wurden vollständig heterogene LC-Modelle spezifiziert, in denen alle Parameter des Messmodells über die Zeitpunkte variieren können. Diese Modelle repräsentieren die größtmögliche Varianz in der Messung. Weiterhin wurden je zwei partiell homogene LC-Modelle geschätzt, die zeitspezifische Slopes bzw. zeitspezifische Konstanten zulassen. In den strukturell homogenen LC-Modellen sind sowohl die Slopes als auch die Konstanten auf Gleichheit über die Zeitpunkte beschränkt. Die strukturell homogenen LC-Modelle beinhalten folglich die Annahme, dass die Beziehungen zwischen den manifesten Indikatoren und der latenten Variable über die Zeitpunkte identisch sind, d.h. dass die vollständige Invarianz der Messung gegeben ist (vgl. Kankaraš et al. 2010, S. 369-370). Die unterschiedliche Grade von Messinvarianz (bzw. deren Abwesenheit) repräsentierenden LC-Modelle wurden auf Grundlage des gepoolten Paneldatensatzes geschätzt. Das vollständig heterogene LC-Modell M_{2a} weist nach der L^2-Statistik innerhalb der 2-Klassenmodelle den besten Modellfit auf (siehe Tabelle 24). Die hinsichtlich der Parameteranzahl sparsameren partiell homogenen Modelle mit zeitspezifischen (d.h. hier wellenspezifischen) Slopes (M_{2b}) bzw. Konstanten (M_{2c}), haben den Informationsmaßen *BIC* und *CAIC* zufolge eine bessere Anpassung an die Daten. Den besten Modellfit nach *BIC* und *CAIC* erzielt jedoch das strukturell homogene, d.h. vollständig messinvariante, Modell M_{2d}.

Die unterschiedlich homogenen LC-Modelle mit zwei Klassen wurden anschließend einem vollständig heterogenen (M_{1a}) sowie einem strukturell homogenen (M_{1b}) LC-Modell mit einer Klasse gegenübergestellt. Beide LC-Modelle mit einer Klasse weisen gegenüber den 2-Klassenmodellen deutlich höhere Werte für die L^2-Statistik als auch für *BIC* und *CAIC* auf. Die LC-Modelle mit zwei Klassen, insbesondere das strukturell homogene LC-Modell M_{2d}, sind daher den LC-Modellen mit nur einer Klasse vorzuziehen.

Tabelle 24 Fit der LC-Modelle (WKP 2013)

LC-Modell	Anzahl der Parameter	L^2	$BIC(L^2)$	$CAIC(L^2)$	Klassifikationsfehler (E)
1 Klasse					
M_{1a} Heterogenität	16	2.711,0	1.982,4	1.905,4	0,00
M_{1b} Strukturelle Homogenität	6	2.735,3	1.912,1	1.825,1	0,00
2 Klassen					
M_{2a} Heterogenität	34	137,4	-420,8	-479,8	0,05
M_{2b} Partielle Homogenität (zeitspezifische Slopes)	24	162,4	-490,5	-559,5	0,05
M_{2c} Partielle Homogenität (zeitspezifische Konstanten)	24	149,3	-503,6	-572,6	0,05
M_{2d} Strukturelle Homogenität	14	174,8	-572,7	-651,7	0,05
3 Klassen					
M_{3a} Heterogenität	52	72,7	-315,3	-356,3	0,11
M_{3b} Partielle Homogenität (zeitspezifische Slopes)	42	83,7	-398,9	-449,9	0,10
M_{3c} Partielle Homogenität (zeitspezifische Konstanten)	32	101,7	-475,4	-536,4	0,12
M_{3d} Strukturelle Homogenität	22	129,0	-542,8	-613,8	0,14

Angesichts der Möglichkeit, dass latente Klassen wellenspezifisch vorkommen können, während andere latente Klassen in allen Wellen beobachtet werden, wurden die unterschiedlich homogenen LC-Modelle mit drei Klassen (Modelle M_{3a} bis M_{3d} in der Tabelle 24) berechnet und die Änderungen im Modellfit analysiert (vgl. Kankaraš et al. 2010, S. 376). Das vollständig heterogene LC-Modell (M_{3a}) hat den geringsten Wert der L^2-Statistik bei den 3-Klassenmodellen, während das strukturell homogene Modell (M_{3d}) die geringsten Werte für *BIC* und *CAIC* aufweist. Im Vergleich aller Modelle hat hingegen das messinvariante LC-Modell mit zwei Klassen (M_{2d}) den insgesamt besten Modellfit nach *BIC* und *CAIC* und bildet daher die Basis für die weiteren Analysen.

Dieser erste Schritt in der LCA bestätigt die Ergebnisse aus dem Kapitel 3, insofern sowohl die LCA für die separaten Panelwellen als auch für die einzelnen Online-Trackings die Auswahl von LC-Modellen mit zwei Klassen gegenüber LC-Modellen mit nur einer oder drei und mehr Klassen nahelegt. Darüber hinaus weist ein strukturell homogenes LC-Modell mit zwei Klassen sowohl für die vier Online-Trackings T12 bis T15 als auch für die drei untersuchten Wellen des Panels den besten Modellfit nach *BIC* und *CAIC* auf.

Die Untersuchung der marginalen bedingten Wahrscheinlichkeiten ($\hat{\pi}$) für das messinvariante LC-Modell mit zwei Klassen (M_{2d}) zeigt, dass die inhaltliche Interpretation der beiden Klassen sehr gut mit den Antwortstrategien Optimizing und Satisficing korrespondiert (siehe Abbildung 13). Befragte, die der Klasse *Satisficing* zugeordnet werden, weisen insbesondere hohe bedingte Wahrscheinlichkeiten für Straightlining ($\hat{\pi}$ = 0,55), „Weiß nicht"- ($\hat{\pi}$ = 0,48) und Mittelkategorie-Antworten ($\hat{\pi}$ = 0,46) auf. Der Zusammenhang der Indikatoren für Speeding sowie für nichtsubstantielle Antworten auf eine kognitiv fordernde offene Frage ist hingegen schwächer ausgeprägt ($\hat{\pi}$ = 0,36 bzw. $\hat{\pi}$ = 0,30). Nichtsdestoweniger unterscheiden sich beide Klassen deutlich. Lediglich der Indikator für „Weiß nicht"-Antworten weist einen nennenswerten ($\hat{\pi}$ = 0,06), aber dennoch geringen Zusammenhang mit der Klasse Optimizing auf.

Das Klassenprofil für die strukturell homogene 2-Klassenlösung weist somit eine beträchtliche Ähnlichkeit zum entsprechenden LC-Modell in Kapitel 3 auf. Insbesondere die Indikatoren für Mittelkategorie-Antworten ($\hat{\pi}$ = 0,47 in Kapitel 3 und $\hat{\pi}$ = 0,46 in diesem Kapitel), Speeding ($\hat{\pi}$ = 0,33 und $\hat{\pi}$ = 0,36) und nichtsubstantielle Antworten (jeweils $\hat{\pi}$ = 0,30) zeigen nahezu identische bedingte Wahrscheinlichkeiten für den Zusammenhang mit der Klasse Satisficing. Lediglich die Indikatoren für Straightlining ($\hat{\pi}$ = 0,79 und $\hat{\pi}$ = 0,55) und „Weiß nicht"-Antworten ($\hat{\pi}$ = 0,55 und $\hat{\pi}$ = 0,48) weisen in den Analysen von Kapitel 3 stärkere Zusammenhänge mit der Klasse Satisficing auf. Dennoch sind die Klassenprofile insgesamt sehr ähnlich.

Intra-individuelle Stabilität und Variabilität in der Wahl der Antwortstrategie

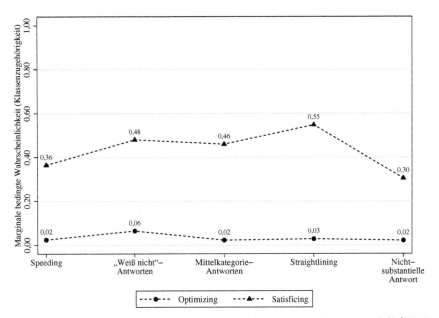

Abbildung 13 Klassenprofil für das strukturell homogene 2-Klassenmodell (WKP 2013)

Weiterhin wurden die Wahrscheinlichkeiten für die Zugehörigkeit zur Klasse Satisficing in Abhängigkeit von den Ausprägungen der Indikatoren betrachtet (siehe Abbildung 14). Entsprechend der im Vergleich zu Kapitel 3 schwächer ausgeprägten Zusammenhänge im Klassenprofil werden für Straightlining (p = 0,85 in Kapitel 3 und p = 0,77 in diesem Kapitel) und „Weiß nicht"-Antworten (p = 0,66 und p = 0,55) etwas geringere bedingte Wahrscheinlichkeiten für die Zugehörigkeit zur Klasse Satisficing beobachtet. Das Vorliegen von Speeding (p = 0,49 und p = 0,71), häufigen Mittelkategorie-Antworten (p = 0,70 und p = 0,77) sowie nichtsubstantiellen Antworten (p = 0,49 und p = 0,71) geht mit vergleichsweise höheren bedingten Wahrscheinlichkeiten für die Zugehörigkeit zur Klasse Satisficing einher. Dies verdeutlicht, dass die in Kapitel 3 sowie hier ausgewählten LC-Modelle trotz starker Ähnlichkeit nicht zu identischen Ergebnissen führen, was auf Grund der unterschiedlichen Datengrundlagen jedoch weder überrascht noch allzu bedenklich erscheint. Die starke Ähnlichkeit in den Ergebnissen der LCA im dritten und in diesem Kapitel kann als Hinweis auf die allgemeine Anwendbarkeit der hier verwendeten Methode zur Untersuchung von Satisficing interpretiert werden.

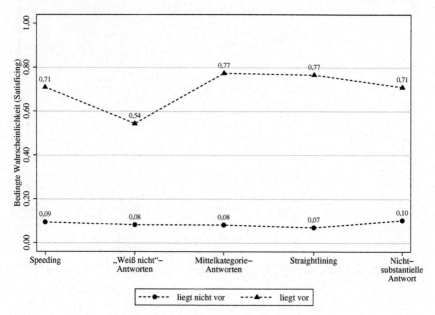

Abbildung 14 Bedingte Wahrscheinlichkeiten für die Zugehörigkeit zur Klasse Satisficing in Abhängigkeit von den Ausprägungen der Indikatoren (WKP 2013)

Für die weiteren Analysen wird auf Grund des sehr guten Modellfits sowie der mit den theoretischen Erwartungen konsistenten inhaltlichen Interpretation das vollständig messinvariante LC-Modell mit zwei Klassen (M_{2d}) verwendet.

5.3.2 Das Ausmaß der intra-individuellen Variabilität in der Wahl der Antwortstrategie

Die abhängige Variable für die folgenden Analysen bildet die auf Grundlage des ausgewählten LC-Modells vorgenommene modale Klassenzuordnung der Befragten in den untersuchten Wellen des Wahlkampfpanels 2013.[78] Satisficing als Antwortstrategie verfolgten demnach 10,2% der Befragten in Welle 2, 10,8% in Welle 4 und 10,9% in Welle 6 (siehe Tabelle 25). Die Inzidenz von Satisficing steigt somit der Tendenz nach sehr geringfügig über die drei betrachteten Wellen des Wahlkampfpanels 2013 an.

Tabelle 25 Optimizing und Satisficing im Wahlkampfpanel 2013

	Optimizing		Satisficing		Gesamt	
Welle	n	%	n	%	n	%
2	4.057	89,8	460	10,2	4.517	100,0
4	3.821	89,2	464	10,8	4.285	100,0
6	3.619	89,1	443	10,9	4.062	100,0

Die hohe Stabilität im relativen Anteil der Befragten, die Satisficing als Antwortstrategie verfolgten, hat jedoch nur sehr begrenzte Aussagekraft hinsichtlich des Ausmaßes der intra-individuellen Variabilität in der Wahl der Antwortstrategie. Daher wird zunächst die Häufigkeit des Auftretens von Satisficing über die drei untersuchten Wellen des Wahlkampfpanels 2013 betrachtet (siehe Tabelle 26). Da Befragte die Teilnahme an einzelnen Wellen auslassen konnten, erfolgt die Darstellung nach der Anzahl der absolvierten Panelwellen. Es zeigt sich erstens, dass das Ausbleiben von Satisficing, d.h. die Wahl von Optimizing in allen betrachteten Panelwellen, die am stärksten besetzte Kategorie ist. Der Anteil der Befragten in dieser Kategorie liegt zwischen 81,6% bei der Teilnahme an zwei Wellen und 85,2% bei der Teilnahme an allen drei untersuchten Panelwellen. Im Umkehrschluss bedeutet dies, dass je nach Anzahl der Teilnahmen zwischen 14,8% und 18,4% der Befragten in mindestens einer Panelwelle Satisficing als Antwortstrategie verfolgt hat. Zweitens zeigt sich, dass alle möglichen

---

78 Die nachfolgenden Analysen wurden mit *Stata 13.1* (StataCorp 2013b) unter Verwendung der nutzergeschriebenen Programme *estout* (Jann 2015b), *fre* (Jann 2015c) sowie *parseuas* (Roßmann und Gummer 2015) durchgeführt.

Ausprägungen der Häufigkeit von Satisficing empirisch vorkommen. Folglich kann im Hinblick auf die Antwortstrategie Satisficing sowohl intraindividuelle Stabilität als auch Variabilität festgestellt werden. Drittens ist zu konstatieren, dass das stabile Auftreten von Satisficing in allen absolvierten Panelwellen in bemerkenswertem Ausmaß vorkommt. Unter den 3.745 Befragten, die an allen drei untersuchten Panelwellen teilnahmen, verfolgten 203 Personen (5,4%) stabil Satisficing als Antwortstrategie. Dies entspricht einem Anteil von 36,6% an allen Befragten, die in den drei Wellen mindestens einmal Satisficing als Antwortstrategie gewählt haben.

Tabelle 26 Häufigkeit von Satisficing nach Anzahl der absolvierten Wellen (WKP 2013)

Anzahl Teilnahmen		Absolute Häufigkeit von Satisficing				
		0	1	2	3	Gesamt
1 Welle	n	341	70			411
	%	83,0	17,0			100,0
2 Wellen	n	497	48	64		609
	%	81,6	7,9	10,5		100,0
3 Wellen	n	3.191	190	161	203	3.745
	%	85,2	5,1	4,3	5,4	100,0
Gesamt	n	4.029	308	225	203	4.765
	%	84,6	6,5	4,7	4,3	100,0

Obwohl diese Analysen eine erhebliche Stabilität in der Wahl der Antwortstrategie indizieren, erlaubt die Betrachtung aggregierter Daten keinen präzisen Aufschluss über die Zusammenhänge auf der Individualebene. Nachfolgend werden daher die Übergänge zwischen den Panelwellen auf das Ausmaß der Mobilität zwischen den Klassen Optimizing und Satisficing untersucht. Die Tabelle 27 präsentiert die Übergangswahrscheinlichkeiten zwischen den Antwortstrategien Optimizing und Satisficing.[79] Befragte, die in einer Welle Optimizing als Antwortstrategie verfolgt haben, wählten diese Antwortstrategie mit einer Wahrscheinlichkeit von 96,1% auch in der nachfolgenden untersuchten Welle. Befragte, die in einer Welle Satisficing

---

79 Die hier dargestellten Übergangswahrscheinlichkeiten beruhen auf der Auszählung der zeitlich geordneten Übergänge zwischen den Beobachtungen. Sie stellen somit nicht notwendigerweise Übergangswahrscheinlichkeiten im Sinne von Markow-Ketten dar (siehe StataCorp 2013a, S. 429).

zeigten, verfolgten diese Antwortstrategie in der nachfolgenden untersuchten Welle hingegen lediglich mit einer Wahrscheinlichkeit von 73,0%.

Tabelle 27 Übergangswahrscheinlichkeiten zwischen Optimizing und Satisficing (WKP 2013)

Antwortstrategie	Optimizing	Satisficing	Gesamt
Optimizing	96,1%	3,9%	100,0%
Satisficing	27,0%	73,0%	100,0%
Gesamt	89,3%	10,7%	100,0%

Diese Werte sind Generalisierungen über die untersuchten Wellen des Wahlkampfpanels 2013 hinweg. Die getrennte Betrachtung der Wahrscheinlichkeiten für Stabilität in der Wahl der Antwortstrategie bei den drei möglichen Übergängen bestätigt den Befund (siehe Tabelle 28).[80] Sie zeigt eine sehr hohe Wahrscheinlichkeit für eine stabile Wahl von Optimizing als Antwortstrategie und eine vergleichsweise geringere Wahrscheinlichkeit für Stabilität in der Wahl von Satisficing. Der Tendenz nach steigt die Übergangswahrscheinlichkeit für Stabilität in der Wahl der Antwortstrategie im Fortgang des Panels an, während sie im Vergleich am geringsten für den Übergang von Welle 2 auf Welle 6 ausfällt. Allerdings fallen die Unterschiede zu gering aus, um von einem bedeutsamen Trend sprechen zu können.

Tabelle 28 Wahrscheinlichkeit für Stabilität in der Wahl der Antwortstrategie in Abhängigkeit von der verfolgten Antwortstrategie in vorhergehenden Wellen (WKP 2013)

Optimizing	Welle 4	Welle 6
Welle 2	96,0%	95,5%
Welle 4		96,3%

Satisficing	Welle 4	Welle 6
Welle 2	72,4%	72,0%
Welle 4		73,3%

---

80 Es ist zu beachten, dass der hier betrachtete Übergang von Welle 2 auf Welle 6 alle Fälle beinhaltet, die an beiden Wellen teilgenommen haben. Somit sind auch Fälle inkludiert, die zudem an der vierten Welle teilgenommen haben.

Eine weitere Möglichkeit zur Untersuchung der Mobilität zwischen den Klassen Optimizing und Satisficing ist die Betrachtung der Odds-Ratios (siehe Tabelle 29). Diese sind zu verstehen als das Chancenverhältnis, sich zu alternativen Zielen (hier Klassen) zu bewegen (Heath 1981, S. 262-263; siehe auch Gilbert 1993, S. 39-43). Die Chancen für einen Befragten, der in Welle 2 Optimizing als Antwortstrategie verfolgte, in Welle 4 ebenfalls Optimizing zu zeigen, sind um den Faktor 62,8 größer als die Chancen für einen Befragten, der in Welle 2 Satisficing als Antwortstrategie wählte, diese Antwortstrategie erneut in Welle 4 zu verfolgen.

Tabelle 29 Odds-Ratios des Auftretens von Optimizing zu Satisficing (WKP 2013)

	Welle 4	Welle 6
Welle 2	62,8	54,8
Welle 4		71,4

Diese Analyse bestätigt den Befund einer größeren Stabilität in der Wahl der Antwortstrategie bei Befragten, die Optimizing in mindestens einer der untersuchten Panelwellen verfolgt haben im Vergleich zu denjenigen Befragten, die Satisficing zeigten. Zudem zeigt sich ein leicht ansteigender Wert für die Diagonale von links oben nach rechts unten. Da höhere Odds-Ratios hier gleichbedeutend mit einer stärkeren Stabilität in der Wahl der Antwortstrategie sind, kann dies wiederum als ein Hinweis auf eine leichte Stabilisierung des Antwortverhaltens im Verlauf des Panels interpretiert werden.

Zusammenfassend zeigen die Analysen eine insgesamt begrenzte intra-individuelle Variabilität in der Wahl der Antwortstrategie über die untersuchten Wellen des Wahlkampfpanels 2013.[81] Diese kann als Hinweis auf eine bedeutsame Rolle zeitstabiler Merkmale in der Wahl der Antwortstrategie interpretiert werden. Die nichtsdestoweniger festzustellende Variabilität legt jedoch nahe, dass zeitvariante Merkmale von Befragten sowie si-

---

81 Das Ausmaß der intra-individuellen Stabilität bzw. Variabilität kann zudem durch den normalisierten, between-gewichteten Mittelwert der Within-Prozente ausgedrückt werden (StataCorp 2013a, S. 428). Eine zeitstabile Variable weist einen Wert von 100% auf. Der hier beobachtete Wert von 92,3% zeigt mithin eine begrenzte intra-individuelle Variabilität an.

tuative Faktoren ebenfalls einen Einfluss auf die Wahl von Optimizing und Satisficing als Antwortstrategien haben.

5.3.3 Die Erklärung der intra-individuellen Variabilität in der Wahl der Antwortstrategie

Die Untersuchung der Frage, inwieweit sich intra-individuelle Variabilität und Stabilität im Antwortverhalten entsprechend der Annahmen der Satisficing-Theorie mit zeitvarianten und zeitstabilen Merkmalen der Befragten sowie Merkmalen der Interviewsituation erklären lassen, greift einerseits auf *Fixed-Effects-* (Allison 2009; Brüderl 2010; Brüderl und Ludwig 2015; Firebaugh et al. 2013; Halaby 2004; Wooldridge 2010b) und andererseits auf *Hybrid-Modelle* (Allison 2009; Bell und Jones 2015; Brüderl 2010; Firebaugh et al. 2013; Schunck 2013) als Analysemethode zurück (siehe die Anhänge D.5 und D.6 für Details zu den verwendeten FE- und Hybrid-Modellen). Insbesondere FE-Modelle erlauben es, die Vorteile von Paneldaten für analytische Zwecke auszuschöpfen. Da FE-Modelle für potenziell konfundierende Effekte zeitstabiler, unbeobachteter Variablen kontrollieren, erlauben sie für zeitvariante Variablen – unter zusätzlichen Annahmen – die Interpretation als Kausaleffekte (Allison 2009; Brüderl 2010; Firebaugh et al. 2013). Die FE-Methodik ist somit hervorragend zur Untersuchung der Effekte zeitvarianter persönlicher Merkmale sowie situativer Faktoren auf die Wahrscheinlichkeit von Satisficing geeignet. Der erste Schritt der Analyse besteht daher in der Schätzung eines logistischen FE-Modells.

Im zweiten Analyseschritt wird ein logistisches Hybrid-Modell (Allison 2009, S. 39-42) verwendet, welches neben den zeitvarianten auch zeitstabile Einflussgrößen für Satisficing beinhaltet. Für dieses Hybrid-Modell gilt die grundsätzliche Einschränkung, dass die Effekte der beobachteten zeitstabilen Variablen durch unbeobachtete Heterogenität verzerrt sein können (Brüderl 2010, S. 991). Die Satisficing-Theorie betont jedoch die Bedeutung von (weitgehend) zeitstabilen Einflussgrößen, worauf auch die Analysen im vorhergehenden Kapitel Hinweise liefern. Daher wird das Hybrid-Modell als vertretbare Lösung angesehen, um die Effekte zeitvarianter und zeitstabiler Erklärungsfaktoren simultan untersuchen zu können.

Die Tabelle 30 zeigt deskriptive Statistiken zu der abhängigen Variable Antwortstrategie sowie zu den nach zeitstabilen und zeitvarianten Einflussgrößen eingeteilten unabhängigen Variablen. Da die Schätzung der Effekte zeitvarianter Variablen (Within-Effekte) in den hier verwendeten FE-

und Hybrid-Modellen auf der Analyse der Abweichungen von beobachteten Werten von personenspezifischen Mittelwerten beruht, ist das Vorliegen von Varianz innerhalb der Personen (Within-Varianz) eine grundlegende Vorrausetzung für die Anwendbarkeit der Methode.

Tabelle 30 Deskriptive Statistiken zur abhängigen und den unabhängigen Variablen (WKP 2013)

Variable	n_o	n_b	$\bar{x}$	s_g	s_b	s_w	Min.	Max.
Abhängige Variable								
Antwortstrategie								
(0 = Optimizing/ 1 = Satisficing)	12.864	4.765	0,11	0,31	0,28	0,14	0,00	1,00
Zeitstabile Merkmale								
Geschlecht								
(0 = männlich/ 1 = weiblich)	12.864	4.765	0,51	0,50	0,50	0,00	0,00	1,00
Alter								
(in Dekaden)	12.864	4.765	4,67	1,45	1,45	0,00	1,80	8,30
Bildung								
(0 = niedrig/ 1 = mittel/ 2 = hoch)	12.864	4.765	1,08	0,80	0,80	0,00	0,00	2,00
Umfrageerfahrung (4 Kategorien)	12.803	4.741	1,63	0,83	0,83	0,00	0,00	3,00
Verweildauer im Panel (5 Kategorien)	12.821	4.733	3,04	1,39	1,40	0,00	1,00	5,00
Panelmitgliedschaften								
(0 = eine oder zwei/ 1 = drei oder mehr)	12.840	4.755	0,37	0,48	0,48	0,00	0,00	1,00
Big Five: Gewissenhaftigkeit								
(0 = niedrig – 1 = hoch)	12.111	4.484	0,70	0,12	0,12	0,00	0,00	1,00
Big Five: Offenheit								
(0 = niedrig – 1 = hoch)	12.111	4.484	0,52	0,15	0,15	0,00	0,00	1,00
Big Five: Verträglichkeit								
(0 = niedrig – 1 = hoch)	12.111	4.484	0,57	0,16	0,16	0,00	0,00	1,00
Need for Cognition								
(0 = niedrig – 1 = hoch)	12.563	4.653	0,58	0,15	0,15	0,00	0,00	1,00
Parteiidentifikation								
(0 = keine/ 1 = schwach/ 2 = stark)	12.848	4.758	1,17	0,84	0,84	0,00	0,00	2,00
Wahlnorm (0 = niedrig – 1 = hoch)	12.801	4.740	0,78	0,27	0,28	0,00	0,00	1,00
Zeitvariante Merkmale								
Smartphone (0 = nein/ 1 = ja)	12.864	4.765	0,02	0,15	0,13	0,09	0,00	1,00
Tablet (0 = nein/ 1 = ja)	12.864	4.765	0,03	0,17	0,14	0,09	0,00	1,00
Unterbrechung der Umfrage								
(0 = nein/ 1 = ja)	12.864	4.765	0,05	0,22	0,16	0,16	0,00	1,00

Variable	n_o	n_b	$\bar{x}$	s_g	s_b	s_w	Min.	Max.
Politische Internetnutzung (0 = nein/ 1 = ja)	12.844	4.764	0,60	0,49	0,41	0,28	0,00	1,00
Politische Zeitungsnutzung (0 = nein/1 = ja)	12.841	4.763	0,57	0,50	0,44	0,24	0,00	1,00
Politische Fernsehnutzung (0 = nein/ 1 = ja)	12.840	4.763	0,81	0,39	0,33	0,22	0,00	1,00
Interesse an Politik (0 = niedrig – 1 = hoch)	12.850	4.765	0,58	0,27	0,26	0,08	0,00	1,00
Motivation (0 = niedrig – 1 = hoch)	12.849	4.762	0,88	0,16	0,14	0,08	0,00	1,00
Bewertung der Umfrage (0 = sehr schlecht – 1 = sehr gut)	12.805	4.760	0,78	0,19	0,17	0,09	0,00	1,00
Politische Kommunikation (0 = nein/ 1 = ja)	12.837	4.764	0,59	0,49	0,42	0,27	0,00	1,00

Anmerkungen: n_o = Anzahl der Beobachtungen, n_b = Anzahl der Befragten, $\bar{x}$ = Arithmetischer Mittelwert, s_g = Gesamt-Standardabweichung, s_b = Between-Standardabweichung, s_w = Within-Standardabweichung.

Die abhängige Variable Antwortstrategie weist über die untersuchten Wellen des Wahlkampfpanels 2013 sowohl zwischen als auch innerhalb der Befragten Varianz auf. Die Between-Standardabweichung (0,28) ist hierbei größer als die Within-Standardabweichung (0,14).[82] Die Variation zwischen Befragten kann dahingehend interpretiert werden, dass zumindest über den Erhebungszeitraum des Wahlkampfpanels 2013 stabile Merkmale einen Einfluss auf die Wahl der Antwortstrategie haben. Die Variation innerhalb der Befragten kann hingegen nicht ausschließlich mit zeitstabilen Merkmalen erklärt werden. Dies verweist auf die Bedeutung zeitvarianter Merkmale.

Die Nutzung von Smartphones ($\bar{x}$ = 0,02) und Tablets ($\bar{x}$ = 0,03) als zeitvariante Merkmale der Interviewsituation ist gering ausgeprägt. Unterbrechungen der Umfrage ($\bar{x}$ = 0,05) kommen ebenfalls selten vor. Nichtsdestoweniger variiert die Smartphone- und Tabletnutzung sowie das Vorkommen von Unterbrechungen sowohl zwischen als auch innerhalb der Befragten,

---

[82] Diese Werte beruhen auf einer Zerlegung der Standardabweichung in eine Between- ($\bar{x}_i$) und eine Within-Komponente ($x_{it} - \bar{x}_i + \bar{x}$), wobei der Gesamtmittelwert ($\bar{x}$) in der Berechnung der Within-Komponente addiert wird, um die Standardabweichung zwischen der Between- und Within-Komponente vergleichbar zu machen (StataCorp 2013a, S. 425-426).

wenngleich insbesondere die Within-Variation der Smartphone- und Tabletnutzung vergleichsweise gering ist. Drei Indikatoren der politischen Mediennutzung stellen zeitvariante Merkmale der Fähigkeiten von Befragten dar. Die politische Internet-, Zeitungs- und Fernsehnutzung variiert zwischen als auch innerhalb der Befragten, wobei in allen Fällen die Between-Variation größer als die Within-Variation ist. Das politische Interesse, der Index der Motivation, die Bewertung der Panelwelle sowie die politische Kommunikation sind zeitvariante Merkmale der Motivation von Befragten. Sie variieren sowohl zwischen als auch innerhalb der Befragten. Insbesondere beim politischen Interesse fällt die Between-Variation erheblich größer aus als die Within-Variation. Dies steht in Einklang mit dem Befund von Schumann und Schoen (2009), wonach das politische Interesse einer Person vergleichsweise stabil ist und nur unter bestimmten Bedingungen, wie etwa Wahlkämpfen, variiert. Der Index der Motivation und die Bewertung der Panelwelle variieren im Vergleich zum politischen Interesse und der politischen Kommunikation in insgesamt geringerem Ausmaß. Ihre Within-Variation liegt jedoch auf dem Niveau des politischen Interesses. Die insgesamt stärkste Between- und Within-Variation weist die politische Kommunikation auf, was angesichts des Erhebungszeitraums im Wahlkampf zur Bundestagswahl 2013 zu erwarten war.

Die Tabelle 31 gibt die Ergebnisse des logistischen FE- (Spalten 2 & 3) und Hybrid-Modells (Spalten 4-7) wieder.[83] Die abhängige Variable bildet die auf Basis des messinvarianten LC-Modells vorgenommene modale Klassenzuordnung (0 = Optimizing/ 1 = Satisficing).[84] Da das logistische FE-Modell

---

83 Das FE- und das Hybrid-Modell beinhalten jeweils zwei Dummy-Variablen für die Panelwellen, um auf Alters- oder Periodeneffekte zu kontrollieren (siehe Brüderl 2010). Im Hybrid-Modell wurde zudem auf das Geschlecht der Befragten (0 = männlich/ 1 = weiblich) kontrolliert. Da diese Variable in keinem theoretisch fundierten Zusammenhang mit Satisficing steht, wird ihr Effekt nicht interpretiert.

84 Zur Absicherung der hier präsentierten Befunde wurde die Robustheit der Analyseergebnisse überprüft, indem die Modelle mit abweichenden Spezifikationen wiederholt berechnet wurden. Zunächst wurden ein lineares FE- und Hybrid-Modell mit der modalen Zuordnung der Befragten zu den Klassen Optimizing und Satisficing als abhängiger Variable aufgesetzt. Anschließend wurden zwei lineare FE- und Hybrid-Modelle mit der Wahrscheinlichkeit der Zugehörigkeit zur Klasse Satisficing als abhängiger Variable geschätzt. Die logistischen und linearen FE- und Hybrid-Modelle mit der modalen Zuordnung und der Wahrscheinlichkeit der Zugehörigkeit zur Klasse Satisficing als abhängige Variablen führen nahezu vollständig zu den gleichen substantiellen Schlüssen, weshalb von weitgehender Robustheit der Analyseergebnisse gesprochen werden kann. Die zur Überprüfung

ausschließlich die Within-Variation verwendet (Allison 2009, S. 28-37; Brüderl 2010, S. 986-988; Firebaugh et al. 2013, S. 129), geht lediglich die Information aus 967 Beobachtungen von 340 Befragten in die Schätzung ein. Der Ausschluss eines Großteils der Beobachtungen ist jedoch unproblematisch, da diese keine Information zur Schätzung der Regressionseffekte im FE-Modell beitragen (siehe Brüderl 2010, S. 987).

Die Untersuchung des Einflusses der Schwierigkeit der Aufgabe auf das Auftreten von Satisficing konzentriert sich auf die Effekte von drei Indikatoren der Interviewsituation.[85] Hinsichtlich des zur Beantwortung verwendeten Endgeräts wird lediglich ein auf 10%-Niveau signifikanter, negativer Effekt der *Smartphonenutzung* festgestellt. Ein Wechsel von einem stationären Computer oder einem Tablet auf ein Smartphone verringert die Wahrscheinlichkeit von Satisficing. Dieser Befund widerspricht der Annahme, dass die Nutzung eines Smartphones die Schwierigkeit der Aufgabe und in der Folge die Wahrscheinlichkeit von Satisficing erhöht. Auch die Hypothese, wonach die mobile Nutzung von Smartphones die Wahrscheinlichkeit von Ablenkungen während der Umfragebeantwortung und somit von Satisficing erhöht, erfährt folglich keine Unterstützung durch die Daten. Eine mögliche Erklärung hierfür ist, dass die Verwendung eines Smartphones nicht zwangsläufig eine mobile Nutzung impliziert. Der Studie von Mavletova (2013, S. 7) zufolge beantworteten etwa 20% der Befragten, die ein Smartphone nutzten, die Umfrage unterwegs. Toepoel und Lugtig (2014, S. 551-553) finden in der Untersuchung von GPS-Ortungsdaten heraus, dass rund 70% der Auskunft gebenden Smartphonenutzer die Umfrage zu Hause, 14% an ihrem Arbeitsplatz, 11% unterwegs (z.B. im Auto, Bus oder Zug) und 6% an anderen Orten (z.B. im Freien) beantworteten. Die Verwendung eines Smartphones zur Beantwortung von Web-Befragungen geschieht somit in der Regel nicht in einer Situation, die in erheblich höherem Ausmaß zu Ablenkungen und Beeinträchtigungen der Aufmerksamkeit und Sorgfalt führen sollte.

---

der Robustheit berechneten Modelle sowie eine kurze Aufführung erwähnenswerter Unterschiede in den Analyseergebnissen finden sich in Anhang D.7.

85 Da die Messung der Antwortstrategie in den Panelwellen auf den identischen Fragen und Items beruht, sollte sich das Auftreten von Satisficing nicht mit Unterschieden in der objektiven Schwierigkeit zwischen den Panelwellen erklären lassen (siehe hierzu auch Abschnitt 5.2.1). Daher liegt der Fokus der Untersuchung auf den Effekten zeitvarianter Merkmale von Befragten und der Interviewsituation.

Der negative Effekt der Smartphonenutzung kann darüber hinaus auch methodisch begründet werden. Demnach führt die geringere Geschwindigkeit der Internetverbindung bei der Nutzung mobiler Netzwerke (siehe De Bruijne und Wijnant 2013; Mavletova 2013) bei serverseitiger Messung auf Grund der für die Datenübertragung benötigten Zeit im Mittel zu langsameren Antwortzeiten. Dies macht eine Zuordnung zur Klasse Satisficing in der LCA weniger wahrscheinlich. Diese Annahme stützend finden Gummer und Roßmann (2015) eine im Mittel deutlich längere Interviewdauer für Nutzer von Smartphones als für Nutzer anderer Geräte.[86] Auch in der vorliegenden Studie lässt sich zeigen, dass die Nutzer von Smartphones eine signifikant geringere Antwortgeschwindigkeit aufweisen als die Nutzer anderer Geräte (siehe hierzu Anhang D.8). Hinzu kommt, dass geringere Bildschirmgrößen bei Smartphones die darstellbare Menge an Information begrenzen und Befragte unter Umständen nur einen Teil der Frage oder der Antwortskala sehen können, solange sie nicht die Darstellung auf ihrem Gerät anpassen (Peytchev und Hill 2010; Stapleton 2013). Diese Beschränkung kann einerseits die Beantwortung von Fragen erschweren und Befragte zunehmend demotivieren. Andererseits könnte die Verwendung von „Weiß nicht"-Antworten seltener sein, wenn diese Antwortkategorie außerhalb des auf dem Bildschirm dargestellten Bereichs liegt. Ist zudem nicht die gesamte Antwortskala oder die vollständige Anzahl von Items einer Matrixfrage auf dem Bildschirm zu sehen, so könnte dies die Abgabe von Mittelkategorie-Antworten oder des Antwortmusters Straightlining weniger wahrscheinlich machen. Zusammengenommen würde die Identifikation der Antwortstrategie Satisficing mittels der LCA weniger wahrscheinlich. In Einklang mit dieser Argumentation zeigt sich in separaten Analysen, dass Nutzer von Smartphones im Wahlkampfpanel 2013 einen geringeren Anteil von Fragen mit „weiß nicht" beantworten als Nutzer anderer Geräte. Für den Anteil von Mittelkategorie-Antworten und Straightlining wird hingegen kein signifikanter Unterschied festgestellt (siehe Anhang D.8). Zusammenfassend ist zu konstatieren, dass insbesondere die langsameren Antwortzeiten aber auch der geringere Anteil von „Weiß nicht"-Antworten bei der Nutzung eines Smartphones einen Teil der Erklärung für den ne-

---

86 Toepoel und Lugtig (2014) finden hingegen keine Unterschiede in der Interviewdauer zwischen den Nutzern von Smartphones und anderen Endgeräten. Allerdings war die betrachtete Umfrage nicht allzu lang und es wurde eine speziell auf mobile Endgeräte abgestimmte Programmierung der Umfrage verwendet.

gativen Effekt der Smartphonenutzung auf das Auftreten von Satisficing darstellen.

Daneben ist eine weitere Hypothese in Betracht zu ziehen. Die Nutzung eines Smartphones anstatt eines stationären oder weniger mobilen Endgeräts erlaubt es Befragten eher, den Zeitpunkt und den Ort der Teilnahme an der Umfrage an ihre persönlichen Lebensumstände und Bedürfnisse anzupassen. Dies könnte sich positiv auf die Motivation auswirken und somit zu einer höheren Antwortqualität führen. Die Ergebnisse einer FE-Regression zeigen jedoch keinen signifikanten Effekt der Smartphonenutzung auf Veränderungen des Index der selbstberichteten Motivation (siehe Anhang D.8). Da die hier verwendeten Daten keine endgültigen Schlussfolgerungen erlauben, ist die Durchführung von weiteren Studien anzuregen, die die Auswirkungen der Nutzung von Smartphones (und anderen mobilen Endgeräten) auf die Datenqualität in Panelstudien detailliert analysieren.

Für die *Nutzung eines Tablets* wird kein Effekt vorgefunden. Dies entspricht den theoretischen Erwartungen insofern Tablets hinsichtlich der Bildschirmgröße und der Bedienbarkeit stationären Computer und Notebooks ähnlicher sind als Smartphones. Zudem werden Tablets vorwiegend zu Hause und selten mobil genutzt (Müller et al. 2012). Die Nutzung eines Tablets sollte daher weder zu nachhaltig höheren Schwierigkeiten bei der Fragebeantwortung noch zu wesentlich anderen Kontextbedingungen im Vergleich zur Nutzung eines stationären Computers führen.

Ablenkungen während einer Umfrage erhöhen der Theorie nach die Wahrscheinlichkeit des Auftretens von Satisficing. Auf Grund der Befunde des vierten Kapitels wurde jedoch die konkurrierende Hypothese aufgestellt, dass Ablenkungen und Unterbrechungen in Web-Befragungen unter Umständen auch die Regeneration fördern und neue Motivation spenden können. Wie in den Analysen von Kapitel 4 wird für den Indikator *Unterbrechung der Umfrage* ein negativer und insignifikanter Effekt vorgefunden. Das Unterbrechen und spätere Fortsetzen der Umfrage hat demnach keinen Einfluss auf die Wahrscheinlichkeit von Satisficing. Einschränkend ist jedoch festzuhalten, dass das Vorkommen von längeren Unterbrechungen nur wenig Aufschluss über die Effekte kurzfristig auftretender Ablenkungen gibt, welche potenziell die Konzentrationsfähigkeit und Motivation von Befragten beeinträchtigen könnten. Da solche kurzfristigen Ablenkungen jedoch in Web-Befragungen auf Grund der Abwesenheit eines Interviewers nur schwer oder gar nicht zu erfassen sind, kann die zu Grunde liegende Hypothese für diesen Erhebungsmodus nur sehr schwer überprüft werden.

Zusammengenommen erbringt die Untersuchung der Effekte des Kontexts des Interviews auf das Auftreten von Satisficing keine erwartungskonformen Ergebnisse. Die situativen Randbedingungen der Interviewteilnahme, soweit sie hier erfasst wurden, wirken sich lediglich geringfügig auf die Wahl der Antwortstrategie aus.

Tabelle 31 Logistisches FE- und Hybrid-Modell zur Erklärung des Auftretens von Satisficing (WKP 2013)

	Antwortstrategie (0 = Optimizing/ 1 = Satisficing)					
	Logistisches FE-Modell		Logistisches Hybrid-Modell			
	β	SE	β	SE	AME	SE
Schwierigkeit der Aufgabe/Situation						
Welle 4	-0,148	0,158	-0,189	0,146	-0,004	0,003
Welle 6	0,215	0,166	0,159	0,148	0,004	0,003
Smartphone	-1,402⁺	0,739	-1,507*	0,610	-0,035*	0,014
Tablet	-0,593	0,699	-0,609	0,694	-0,014	0,016
Unterbrechung der Umfrage	-0,414	0,390	-0,538	0,349	-0,012	0,008
Fähigkeiten						
Alter in Dekaden			-0,714***	0,093	-0,016***	0,002
Bildung: niedrig			Ref.	Ref.	Ref.	Ref.
mittel			-0,661**	0,253	-0,018*	0,007
hoch			-2,199***	0,323	-0,047***	0,007
Umfrageerfahrung:						
keine Umfragen			Ref.	Ref.	Ref.	Ref.
1-4 Umfragen			-1,026*	0,509	-0,028⁺	0,016
5-10 Umfragen			-1,358**	0,527	-0,035*	0,016
11 oder mehr Umfragen			-0,885	0,559	-0,025	0,017
Verweildauer im Panel:						
0-7 Monate			Ref.	Ref.	Ref.	Ref.
8-22 Monate			0,449	0,339	0,010	0,007
23-35 Monate			0,730*	0,364	0,016*	0,008
36-65 Monate			0,521	0,343	0,011	0,007
66-152 Monate			0,533	0,356	0,012	0,008
Panelmitgliedschaften:						
eine oder zwei			Ref.	Ref.	Ref.	Ref.
drei oder mehr			0,518*	0,250	0,012*	0,006
Politische Internetnutzung	-0,299	0,224	-0,186	0,219	-0,004	0,005

	Antwortstrategie (0 = Optimizing/ 1 = Satisficing)					
	Logistisches FE-Modell		Logistisches Hybrid-Modell			
	β	SE	β	SE	AME	SE
Politische Zeitungsnutzung	0,000	0,245	-0,007	0,237	0,000	0,005
Politische Fernsehnutzung	-0,128	0,234	-0,225	0,229	-0,005	0,005
Motivation						
Interesse an Politik	-0,745	0,580	-0,894	0,628	-0,021	0,014
Motivation	-3,581***	0,675	-4,058***	0,710	-0,093***	0,016
Bewertung der Umfrage	-0,364	0,558	-0,678	0,617	-0,016	0,014
Politische Kommunikation	-0,434+	0,228	-0,357+	0,205	-0,008+	0,005
Big Five: Gewissenhaftigkeit			-2,390*	0,958	-0,055*	0,022
Big Five: Offenheit			-0,518	0,673	-0,012	0,015
Big Five: Verträglichkeit			-2,022**	0,714	-0,046**	0,016
Need for Cognition			-1,808*	0,717	-0,042*	0,016
Parteiidentifikation: keine			Ref.	Ref.	Ref.	Ref.
schwach			-1,993***	0,266	-0,048***	0,006
stark			-2,663***	0,288	-0,057***	0,006
Wahlnorm			-3,078***	0,361	-0,071***	0,008
Beobachtungen	967		11.703			
Befragte	340		4.355			

Anmerkungen: β = Logit-Koeffizient, SE = Standardfehler, AME = Durchschnittlicher marginaler Effekt. Für das logistische Hybrid-Modell wurden robuste Standardfehler berechnet. Die Kontrollvariable Geschlecht, die Between-Schätzer der zeitvarianten Variablen und die Konstante sind im Hybrid-Modell nicht dargestellt (siehe Anhang D.7 für das vollständige Hybrid-Modell).
+ $p < 0,10$, * $p < 0,05$, ** $p < 0,01$, *** $p < 0,001$

Die Übung im Nachdenken über politische Fragen, die hier über die *politische Printmedien-, Fernseh- und Internetnutzung* gemessen wird, ist ein zeitvarianter Aspekt der Fähigkeiten von Befragten, der auch innerhalb des kurzen Erhebungszeitraums des Wahlkampfpanels 2013 variiert. Während des Wahlkampfs sollten sich viele Bürger in den Medien über die Parteien und Kandidaten sowie ihre politischen Programme informieren und somit zunehmend besser zur akkuraten Beantwortung der Fragen fähig sein. Die hier durchgeführten Analysen bestätigen diese Annahme jedoch nicht.

Eine Zunahme in der politischen Mediennutzung bewirkt keine signifikante Verringerung der Wahrscheinlichkeit von Satisficing. Dieser Befund widerspricht somit den Ergebnissen der Analysen in Kapitel 4, in denen ein signifikanter Effekt der politischen Zeitungsnutzung gefunden wurde. Zwar weisen die Koeffizienten der politischen Internet- und Fernsehnutzung das erwartete negative Vorzeichen auf, jedoch sind sie auf Grund der geringen Größe des Effekts und der hohen Standardfehler statistisch nicht signifikant und lassen somit keine aussagekräftigen Schlüsse zu.[87]

Vier zeitvariante Variablen der Motivation werden im FE-Modell berücksichtigt. Dies sind die Salienz des Themas für Befragte, welche über das politische Interesse gemessen wird, der Index der selbstberichteten Motivation, die Bewertung der Umfrage und die politische Kommunikation von Befragten. Den Erwartungen entsprechend zeigen sich für die Stärke des *politischen Interesses* und die *Bewertung der Umfrage* negative Koeffizienten. Jedoch sind beide Effekte nicht signifikant. Eine Veränderung im Interesse am Befragungsthema oder der Bewertung der Umfrage hat somit keinen Effekt auf die Wahrscheinlichkeit von Satisficing. Dieser Befund ist auch im Hinblick auf die Analysen in Kapitel 4 zu sehen, in denen für das politische Interesse lediglich ein auf 10%-Niveau signifikanter Effekt gefunden wurde. Zusammengenommen stellen diese Befunde die Bedeutung der Salienz des Themas für die Motivation in Frage.[88]

Entsprechend der theoretischen Annahmen zeigt sich hingegen, dass eine Zunahme der selbstberichteten *Motivation* zu einer Verringerung der Wahrscheinlichkeit von Satisficing führt. Der Effekt ist zugleich der stärkste Effekt im logistischen FE-Modell, was die Bedeutung der Motivation für

---

87 Eine wahrscheinliche Ursache hierfür ist, dass FE-Modelle im Vergleich zu RE-Modellen zumeist höhere Standardfehler aufweisen, da für die Schätzung lediglich die Variation innerhalb und nicht die Variation zwischen den Einheiten verwendet wird. Die FE-Schätzer sind daher im Vergleich zu RE-Schätzern in der Regel weniger effizient (Allison 2009, S. 3; Brüderl 2010, S. 975-976; Firebaugh et al. 2013, S. 117). Der Vorteil einer höheren Effizienz von RE-Modellen wird jedoch auf Kosten von potenziell schwerwiegenden Verzerrungen durch unbeobachtete Heterogenität erkauft.

88 Es ist jedoch zu beachten, dass die Erhebungen der Querschnittsdaten sowie der Paneldaten zu unterschiedlichen Zeitpunkten stattfanden. Die Paneldaten wurden während des laufenden Wahlkampfs zur Bundestagswahl 2013 erhoben, derweil die Erhebung der untersuchten Online-Trackings inmitten der Legislaturperiode lag. Der Kontext der Erhebungen kann somit nicht als eine Ursache für die differierenden Ergebnisse ausgeschlossen werden.

die Wahl der Antwortstrategie unterstreicht. Der Befund wird zudem durch den auf 10%-Niveau signifikanten, negativen Effekt der *politischen Kommunikation* von Befragten mit Personen aus ihrem sozialen Netzwerk unterstützt. Ein Anstieg im Austausch über politische Akteure, Inhalte und Prozesse geht demnach mit einer Verringerung der Wahrscheinlichkeit von Satisficing einher, was neben einer erhöhten Motivation auch auf verbesserte Fähigkeiten zur Beantwortung der Fragen zurückgeführt werden kann. Diese Befunde aus dem FE-Modell sind auch in methodischer Hinsicht interessant. Da FE-Modelle für die potenziell konfundierenden Effekte zeitstabiler, unbeobachteter Variablen kontrollieren, werden die in den Analysen des vierten Kapitels gefundenen Effekte für die selbstberichtete Sorgfalt und die politische Kommunikation durch die hier präsentierten Befunde weiter abgesichert.

Die im logistischen FE-Modell geschätzten Effekte zeigen die Bedeutung zeitvarianter Merkmale der Befragten und situativer Randbedingungen der Interviewteilnahme für die Wahl der Antwortstrategie. Die zuvor konstatierte begrenzte intra-individuelle Variabilität kann jedoch als Hinweis darauf hin interpretiert werden, dass zeitstabile Merkmale ebenfalls einen Einfluss auf die Wahl der Antwortstrategie haben. Das in den Spalten 4 bis 7 der Tabelle 31 dargestellte logistische Hybrid-Modell adressiert diese Problematik, indem neben den Effekten der zeitvarianten Variablen auch die Effekte zeitstabiler Prädiktoren geschätzt werden.

Tabelle 32 Tests auf Gleichheit der Between- und Within-Schätzer im logistischen Hybrid-Modell (WKP 2013)

Variable	χ^2	p
Smartphone	0,8	0,369
Tablet	0,0	0,852
Unterbrechung der Umfrage	0,1	0,759
Politische Internetnutzung	4,7	0,030
Politische Zeitungsnutzung	2,2	0,143
Politische Fernsehnutzung	7,0	0,008
Interesse an Politik	3,7	0,056
Index der Motivation	9,5	0,002
Bewertung der Umfrage	12,2	0,001
Politische Kommunikation	29,2	0,000
Kombinierter Test (10 Freiheitsgrade)	60,9	0,000

Zunächst wird im Hybrid-Modell die Annahme des Random-Effects-Modells (im Folgenden als RE-Modell bezeichnet) untersucht, wonach die zeitinvarianten, nicht beobachteten Variablen nicht mit den beobachteten zeitvarianten Variablen korreliert sind (siehe auch Anhang D.6). Die durchgeführten χ^2-Tests zeigen, dass die Annahme der Gleichheit der Between- und Within-Schätzer zumindest für einen Teil der verwendeten Variablen zurückgewiesen werden muss (siehe Tabelle 32). Der letztendlich entscheidende kombinierte Test ist auf 1‰-Niveau signifikant, weshalb das RE-Modell zu Gunsten eines FE- oder Hybrid-Modells zurückzuweisen ist (siehe Allison 2009, S. 23-25).

Der Aufbau des Hybrid-Modells orientiert sich wiederum an der analytischen Einteilung in die Einflussgrößen Schwierigkeit der Aufgabe, Fähigkeiten und Motivation. Die *Schwierigkeit der Aufgabe* wird wie im FE-Modell mittels der Schätzung von Within-Effekten untersucht. Erwartungsgemäß zeigen sich im Vergleich zum FE-Modell geringfügige Unterschiede in den Standardfehlern und den Logit-Koeffizienten, deren Interpretation jedoch zu den gleichen substantiellen Schlüssen führt (vgl. Allison 2009, S. 39-42). Die Verwendung des logistischen Hybrid-Modells anstatt eines FE-Modells führt somit zu keinerlei Einschränkungen des analytischen Potenzials. Inhaltlich zeigt sich demnach für den Einfluss situativer Randbedingungen der Interviewsituation lediglich ein auf 10%-Niveau signifikanter, negativer Effekt der Nutzung eines Smartphones auf die Wahrscheinlichkeit von Satisficing.

Auch hinsichtlich der Effekte der *Fähigkeiten* von Befragten gilt, dass die Within-Schätzer der Indikatoren der *politischen Mediennutzung* im Vergleich zum FE-Modell ähnlich groß sind und ihre Interpretation zu den gleichen substantiellen Schlüssen führt. Die Effekte der Indikatoren der kognitiven Gewandtheit, *Alter* und *formale Schulbildung*, entsprechen den Befunden aus Kapitel 4. Für Personen höheren Alters als auch höherer Bildung ist die Wahrscheinlichkeit von Satisficing signifikant geringer als für jüngere sowie weniger gebildete Befragte. Bezüglich der Effekte der kognitiven Gewandtheit auf die Wahl der Antwortstrategie sind demnach widersprüchliche Befunde zu attestieren. Während der negative Effekt von höherer Bildung auf die Wahrscheinlichkeit von Satisficing mit den Annahmen der Satisficing-Theorie übereinstimmt, ist dies beim Alter nicht der Fall. Eine separate Analyse zeigt, wie in Kapitel 4, dass der Effekt des Alters auch auf eine im Mittel geringere Antwortgeschwindigkeit älterer Befragter zurückzuführen ist, die eine Zuordnung zur Klasse Satisficing in der LCA weniger wahrscheinlich macht (siehe Anhang D.8 zum Zusammenhang von Alter und Antwortgeschwindigkeit im Wahlkampfpanel 2013). Drei weitere Indikatoren bilden das Vorhandensein von Einstellungen zu Fragen oder Themen ab. Bezüglich der *Umfrageerfahrung* zeigt sich, dass Befragte, die im letzten Monat an keiner Umfrage teilgenommen haben, mit einer höheren Wahrscheinlichkeit zu Satisficing tendieren als Befragte, die an einer oder mehr Umfragen teilgenommen haben. Dieses Ergebnis widerspricht dem Befund aus Kapitel 4, wonach kein signifikanter Effekt der Umfrageerfahrung vorliegt. Jedoch fanden sich auch dort Hinweise darauf hin, dass die Wahrscheinlichkeit von Satisficing mit einer höheren Anzahl absolvierter Befragungen im letzten Monat abnimmt, während eine längere *Verweildauer im Online-Access-Panel* die Wahrscheinlichkeit von Satisficing erhöht. Ein solcher Effekt wird hier nur begrenzt beobachtet. Eine längere Verweildauer im Online-Access-Panel geht mit positiven Effekten auf die Wahrscheinlichkeit von Satisficing einher, jedoch ist lediglich der Effekt einer Mitgliedschaft von 23-35 Monaten signifikant. Insgesamt erscheint der Einfluss der Verweildauer im Online-Access-Panel daher fraglich. Darüber hinaus zeigt sich ein positiver, signifikanter Effekt der *Mitgliedschaft in drei oder mehr Online-Access-Panels* auf die Wahrscheinlichkeit von Satisficing. Dieser Effekt kann wiederum im Sinne von Abnutzungseffekten bei einer übermäßigen Exposition mit Umfragen interpretiert werden. Die Professionalisierung von Befragten ist demnach einer sorgfältigen Umfragebeantwortung eher abträglich. Zudem ist nicht ausgeschlossen, dass bei drei oder mehr Mitgliedschaften in Online-Access-Panels auch andere Motive als die freiwillige Beteiligung an der Forschung oder ein hohes Interesse an den Befragungen eine Rolle spielen (siehe auch Hillygus et al. 2014, S. 224). Finanzielle Motive für die Umfrageteilnahme könnten in Widerspruch zur Wahl von Optimizing als Antwortstrategie stehen, da diese auf Grund des höheren Aufwands die Kosten-Nutzen-Bilanz der Teilnahme negativ beeinflusst.[89] Zusammenfassend deuten diese Befunde an, dass ein komplexer Zusammenhang zwischen der Erfahrung mit Umfragen, der Exposition mit Umfragen und der Wahl der Antwortstrategie besteht, der hier nicht abschließend aufgeschlüsselt werden kann. Die präsentierten Ergebnisse sind daher als vorläufige und noch wenig abgesicherte Erkenntnisse zu verstehen, welche die Formulierung von forschungsleitenden Hypothesen für zukünftige Untersuchungen anleiten können.

Auch bezüglich der *Motivation* von Befragten gilt, dass die Within-Schätzer des *politischen Interesses*, des *Index der Motivation*, der *Bewertung der Umfrage* sowie der *politischen Kommunikation* jenen des FE-Modells stark ähneln und zu denselben inhaltlichen Interpretationen führen. Im Hybrid-Modell werden darüber hinaus die zeitstabilen Indikatoren der Persönlichkeit von Befragten sowie ihrer Involvierung in Politik berücksichtigt. Wie in den Analysen des vorhergehenden Kapitels zeigt sich ein mit den theoretischen Erwartungen konformer Effekt von *Need for Cognition*. Demnach tendieren Befragte mit einer starken Neigung zu kognitiven Herausforderungen mit geringerer Wahrscheinlichkeit zu Satisficing. Die Dimensionen Gewissenhaftigkeit und Verträglichkeit des *„Big Five"-Modells* der Persönlichkeit üben ausgeprägt negative und signifikante Effekte auf die Wahrscheinlichkeit von Satisficing aus. Entsprechend der theoretischen Überlegungen sind gewissenhafte und verträgliche Befragte dazu geneigt, die Fragen in der Umfrage sorgfältig zu beantworten. Im Unterschied zu den Analysen in Kapitel 4 wird kein signifikanter Effekt der Dimension Offenheit gefunden. Dies rührt möglicherweise aus den Unterschieden in der Erhebung der „Big-Five"-Persönlichkeitsmerkmale her, wobei im Wahlkampfpanel 2013 eine umfangreichere und mutmaßlich reliablere Messung vorgenommen wurde. Hinsichtlich der Persönlichkeit von Befragten sind

---

89 Der Befund, wonach die Wahrscheinlichkeit für Satisficing geringer ist, wenn Befragte eine höhere Anzahl von Befragungen im letzten Monat absolviert haben und der positive Effekt einer höheren Anzahl von Mitgliedschaften in Online-Access-Panels auf Satisficing stehen in einem gewissen Widerspruch zueinander. Insbesondere Befragte mit multiplen Mitgliedschaften in Online-Access-Panels sollten viele Befragungen absolvieren und daher über eine große Umfrageerfahrung verfügen. Daher wurde in der Analyse auch ein Interaktionseffekt zwischen der Anzahl der Mitgliedschaften in Online-Access-Panels und der Anzahl der absolvierten Umfragen im letzten Monat berücksichtigt. Die Aufnahme dieses Interaktionseffekts erbrachte jedoch keine über die hier diskutierten Befunde hinausgehende Erkenntnis.

zusammenfassend insbesondere die erwartungskonformen und konsistent vorgefundenen Effekte von Need for Cognition und der Gewissenhaftigkeit auf die Wahl der Antwortstrategie hervorzuheben. Abschließend wurden das Vorhandensein und die Stärke einer *Parteiidentifikation* sowie die Stärke der *Internalisierung der Wahlnorm* als Indikatoren der thematischen Involvierung berücksichtigt. Entsprechend der theoretischen Erwartungen, wonach politisch involvierte Bürger stärker motiviert sein sollten, zeigen sich für beide Indikatoren ausgeprägt negative und signifikante Effekte auf die Wahrscheinlichkeit von Satisficing. Diese sind zudem konsistent mit den Befunden der Analysen im vierten Kapitel. Insgesamt zeigt sich somit auch für die Daten des Wahlkampfpanels 2013, dass die Motivation von Befragten bedeutsame Einflüsse auf die Wahl der Antwortstrategie hat.

5.4 Zusammenfassung und Diskussion

In diesem Kapitel wurde die intra-individuelle Stabilität und Variabilität in der Wahl der Antwortstrategie in Wiederholungsbefragungen thematisiert. Für die empirische Untersuchung der forschungsleitenden Fragen, wie groß das Ausmaß der intra-individuellen Variabilität in der Wahl von Satisficing als Antwortstrategie ist und inwieweit sich die intra-individuelle Stabilität bzw. Variabilität im Antwortverhalten entsprechend der Annahmen der Satisficing-Theorie mit zeitstabilen bzw. zeitvarianten Merkmalen erklären lässt, wurden auf der Grundlage theoretischer Überlegungen und Erkenntnissen aus der Forschung drei konkurrierende Hypothesen formuliert.

Erstens, unter der Annahme, dass überwiegend oder fast ausschließlich zeitstabile persönliche Merkmale der Befragten einen Einfluss auf die Wahl der Antwortstrategie ausüben, wurde erwartet, dass in Wiederholungsbefragungen mit gleichbleibenden Fragebögen eine sehr geringe intra-individuelle Variabilität in der Wahl der Antwortstrategie zu beobachten ist (H_1). Befragte, deren persönliche Eigenschaften die akkurate Fragebeantwortung fördern und zu diesem motivieren, sollten demnach in nahezu allen Erhebungswellen Optimizing als Antwortstrategie verfolgen, während Befragte, die über geringere Fähigkeiten und eine geringere Motivation verfügen, in konsistenter Weise Satisficing zeigen sollten. Daher wurde in der vorliegenden Studie eine sehr geringe intra-individuelle Variabilität in der Wahl der Antwortstrategie erwartet, wenn die Wahl der Antwortstrategie in hohem Maße von zeitstabilen Merkmalen, wie beispielsweise der grundlegenden kognitiven Gewandtheit oder Persönlichkeitsmerkmalen von Befragten beeinflusst wird.

Zweitens, unter der konkurrierenden Annahme, dass überwiegend oder fast ausschließlich zeitlich variable persönliche Merkmale von Befragten sowie situative Faktoren die Wahl von Optimizing oder Satisficing als Antwortstrategie beeinflussen, wurde erwartet, dass in Wiederholungsbefragungen mit gleichbleibenden Fragebögen eine große intra-individuelle Variabilität in der Wahl der Antwortstrategie zu beobachten ist (H_2). Insbesondere wenn unterstellt wird, dass situative Aspekte, wie Ablenkungen während der Umfrageteilnahme, eine schlechte psychische oder physische Konstitution oder akuter Zeitdruck die Wahl der Antwortstrategie beeinflussen, so ist zu erwarten, dass ein vergleichsweise größerer Anteil von Befragten Satisficing in einer begrenzten Anzahl der Erhebungswellen einer Wiederholungsbefragung als Antwortstrategie verfolgt. In der vorliegenden Studie wurde eine große intra-individuelle Variabilität in der Wahl der Antwortstrategie insbesondere dann erwartet, wenn situative Faktoren, wie Ablenkungen während der Umfrageteilnahme oder das zur Umfragebeantwortung verwendete Endgerät, sowie zeitvariante Merkmale von Befragten, wie die politische Mediennutzung und Kommunikation, starke Einflüsse auf die Wahl der Antwortstrategie haben.

Drittens wurde die Synthese der vorhergehenden Annahmen präsentiert, dass sowohl zeitlich stabile als auch variable Merkmale der Befragten sowie situative Faktoren die Wahl von Optimizing oder Satisficing als Antwortstrategie beeinflussen. Demnach wurde erwartet, dass in Wiederholungsbefragungen mit gleichbleibenden Fragebögen eine begrenzte intra-individuelle Variabilität in der Wahl der Antwortstrategie zu beobachten ist (H_3). Die Effekte zeitlich variabler persönlicher Merkmale sowie situative Faktoren sollten folglich bewirken, dass eine größere intra-individuelle Variabilität als unter den in Hypothese H_1 diskutierten Bedingungen zu beobachten ist. Zugleich sollte die intra-individuelle Variabilität im Antwortverhalten jedoch geringer sein, als in Hypothese H_2 angenommen wurde.

Zunächst wurde untersucht, wie groß das Ausmaß der intra-individuellen Variabilität in der Wahl von Satisficing als Antwortstrategie ist. Mittels eines messinvarianten LC-Modells wurden die Befragten des Wahlkampfpanels 2013 nach der von ihnen verfolgten Antwortstrategie klassifiziert. In den untersuchten Panelwellen verfolgten zwischen 10,2% und 10,9% der Befragten Satisficing als Antwortstrategie. Das Ausmaß von Satisficing ist somit ähnlich hoch, wie in den zuvor durchgeführten Analysen mit Querschnittsdaten aus dem Online-Tracking der GLES. Weiterhin zeigten die Analysen, dass der Wahl der Antwortstrategie sowohl intra-individuelle Stabilität als auch Variabilität innewohnt. Die Untersuchung der Übergänge zwischen den Wellen erbrachte die Erkenntnis, dass eine über die betrachteten Panelwellen stabile Wahl von Optimizing als Antwortstrategie vergleichsweise wahrscheinlicher war als Stabilität in der Wahl von Satisficing. Es fanden sich darüber hinaus Hinweise auf eine leichte Stabilisierung des Antwortverhaltens im Verlauf des Panels. Diese Erkenntnisse zusammenfassend wurde eine begrenzte intra-individuelle Variabilität in der Wahl der Antwortstrategie über die untersuchten Wellen des Wahlkampfpanels 2013 konstatiert.

Dieser Befund spricht gegen die Gültigkeit der Hypothese H_2, die eine große intra-individuelle Variabilität in der Wahl der Antwortstrategie unterstellt. Das in den Analysen festgestellte Ausmaß der intra-individuellen Variabilität steht vielmehr im Einklang mit den Hypothesen H_1 und H_3, welche eine sehr geringe bzw. begrenzte Variabilität erwarteten. Zudem kann es als Hinweis auf bedeutsame Einflüsse zeitstabiler Merkmale in der Wahl der Antwortstrategie interpretiert werden. Die nichtsdestoweniger vorhandene Variabilität in der Wahl der Antwortstrategie legt jedoch zugleich nahe, dass zeitvariante Merkmale von Befragten sowie situative Faktoren keineswegs bedeutungslos sind.

Zur Untersuchung der sich anschließenden Fragestellung, inwieweit sich die intra-individuelle Variabilität in der Wahl der Antwortstrategie entsprechend der Annahmen der Satisficing-Theorie mit zeitlich variablen Merkmalen der Befragten und der Interviewsituation erklären lässt, wurde zunächst ein FE-Modell geschätzt, um die Effekte zeitvarianter Einflussgrößen auf die Wahrscheinlichkeit von Satisficing zu ergründen. Diese Analyse zeigte, dass eine Änderung in der Wahl der Antwortstrategie insbesondere durch Veränderungen in der Motivation von Befragten zu erklären ist. Befragte, welche im Laufe des Panels eine gesteigerte Motivation erfuhren und sich verstärkt mit Personen in ihrem sozialen Netzwerk über Politik unterhielten, verfolgten mit einer erhöhten Wahrscheinlichkeit Optimizing als Antwortstrategie. Hinsichtlich der Fähigkeiten von Befragten und der Interviewsituation bzw. der Schwierigkeit der Aufgabe fanden sich hingegen keine oder den theoretischen Annahmen widersprechende Effekte auf die Wahl der Antwortstrategie. Trotzdem ist zu konstatieren, dass die intra-individuelle Variabilität in der Wahl der Antwortstrategie mittels zeitvarianter Prädiktoren und in Einklang mit den theoretischen Annahmen erklärt werden kann. Die Befunde dieser Analyse sprechen somit gegen die Gültigkeit der Hypothese H_1, wonach überwiegend oder fast ausschließlich zeitstabile persönliche Merkmale der Befragten einen Einfluss auf die Wahl der Antwortstrategie haben.

Zur Absicherung der Gültigkeit der Hypothese H_3, der zufolge sowohl zeitstabile als auch zeitvariante Merkmale der Befragten sowie situative Faktoren die Wahl der Antwortstrategie beeinflussen, wurde ein Hybrid-Modell (Allison 2009) verwendet, welches die simultane Schätzung von Effekten zeitstabiler Merkmale und von Within-Effekten für zeitvariante Prädiktoren erlaubt. Obgleich das Hybrid-Modell für die zeitstabilen Merkmale weniger sichere Schlüsse zulässt als für die zeitvarianten Prädiktoren, stellte es für die Untersuchung der hier interessierenden Fragestellung eine nützliche Erweiterung von FE-Modellen dar.

Über die zuvor gewonnenen Erkenntnisse hinaus zeigte sich, dass entsprechend der theoretischen Erwartungen Befragte mit einer höheren formalen Bildung – im Sinne höherer Fähigkeiten – und einer größeren Umfrageerfahrung mit einer geringeren Wahrscheinlichkeit Satisficing als Antwortstrategie verfolgten. Zudem bestätigte sich die Annahme, dass Befragte, die auf Grund ihrer Persönlichkeit weniger motiviert sind, mit einer größeren Wahrscheinlichkeit zu Satisficing neigten. Insbesondere hohe Ausprägungen bei den Persönlichkeitsmerkmalen Need for Cognition, Gewissenhaftigkeit und Verträglichkeit fördern demnach die Wahl von Optimizing als Antwortstrategie. Darüber hinaus zeigte sich, dass politisch involvierte Bürger, die sich mit einer Partei identifizieren und die Wahlnorm internalisiert haben, in hohem Maße motiviert sind und daher mit geringerer Wahrscheinlichkeit Satisficing als Antwortstrategie verfolgen. Zusammengenommen kann die Hypothese H_3 auf der Grundlage der hier gewonnenen Erkenntnisse nicht zurückgewiesen werden. Sowohl zeitstabile als auch zeitvariante Merkmale von Befragten und der Befragungssituation haben bedeutsame Einflüsse auf die Wahl der Antwortstrategie.

Die in diesem Kapitel präsentierten Befunde sind einerseits von grundlegender Bedeutung für das allgemeine theoretische Verständnis von Satisficing, während sie andererseits bedeutsame Implikationen für analytische als auch praktische Anwendungen der Satisficing-Theorie haben, indem vertiefte sowie neue Erkenntnisse über die Bedingungen gewonnen wurden, unter denen Satisficing als Antwortstrategie von Befragten auftritt. Wie insbesondere im nachfolgenden sechsten Kapitel gezeigt wird, erlauben die gewonnenen Erkenntnisse die Formulierung genauerer Annahmen darüber, wie die Wahrscheinlichkeit der Wahl von Satisficing als Antwortstrategie von Befragten verringert werden kann. Sie weisen somit einen Nutzen für praktische Anwendungen auf, insofern sie zur Entwicklung und Optimierung von Strategien und Maßnahmen verwendet werden können, die auf die Minderung der Wahrscheinlichkeit des Auftretens von Satisficing in Befragungen abzielen.

Im Hinblick auf das allgemeine theoretische Verständnis von Satisficing sind die hier präsentierten Erkenntnisse von Bedeutung für die Debatte, ob Satisficing im Sinne eines zeitstabilen Antwortstils zu verstehen, ob es im Wesentlichen das Ergebnis von externen Stimuli oder der Messsituation oder ob es vielmehr das Resultat der komplexen Interaktion von Person, Befragungsinstrument und Situation ist (siehe hierzu auch Roberts 2016; Aichholzer 2013). Die Forschung zu Antwortstilen thematisiert mit Akquieszenz (ARS), Mittelkategorie-Antworten (MRS) und extremen Antworten (ERS) mindestens drei Antwortmuster, die zugleich als Resultat der Antwortstrategie Satisficing verstanden werden können (siehe auch Kapitel 2). Der „Befragten"- bzw. „Dispositionsperspektive" (Aichholzer 2013, S. 959) zufolge sind diese Antwortstile das Ergebnis zeitstabiler Persönlichkeitseigenschaften, weshalb sie konsistent über die Zeit und unterschiedliche Situationen hinweg auftreten (vgl. Paulhus 1991, S. 17). Die „Stimuli"- bzw. „Situationsperspektive" (Aichholzer 2013, S. 959) hingegen begreift Antworteffekte als Manifestationen eines aktuellen Zustands, der insbesondere von Eigenschaften der Messung sowie der Situation abhängt (siehe u.a. Aichholzer 2013; Baumgartner und Steenkamp 2001; Van Vaerenberg und Thomas 2013; Weijters 2006). Diese Perspektive ist insbesondere in Arbeiten vorzufinden, die von weitgehender zeitlicher Instabilität von Antwortstilen ausgehen (siehe Hui und Triandis 1985; Rorer 1965). Der Satisficing-Theorie nach erfolgt die Wahl der Antwortstrategie hingegen in komplexen Situationen, in denen Befragte mit Interviewern und/oder Fragen interagieren (Krosnick 1991, S. 220-225).

Die hier präsentierten Befunde zeigen einerseits eine begrenzte intra-individuelle Variabilität in der Wahl der Antwortstrategie. Andererseits wurde konstatiert, dass sowohl zeitstabile als auch zeitvariante Merkmale von Befragten und der Befragungssituation bedeutsame Einflüsse auf die Wahl der Antwortstrategie haben. Diese Erkenntnis steht in guter Übereinstimmung mit den Annahmen der Satisficing-Theorie, wonach die Wahl der Antwortstrategie durch das komplexe Zusammenwirken sowohl zeitstabiler als auch zeitvarianter Merkmale von Befragten, Merkmale der Fragen bzw.

der Befragung sowie der Interviewsituation bedingt wird. Wie in Kapitel 2 argumentiert wurde, ist auf der Basis dieser theoretischen Perspektive zu erwarten, dass Satisficing nicht absolut konsistent über Befragungen hinweg auftritt, sondern vielmehr eine begrenzte intra-individuelle Variabilität in der Wahl der Antwortstrategie in Wiederholungsbefragungen wahrscheinlich ist.

Der Befund einer begrenzten, aber dennoch nicht marginalen intra-individuellen Variabilität in der Wahl der Antwortstrategie sowie der Effekte zeitvarianter Merkmale auf die verfolgte Antwortstrategie steht in Widerspruch zu Untersuchungen von Antwortstilen, die eine hohe intra-individuelle Stabilität von ARS, ERS und MRS (Weijters et al. 2010b) bzw. von ERS (Lipps 2007) in Panelstudien mit 1-Jahresabstand zwischen den Wellen sowie von ARS in einer Panelstudie mit 4-Jahresabstand zwischen den Wellen (Billiet und Davidov 2008) finden. Die Stabilität im Auftreten der Antwortstile wird oftmals in einen ursächlichen Zusammenhang mit zeitstabilen Merkmalen von Befragten, wie ihrer Persönlichkeit oder kognitiven Gewandtheit gebracht. Der hier präsentierte Befund, dass zeitstabile Merkmale von Befragten, wie die Persönlichkeitseigenschaft Need for Cognition, die Persönlichkeitsdimension der Gewissenhaftigkeit und die Bildung – als Indikator der kognitiven Gewandtheit – einen Einfluss auf die Wahrscheinlichkeit von Satisficing haben, stützt diese Sichtweise. Er steht somit in Einklang mit Studien, die Zusammenhänge zwischen einer geringen Bildung und dem Auftreten von Antwortreihenfolgeeffekten (siehe Holbrook et al. 2007; Krosnick et al. 1996; Malhotra 2008, 2009; Narayan und Krosnick 1996), Akquieszenz (Billiet und McClendon 2000; Krosnick et al. 1996; Meisenberg und Williams 2008; Narayan und Krosnick 1996; Rammstedt et al. 2010; Rammstedt und Kemper 2011; Roberts et al. 2010), extremen Antworten (Aichholzer 2013; Greenleaf 1992; He et al. 2014a; Meisenberg und Williams 2008; Weijters et al. 2010b), Mittelkategorie-Antworten (Narayan und Krosnick 1996; Weijters et al. 2010a), Nichtdifferenzierung (Roberts et al. 2010) und einer geringen Antwortkonsistenz über die Zeit (Krosnick et al. 1996) berichten. Ebenso ist der Befund mit Untersuchungsergebnissen zu Satisficing vereinbar, die Einflüsse des Persönlichkeitsmerkmals Need for Cognition auf die Anzahl nichtsubstantieller Antworten (Lenzner 2012) sowie auf die Antwortkonsistenz über die Zeit (Krosnick et al. 1996) finden.[90] Zugleich ist er jedoch auch mit der Feststellung von Van Vaerenberg und Thomas (2013, S. 205) kompatibel, dass sozio-demographische und Persönlichkeitsvariablen im Allgemeinen einen vergleichsweise kleinen Anteil der Varianz im Auftreten von Antwortstilen erklären. Obwohl die Effektstärken von zeitstabilen und zeitvarianten Variablen im (logistischen) Hybrid-Modell nicht unmittelbar vergleichbar sind, weisen die signifikanten Effekte der zeitvarianten Prädiktoren, wie der selbstberichteten Motivation oder der politischen Kommunikation, darauf hin, dass der Einfluss der zeitstabilen Merkmale begrenzt ist.

Die hier vorgefundene intra-individuelle Variabilität in der Wahl der Antwortstrategie ergänzt weiterhin die Befunde von zwei aktuellen Studien, welche die intra-individuelle Stabilität im Auftreten von ARS (Kam und Zhou 2014) bzw. ERS (Aichholzer 2013) über die Zeit und verschiedene Situationen in Frage stellen. Dies kann als Hinweis auf die Anschlussfähigkeit der Forschung zu Antwortstilen an die Forschung zu Satisficing interpretiert werden (siehe auch Roberts 2016).

Zusammengenommen sind die in diesem Kapitel präsentierten Ergebnisse sehr gut vereinbar mit der Annahme der Satisficing-Theorie, wonach die Wahl der Antwortstrategie in komplexen Situationen geschieht, in denen Befragte mit Interviewern und/oder Fragen interagieren. Diese theoretische Perspektive beinhaltet, wie im zweiten Kapitel ausführlich herausgearbeitet wurde, dass sowohl zeitstabile Merkmale von Befragten als auch zeitvariante Merkmale der Interviewsituation und der Befragten Einflüsse auf die verfolgte Antwortstrategie ausüben.

Nichtsdestoweniger ist der Befund einer insgesamt begrenzten intra-individuellen Variabilität in der Wahl der Antwortstrategie in einer weiteren Hinsicht zu diskutieren. Die hier durchgeführten Analysen basieren auf den Daten einer Panelstudie, welche im Wahlkampf zur Bundestagswahl 2013 und in der unmittelbaren Nachwahlzeit durchgeführt wurde. Die entsprechend kurzen zeitlichen Abstände zwischen den Wellen könnten das Ausmaß der intra-individuellen Variabilität begrenzen, insofern die (zeitvarianten) Einflussgrößen für die Wahl der Antwortstrategie im untersuchten Zeitraum einer begrenzten Variabilität unterliegen. Zudem wurden in

---

90 Es ist anzumerken, dass die Studie von Lenzner (2012) einen kombinierten Indikator aus Need for Cognition und Need to Evaluate als Indikator der Motivation von Befragten verwendet.

der vorliegenden Studie lediglich drei der sieben Panelwellen verwendet, was die insgesamt untersuchte Panellänge weiter begrenzt. Mit anderen Worten ist die Hypothese zu berücksichtigen, dass die beobachtete Stabilität bzw. Variabilität eines Merkmals von der Panellänge bzw. dem zeitlichen Abstand zwischen den Panelwellen abhängt (vgl. Kaspar 2009). Es besteht daher die Möglichkeit, dass eine größere intra-individuelle Variabilität in der Wahl der Antwortstrategie beobachtet werden könnte, wenn Daten aus Panelstudien verwendet würden, die größere zeitliche Abstände zwischen den Wellen und/oder eine höhere Anzahl von Wellen aufweisen.[91] Sofern die Hypothese zutrifft, dass das Ausmaß der intra-individuellen Variabilität in den Einflussgrößen von der Panellänge bzw. dem zeitlichen Abstand zwischen den Panelwellen abhängt, dann kann unterstellt werden, dass das Ausmaß der intra-individuellen Variabilität in der Wahl der Antwortstrategie in der vorliegenden Untersuchung unterschätzt wird. Die Replikation der hier durchgeführten Analysen mit den Daten aus Panelstudien, die Untersuchungen längerer Zeiträume und/oder einer größeren Anzahl von Wellen erlauben, ist daher ein Desiderat für die zukünftige Forschung zu Satisficing in Befragungen.

Die Durchführung der Analysen auf Basis von drei der sieben Wellen des Wahlkampfpanels 2013 verweist weiterhin auf die mögliche Beeinträchtigung der Generalisierbarkeit der Ergebnisse auf Grund von Panel Attrition. Die Nichtteilnahme von Befragten an Panelwellen ist – neben Panel Conditioning – eine der gravierendsten Problematiken in Panelstudien (Bartels 1999; Lynn 2009a; Roßmann und Gummer 2016). Wie bei der Nichtteilnahme von Befragten im Allgemeinen, bedingt Panel Attrition systematische Verzerrungen in interessierenden Variablen, wenn diese mit der Teilnahmewahrscheinlichkeit von Befragten korreliert sind (siehe Bethlehem 2002; Groves 2006). Für die vorliegende Untersuchung bedeutet dies, dass die Analyseergebnisse durch Panel Attrition verzerrt sein könnten, wenn die Wahrscheinlichkeit von Satisficing mit der Teilnahmewahrscheinlichkeit von Befragten korreliert wäre. Die vorliegende Forschung

---

91 Die Verwendung von Daten aus Panelstudien mit größeren zeitlichen Abständen zwischen den Wellen oder einer insgesamt höheren Anzahl an Wellen könnte es zudem erlauben, Merkmale, die hier auf Grund des begrenzten Erhebungszeitraums als (weitgehend) zeitstabil angesehen und entsprechend modelliert wurden, als zeitvariante Merkmale zu untersuchen. Dies hätte unter anderem den Vorteil, dass für diese Merkmale in FE- oder Hybrid-Modellen Effekte geschätzt werden könnten, die nicht durch zeitstabile, unbeobachtete Variablen verzerrt werden.

zum Zusammenhang zwischen Nonresponse- und Messfehlern zeigt, dass es bisweilen Verbindungen zwischen beiden Arten von Fehlern gibt, die statistikspezifisch auftreten (Olson 2006; Tourangeau et al. 2010). Ein Zusammenhang zwischen der Antwortstrategie von Befragten und Nonresponse ist in der Satisficing-Theorie jedoch nicht vorgesehen. Holbrook et al. (2003, S. 92, Fußnote 5) weisen in diesem Kontext ausdrücklich darauf hin, dass Item Nonresponse definitionsgemäß nicht das Resultat von Satisficing sein kann, da diese Antwortstrategie die Abgabe einer Antwort impliziert. Diesem theoretischen Argument zum Trotz zeigt beispielsweise die Studie von Roßmann et al. (2015), dass der Abbruch der Teilnahme an Web-Befragungen, welcher konzeptionell zwischen Unit und Item Nonresponse anzusiedeln ist (Bosnjak und Tuten 2001; Bosnjak et al. 2001), zum Teil mit den gleichen Einflussgrößen erklärt werden kann wie die Wahl von Satisficing als Antwortstrategie. Insbesondere eine hohe Schwierigkeit der Aufgabe sowie eine geringe Motivation erhöhen demnach das Risiko für einen Befragungsabbruch. Dieser Befund suggeriert, dass es eine Verbindung zwischen dem Auftreten von Satisficing und dem Abbruch von Befragungen geben könnte. Auch Heerwegh (2005, S. 70-71) argumentiert, dass eine hohe Schwierigkeit der Aufgabe, geringe Fähigkeiten sowie eine nachlassende Motivation von Satisficing über Item Nonresponse zum Abbruch einer Web-Befragung führen könnte. Vor diesem Hintergrund scheint ein Zusammenhang zwischen der Wahl von Satisficing als Antwortstrategie von Befragten und Attrition in Panelbefragungen im Bereich des Möglichen zu sein. Bislang liegen kaum Studien vor, die den Zusammenhang zwischen der Antwortstrategie von Befragten und Panel Attrition thematisieren. Roßmann und Gummer (2016) untersuchen Panel Attrition im auch hier verwendeten Wahlkampfpanel 2013 der GLES. Ihre Analysen zeigen, dass lediglich die Antwortzeit als Indikator für Satisficing in einem signifikanten Zusammenhang mit Attrition in nachfolgenden Panelwellen steht, während die Anzahl der „Weiß nicht"-Antworten keinen Einfluss hat. Der Effekt der Antwortzeit widerspricht jedoch einer Erklärung im Sinne von Satisficing, da längere Antwortzeiten in Zusammenhang mit einer erhöhten Wahrscheinlichkeit von Panel Attrition stehen. Einen erwartungskonformen positiven Zusammenhang finden die Autoren jedoch zwischen Item Nonresponse und Attrition in nachfolgenden Panelwellen. Die Befunde der Studie von Roßmann und Gummer (2016) sprechen somit gegen einen direkten Zusammenhang zwischen Satisficing und Panel Attrition. Angesichts der wenigen vorliegenden Untersuchungen und der teils widersprüchlichen

Befunde muss die Frage nach dem Zusammenhang zwischen Satisficing und Panel Attrition als nach wie vor offen gelten. Ihre Untersuchung in zukünftigen Arbeiten verspricht neue Erkenntnisse zum Zusammenhang zwischen Nonresponse- und Messfehlern und ist daher nachdrücklich anzuregen.

6 Fazit und Ausblick

In dieser Untersuchung wurde mit Satisficing (Krosnick 1991, 1999; Krosnick und Alwin 1987) ein in der Umfrageforschung populärer theoretischer Ansatz für die Erklärung der Entstehung von Messfehlern in Befragungen thematisiert. Die Bedeutung der Theorie schlägt sich in einer hohen Anzahl von Zitationen (651 für Krosnick (1999), 438 für Krosnick (1991) und 250 für Krosnick und Alwin (1987) nach Thomson Reuters Web of Science, zugegriffen: 29.06.2016) als auch in der Publikation von mehr als 50 methodischen Studien zu Satisficing zwischen den Jahren 1991 und 2011 nieder (Roberts et al. 2011). Nichtsdestoweniger bestand, wie im zweiten Kapitel gezeigt wurde, noch Forschungsbedarf zur Messung des Auftretens von Satisficing in Befragungen sowie zur Erklärung der Wahl dieser Antwortstrategie durch die Befragten. Vor diesem Hintergrund wurde ein umfangreicher Satz von forschungsleitenden Fragen zur Satisficing-Theorie und ihren zentralen Annahmen untersucht.

Im Folgenden werden die Ergebnisse der Untersuchung zusammengefasst und ihre Bedeutung für die theoretische Beschäftigung mit Satisficing sowie für empirische Studien zur Wahl der Antwortstrategie diskutiert. Anschließend werden die Implikationen der gewonnenen Erkenntnisse für die Umfrageforschung erörtert. Das Kapitel schließt mit einschränkenden Bemerkungen und Anregungen für zukünftige Untersuchungen zu Satisficing in Befragungen.

6.1 Zusammenfassung der Ergebnisse

6.1.1 Die Messung von Satisficing

Im zweiten Kapitel wurde gezeigt, dass in den bislang vorliegenden empirischen Studien eine Vielzahl von Methoden zur Messung des Auftretens von Satisficing als Antwortstrategie zum Einsatz gekommen ist. Diese greifen zumeist auf Indikatoren für die Antworteffekte von Satisficing zurück, da die kognitive Aktivität im Antwortprozess in der Regel nicht direkt gemessen werden kann (Roberts et al. 2011). Unter diesen Ansätzen ist die Verwendung von experimentell variierten Fragen und die „count procedure" (Van Vaerenberg und Thomas 2013, S. 206) besonders verbreitet. In den letzten Jahren wurden zudem Antwortzeiten zur Messung von Satisficing eingesetzt, da diese eine unmittelbarere Erfassung der Vollständigkeit und Qualität der kognitiven Prozesse während der Beantwortung von

Fragen versprechen (siehe z.B. Callegaro et al. 2009; Greszki et al. 2014; Malhotra 2008; Turner et al. 2014; Zhang und Conrad 2014). Die Methode der Zählung von Antworten oder Antwortmustern sowie die Verwendung von antwortzeitbasierten Indikatoren auf der Grundlage von multiplen Fragen oder Items verlässt jedoch den theoretischen Rahmen der Satisficing-Theorie, die auf der Ebene von individuellen Fragen angesiedelt ist. Daher wurde ein erweiterter theoretischer Rahmen für die Satisficing-Theorie vorgeschlagen, der ihre Ausdehnung auf Sätze von Fragen oder gesamte Fragebögen erlaubt. Diese Erweiterung des theoretischen Rahmens geht davon aus, dass die Variabilität in der Wahl der Antwortstrategie im Laufe einer Befragung durch weitgehend stabile Merkmale der Befragten als auch durch den Kontext der zu beantwortenden Fragen in einer Befragung begrenzt wird, während zugleich die Eigenschaften der individuellen Fragen die mögliche Stabilität im Antwortverhalten begrenzen. In der Konsequenz ist es unwahrscheinlich, dass Befragte ihre Antwortstrategie im Verlauf eines Interviews fortwährend anpassen. Befragte, die über weite Teile oder die gesamte Befragung hinweg Satisficing als Antwortstrategie verfolgen, können demnach in Abhängigkeit von Eigenschaften der individuellen Fragen auf unterschiedliche Mittel zurückgreifen, um die Belastungen bei der Fragebeantwortung zu minimieren. Satisficing äußert sich dann in einer Vielzahl von Antworteffekten und charakteristischen Mustern in den Antwortzeiten. Vor diesem Hintergrund wurde die forschungsleitende Frage untersucht, inwiefern die Wahl der Antwortstrategie als latente Variable verstanden und in statistischen Analysen mittels der Verwendung von multiplen Indikatoren der Antworteffekte von Satisficing als auch eines antwortzeitbasierten Indikators für die kognitive Aktivität im Antwortprozess modelliert werden kann.

Im dritten Kapitel wurde diese Fragestellung zunächst basierend auf Daten von vier Querschnittsbefragungen des Langfrist-Online-Trackings der GLES untersucht. Die Ergebnisse der LCA mit fünf Indikatoren für Satisficing zeigten erstens, dass die theoretisch erwartete 2-Klassenlösung unter einer Vielzahl von Bedingungen empirische Unterstützung erfährt. Der Befund war robust gegenüber der Verwendung der vier Datensätze des Online-Trackings als auch gegenüber Modifikationen der Verfahren bei der Konstruktion der Indikatoren für Satisficing. Darüber hinaus zeigte sich, dass ein messinvariantes LC-Modell mit zwei Klassen für den gepoolten Datensatz der vier Online-Trackings empirisch bestätigt werden kann. Auf Grund der Äquivalenz der Messung konnten die Ergebnisse der LCA über

Fazit und Ausblick 225

die vier Online-Trackings verglichen werden. Diese Befunde wurden weiterhin in den Analysen des fünften Kapitels validiert, welche auf den Daten des Wahlkampfpanels 2013 der GLES basierten. LC-Modelle mit zwei Klassen bewährten sich hier sowohl für die drei separat untersuchten Wellen des Panels als auch für den gepoolten Paneldatensatz. Infolge der Invarianz der Messung konnte das Klassifikationsergebnis über die Wellen des Panels verglichen werden.

Zweitens zeigte sich, dass die im dritten und fünften Kapitel ausgewählten messinvarianten LC-Modelle mit zwei Klassen inhaltlich mit der den Indikatoren zu Grunde liegenden Unterscheidung zwischen Optimizing und Satisficing übereinstimmten. In den Analysen beider Kapitel wiesen insbesondere die Indikatoren für Straightlining, Mittelkategorie- und „Weiß nicht"-Antworten starke Zusammenhänge mit der Klasse Satisficing auf, während die Zusammenhänge für Speeding und nichtsubstantielle Antworten auf eine kognitiv fordernde offene Frage vergleichsweise geringer waren. Der Vergleich der Klassifikationsergebnisse zwischen den Analysen im dritten und fünften Kapitel zeigte weiterhin, dass die ausgewählten LC-Modelle trotz starker Ähnlichkeit nicht zu identischen Ergebnissen führten, was auf Grund der unterschiedlichen Datengrundlagen ein nachvollziehbares Ergebnis ist. Entsprechend dieser Übereinstimmungen in den Klassifikationsergebnissen fiel auch die modale Zuordnung der Befragten nach der von ihnen verfolgten Antwortstrategie ähnlich aus. In den Online-Trackings der GLES verfolgten demnach zwischen 9,2% und 9,5% der Befragten Satisficing als Antwortstrategie, während es zwischen 10,2% und 10,9% der Befragten in den Wellen des Wahlkampfpanels 2013 waren.

Zusammengenommen zeigen die Analysen, dass die vorgeschlagene Modellierung der Wahl der Antwortstrategie als latente Variable mittels der Methode der LCA robust gegenüber Variationen der Modellspezifikationen als auch gegenüber der Verwendung unterschiedlicher Datensätze ist. Obwohl die Variationen der Modellspezifikationen und der verwendeten Datensätze begrenzt waren, wird der Befund der starken Ähnlichkeit in den Klassifikationsergebnissen der LCA in den Kapiteln 3 und 5 als ein Hinweis auf eine allgemeine Anwendbarkeit der hier vorgestellten Methode zur Untersuchung von Satisficing interpretiert.

Weiterhin konnte aus den Analyseergebnissen die Erkenntnis abgeleitet werden, dass ein antwortzeitbasierter Indikator für Satisficing die Modellierung der Wahl der Antwortstrategie als latente Variable effektiv unterstützt. Antwortzeitbasierte Indikatoren ermöglichen eine unmittelbarere

Messung der Sorgfalt und Vollständigkeit der kognitiven Prozesse bei der Fragebeantwortung (vgl. Callegaro et al. 2009; Greszki et al. 2014; Turner et al. 2014; Zhang und Conrad 2014). Die gleichzeitige Verwendung von Indikatoren für die Antworteffekte von Satisficing und von antwortzeitbasierten Indikatoren schwächt die Problematiken ab, dass bestimmte Antworteffekte, wie das zufällige Antworten, schwer über die Analyse von Antwortmustern zu erfassen sind, während zugleich der Nachteil von antwortzeitbasierten Maßen adressiert wird, dass kurze Antwortzeiten sowohl eine geringe Sorgfalt und die Unvollständigkeit der kognitiven Prozesse bei der Fragebeantwortung als auch das Vorliegen mental gut zugänglicher Einstellungen und Wissensbestände anzeigen können. Auf der Grundlage dieser Erkenntnis wird die simultane Verwendung von Indikatoren für die Antworteffekte von Satisficing und von antwortzeitbasierten Indikatoren für zukünftige Untersuchungen angeregt.

Im Hinblick auf die forschungsleitende Fragestellung werden die Ergebnisse der LCA dahingehend interpretiert, dass die Wahl der Antwortstrategie als latente Variable verstanden und modelliert werden kann. Dieses Ergebnis war für die weiteren Analysen von grundlegender Bedeutung. Mittels der LCA konnten Klassenzugehörigkeitswahrscheinlichkeiten für die Befragten in den untersuchten Stichproben geschätzt werden. Diese Klassenzugehörigkeitswahrscheinlichkeiten können unmittelbar für analytische Verfahren genutzt werden. Hier wurden sie jedoch zur diskreten Zuordnung von Befragten zu den Klassen Optimizing und Satisficing verwendet. Dies unterstreicht den personenorientierten Charakter der LCA. Die diskrete Zuordnung der Befragten zu den Klassen Optimizing und Satisficing ist als eine analytische Vereinfachung zu verstehen, die interessierten Forschern ein innovatives Werkzeug für die Untersuchung des Antwortverhaltens von Befragten zur Verfügung stellt. Die hier gewählte Vorgehensweise soll dabei nicht implizieren, dass die von Krosnick (1991) vorgenommene Konzeptualisierung von Optimizing und Satisficing als die Endpunkte eines Kontinuums im Ausmaß und der Qualität der kognitiven Aktivität während des Antwortprozesses grundsätzlich in Frage gestellt wird. Sie reflektiert vielmehr die vereinfachende Unterscheidung zwischen Optimizing und Satisficing, die auch vielen bestehenden Untersuchungen der Antwortstrategie von Befragten zu Grunde liegt. Der wesentliche Vorteil dieser analytischen Vereinfachung ergibt sich, wie in Kapitel 2 argumentiert wurde, insbesondere dann, wenn die in Analysen verwendete Datengrundlage keine für die Messung von Satisficing designten Experimente und Fragen beinhaltet und zudem ein analytisches Interesse an der Untersuchung der Antwortstrategie auf der Ebene von Befragten besteht.

6.1.2 Die Erklärung von Satisficing

Das vierte Kapitel widmete sich der Untersuchung der im zweiten Kapitel skizzierten Forschungsdesiderate und offenen Fragestellungen in der Erklärung der Wahl der Antwortstrategie von Befragten. Aufbauend auf der Klassifikation der Befragten nach den Antwortstrategien Optimizing und Satisficing zielten die Analysen darauf ab, einen Beitrag zur Überprüfung von zentralen Annahmen der Satisficing-Theorie zu leisten und bestehende Forschungslücken zu schließen.

Zunächst wurde die Frage untersucht, inwieweit sich grundlegende Annahmen der Theorie zur Wirkung der Einflussgrößen Schwierigkeit der Aufgabe, Fähigkeiten und Motivation der Befragten im Auftreten von Satisficing als haltbar erweisen. Auf Grundlage der bestehenden Formulierungen der Satisficing-Theorie sowie dem aktuellen Stand der empirischen Forschung wurden insgesamt 17 Hypothesen zur Erklärung des Auftretens von Satisficing abgeleitet. Hinsichtlich der Einflussgröße Schwierigkeit der Aufgabe zeigte sich, dass konform zu den theoretischen Erwartungen Befragte mit umso höherer Wahrscheinlichkeit Satisficing als Antwortstrategie verfolgten, je mehr Schwierigkeiten beim Verstehen und Beantworten der Fragen sie hatten. Ebenfalls bestätigte sich die Erwartung, dass die Interviewsituation einen Einfluss auf die Wahrscheinlichkeit von Satisficing hat. Die Teilnahme an der Umfrage am Arbeitsplatz erhöhte die Wahrscheinlichkeit für Satisficing gegenüber der Teilnahme zu Hause. Zwei Hypothesen zur Interviewsituation wurden hingegen falsifiziert. Die Annahme, dass Befragte, die ein Smartphone zur Beantwortung der Umfrage verwenden, mit höherer Wahrscheinlichkeit Satisficing verfolgen als Befragte, die diese mittels eines Tablets oder eines stationären Computers beantworten, bestätigte sich nicht. Auch die Hypothese, dass Ablenkungen während der Beantwortung der Umfrage die Wahrscheinlichkeit von Satisficing erhöhen, musste zurückgewiesen werden. Entgegen der ursprünglichen Erwartung zeigte sich, dass Befragte, die während der Umfrage abgelenkt wurden, eine geringere Wahrscheinlichkeit für Satisficing aufwiesen als Personen, die Ablenkungen ausgesetzt waren. Dieser nicht theoriekonforme Effekt wurde dahingehend interpretiert, dass Befragte in Abwesenheit eines Interviewers, der die Durchführung des Interviews steuert und überwacht, die Geschwindigkeit und in gewissem Rahmen auch den Ablauf des Interviews selbst bestimmen können. Unterbrechungen und Ablenkungen während der Befragung müssen demnach nicht zwangsläufig eine Verschlechterung der Antwortqualität nach sich ziehen, sondern sie bewirken unter Umständen sogar eine Regeneration der Befragten, sodass diese sich anschließend wieder erholt und motiviert der Umfrage widmen können.

Weiterhin wurde der Einfluss der *Fähigkeiten von Befragten* auf die Wahrscheinlichkeit des Auftretens von Satisficing untersucht. Die Überprüfung der Hypothese, dass die Wahrscheinlichkeit von Satisficing umso höher ausfällt, je geringer die kognitive Gewandtheit von Befragten ist, erbrachte widersprüchliche Befunde. Einerseits zeigte sich, dass Befragte mit einem mittleren oder hohen Bildungsabschluss eine deutlich geringere Wahrscheinlichkeit für Satisficing aufwiesen als Befragte mit einem niedrigen Bildungsabschluss. Andererseits fand sich entgegen der theoretischen Erwartungen, dass die Wahrscheinlichkeit von Satisficing umso geringer ausfiel, je älter Befragte waren. Dieser widersprüchliche Befund bestätigte sich zudem in den Analysen des fünften Kapitels. Wie erläutert wurde, ergänzt dies eine Reihe von widersprüchlichen Befunden zum Zusammenhang des Alters mit dem Auftreten von Satisficing. Zudem konnte übereinstimmend für die Daten des Online-Trackings und des Wahlkampfpanels gezeigt werden, dass der Effekt des Alters auf die Wahrscheinlichkeit von Satisficing auch auf die im Mittel geringere Antwortgeschwindigkeit älterer Befragter zurückzuführen war. Diese kann unter anderem mit geringeren Computerfertigkeiten sowie einer geringeren Lesegeschwindigkeit älterer Personen erklärt werden (vgl. Carver 1992; Wagner et al. 2010). Der negative Zusammenhang zwischen dem Alter und der Wahrscheinlichkeit von Satisficing kann somit auch auf die Verwendung des antwortzeitbasierten Indikators für Speeding in der LCA zurückgeführt werden. Letztendlich wurde basierend auf der Argumentation von Holbrook et al. (2007) die Annahme in Zweifel gezogen, dass das Alter Aspekte der kognitiven Gewandtheit erfasst, die für die Erklärung des Auftretens von Satisficing maßgeblich sind. Mit Rückgriff auf die bestehende Forschung zu Satisficing wird hier die Auffassung vertreten, dass die formale Bildung zwar kein optimaler aber dennoch ein besser geeigneter Indikator für die allgemeine kognitive Gewandtheit ist als das Alter von Befragten. Die Hypothese zum Einfluss der kognitiven Gewandtheit auf die Wahrscheinlichkeit von Satisficing wurde daher nicht zurückgewiesen. In Übereinstimmung mit den Erwartungen zeigte sich für die Übung im Nachdenken über das Thema oder die Themen einer Umfrage, dass Befragte, die keine politischen Informationen aus den Medien bezogen haben, eine deutlich höhere Wahrscheinlichkeit für Satisficing aufwiesen als Befragte, die sich über Politik informierten. Zudem reduzierte das Lesen von Artikeln über Politik in Zeitungen die Wahrscheinlichkeit von Satisficing. Zurückgewiesen wurde hingegen die Hypothese, dass die Wahrscheinlichkeit von Satisficing umso geringer ausfällt, über je mehr Umfrageerfahrung Befragte verfügen. Für die Anzahl der im letzten Monat absolvierten Umfragen wurde kein signifikanter Effekt auf die Wahrscheinlichkeit von Satisficing gefunden. Wider den Erwartungen und im Einklang mit den Befunden von Toepoel et al. (2008) zeigte sich jedoch, dass die Wahrscheinlichkeit von Satisficing umso höher war, je länger Befragte Teilnehmer des Online-Access-Panels waren. Daher wurde die alternative Hypothese formuliert, dass eine zunehmende Verweildauer in einem Online-Access-Panel mit einer Abnahme der Motivation der Teilnehmer einhergehen kann, was die Wahrscheinlichkeit für Satisficing erhöht.

Die Hypothesen zum Einfluss der *Motivation von Befragten* auf die Wahl der Antwortstrategie konnten in den Analysen des vierten Kapitels nicht zurückgewiesen werden. Übereinstimmend mit den theoretischen Annahmen zeigte sich, dass Befragte, die sich für das Thema oder die Themen der Umfrage interessierten, die der Meinung waren, dass die Teilnahme an wissenschaftlichen Befragungen wichtig ist und die sich bei der Beantwortung der Fragen bemüht haben, mit einer geringeren Wahrscheinlichkeit Satisficing als Antwortstrategie verfolgten als Befragte, bei denen dies nicht der Fall war. Darüber hinaus zeigten sich deutliche Effekte der Persönlichkeit von Befragten. Die Wahrscheinlichkeit von Satisficing war bei Befragten niedriger, die hohe Ausprägungen bei den Merkmalen Need for Cognition und Need to Evaluate aufweisen sowie bei Befragten, die gewissenhaft und offen für neue Erfahrungen sind. Letztendlich bestätigten sich die Annahmen, dass Befragte, die über affektive Bindungen zu politischen Parteien verfügen, die die Wahlnorm internalisiert haben und die sich mit anderen Personen in ihrem sozialen Netzwerk über Politik unterhalten, mit geringerer Wahrscheinlichkeit zu Satisficing neigen als Befragte, die politisch nicht involviert sind.

Zusammengenommen wurden lediglich drei der insgesamt 17 Hypothesen falsifiziert. Dieses Ergebnis wurde dahingehend interpretiert, dass sich die Satisficing-Theorie in der vorliegenden Untersuchung gut bewährt hat. Insbesondere ist hervorzuheben, dass sich Hypothesen zu allen drei Einflussgrößen als haltbar erwiesen. Die Ergebnisse der Analysen des vierten Kapitels bestätigen somit die Annahme der Satisficing-Theorie, dass die Wahl der Antwortstrategie von der Schwierigkeit der Aufgabe, den Fähigkeiten und der Motivation von Befragten bedingt wird.

Die hier gewonnenen Erkenntnisse reichen somit über viele der existierenden Studien zu Satisficing hinaus, die oftmals nur Zusammenhänge zwischen einzelnen Indikatoren für Satisficing und einem begrenzten Satz von sozio-demographischen Merkmalen der Befragten, insbesondere ihrer formalen Bildung sowie ihrem Alter, untersuchen (siehe z.B. Holbrook et al. 2007; Narayan und Krosnick 1996). In der Konsequenz analysieren diese Studien insbesondere den Zusammenhang zwischen der kognitiven Gewandtheit bzw. den Fähigkeiten von Befragten und dem Auftreten der Antworteffekte von Satisficing, während etwa der Erklärungsbeitrag der Motivation unberücksichtigt bleibt. Diese Begrenzung bedingt, dass der Schwerpunkt der Studien zumeist auf der Frage liegt, ob die untersuchten Variablen signifikante Effekte in der theoretisch erwarteten Richtung haben. Als Folge wird die Frage vernachlässigt, in welchem Ausmaß die Einflussgrößen relativ zueinander zur Erklärung der Wahl der Antwortstrategie beitragen. Daher wurde die offene Frage untersucht, welche relative Bedeutung den Einflussgrößen in der Wahl von Satisficing als Antwortstrategie zukommt. Die Ergebnisse der Analysen zeigten, dass die Motivation von Befragten den stärksten Einfluss auf die Wahl der Antwortstrategie hatte. Die Betrachtung der aus dem Erklärungsmodell geschätzten Wahrscheinlichkeiten offenbarte, dass insbesondere Befragte mit einer sehr geringen oder geringen Motivation mit hoher Wahrscheinlichkeit Satisficing als Antwortstrategie verfolgten. Der Einfluss der Fähigkeiten war vergleichsweise schwächer ausgeprägt. Zudem zeigte sich, dass vor allem Befragte mit sehr geringen oder geringen Fähigkeiten eine erhöhte Wahrscheinlichkeit für Satisficing aufwiesen, während sich für Befragte mit mittleren oder hohen Fähigkeiten keine wesentlichen Unterschiede feststellen ließen. Die Schwierigkeit der Aufgabe lieferte den geringsten Beitrag zur Erklärung der Wahl der Antwortstrategie.

Vor dem Hintergrund, dass bislang nur wenige Studien den Einfluss der Schwierigkeit der Aufgabe, der Fähigkeiten und der Motivation auf die Wahrscheinlichkeit von Satisficing in umfassender Weise analysiert haben (siehe Holbrook et al. 2014; Krosnick et al. 1996; Lenzner 2012; Toepoel et al. 2009c), verwundert es wenig, dass das von Krosnick (1991) angenommene multiplikative Zusammenwirken der Einflussgrößen bislang nur von drei Studien rezipiert und empirisch untersucht wurde (siehe Krosnick et al. 1996; Lenzner 2012; Toepoel et al. 2009c). Die Befunde dieser Studien zeigen übereinstimmend, dass sich die Effekte der Schwierigkeit der Aufgabe, der Fähigkeiten und der Motivation unter bestimmten Umständen wechselseitig beeinflussen. Keine der Studien findet jedoch eine signifikante Interaktion zwischen Indikatoren aller drei Einflussgrößen. Zudem sind die Befunde zu den Interaktionen zwischen den Einflussgrößen nicht konsistent. Daher wurde weiterhin die offene Frage untersucht, wie die Einflussgrößen im Auftreten von Satisficing zusammenwirken. Die im vierten Kapitel durchgeführten Analysen zeigten eine signifikante Interaktion zwischen den Fähigkeiten und der Motivation von Befragten. Zudem konnte die Annahme bestätigt werden, dass dieser Interaktionszusammenhang auch die Schwierigkeit der Aufgabe umfasst, auch wenn der Effekt dieser Einflussgröße in der Interaktion begrenzt war. Zusammengenommen geht das Ergebnis der vorliegenden Untersuchung über die Befunde der Studien von Krosnick et al. (1996), Lenzner (2012) und Toepoel et al. (2009c) hinaus, insofern erstmals empirische Unterstützung für den von Krosnick (1991, S. 225) beschriebenen Interaktionszusammenhang zwischen den Einflussgrößen erbracht wurde.

Zusammenfassend erzielte die vorliegende Untersuchung hinsichtlich der Erklärung von Satisficing in Befragungen zwei zentrale Erkenntnisse. Erstens bewährte sich die Satisficing-Theorie in der empirischen Überprüfung eines umfassenden Satzes der ihr zu Grunde liegenden Annahmen sehr gut. Die detaillierten Erkenntnisse über die Effekte einer Vielzahl von Indikatoren der Einflussgrößen sind insbesondere vor dem Hintergrund der geringen Anzahl von Studien zu sehen, die umfangreiche Sätze der Annahmen der Satisficing-Theorie überprüft haben. Zudem bezieht die Mehrzahl dieser Studien lediglich einzelne oder eine sehr begrenzte Anzahl von Indikatoren für die Antworteffekte von Satisficing in ihre Analysen ein, was die Verallgemeinerbarkeit der Befunde einschränkt. Die vorliegende Untersuchung hebt sich von diesen Studien ab, indem die Analysen auf eine latente Variable für die Wahl der Antwortstrategie zurückgreifen, deren Modellierung auf der Verwendung multipler Indikatoren für Satisficing beruht. Zweitens konnten neue bzw. erweiterte Erkenntnisse über die relative Bedeutung der Einflussgrößen Schwierigkeit der Aufgabe, Fähigkeiten und Motivation sowie zu ihrem Zusammenwirken in der Wahl der Antwortstrategie gewonnen werden. Wie im Abschnitt 6.3 gezeigt wird, können diese Erkenntnisse zur Entwicklung und Optimierung von Strategien und Maßnahmen herangezogen werden, die auf eine Verringerung des Auftretens von Satisficing in Befragungen abzielen.

6.1.3 Intra-individuelle Stabilität und Variabilität in der Wahl der Antwortstrategie

Abschließend wurde die Frage nach der intra-individuellen Stabilität und Variabilität in der Wahl der Antwortstrategie in Wiederholungsbefragungen thematisiert. Wie im zweiten Kapitel herausgearbeitet wurde, liegen bislang keine Publikationen vor, welche die intra-individuelle Variabilität in der Wahl der Antwortstrategie in Wiederholungsbefragungen mit Bezugnahme auf die Satisficing-Theorie untersuchen. Im fünften Kapitel wurde daher zunächst die Frage untersucht, wie groß das Ausmaß der intra-individuellen Variabilität in der Wahl der Antwortstrategie ist, wenn Befragte wiederholt interviewt werden. Die Analysen zeigten, dass in den betrachteten Panelwellen zwischen 10,2% und 10,9% der Befragten Satisficing als Antwortstrategie verfolgten. Sie offenbarten weiterhin, dass sowohl intra-individuelle Stabilität als auch Variabilität beobachtet werden können. Zusammengenommen wurde eine insgesamt begrenzte intra-individuelle Variabilität in der Wahl der Antwortstrategie konstatiert. Die beobachtete intra-individuelle Stabilität wurde als Hinweis auf relevante Einflüsse zeitstabiler Merkmale in der Wahl der Antwortstrategie interpretiert, während die festgestellte Variabilität darauf hinwies, dass zeitvariante Merkmale von Befragten sowie des situativen Kontexts ebenfalls von Bedeutung sind.

Im Anschluss wurde daher untersucht, inwieweit sich die intra-individuelle Variabilität in der Wahl der Antwortstrategie entsprechend der Annahmen der Satisficing-Theorie mit zeitvarianten Merkmalen der Befragten und der Interviewsituation erklären lässt. Die Ergebnisse dieser Analyse zeigen, dass Wechsel der Antwortstrategie insbesondere durch Veränderungen in der Motivation von Befragten zu erklären sind. Eine zunehmende Motivation führt demnach zu einer reduzierten Wahrscheinlichkeit von Satisficing. Dieser Befund bestätigt eine Annahme der Satisficing-Theorie und unterstreicht die Bedeutung der Motivation von Befragten in der Wahl der Antwortstrategie. Für die Fähigkeiten von Befragten und die Interviewsituation fanden sich hingegen keine erwartungskonformen Effekte. Insbesondere die politische Mediennutzung übte keine signifikanten Effekte auf das Auftreten von Satisficing aus, was die Robustheit des Befunds in den Analysen des vierten Kapitels ein Stück weit in Frage stellt.

Im letzten Schritt der Analyse wurde unter Verwendung eines hybriden Panelregressionsmodells die Gültigkeit der Hypothese untersucht, dass sowohl zeitstabile als auch zeitvariante Merkmale der Befragten sowie der situative Kontext die Wahl von Optimizing oder Satisficing als Antwortstrategie bedingen. Die Ergebnisse zeigten in Übereinstimmung mit den Befunden des vierten Kapitels, dass kognitiv gewandte Befragte mit einer geringeren Wahrscheinlichkeit Satisficing als Antwortstrategie verfolgten. Zudem wurden die Befunde bestätigt, dass hohe Ausprägungen der Persönlichkeitsmerkmale Need for Cognition und Gewissenhaftigkeit die Wahl von Optimizing als Antwortstrategie wahrscheinlicher machen. Weiterhin konnte der Befund abgesichert werden, dass politisch involvierte Befragte, die sich mit einer Partei identifizieren und die Wahlnorm internalisiert haben, mit einer geringeren Wahrscheinlichkeit Satisficing als Antwortstrategie verfolgen als Befragte, die politisch nicht involviert sind. Im Unterschied zu den Ergebnissen des vierten Kapitels wurden in dieser Analyse ein negativer Effekt der Umfrageerfahrung sowie positive Effekte der Länge der Mitgliedschaft und der Anzahl der Mitgliedschaften in Online-Access-Panels auf die Wahrscheinlichkeit von Satisficing gefunden. In Übereinstimmung mit der im vierten Kapitel aufgestellten Hypothese geht eine moderate Umfrageerfahrung demnach mit einer geringeren Wahrscheinlichkeit von Satisficing einher. Eine längere Verweildauer im Online-Access-Panel sowie insbesondere multiple Mitgliedschaften in Online-Access-Panels stehen hingegen in Zusammenhang mit einer höheren Wahrscheinlichkeit von Satisficing. Dieser Befund spricht für die Gültigkeit der alternativen Hypothese, dass eine übermäßig häufige Teilnahme an Umfragen zu Abnutzungseffekten führen kann, die sich negativ auf die Antwortqualität auswirken. Zusammengenommen ist zu konstatieren, dass sowohl zeitstabile als auch zeitvariante Merkmale von Befragten und der Interviewsituation bedeutsame Einflüsse auf die Wahl der Antwortstrategie ausüben.

6.2 Die Bedeutung der gewonnenen Erkenntnisse für die Umfrageforschung

Die vorliegende Untersuchung intendierte, einen Beitrag zur empirischen Überprüfung und theoretischen Weiterentwicklung der Satisficing-Theorie zu leisten. Erstens sind insbesondere die Erkenntnisse zur Messung von Satisficing sowie die Ergebnisse der Untersuchung der intra-individuellen

Variabilität in der Wahl der Antwortstrategie in Wiederholungsbefragungen von Bedeutung für die Weiterentwicklung des theoretischen Verständnisses von Satisficing in Befragungen. In ihrer originalen Formulierung ist die Satisficing-Theorie auf die Erklärung der Wahl der Antwortstrategie bei der Beantwortung einzelner Fragen ausgerichtet (siehe Krosnick 1991, 1999; Krosnick und Alwin 1987). Der Kontext der Fragen innerhalb einer Befragung wird in der Theorie mitgedacht, aber nicht detailliert ausgearbeitet. Die Erweiterung des theoretischen Rahmens der Satisficing-Theorie auf ganze Befragungen oder Sätze von Fragen eröffnet neue Fragestellungen, die bislang nicht oder nur unzureichend untersucht wurden. Hierunter fällt einerseits die Untersuchung der Annahme, dass die Wahl der Antwortstrategie als latente Variable verstanden und in statistischen Analysen modelliert werden kann. Die Analysen in den Kapiteln 3 und 5 haben diese Annahme bestätigt und präsentieren mit der LCA eine personenorientierte Methode zur statistischen Modellierung von Satisficing, die vergleichsweise geringe Ansprüche an die Datengrundlage stellt und von daher in vielen Situationen zur Untersuchung von Satisficing angewendet werden kann. Einen zusätzlichen Beitrag zur Weiterentwicklung der Theorie erbringt die Untersuchung der intra-individuellen Variabilität in der Wahl der Antwortstrategie. Wie argumentiert wurde, hängt ihr Ausmaß von der Bedeutung ab, die zeitstabilen und zeitvarianten Einflussgrößen in der Wahl der Antwortstrategie zukommt. Hierzu finden sich jedoch in den existierenden theoretischen Abhandlungen als auch empirischen Untersuchungen wenige oder keine Hinweise. Aus den hier präsentierten Befunden zur intra-individuellen Variabilität in der Wahl der Antwortstrategie lassen sich hingegen Aussagen über die Bedeutung zeitstabiler und zeitvarianter Einflussgrößen ableiten. Die Beschäftigung mit der Bedeutung der Einflussgrößen schärft zudem den Blick für die Annahme der Satisficing-Theorie, dass die Wahl der Antwortstrategie in komplexen Situationen geschieht, in denen Befragte mit Interviewern und/oder Frageinstrumenten interagieren. Die vorliegende Untersuchung leistet somit einen Beitrag zur Erweiterung des theoretischen Verständnisses von Satisficing in Befragungen.

Zweitens erbringt sie mit der Untersuchung einer Vielzahl von Hypothesen zur Erklärung des Auftretens von Satisficing einen Beitrag zur empirischen Überprüfung der Theorie. Sie trägt somit zur Evaluation des analytischen Potenzials der Satisficing-Theorie für die Untersuchung und Erklärung der Entstehung von Messfehlern in Befragungen bei. Die aus den Analysen resultierenden Befunde haben Implikationen für analytische und auch praktische Anwendungen der Satisficing-Theorie. Sie stellen vertiefte und neue Erkenntnisse über die Bedeutung und das Zusammenwirken der Einflussgrößen in der Wahl der Antwortstrategie bereit. Wie im Anschluss gezeigt wird, erlauben diese Erkenntnisse die Formulierung genauerer Annahmen darüber, wie die Wahrscheinlichkeit der Wahl von Satisficing als Antwortstrategie von Befragten reduziert werden kann. Sie weisen somit einen Nutzen für praktische Anwendungen auf, da sie zur Entwicklung und Optimierung von Strategien und Maßnahmen verwendet werden können, die auf die Minderung des Auftretens von Satisficing in Befragungen abzielen. Diese Erkenntnisse sind nicht nur für Querschnittsbefragungen sondern insbesondere auch für Panelstudien und wiederholte Befragungen von Teilnehmern von Access-Panels und anderen fest definierten Personengruppen (z.B. Mitarbeiter eines Unternehmens oder Studierende einer Universität) relevant. Vor allem in Analysen von Paneldaten sind durch Satisficing verzerrte Messungen von interessierenden Variablen zu einzelnen oder multiplen Zeitpunkten ein gewichtiges Problem. Diesbezüglich leistet die vorliegende Untersuchung mit der Bereitstellung von Erkenntnissen zur intra-individuellen Variabilität in der Wahl der Antwortstrategie einen Beitrag zur Entwicklung und Optimierung von Strategien und Maßnahmen, die auf die Verringerung der Wahrscheinlichkeit des Auftretens von Satisficing in Wiederholungsbefragungen abzielen.

Drittens besteht in der Umfrageforschung ein weit verbreitetes Interesse an der Abschätzung der Qualität von bereits erhobenen Daten. Die in dieser Studie vorgeschlagene Modellierung der Antwortstrategie als latente Variable stellt interessierten Forschern ein innovatives Werkzeug für die Untersuchung des Antwortverhaltens von Befragten in Umfragen zur Verfügung. Wie im nachfolgenden Abschnitt gezeigt wird, ergibt sich der Vorteil einer solchen Modellierung insbesondere dann, wenn die zu verwendende Datengrundlage über keine Experimente und Fragen zur direkten Messung von Satisficing verfügt und zudem ein analytisches Interesse an der Untersuchung der Antwortstrategie auf der Ebene der Befragten besteht. Die vorgeschlagene Modellierung kann darüber hinaus im Rahmen von Strategien genutzt werden, die auf die Klassifizierung von Befragten nach der von ihnen verfolgten Antwortstrategie abzielen, um in statistischen Analysen die Effekte des Antwortverhaltens auf substantielle Analyseergebnisse kontrollieren zu können. Die Modellierung der Antwortstrategie als latente Variable kann somit zur Durchführung von Robustheitsanalysen verwendet werden.

6.3 Implikationen für den Umgang mit Satisficing in Befragungen

Messfehler sind eine sehr bedeutsame Fehlerquelle in Befragungen (Biemer 2011, S. 9; Biemer und Lyberg 2003, S. 41). Aus der Theorie zu Messfehlern lässt sich ableiten, dass die aus Satisficing resultierenden Messfehler systematische Verzerrungen als auch variable Fehler umfassen können (vgl. Biemer 2010, S. 826; Biemer und Lyberg 2003, S. 43-51; Groves et al. 2009, S. 52-53). In der Folge können sie sowohl lineare Schätzer, wie Mittel-, Absolut- oder Anteilswerte, als auch nichtlineare Schätzer, wie beispielsweise Korrelationskoeffizienten, Regressionskoeffizienten und Standardfehler beeinflussen (Biemer und Lyberg 2003, S. 49-50). Während für lineare Schätzer insbesondere systematische Verzerrungen von schwerwiegender Bedeutung sind, führen sowohl systematische als auch variable Fehler zu Verzerrungen in nichtlinearen Schätzern. Variable Fehler, die unter anderem aus der zufälligen Auswahl einer Antwort aus einer Liste von Antwortmöglichkeiten resultieren, schwächen beispielsweise Regressionskoeffizienten ab (Biemer und Lyberg 2003, S. 49-50).[92] Bedeutsamer sind jedoch die systematischen Verzerrungen, die sich aus den mit Satisficing assoziierten Antworteffekten ergeben. Akquieszenz beispielsweise kann Mittelwerte von Items in positiver oder negativer Richtung verzerren, je nachdem ob die Zustimmung mit hohen oder niedrigen Werten auf einer Ratingskala verbunden ist. Mittelkategorie-Antworten hingegen verzerren den Mittelwert in Richtung des Mittelpunkts von Ratingskalen und verringern in der Folge die Varianz von Variablen. Diese Verzerrungen können insbesondere schwerwiegende Einflüsse haben, wenn zur Messung latenter Konstrukte Skalen mit multiplen Items verwendet werden (Roberts 2016; Steenkamp und Baumgartner 1998). Die Verzerrungen in univariaten Verteilungen beeinflussen in der Folge Skalen- oder Indexwerte. Insbesondere Straightlining kann die Varianz von Skalen reduzieren und Mittelwerte systematisch verzerren. Systematische Fehler können zudem zu schwer vorhersehbaren Verzerrungen in nichtlinearen Schätzern führen. Sie beeinflussen somit etwa Korrelationen, welche die Grundlage von vielen multivariaten Analyseverfahren wie Regressionen, Faktoranalysen oder Strukturgleichungsmodellen sind (Roberts 2016; Van Vaerenberg und Thomas 2013). Die Studien von Rammstedt et al. (2010) und Rammstedt und Kemper (2011) zeigen, dass

---

92 Es ist zu beachten, dass auch andere Antworteffekte von Satisficing variable Fehler bedingen können, z.B. wenn die Stärke des Antworteffekts über Replikationen einer Umfrage hinweg variiert (vgl. Roberts 2016).

Akquieszenz die Faktorstruktur von Skalen zur Messung des „Big Five"-Modells der Persönlichkeit verzerrt. Systematische Messfehler führen zudem zu verzerrten Korrelationen zwischen latenten Variablen (Steenkamp und Baumgartner 1998). Die durch systematische Fehler hervorgerufenen Verzerrungen in der Messung latenter Variablen haben weiterhin Implikationen für Untersuchungen der Messinvarianz, wenn das Auftreten der Verzerrungen systematisch zwischen den untersuchten Gruppen variiert (Roberts 2016).

Daneben kann Satisficing über die verstärkte Nutzung nichtsubstantieller Antwortmöglichkeiten zu einer nachhaltigen Reduzierung der Stichprobengröße insbesondere in multivariaten Analysen führen, wenn nichtsubstantielle Antworten als fehlende Angaben behandelt werden. Die reduzierte Stichprobengröße zieht eine Erhöhung der Standardfehler von Schätzern nach sich (Allison 2002, S. 6). In der Folge wird es auf Grund breiterer Konfidenzintervalle der Schätzer schwieriger, auf das Vorliegen statistisch signifikanter Effekte zu schließen. Unter bestimmten Bedingungen kann es zudem zu systematischen Verzerrungen von Analyseergebnissen kommen (Allison 2002, S. 1-12), sofern dem Ausfall nicht beispielsweise mittels Verfahren der multiplen Imputation (siehe z.B. Rubin 1987) begegnet wird.

Nach den hier durchgeführten Analysen verfolgten zwischen 9,2% und 9,5% der Befragten in den Online-Trackings sowie zwischen 10,2% und 10,9% der Befragten in den Wellen des Wahlkampfpanels 2013 Satisficing als Antwortstrategie. Zwar lassen diese prozentualen Werte keine Aussage über die Größenordnung der tatsächlichen Verzerrungen in inhaltlich interessierenden Variablen zu. Es kann jedoch unterstellt werden, dass die maximal mögliche Verzerrung bei einer Inzidenz von rund einem Zehntel der Befragten insgesamt begrenzt sein sollte. Nichtsdestoweniger ist der Anteil der Befragten, die Satisficing als Antwortstrategie verfolgten so hoch, dass die Auswirkungen auf Daten und Analysen nicht ignoriert werden sollten.

In der Forschung zu Messfehlern in Befragungen lassen sich zwei relevante Strategien zum Umgang mit Antworteffekten bzw. Antwortstilen vorfinden, welche sich auf Forschungstraditionen mit unterschiedlichen Forschungszielen zurückführen lassen (Roberts 2016). Diese intendieren einerseits die nachträgliche Kontrolle für Messfehler in Datenanalysen und andererseits die Minderung des Auftretens von Satisficing während der Datenerhebung.

Die erste Strategie geht auf die Forschung zu Antwortstilen in Befragungen zurück (siehe Roberts 2016; Van Vaerenberg und Thomas 2013,

S. 205-209). In ihrer genuinen Form zielt sie darauf ab, Antwortstile zu identifizieren und in statistischen Datenanalysen für diese Antwortstile zu kontrollieren.[93] Sie hat bislang in einer Reihe von Verfahren zur Analyse unterschiedlicher Antwortstile Anwendung gefunden (siehe z.b. Billiet und McClendon 2000; Kieruj und Moors 2010, 2013; Saris und Aalberts 2003; Weijters et al. 2008).

Die vorliegende Untersuchung leistet einen Beitrag zur Entwicklung und Optimierung von Strategien, welche die Identifikation von Befragten, die Satisficing als Antwortstrategie verfolgen, zum Ziel haben. Der hier verfolgte Ansatz – welcher auf der Erstellung von Indikatoren für Satisficing mittels der Zählung bestimmter Antworten oder Antwortmuster von Befragten in einem Satz von Fragen oder in allen Fragen eines Fragebogens basiert – ist für Datennutzer einfach umzusetzen und stellt geringe Ansprüche an die zu Grunde liegenden Daten (vgl. Van Vaerenberg und Thomas

---

[93] Die Strategie der Identifikation von Antwortstilen und der Kontrolle für diese in statistischen Datenanalysen ist eng mit einer Sichtweise verbunden, der zufolge Antwortstile das Ergebnis zeitstabiler Persönlichkeitseigenschaften sind, weshalb sie konsistent über unterschiedliche Messzeitpunkte und Situationen hinweg auftreten (vgl. Paulhus 1991, S. 17). Eine ähnliche Perspektive liegt bisweilen auch Forschungsarbeiten und praktischen Anwendungen insbesondere im Bereich von Online-Access-Panels zu Grunde. Dies führt zu einer sehr scharfen Unterscheidung zwischen „guten" und „schlechten" Befragten, was an Begriffen wie „careless responder" (Meade und Craig 2011), „bad respondent" (Baker et al. 2010), „undesirable panelist" (Miller und Baker-Prewitt 2009), „gamer" (Downes-Le Guin 2005) oder „fraudulent and inattentive panelists" (Baker und Downes-Le Guin 2007; Downes-Le Guin et al. 2006) deutlich wird. Diese Unterscheidung zwischen „guten" und „schlechten" Befragten wird gelegentlich auch explizit mit den Antwortstrategien Optimizing und Satisficing in Verbindung gesetzt (siehe z.B. Downes-Le Guin 2005), während die Wahl von Satisficing als Antwortstrategie in anderen Zusammenhängen als ein Indiz für die Professionalisierung der Teilnehmer von Online-Access-Panels gedeutet wird. Da oftmals eine sehr weitgehende Stabilität im Antwortverhalten über die Zeit angenommen wird, bestehen übliche Verfahrensweisen im Ausschluss von „unerwünschten" Teilnehmern aus Online-Access-Panels oder aus den zu untersuchenden Stichproben (Baker und Downes-Le Guin 2007, S. 161-163; Baker et al. 2010, S. 755-757; Hillygus et al. 2014, S. 223). Die hier vorgestellten Ergebnisse stehen jedoch in Widerspruch zu diesen Sichtweisen. Die Befunde von intra-individueller Variabilität in der Wahl der Antwortstrategie sowie des Einflusses von zeitvarianten Merkmalen von Befragten und der Interviewsituation auf die Wahrscheinlichkeit von Satisficing sind Argumente gegen den Ausschluss von Befragten aus Analysedatensätzen oder Panelstudien. Zudem wird das Entfernen von Befragten aus Stichproben oder Datensätzen Forschern, die es gewohnt sind, mit Umfragedaten aus Zufallsstichproben zu arbeiten, befremdlich vorkommen und zumeist auf Ablehnung stoßen.

2013, S. 206). Wie gezeigt wurde, findet diese Vorgehensweise regelmäßig in der Untersuchung der Antworteffekte von Satisficing Anwendung (Turner et al. 2014, S. 12-13). Während sie den allgemeinen Vorteil aufweist, die Erstellung einer Vielzahl von Indikatoren für Satisficing zu erlauben, liegt ein gewichtiger Nachteil gegenüber komplexeren Ansätzen darin, dass es selten Empfehlungen gibt, wie die berechneten Indikatoren zur Kontrolle der Effekte von Satisficing in Datenanalysen verwendet werden können.

Mit der LCA wurde hier eine probabilistische Methode vorgestellt, die zur Modellierung der Wahl der Antwortstrategie als latente Variable verwendet werden kann. Sie ist als personenorientierte Methode im Vergleich zu stärker variablenorientierten Ansätzen, wie z.B. Faktoranalysen, sehr gut für die Identifikation von Befragten geeignet, die Satisficing als Antwortstrategie verfolgen. In der LCA werden Wahrscheinlichkeiten für die Zugehörigkeit der Befragten zu den latenten Klassen geschätzt, die zur diskreten Klassifikation der Befragten nach der von ihnen verfolgten Antwortstrategie herangezogen werden können. Die LCA stellt somit zwei alternative Indikatoren bereit, die zur Durchführung von Robustheitsanalysen herangezogen werden können. Sowohl die geschätzten Klassenzugehörigkeitswahrscheinlichkeiten als auch die diskrete Klassifikation können verwendet werden, um Analysen unter Ausschluss der Befragten zu replizieren, die Satisficing als Antwortstrategie verfolgt haben. Weiterhin können diese Indikatoren für Satisficing als Kontrollvariablen in multivariate Analysemodelle aufgenommen werden (vgl. Malhotra 2008, S. 926-929; Weijters et al. 2010b, S. 104). Darüber hinaus wäre es denkbar, in Anlehnung an Ansätze des „propensity-score weightings" (siehe z.B. Horvitz und Thompson 1952), die invertierten Wahrscheinlichkeiten für die Zugehörigkeit zur Klasse Satisficing als Gewichte in statistischen Analysen zu verwenden, um den Einfluss der betreffenden Fälle auf die Analyseergebnisse zu ergründen bzw. zu kontrollieren. Letztendlich können die in der LCA generierten Indikatoren für Satisficing – wie hier demonstriert wurde – zur Untersuchung interessierender Fragestellungen zu Satisficing in Befragungen verwendet werden. Zusammengenommen ergeben sich somit weitreichende Einsatzmöglichkeiten für den hier präsentierten Ansatz.

Die zweite Strategie zum Umgang mit Satisficing in Befragungen zielt grundsätzlich auf die Minderung des Auftretens dieser Antwortstrategie ab. Der Fokus der Strategie liegt auf dem Potenzial des Designs von Fragen, Fragebögen und Umfragen zur Reduzierung der Belastungen und zur Steigerung der Motivation von Befragten während des Interviews. Die Strategie kann sich auf eine umfangreiche Literatur zum Frage-, Fragebogen- und Umfragedesign stützen (siehe u.a. Couper 2008; Dillman 2008; Dillman et al. 2009; Fowler 1995; Krosnick und Presser 2010; Schnell 2012; Schwarz et al. 2008). Bezugnehmend auf die Satisficing-Theorie lassen sich spezifische Hypothesen generieren, wie Designaspekte genutzt werden können, um die Aufgabe des Frageverstehens und der Fragebeantwortung für die Befragten zu erleichtern und ihre Motivation zur sorgfältigen Beantwortung zu steigern. Inwieweit die Entwicklung von Strategien und Maßnahmen zur Verringerung des Auftretens von Satisficing erfolgreich ist, hängt von der Verfügbarkeit von detaillierten Erkenntnissen über die Einflussgrößen von Satisficing, ihrer relativen Bedeutung und ihrem Zusammenwirken in der Wahl der Antwortstrategie ab. Je präziser die Erklärung der Wahl der Antwortstrategie erfolgt, desto besser ist es möglich, wirksame Strategien zur Minderung des Auftretens von Satisficing zu entwickeln.

Die hier präsentierten Ergebnisse zeigen, dass insbesondere der Motivation von Befragten eine bedeutende Rolle in der Wahl der Antwortstrategie zukommt. Demnach verfolgten vor allem Befragte mit einer sehr geringen oder geringen Motivation Satisficing als Antwortstrategie. Weiterhin wurde festgestellt, dass Befragte mit sehr geringen oder geringen Fähigkeiten zu Satisficing neigten, während zwischen Befragten mit mittleren oder hohen Fähigkeiten keine signifikanten Unterschiede beobachtet wurden. Nichtsdestoweniger übten die Fähigkeiten der Befragten einen starken Einfluss auf die Wahl der Antwortstrategie aus. Eine hohe oder sehr hohe Schwierigkeit der Aufgabe ging mit einer hohen Wahrscheinlichkeit von Satisficing einher, allerdings war der Einfluss der Schwierigkeit insgesamt begrenzt. Diese Erkenntnisse legen nahe, dass sich Strategien und Maßnahmen zur Verringerung von Satisficing in erster Linie auf die Erhöhung der Motivation von Befragten konzentrieren sollten. Wie im Weiteren gezeigt wird, bestehen Möglichkeiten auf die Motivation von Befragten einzuwirken, sodass dies ein guter Ausgangspunkt für die Entwicklung oder Optimierung entsprechender Strategien und Maßnahmen ist. Weiterhin ist die Bedeutung von geringen Fähigkeiten bei Befragten zu beachten. Diese Empfehlung ist ungleich schwerer zu berücksichtigen, da insbesondere die kognitive Gewandtheit von Befragten nicht beeinflusst werden kann. Daher sollte die Vereinfachung der Aufgabe der Fragebeantwortung sowie die positive Beeinflussung der Interviewsituation Beachtung finden. Diese grundsätzlichen Empfehlungen müssen zudem berücksichtigen, dass die Einflussgrößen Schwierigkeit der Aufgabe, Fähigkeiten und Motivation in der Wahl der Antwortstrategie von Befragten zusammenwirken. Demzufolge ist insbesondere die Entwicklung von Strategien und Maßnahmen anzudenken, welche die Schwierigkeit der Aufgabe für Befragte mit geringen Fähigkeiten reduzieren und die zugleich auf eine Steigerung der Motivation dieser Befragten abzielen.

Die existierende Forschung zum Frage-, Fragebogen- und Umfragedesign gibt einige Anregungen, wie diese Ziele erreicht werden können. Weitere Ideen lassen sich zudem unmittelbar aus den hier gewonnenen Ergebnissen ableiten. Einerseits zeigte sich, dass die Wahl der Antwortstrategie nur sehr begrenzt durch situative Aspekte, wie Ablenkungen während der Umfrageteilnahme, den Ort der Interviewteilnahme oder die Wahl des verwendeten Endgeräts beeinflusst wurde. Während die Interviewsituation in Interviewer-administrierten Befragungen kontrolliert und nötigenfalls beeinflusst werden kann, bestehen in selbstadministrierten Befragungen nur wenige Möglichkeiten, die Interviewsituation zu erfassen und auf diese einzuwirken. In der Regel kann in selbstadministrierten Befragungen lediglich über eine direkte Ansprache versucht werden, Befragte dazu zu bewegen, den Fragebogen in einem Umfeld auszufüllen, das einer sorgfältigen Fragebeantwortung zuträglich ist. In webbasierten Umfragen können darüber hinaus Paradaten verwendet werden, um eine vage Abschätzung der Interviewsituation vorzunehmen. Potenziell könnten Paradaten sogar dazu genutzt werden, die Interviewsituation in Echtzeit zu beeinflussen. Beispielsweise könnte eine automatische Detektion von sehr kurzen oder sehr langen Antwortzeiten genutzt werden, um gezielt Hinweise in der Umfrage einzublenden, die Befragte zu einer konzentrierten Teilnahme oder zur Fortsetzung zu einem passenderen Zeitpunkt anhalten. Darüber hinaus ermöglicht es die Verwendung von Smartphones, Befragte bei der Beantwortung des Fragebogens über GPS zu orten (siehe z.B. Toepoel und Lugtig 2014). Auch diese Information könnte potenziell genutzt werden, um über eingeblendete Hinweise einen Einfluss auf das Interview zu nehmen.

Während die Interviewsituation in selbstadministrierten Befragungen ebenso wie die kognitive Gewandtheit der Befragten im Allgemeinen nicht oder nur sehr begrenzt vom Forscher beeinflusst werden können, ist eine Einflussnahme auf die Motivation von Befragten sowie die Schwierigkeit der Fragebeantwortung prinzipiell möglich. Die Vereinfachung der Aufgabe stellt zugleich eine Möglichkeit dar, auf die höhere Wahrscheinlichkeit von Satisficing unter Befragten mit geringen Fähigkeiten zu reagieren. Wie im vierten Kapitel gezeigt wurde, lag die Wahrscheinlichkeit von Satisficing bei diesen Befragten unter der Bedingung einer hohen Schwierigkeit erwartungsgemäß signifikant höher als unter der Bedingung einer geringen Schwierigkeit. Das Design von Fragen und Fragebögen kann genutzt werden, um es Befragten mit geringen Fähigkeiten zu erleichtern, Fragen zu verstehen, die gesuchten Informationen aufzufinden, sie in adäquate Antworten zu transformieren und letztendlich zu berichten (Vannette und Krosnick 2014, S. 319-320). So wird beispielsweise die Verwendung von „branching questions" zur Vereinfachung der Aufgabe vorgeschlagen. Hierbei werden bipolare Einstellungsfragen in eine Abfolge von einfacheren Fragen zerlegt, die zunächst die Richtung und anschließend die Intensität der Einstellung erheben (Krosnick und Berent 1993; Malhotra et al. 2009). Andererseits wird die optimale Anzahl von Skalenpunkten bei Ratingskalen diskutiert. Während eine zu geringe Anzahl von Skalenpunkten die Schwierigkeit der Fragebeantwortung erhöhen kann, da moderate Einstellungen nicht berichtet werden können, erhöht eine zu große Anzahl von Skalenpunkten ebenfalls die Schwierigkeit, da die inhaltliche Bedeutung der einzelnen Punkte für die Befragten schwer zu evaluieren ist. In der Konsequenz wird eine moderate Anzahl von Skalenpunkten empfohlen, die vollständig zu beschriften sind, um die Reliabilität und Validität der Messung zu optimieren und dem Auftreten von Satisficing entgegenzuwirken (Krosnick und Fabrigar 1997, S. 143-152; Krosnick und Presser 2010, S. 268-278). Zudem wird die Verwendung von Ratingskalen empfohlen, bei denen die Beschriftungen der Skalenpunkte auf die evaluative Dimension der Frage Bezug nehmen. Diese konstruktspezifischen Antwortskalen erreichen demnach eine höhere Reliabilität und Validität als Antwortskalen, die den Grad der Zustimmung zu vorgegebenen Aussagen erfassen. Zudem sind sie weniger anfällig gegenüber Akquieszenz als Zustimmungsskalen (Krosnick und Presser 2010, S. 275-278). Insbesondere in webbasierten Umfragen können auch technische Aspekte des Fragedesign verwendet werden, um die Fragebeantwortung zu erleichtern und motivierender zu gestalten. Die Beantwortung von komplexen Fragen kann etwa vereinfacht werden, indem Erläuterungen zu den Fragen oder Hilfestellungen über die Aktivierung entsprechender Schaltflächen bereitgestellt werden (Bethlehem und Biffignandi 2012, S. 192). Weiterhin zeigen einige Studien, dass das Zerlegen von umfangreichen Matrixfragen in Einzelfragen, die mit einer gleichbleibenden Antwortskala zu beantworten sind, das Auftreten von Satisficing verringern (siehe z.B. Klausch et al. 2012; Roßmann 2013a). Die Studie von Toepoel et al. (2009a) stellt fest, dass eine höhere Anzahl von

Fragen auf den Seiten einer Web-Befragung zu höherem Item Nonresponse als auch einer schlechteren Bewertung der Umfrage durch die Befragten führt. Couper et al. (2013) schließlich geben eine Reihe von konkreten Empfehlungen ab, wie Matrixfragen gestaltet werden können, um die Erfahrung der Umfrageteilnahme für Befragte positiv zu gestalten und eine möglichst hohe Antwortqualität zu erhalten. Die skizzierten Maßnahmen tragen alles in allem nicht nur zu einer Vereinfachung der Fragebeantwortung bei, sondern wirken sich oftmals auch positiv auf die Motivation von Befragten zur sorgfältigen Beantwortung der Fragen aus.

Wie die vorliegende Untersuchung nahelegt, hat insbesondere die Motivation von Befragten eine große Bedeutung für die Wahl der Antwortstrategie. Obgleich sich zeitstabile Persönlichkeitsmerkmale, wie Need for Cognition, Need to Evaluate, die Gewissenhaftigkeit oder die Verträglichkeit einer Person, der Beeinflussung durch den Forscher entziehen, kann dennoch positiv auf die Motivation von Befragten eingewirkt werden. Die starken Effekte der selbstberichteten Aufmerksamkeit und Sorgfalt der Befragten legen beispielsweise nahe, dass Appelle an das Verantwortungsgefühl oder Bitten nach einer gewissenhaften und konzentrierten Beantwortung der Fragen eine Steigerung der Motivation bewirken könnten (siehe auch Vannette und Krosnick 2014, S. 319-320). Die Untersuchungsergebnisse zeigen zudem, dass eine geringe subjektiv empfundene Wichtigkeit der Teilnahme an wissenschaftlichen Umfragen sowie möglicherweise auch ein geringes Interesse am Befragungsthema der Wahl von Optimizing als Antwortstrategie abträglich sind. Demnach könnten Strategien zur Verringerung von Satisficing beinhalten, dass Befragten erklärt wird, warum ihre Teilnahme wichtig für die wissenschaftliche Forschung ist und dass gerade auch die Antworten von weniger am Thema interessierten Personen von großer Bedeutung sind (Krosnick 2000, S. 8). Auch die Bereitstellung der Ergebnisse von Umfragen könnte sich positiv auf die Motivation von Befragten auswirken (vgl. Blom et al. 2015b). Für webbasierte Umfragen gilt wiederum, dass technische Möglichkeiten des Frage- und Umfragedesigns genutzt werden können, um die Teilnahme und Fragebeantwortung für Befragte motivierend zu gestalten. Beispielsweise können während des Interviews automatisch Hinweise eingeblendet werden, wenn Befragte „weiß nicht" antworten oder die Antwortabgabe verweigern. Diese Hinweise können genutzt werden, um Befragte auf die Wichtigkeit ihrer Antworten hinzuweisen und sie so zur Abgabe akkurater Antworten zu motivieren (siehe z.B. De Leeuw et al. 2010; DeRouvray und Couper 2002). Insbesondere im Hinblick auf die zunehmende Diversifizierung und Verbreitung mobiler Endgeräte, die zur Beantwortung webbasierter Umfragen verwendet werden können, empfiehlt es sich, den Typ und die Eigenschaften des verwendeten Geräts zu erfassen und das Design von Umfragen automatisch anzupassen, um die Umfrageteilnahme für die Befragten motivierend zu gestalten und die Fragebeantwortung zu erleichtern (siehe z.B. Toepoel und Lugtig 2014).

Die hier zusammengetragenen Beispiele, wie das Design von Fragen, Fragebögen und Umfragen genutzt werden kann, um der Wahl von Satisficing als Antwortstrategie entgegenzuwirken, stellen letztendlich nur eine kleine Auswahl von Erkenntnissen und Empfehlungen aus der Umfrageforschung dar. Zusammenfassend ist festzustellen, dass sich Forschern und Praktikern in der Umfrageforschung vielfältige Möglichkeiten bieten, die Beantwortung von Umfragen für Befragte zu erleichtern und die Erfahrung der Umfrageteilnahme angenehm und motivierend zu gestalten. Die vorliegende Untersuchung ist ein Beitrag, damit diese Aufgabe besser gelingen kann.

6.4 Einschränkende Bemerkungen und Anregungen für zukünftige Untersuchungen

Die hier präsentierten Analyseergebnisse haben eine Vielzahl von Erkenntnissen zur Messung und Erklärung der Antwortstrategie von Befragten erbracht und tragen zur Weiterentwicklung des theoretischen Verständnisses von Satisficing in Befragungen bei. Nichtsdestoweniger unterlagen die durchgeführten Analysen Begrenzungen, die in zukünftigen Untersuchungen überwunden werden können. Darüber hinaus werfen sie neue Fragestellungen auf, die in kommenden Studien zu Satisficing adressiert werden sollten. Nachfolgend werden die wichtigsten Begrenzungen und weiterer Forschungsbedarf aufgezeigt.

Erstens waren die Analysen darin beschränkt, dass die objektive Schwierigkeit der Fragen bzw. Befragungen für alle Befragten nahezu identisch war, da die Teilnehmer die gleichen Fragebögen beantworteten. Daher standen in den Analysen lediglich die subjektiv empfundene Schwierigkeit des Frageverstehens und der Fragebeantwortung sowie Indikatoren zum verwendeten Endgerät und zur Interviewsituation zur Verfügung. Obwohl die Erhebung der subjektiven Einschätzung wertvolle Erkenntnisse über den Einfluss der Schwierigkeit der Aufgabe in der Wahl der Antwortstrategie zulässt, sollten zukünftige Untersuchungen auch auf experimentelle Designs zurückgreifen, um weitere Erkenntnisse über den Einfluss der

Fazit und Ausblick

Schwierigkeit der Fragebeantwortung und seine Interaktion mit den Fähigkeiten und der Motivation in der Wahl der Antwortstrategie zu gewinnen. Die Studie von Lenzner (2012) stellt Merkmale von Fragen vor, welche die Schwierigkeit des Frageverstehens und der Fragebeantwortung beeinflussen. Sie liefert somit wertvolle Informationen für die Entwicklung von experimentellen Studien zur Untersuchung des Einflusses der Schwierigkeit von Fragen auf die Wahrscheinlichkeit des Auftretens von Satisficing. Ein weiteres hilfreiches Werkzeug ist die webbasierte Anwendung SQP 2.0 (http://sqp.upf.edu/, siehe auch Saris et al. (2011)), welche eine Bestimmung der Schwierigkeit bzw. Qualität von Fragen erlaubt. Auch diese Anwendung kann die Entwicklung entsprechender experimenteller Untersuchungsdesigns unterstützen.

Zweitens weisen die Analyseergebnisse darauf hin, dass die Verwendung eines antwortzeitbasierten Indikators für Speeding die Messung von Satisficing zwar maßgeblich unterstützen kann, seine Verwendung jedoch nicht vollkommen unproblematisch ist. In den Analysen zur Erklärung des Auftretens von Satisficing zeigten sich nicht erwartungskonforme Effekte des Alters von Befragten sowie der Nutzung von Smartphones. Wie gezeigt wurde, können beide Effekte zumindest teilweise auf eine geringere Antwortgeschwindigkeit von älteren Befragten (siehe auch Couper und Kreuter 2013; Yan und Tourangeau 2008) bzw. von Smartphonenutzern (siehe auch De Bruijne und Wijnant 2013; Gummer und Roßmann 2015; Mavletova 2013) zurückgeführt werden. Dieser Befund ist insbesondere relevant für Ansätze, welche die Wahl der Antwortstrategie ausschließlich anhand von antwortzeitbasierten Indikatoren zu erfassen versuchen (siehe z.B. Wanich 2010). Die Ergebnisse der vorliegenden Untersuchung legen nahe, dass die Erstellung von antwortzeitbasierten Indikatoren zur Erfassung der gewählten Antwortstrategie mindestens das Alter und das zur Umfragebeantwortung verwendete Endgerät berücksichtigen sollte. Bezugnehmend auf Erkenntnisse zum Zusammenhang von kognitiven Fähigkeiten und Antwortzeiten, verwenden Greszki et al. (2015, S. 478) einen antwortzeitbasierten Indikator, dessen Berechnung die formale Bildung und das Alter von Befragten einbezieht. Ihre Studie führt jedoch keinen Vergleich zur Verwendung von Indikatoren durch, die eine solche Korrektur nicht vornehmen. Es ist daher eine offene Frage, ob die Berücksichtigung von Unterschieden zwischen den Befragten zu einer Optimierung von antwortzeitbasierten Indikatoren für Satisficing beiträgt und wenn ja, welche Merkmale in die Berechnung einbezogen werden sollten. Die Problematik inter-individueller Unterschiede in der Kapazität des Arbeitsgedächtnisses, der kognitiven Gewandtheit sowie weiterer Prädispositionen wird auch im Kontext von Ansätzen zur Messung der allgemeinen Basisgeschwindigkeit und der Kontrolle dieser in der Analyse von Antwortzeiten thematisiert (siehe z.B. Mayerl 2005; Mayerl et al. 2005; Mayerl und Urban 2008; Neumann 2015). Die Bereinigung von antwortzeitbasierten Indikatoren um die individuelle Basisgeschwindigkeit von Befragten verspricht, die potenziell konfundierenden Einflüsse von inter-individuellen Unterschieden in der kognitiven Gewandtheit oder in den verwendeten Endgeräten zu eliminieren. Notwendige Voraussetzung für eine solche Korrektur ist eine möglichst unabhängige Messung der individuellen Basisgeschwindigkeit, die jedoch oftmals nicht zur Verfügung steht. Daher wird bisweilen auch die Verwendung des arithmetischen Mittelwerts aller aufgezeichneten Antwortzeiten oder der mittleren Antwortzeit bei einem bestimmten Satz von Fragen vorgeschlagen (Mayerl und Urban 2008, S. 63-70). Im Kontext der Identifikation der Antwortstrategie von Befragten birgt dieses Vorgehen allerdings die große Gefahr, dass bereits die Messung der Basisgeschwindigkeit durch das Auftreten von Satisficing konfundiert sein kann. Die Bereinigung der Antwortzeiten um die so gemessene Basisgeschwindigkeit würde dann zu einer schwer vorhersehbaren Konfundierung von Analysen führen, die auf antwortzeitbasierte Indikatoren für Speeding zurückgreifen. Weiterhin wird eine Reihe von unterschiedlichen Methoden zur Bereinigung von Antwortzeiten um die Basisgeschwindigkeit von Befragten diskutiert (siehe z.B. Mayerl und Urban 2008; Urban und Mayerl 2007). Vergleiche zwischen diesen Methoden zeigen jedoch teils inkonsistente Analyseergebnisse (Neumann 2015). Aus diesen Gründen sind weitere Studien anzuregen, welche die optimale Erstellung von antwortzeitbasierten Indikatoren für Speeding bzw. für Satisficing zum Ziel haben.

Drittens beruhen die hier durchgeführten Analysen auf Stichproben von Teilnehmern eines Online-Access-Panels. In der Eingrenzung des Untersuchungsgegenstands auf Web-Befragungen im einleitenden Kapitel wurden drei Argumente präsentiert, wonach dieser Erhebungsmodus das Auftreten von Satisficing grundsätzlich begünstigen könnte. Die Frage nach dem Einfluss des Erhebungsmodus auf die Wahl der Antwortstrategie von Befragten wurde in den letzten Jahren durch die zunehmende Besorgnis über „professionelle" Befragungsteilnehmer in Online-Access-Panels ergänzt (Couper 2011, 2013). Die Definition und Operationalisierung von professionellen Befragten in der Forschungsliteratur ist nicht einheitlich. Zumeist wird die

Professionalisierung von Befragten mit einer hohen Anzahl von absolvierten Befragungen, einer großen Umfrageerfahrung, der mehrfachen Mitgliedschaft oder einer langen Verweildauer in Online-Access-Panels in Verbindung gesetzt (siehe Callegaro et al. 2014; Hillygus et al. 2014; Silber et al. 2013; Toepoel et al. 2008). Die Besorgnis über professionelle Befragte resultiert aus der zunehmend verbreiteten Erkenntnis, dass zur Befragung gewillte Teilnehmer eine knapper werdende Ressource sind. Zudem wird eine große Anzahl von Umfragen von einer vergleichsweise sehr kleinen Anzahl von Personen beantwortet (siehe z.B. Hillygus et al. 2014; Tourangeau et al. 2013). Die zunehmende Übersättigung mit Umfragen drückt sich in sinkenden Teilnahmeraten unter den Mitgliedern von Online-Access-Panels über die Zeit und einer steigenden Anzahl von Befragungseinladungen aus, die an die Teilnehmer von Online-Access-Panels versendet werden müssen, um die anvisierten Fallzahlen in Umfragen zu realisieren (Couper 2011).

Die Forschung zum Einfluss von professionellen Befragungsteilnehmern auf die Ergebnisse von Umfragen ist bislang begrenzt und durch eine hohe Heterogenität in den untersuchten Fragestellungen und den verwendeten Daten und Untersuchungsdesigns gekennzeichnet. Lediglich eine geringe Anzahl wissenschaftlicher Publikationen und einige Untersuchungen von Unternehmen aus dem Bereich der Markt- und Meinungsforschung setzen sich mit professionellen Befragten auseinander (Hillygus et al. 2014, S. 220). In der Beschäftigung mit dem Phänomen lassen sich zwei Ansätze differenzieren (Hillygus et al. 2014, S. 220-221). Ein Untersuchungsansatz thematisiert die Selbstselektion von Teilnehmern in nicht-zufallsbasierten Online-Access-Panels und beschäftigt sich mit dem Zusammenhang zwischen den Motiven für die Mitgliedschaft und den Einstellungen sowie dem Antwortverhalten der Teilnehmer. Einerseits wird angenommen, dass die Teilnahme an Umfragen in Zusammenhang mit dem Interesse am Befragungsthema steht (Groves et al. 2004). Demnach könnten Personen, die sich freiwillig in Online-Access-Panels anmelden, stärker an bestimmten Themen interessiert sein als Personen in der interessierenden Grundgesamtheit (siehe auch Baker et al. 2010, S. 746-747). Sie sollten daher in erhöhtem Maße zur sorgfältigen Beantwortung von Fragen zu einer Vielzahl von Themen motiviert sein. Andererseits wird die Selbstselektion in Online-Access-Panels oftmals mit finanziellen Motiven in Zusammenhang gebracht (Keusch et al. 2014). Diesbezüglich wird angenommen, dass sich die Teilnehmer weniger für die Themen der Umfragen interessieren, was sich auf Grund einer erhöhten Wahrscheinlichkeit von Satisficing negativ auf die Qualität der

Antworten auswirken könnte (siehe z.B. Hillygus et al. 2014). Ein zweiter Untersuchungsansatz hingegen hat den Einfluss von Panel Conditioning auf Einstellungen und das Antwortverhalten von Befragten als Erkenntnisinteresse und ist somit für alle longitudinalen Umfragen von Bedeutung. Eine grundlegende Annahme ist, dass Befragte durch die wiederholte Teilnahme an Umfragen Erfahrungen mit der Fragebeantwortung erwerben, die ihnen helfen, Fragen akkurat zu beantworten und Fehler zu vermeiden (Das et al. 2011, S. 34; Toepoel et al. 2009b, S. 73; Waterton und Lievesley 1989, S. 324). Andererseits wird befürchtet, dass sich erfahrene Befragte weniger bei der Beantwortung von bekannten oder ihnen bekannt vorkommenden Fragen anstrengen könnten, was die Wahrscheinlichkeit des Auftretens von Satisficing (Toepoel et al. 2008) und Beantwortungsfehlern (Das et al. 2011, S. 34) erhöhen könnte. Zudem wird vermutet, dass erfahrene Befragte lernen, welche Antworten sie auf bestimmte Fragen geben müssen, um zusätzliche Nachfragen zu vermeiden (Das et al. 2011; Duan et al. 2007; Mathiowetz und Lair 1994; Meurs et al. 1989; Toepoel et al. 2009b; Waterton und Lievesley 1989). Die Professionalisierung von Befragten in Online-Access-Panels kann demnach die Fähigkeiten der Panelteilnehmer steigern und in der Folge die Wahrscheinlichkeit von Satisficing reduzieren. Zugleich kann jedoch eine über die Zeit nachlassende Motivation in Verbindung mit zunehmenden Erkenntnissen über Möglichkeiten zur Reduzierung der kognitiven Belastungen bei der Fragebeantwortung die Wahrscheinlichkeit von Satisficing erhöhen.

Die Ergebnisse der existierenden Forschung zum Zusammenhang der Professionalisierung von Befragten in Online-Access-Panels und dem Auftreten von Satisficing in Befragung sind gemischt (Hillygus et al. 2014, S. 221-223). Toepoel et al. (2008) etwa finden Hinweise auf eine erhöhte Neigung von erfahrenen Befragten zur Wahl von Satisficing als Antwortstrategie. Die Studie von Hillygus et al. (2014, S. 229-232) erbringt hingegen keine konsistenten Befunde, wonach professionelle Befragte in stärkerem Maße Satisficing als Antwortstrategie verfolgen als Personen, die an wenigen Online-Access-Panels und Umfragen teilnehmen. Professionelle Befragte wiesen im Mittel eine längere Interviewdauer und vergleichbare Häufigkeit von Straightlining auf als weniger erfahrene Teilnehmer. Zugleich zeigten sich bei professionellen Befragten jedoch höhere Anteile von Item Nonresponse, „Weiß nicht"-Antworten und unsinnigen Antworten bei offenen Fragen. Silber et al. (2013) vergleichen das Antwortverhalten von professionellen Befragten aus zwei Online-Access-Panels mit dem Antwort-

Fazit und Ausblick

verhalten von weniger professionalisierten Teilnehmern aus zwei Web-Befragungen. Die professionellen Befragten brachen die Umfrage seltener ab und beantworteten häufiger eine kognitiv fordernde offene Frage. Jedoch waren ihre Antworten auf die offene Frage kürzer und seltener substantiell interpretierbar als bei den weniger professionellen Teilnehmern. Zudem gaben professionelle Befragte häufiger keine Antwort bei geschlossenen Fragen (Silber et al. 2013, S. 130-132). In der vorliegenden Untersuchung zeigte sich, dass insbesondere Befragte mit einer längeren Verweildauer im Online-Access-Panel (Kapitel 4) sowie Befragte, die in drei oder mehr Online-Access-Panels Mitglied sind (Kapitel 5), mit höherer Wahrscheinlichkeit Satisficing als Antwortstrategie verfolgten als weniger professionelle Befragte. Diese Befunde wurden hier einerseits als Hinweis auf eine nachlassende Motivation von Befragten bei einer übermäßigen Exposition mit Umfragen interpretiert. Weiterhin wurde angenommen, dass bei drei oder mehr Mitgliedschaften in Online-Access-Panels finanzielle Motive eine tragende Rolle für die Teilnahme spielen könnten (siehe auch Hillygus et al. 2014, S. 224), was in der Konsequenz die Wahl von Optimizing als Antwortstrategie weniger wahrscheinlich machen würde.

Die Beschäftigung mit der theoretischen Debatte sowie den empirischen Befunden zu professionellen Befragten zeigt zusammenfassend, dass komplexe Zusammenhänge zwischen der Selektion der Teilnehmer für Online-Access-Panels, der fortgesetzten Teilnahme an Online-Access-Panels und der Wahl der Antwortstrategie in Befragungen bestehen, die bislang noch nicht vollständig ergründet wurden. Die hier präsentierten Ergebnisse sind ein Beitrag zu dieser Forschung. Nichtsdestoweniger bleiben einige Fragen offen, die in zukünftigen Untersuchungen adressiert werden sollten. Diesbezüglich sind insbesondere zwei Forschungsdesiderate hervorzuheben. Zum einen ist in vergleichenden Analysen von zufallsbasierten und nicht-zufallsbasierten Online-Access-Panels der Zusammenhang zwischen der Selbstselektion und dem beobachteten Antwortverhalten von Befragten zu ergründen. Zum anderen ist insbesondere in Vergleichen von professionellen Befragten aus zufallsbasierten Online-Access-Panels und weniger umfrageerfahrenen Teilnehmern zu untersuchen, welchen Einfluss die fortwährende Exposition mit Umfragen auf die Fähigkeiten und die Motivation hat und wie sich diese Einflüsse auf die Wahl der Antwortstrategie auswirken. Mit dem LISS Panel in den Niederlanden (Das 2012a, 2012b; Scherpenzeel 2009, 2011), dem German Internet Panel (GIP, Blom et al. 2015b; Blom et al. 2015a) und dem GESIS Panel (GESIS 2015; siehe auch Blom et al.

2015a) in Deutschland sowie dem ELIPSS Panel in Frankreich (siehe Blom et al. 2015a; Das 2012b) sind in den letzten Jahren zufallsbasierte Online-Access-Panels etabliert worden, die höchste Ansprüche an die Stichprobenziehung, das Panelmanagement und die durchzuführenden Befragungen stellen. Diese Online-Access-Panels stellen somit eine hervorragende Grundlage für die Durchführung der skizzierten Untersuchungen dar.

Viertens und abschließend ist zu diskutieren, inwieweit die in den hier durchgeführten Analysen von Daten aus webbasierten Befragungen gewonnenen Erkenntnisse auf andere Befragungsmethoden übertragbar sind. Wie bereits im einleitenden Kapitel argumentiert wurde, haben sich Web-Befragungen in der empirischen Sozialforschung unlängst als eine Erhebungsmethode etabliert, die auf Grund der fortschreitenden technologischen Entwicklung und der zunehmenden Wichtigkeit des Internets für Wirtschaft und Gesellschaft sehr wahrscheinlich weiter an Bedeutung gewinnen wird. Web-Befragungen unterscheiden sich von persönlich-mündlichen und telefonischen Befragungen insbesondere durch die Selbstadministration, die weitgehende Beschränkung auf den visuellen Kommunikationskanal und die verwendete Technologie. Diese Charakteristika können das Auftreten von Satisficing in Web-Befragungen im Vergleich zu anderen Erhebungsmethoden potenziell begünstigen. Mitunter mögen die Eigenschaften der Methode der Wahl von Satisficing als Antwortstrategie jedoch auch entgegenstehen (siehe Abschnitt 1.3 in Kapitel 1 für eine knappe Diskussion der wichtigsten Unterschiede und ihrer möglichen Auswirkungen auf die Antwortstrategie von Befragten). Eine Reihe von Studien hat das Auftreten von Satisficing in modusvergleichender Perspektive untersucht. Zwei dieser Studien berichten höhere Anteile von „Weiß nicht"-Antworten in Web- als in „Face-to-Face"-Befragungen, wobei „weiß nicht" in den Web-Befragungen als explizite Antwortmöglichkeit vorgegeben war, während diese Antwort in den „Face-to-Face"-Befragungen nur auf spontane Nennung hin akzeptiert wurde (Heerwegh 2009; Heerwegh und Loosveldt 2008). Die Studie von Fricker et al. (2005) findet signifikant weniger „Weiß nicht"-Antworten bei einer Web-Befragung als bei einer telefonischen Befragung, während Malhotra et al. (2014) einen höheren Anteil in der Web-Befragung feststellen. Zudem berichten Malhotra et al. (2014) von mehr Mittelkategorie-Antworten in der Web-Befragung im Vergleich zur telefonischen Erhebung. Die Studien von Heerwegh und Loosveldt (2008) und Heerwegh (2009) überprüfen weiterhin die Differenziertheit der Antworten in Fragebatterien mit Ratingskalen. In einer Studie sind die Antwor-

Fazit und Ausblick

ten in der Web-Befragung weniger differenziert als in der „Face-to-Face"-Befragung (Heerwegh und Loosveldt 2008), während in der anderen Studie kein Unterschied vorgefunden wird (Heerwegh 2009). In der Studie von Fricker et al. (2005) sind die Antworten der telefonisch befragten Internetnutzer differenzierter als die der Web-Befragten, während Malhotra et al. (2014) keine Unterschiede in den Antworten zwischen telefonisch und über das Internet befragten Personen findet. Eine weitere Studie berichtet eine geringere Antwortdifferenzierung in einer telefonischen Befragung im Vergleich zu zwei Web-Befragungen mit Teilnehmern aus einem nicht-zufallsbasierten und einem zufallsbasierten Online-Access-Panel (Chang und Krosnick 2009). In einer experimentellen Untersuchung kommen Chang und Krosnick (2010) zu dem Ergebnis, dass die Teilnehmer ihre Antworten in einer Web-Befragung stärker differenzierten als in einer telefonischen Befragung. Zudem zeigte sich in der telefonischen Befragung ein deutlicher Antwortreihenfolgeeffekt, welcher in der Web-Befragung nicht auftrat (Chang und Krosnick 2010, S. 160). Keine Unterschiede im Vorkommen von Akquieszenz finden die Studien von Heerwegh (2009) zwischen den Teilnehmern einer „Face-to-Face"- und einer Web-Befragung sowie von Fricker et al. (2005) zwischen Teilnehmern einer telefonischen und einer Web-Befragung. Aus den genannten Studien kann folglich nicht abgeleitet werden, dass Satisficing konsistent häufiger in Web-Befragungen auftritt als in anderen Befragungsmodi. Die teils widersprüchlichen Ergebnisse der Studien sind neben den jeweils betrachteten Befragungsmethoden auch auf Unterschiede im Design der Untersuchungen zurückzuführen, welche zum Teil keine klare Unterscheidung zwischen Effekten zulassen, die aus dem Befragungsmodus oder aus dem Selektionsmechanismus bei der Auswahl der Teilnehmer resultieren. In diesem Zusammenhang weisen Baker et al. (2010, S. 738-739) auf widersprüchliche Befunde zwischen experimentellen und nicht-experimentellen Studien hin, die ihrer Ansicht nach insbesondere die Durchführung von weiteren Experimentalstudien wünschenswert machen. Diese Anregung wird hier aufgegriffen und ihre Bedeutung für die Umfrageforschung betont. Für zukünftige Untersuchungen ist eine zufällige Zuweisung von Befragten zu den Erhebungsmethoden anzuregen, um Modus- und Selektionseffekte analytisch trennen zu können. Ein solches Design wäre zudem gut geeignet, die hier durchgeführten Analysen zu replizieren und die Generalisierbarkeit der Befunde über unterschiedliche Erhebungsmethoden zu untersuchen. Zusammenfassend kann auf Grund der unklaren und widersprüchlichen Befundlage zu Modusunterschieden im Auftreten von Satisficing jedoch nicht ohne weiteres davon ausgegangen werden, dass die in der vorliegenden Untersuchung präsentierten Ergebnisse prinzipiell nicht auf andere Erhebungsmethoden übertragbar sind. Trotz der Erkenntnis, dass die Methode der Web-Befragung nicht automatisch zu einem verstärkten Auftreten von Satisficing führt, lassen sich die hier gewonnenen Ergebnisse nicht uneingeschränkt auf Intervieweradministrierte Befragungsmethoden übertragen. Dies gilt einerseits für die Messung von Satisficing, die hier unter anderem auf einem Indikator für nichtsubstantielle Antworten auf eine kognitiv fordernde offene Frage beruht. In telefonischen oder persönlich-mündlichen Befragungen kann auf Grund der Involvierung eines Interviewers bei der Eingabe der Antworten nur bedingt oder unter bestimmten Umständen (z.B. bei selbstadministrierten Befragungsteilen) auf die Qualität der Antworten der Befragten geschlossen werden. Für die Messung von Satisficing in Intervieweradministrierten Befragungen ist daher die Verwendung von alternativen Indikatoren für Satisficing zu prüfen. Die Verwendung von Indikatoren für Mittelkategorie- und „Weiß nicht"-Antworten sowie für Straightlining ist hingegen – in Abhängigkeit vom Inhalt der Fragebögen – grundsätzlich möglich. Auch die Nutzung von antwortzeitbasierten Indikatoren für das Ausmaß der kognitiven Aktivität während des Antwortprozesses ist in Interviewer-administrierten Befragungen gut möglich, wenn die Erhebung computerunterstützt erfolgt. Die Durchführung der Befragung durch einen Interviewer erlaubt mit der aktiven Antwortreaktionszeitmessung, bei der die Messung der zur Beantwortung einer Frage benötigten Zeit durch den Interviewer gesteuert und validiert wird, eine genauere Messung der Antwortzeit als bei passiven, automatischen Verfahren, bei denen die gesamte Zeit vom Vorlesen der Frage bis zur Eingabe der Antwort durch den Interviewer erfasst wird (Mayerl und Urban 2008, S. 11-17). Andererseits ist die Übertragbarkeit der Befunde zur Erklärung des Auftretens von Satisficing hinsichtlich der Rolle von Interviewern in der Wahl der Antwortstrategie von Befragten beschränkt. Es wird hier unterstellt, dass die grundlegenden kognitiven Prozesse in der Wahl der Antwortstrategie unabhängig vom verwendeten Erhebungsmodus sind. Entsprechend wird angenommen, dass die Wahl der Antwortstrategie unabhängig von der Befragungsmethode durch die Einflussgrößen Schwierigkeit der Aufgabe, Fähigkeiten und Motivation bedingt wird. Unterschiede zwischen den Erhebungsmethoden betreffen hingegen den Kontext der Befragung und hierbei insbesondere die Rolle des Interviewers in der Befragung. Die Satisficing-Theorie beinhaltet die Annahme, dass die Wahl der Antwortstrategie in komplexen Situationen geschieht, in denen Befragte mit Interviewern und Fragen interagieren (Krosnick 1991, S. 220-225). In selbstadministrierten Befragungen hingegen entfällt der Interviewer als moderierende Instanz und Befragte interagieren unmittelbar mit den Fragen bzw. dem Befragungsinstrument. Obgleich es unwahrscheinlich ist, dass die Beteiligung eines Interviewers die grundlegenden kognitiven Prozesse in der Wahl der Antwortstrategie verändert, so ist dennoch davon auszugehen, dass sie einen Einfluss auf die Antwortstrategie von Befragten hat.[94] Zum einen können unmotivierte Interviewer die Motivation von Befragten untergraben, während die Begeisterung von motivierten Interviewern unterbewusst ansteckend auf die Befragten wirken kann. Interviewer können zudem ein Gefühl der Rechenschaftspflicht in Befragten hervorrufen, was die Wahl von Optimizing als Antwortstrategie begünstigen sollte (Chang und Krosnick 2009, S. 646). Weiterhin weist eine Studie von Olson und Bilgen (2011) darauf hin, dass erfahrene Interviewer in höherem Maße zustimmende Antworten bei Befragten hervorrufen als weniger erfahrene Interviewer. Interviewer können somit unmittelbar auf die Wahl der Antwortstrategie von Befragten einwirken. Darüber hinaus ist jedoch denkbar, dass die Beteiligung von Interviewern am Befragungsprozess auch moderierende Effekte auf die Wahl der Antwortstrategie von Befragten hat. So könnte beispielsweise vermutet werden, dass der Effekt der Salienz des Themas für Befragte auf die Wahrscheinlichkeit von Satisficing von der Salienz des Themas für den Interviewer moderiert wird. Die Moderation der Effekte der Einflussgrößen Schwierigkeit der Aufgabe, Fähigkeiten und Motivation auf die Wahl der Antwortstrategie durch Interviewer würde die Übertragbarkeit der präsentierten Ergebnisse auf Intervieweradministrierte Befragungsmethoden nachhaltiger beeinträchtigen als die Feststellung, dass die Involvierung von Interviewern einen unmittelbaren Effekt auf das Auftreten von Satisficing in Befragungen hat. Bislang liegen jedoch keine Publikationen vor, welche die Effekte der Beteiligung von Interviewern am Befragungsprozess auf Satisficing bei Befragten systematisch und kontrolliert untersuchen. Die Untersuchung von Interview-

---

94 Die gegenwärtige Forschung zu Satisficing in Befragungen konzentriert sich nahezu ausschließlich auf die Untersuchung von Satisficing als Antwortstrategie von Befragten. Darüber hinaus besteht jedoch auch die Möglichkeit, dass Interviewer auf Satisficing als Strategie zur Verringerung der Belastung bei der Durchführung des Interviews zurückgreifen (Japec 2006). Dieser Forschungsstrang ist jedoch bislang nicht sehr weit entwickelt worden.

ereffekten auf die Wahl der Antwortstrategie von Befragten ist daher als Forschungsdesiderat zu nennen. Idealerweise würde eine entsprechende Untersuchung eine zufällige Zuweisung von Interviewern zu Befragten beinhalten, um mögliche konfundierende Effekte auszuschließen. Weiterhin könnte die Kombination mit einer zufälligen Zuweisung von Befragten zu einer selbst- (z.b. Web-Befragung) oder Interviewer-administrierten Befragungsmethode (z.b. telefonische Befragung) genutzt werden, um die Rolle der Wahl der Antwortstrategie von Befragten und des Einflusses von Interviewern in der Entstehung von Modusunterschieden zu untersuchen.

Die Satisficing-Theorie (Krosnick 1991, 1999; Krosnick und Alwin 1987) ist seit ihrer Entwicklung in den späten 1980er- und frühen 1990er-Jahren zu einem sehr populären theoretischen Ansatz in der Analyse und Erklärung der Entstehung von Messfehlern in Umfragen geworden. Die vorliegende Untersuchung hat einerseits einen Beitrag zum theoretischen Verständnis der Antwortstrategie Satisficing geleistet. Andererseits wurden in den empirischen Analysen bislang offen gebliebene und neu aufgeworfene Fragen untersucht und im Resultat eine Vielzahl von Erkenntnissen zur Messung und Erklärung von Satisficing in Befragungen generiert. Die Diskussion der wichtigsten Begrenzungen der vorliegenden Untersuchung macht jedoch deutlich, dass bei weitem noch nicht alle Fragen zur Theorie, Messung und Erklärung von Satisficing in Befragungen gestellt oder abschließend beantwortet wurden. Das Aufzeigen offener Fragen und die Skizzierung von Ansätzen zu ihrer Untersuchung intendiert, weitere Forschung zu Satisficing zu initiieren, die dem Ziel dient, die Wahl der Antwortstrategie von Befragten besser zu verstehen und Strategien zur Vermeidung des Auftretens von Satisficing sowie zum Umgang mit den Folgen dieser Antwortstrategie zu entwickeln und zu optimieren. Über diese Anregungen zur Untersuchung offener Fragen hinaus soll jedoch nicht der Wert von Replikationen für die sozialwissenschaftliche Forschung ausgeblendet werden (siehe z.B. Firebaugh 2008, S. 90-110). Die weitere Überprüfung der allgemeinen Anwendbarkeit der hier vorgestellten Methode zur Messung von Satisficing sowie der Robustheit der präsentierten Befunde zur Erklärung des Auftretens von Satisficing und der intra-individuellen Variabilität in der Wahl der Antwortstrategie ist daher eine Aufgabe für zukünftige Untersuchungen. Wie bereits angeklungen ist, sollten Replikationen insbesondere auch auf andere Erhebungsmethoden sowie auf Daten aus quer- und längsschnittlichen Studien mit unterschiedlichen Untersuchungsdesigns zurückgreifen. Zudem sind Replikationen mit Daten aus Studien mit anderen thematischen

Schwerpunkten oder anderen regionalen oder kulturellen Kontexten prinzipiell zu begrüßen.

Literatur

AAPOR (2011). *Standard Definitions: Final Dispositions of Case Codes and Outcome Rates for Surveys*. Deerfield, IL: American Association for Public Opinion Research.

Abold, R., Bergmann, M., & Rattinger, H. (2009). Verändern Interviews die Befragten? Eine Analyse zu Paneleffekten. In H. Schoen, H. Rattinger, & O. W. Gabriel (Hrsg.), *Vom Interview zur Analyse: Methodische Aspekte der Einstellungs- und Wahlforschung* (S. 131-153). Baden-Baden: Nomos.

ADM (2015). Quantitative Interviews der Mitgliedsinstitute des ADM nach Befragungsart. https://www.adm-ev.de/zahlen/. Zugegriffen: 10.02.2015.

Aichholzer, J. (2013). Intra-Individual Variation of Extreme Response Style in Mixed-Mode Panel Studies. *Social Science Research 42* (3), 957-970. doi: 10.1016/j.ssresearch.2013.01.002

Allison, P. D. (2002). *Missing Data*. Thousand Oaks, CA: Sage Publications.

Allison, P. D. (2009). *Fixed Effects Regression Models*. Thousand Oaks, CA: Sage Publications.

Alwin, D. F. (2007). *Margins of Error. A Study of Reliability in Survey Measurement*. Hoboken, NJ: Wiley.

Alwin, D. F., & Krosnick, J. A. (1991). The Reliability of Survey Attitude Measurement: The Influence of Question and Respondent Attributes. *Sociological Methods & Research 20* (1), 139-181. doi: 10.1177/0049124191020001005

Andersen, S. H. (2008). The Short- and Long-Term Effects of Government Training on Subjective Well-Being. *European Sociological Review 24* (4), 451-462. doi: 10.1093/esr/jcn005

Ariely, G., & Davidov, E. (2012). Assessment of Measurement Equivalence with Cross-National and Longitudinal Surveys in Political Science. *European Political Science 11* (3), 363-377.

Bacher, J., & Vermunt, J. K. (2010). Analyse latenter Klassen. In C. Wolf, & H. Best (Hrsg.), *Handbuch der sozialwissenschaftlichen Datenanalyse* (S. 553-574). Wiesbaden: VS Verlag für Sozialwissenschaften.

Backhaus, K., Erichson, B., Plinke, W., & Weiber, R. (2008). *Multivariate Analysemethoden. Eine anwendungsorientierte Einführung*. Heidelberg: Springer.

Baker, R., Blumberg, S. J., Brick, J. M., Couper, M. P., Courtright, M., Dennis, J. M., Dillman, D. A., Frankel, M. R., Garland, P., Groves, R. M., Kennedy, C., Krosnick, J. A., Lavrakas, P. J., Lee, S., Link, M., Piekarski, L., Rao, K., & Zahs, D. (2010). AAPOR Report on Online Panels. *Public Opinion Quarterly 74* (4), 711-781. doi: 10.1093/poq/nfq048

Baker, R., & Downes-Le Guin, T. (2007). *Separating the Wheat from the Chaff: Ensuring Data Quality in Internet Samples.* Proceedings of the 5th ASC International Conference, Southampton.

Bandilla, W., Kaczmirek, L., Blohm, M., & Neubarth, W. (2009). Coverage- und Nonresponse-Effekte bei Online-Bevölkerungsumfragen. In N. Jackob, H. Schoen, & T. Zerback (Hrsg.), *Sozialforschung im Internet* (S. 129-144). Wiesbaden: VS Verlag für Sozialwissenschaften.

Barrios, M., Villarroya, A., Borrego, A., & Olle, C. (2011). Response Rates and Data Quality in Web and Mail Surveys Administered to PhD Holders. *Social Science Computer Review 29* (2), 208-220. doi: 10.1177/0894439310368031

Bartels, L. M. (1999). Panel Effects in the American National Election Studies. *Political Analysis 8* (1), 1-20.

Bartus, T. (2005). Estimation of Marginal Effects Using Margeff. *The Stata Journal 5* (3), 309-329.

Bassili, J. N. (1993). Response Latency Versus Certainty as Indexes of the Strength of Voting Intentions in a CATI Survey. *Public Opinion Quarterly 57* (1), 54-61. doi: 10.1086/269354

Bassili, J. N., & Fletcher, J. F. (1991). Response-Time Measurement in Survey Research. A Method for CATI and a New Look at Nonattitudes. *Public Opinion Quarterly 55* (3), 331-346. doi: 10.1086/269265

Bassili, J. N., & Scott, B. S. (1996). Response Latency as a Signal to Question Problems in Survey Research. *Public Opinion Quarterly 60* (3), 390-399. doi: 10.1086/297760

Baumgartner, H., & Steenkamp, J.-B. E. M. (2001). Response Styles in Marketing Research: A Cross-National Investigation. *Journal of Marketing Research 38* (2), 143-156. doi: 10.1509/jmkr.38.2.143.18840

Bean, C., McAllister, I., Pietsch, J., & Gibson, R. K. (2014). *Australian Election Study, 2013.* Canberra: Australian Data Archive.

Bell, A., & Jones, K. (2015). Explaining Fixed Effects: Random Effects Modeling of Time-Series Cross-Sectional and Panel Data. *Political Science Research and Methods 3* (1), 133-153. doi: 10.1017/psrm.2014.7

Best, H., & Wolf, C. (2010). Logistische Regression. In C. Wolf, & H. Best (Hrsg.), *Handbuch der sozialwissenschaftlichen Datenanalyse* (S. 827-854). Wiesbaden: VS Verlag für Sozialwissenschaften.

Best, H., & Wolf, C. (2015). Logistic Regression. In H. Best, & C. Wolf (Hrsg.), *Regression Analysis and Causal Inference* (S. 153-171). Los Angeles: Sage.

Bethlehem, J. (2002). Weighting Nonresponse Adjustments Based on Auxiliary Information. In R. M. Groves, D. A. Dillman, J. L. Eltinge, & R. J. A. Little (Hrsg.), *Survey Nonresponse* (S. 275-288). New York: Wiley.

Bethlehem, J., & Biffignandi, S. (2012). *Handbook of Web Surveys*. Hoboken, NJ: Wiley.

Biemer, P. P. (2010). Total Survey Error: Design, Implementation, and Evaluation. *Public Opinion Quarterly 74* (5), 817-848. doi: 10.1093/poq/nfq058

Biemer, P. P. (2011). *Latent Class Analysis of Survey Error*. Hoboken, NJ: Wiley.

Biemer, P. P., & Lyberg, L. E. (2003). *Introduction to Survey Quality*. Hoboken, NJ: Wiley.

Billiet, J. B., & Davidov, E. (2008). Testing the Stability of an Acquiescence Style Factor Behind Two Interrelated Substantive Variables in a Panel Design. *Sociological Methods & Research 36* (4), 542-562. doi: 10.1177/0049124107313901

Billiet, J. B., & McClendon, M. J. (2000). Modeling Acquiescence in Measurement Models for Two Balanced Sets of Items. *Structural Equation Modeling: A Multidisciplinary Journal 7* (4), 608-628. doi: 10.1207/S15328007SEM0704_5

Bizer, G. Y., Krosnick, J. A., Holbrook, A. L., Wheeler, S. C., Rucker, D. D., & Petty, R. E. (2004). The Impact of Personality on Cognitive, Behavioral, and Affective Political Processes: The Effects of Need to Evaluate. *Journal of Personality 72* (5), 995-1028. doi: 10.1111/j.0022-3506.2004.00288.x

Blom, A. G., Bosnjak, M., Cornilleau, A., Cousteaux, A.-S., Das, M., Douhou, S., & Krieger, U. (2015a). A Comparison of Four Probability-Based Online and Mixed-Mode Panels in Europe. *Social Science Computer Review*. doi: 10.1177/0894439315574825

Blom, A. G., Gathmann, C., & Krieger, U. (2015b). Setting Up an Online Panel Representative of the General Population: The German Internet Panel. *Field Methods*. doi: 10.1177/1525822X15574494

Blumenstiel, J. E., & Gummer, T. 2012. *Langfrist-Panels der German Longitudinal Election Study (GLES): Konzeption, Durchführung, Aufbereitung und Archivierung*. GESIS-Technical Reports 2012|11. Köln: GESIS – Leibniz-Institut für Sozialwissenschaften.

Bortz, J. (2005). *Statistik für Human- und Sozialwissenschaftler.* Heidelberg: Springer.

Bosnjak, M., & Tuten, T. L. (2001). Classifying Response Behaviors in Web-based Surveys. *Journal of Computer Mediated Communication, 6*(3).

Bosnjak, M., Tuten, T. L., & Bandilla, W. (2001). Participation in Web Surveys. A Typology. *ZUMA Nachrichten 48,* 7-17.

Brüderl, J. (2010). Kausalanalyse mit Paneldaten. In C. Wolf, & H. Best (Hrsg.), *Handbuch der sozialwissenschaftlichen Datenanalyse* (S. 963-994). Wiesbaden: VS Verlag für Sozialwissenschaften.

Brüderl, J., & Ludwig, V. (2015). Fixed-Effects Panel Regression. In H. Best, & C. Wolf (Hrsg.), *Regression Analysis and Causal Inference* (S. 327-357). Los Angeles: Sage.

Cacioppo, J. T., & Petty, R. E. (1982). The Need for Cognition. *Journal of Personality and Social Psychology 42,* 116-131. doi: 10.1037/0022-3514.42.1.116

Cacioppo, J. T., Petty, R. E., Feinstein, J. A., & Jarvis, W. B. G. (1996). Dispositional Differences in Cognitive Motivation: The Life and Times of Individuals Varying in Need for Cognition. *Psychological Bulletin 119* (2), 197-253. doi: 10.1037/0033-2909.119.2.197

Cacioppo, J. T., Petty, R. E., & Kao, C. F. (1984). The Efficient Assessment of Need for Cognition. *Journal of Personality Assessment 48* (3), 306-307. doi: 10.1207/s15327752jpa4803_13

Callegaro, M. (2010). Do You Know Which Device Your Respondent Has Used to Take Your Online Survey? *Survey Practice 3* (6).

Callegaro, M. (2013). Paradata in Web Surveys. In F. Kreuter (Hrsg.), *Improving Surveys with Paradata: Analytic Uses of Process Information* (S. 261-280). Hoboken, NJ: Wiley.

Callegaro, M., & DiSogra, C. (2008). Computing Response Metrics for Online Panels. *Public Opinion Quarterly 72* (5), 1008-1032. doi: 10.1093/poq/nfn065

Callegaro, M., Villar, A., Yeager, D. S., & Krosnick, J. A. (2014). A Critical Review of Studies Investigating the Quality of Data Obtained with Online Panels Based on Probability and Nonprobability Samples. In M. Callegaro, R. Baker, J. Bethlehem, A. S. Göritz, J. A. Krosnick, & P. J. Lavrakas (Hrsg.), *Online Panel Research: A Data Quality Perspective* (S. 23-53). Chichester: Wiley.

Callegaro, M., Yang, Y., Bhola, D. S., Dillman, D. A., & Chin, T.-Y. (2009). Response Latency as an Indicator of Optimizing in Online Questionnaires. *Bulletin de Méthodologie Sociologique 103* (1), 5-25. doi: 10.1177/075910630910300103

Campbell, A., Converse, P. E., Miller, W. E., & Stokes, D. E. (1960). *The American Voter.* New York: Wiley.

Cannell, C. F., Miller, P. V., & Oksenberg, L. (1981). Research on Interviewing Techniques. In S. Leinhardt (Hrsg.), *Sociological Methodology 1981* (S. 389-437). San Francisco: Jossey-Bass.

Carver, R. P. (1992). Reading Rate: Theory, Research, and Practical Implications. *Journal of Reading 36* (2), 84-95.

Ceci, S. J. (1991). How Much Does Schooling Influence General Intelligence and Its Cognitive Components? A Reassessment of the Evidence. *Developmental Psychology 27* (5), 703-722. doi: 10.1037/0012-1649.27.5.703

Chang, L., & Krosnick, J. A. (2009). National Surveys Via RDD Telephone Interviewing Versus the Internet. *Public Opinion Quarterly 73* (4), 641-678. doi: 10.1093/poq/nfp075

Chang, L., & Krosnick, J. A. (2010). Comparing Oral Interviewing with Self-Administered Computerized Questionnaires. An Experiment. *Public Opinion Quarterly 74* (1), 154-167. doi: 10.1093/poq/nfp090

Chen, S., & Chaiken, S. (1999). The Heuristic-Systematic Model in its Broader Context. In S. Chaiken, & Y. Trope (Hrsg.), *Dual-Process Theories in Social Psychology* (S. 73-96). New York: The Guilford Press.

Clarke, H., Sanders, D., Stewart, M., & Whiteley, P. (2011). *British Election Study Six-Wave Panel Survey, 2005-2009.* Colchester, Essex: UK Data Archive.

Clinton, J. D. (2001). *Panel Bias from Attrition and Conditioning: A Case Study of the Knowledge Networks Panel.* Vortrag bei der AAPOR Conference, Montreal, Canada.

Converse, P. E. (1964). *The Nature of Belief Systems in Mass Publics.* London: Free Press of Glencoe.

Couch, A., & Keniston, K. (1960). Yeasayers and Naysayers: Agreeing Response Set as a Personality Variable. *The Journal of Abnormal and Social Psychology 60* (2), 151-174. doi: 10.1037/h0040372

Couper, M. P. (2000). Web Surveys. A Review of Issues and Approaches. *Public Opinion Quarterly 64*, 464-494. doi: 10.1086/318641

Couper, M. P. (2005). Technology Trends in Survey Data Collection. *Social Science Computer Review 23* (4), 486-501. doi: 10.1177/0894439305278972

Couper, M. P. (2008). *Designing Effective Web Surveys.* Cambridge: Cambridge University Press.

Couper, M. P. (2011). The Future of Modes of Data Collection. *Public Opinion Quarterly 75* (5), 889-908. doi: 10.1093/poq/nfr046

Couper, M. P. (2013). Is the Sky Falling? New Technology, Changing Media, and the Future of Surveys. *Survey Research Methods 7* (3), 145-156. doi: 10.18148/srm/2013.v7i3.5751

Couper, M. P., & Kreuter, F. (2013). Using Paradata to Explore Item Level Response Times in Surveys. *Journal of the Royal Statistical Society: Series A (Statistics in Society) 176* (1), 271-286. doi: 10.1111/j.1467-985X.2012.01041.x

Couper, M. P., & Peterson, G. J. (2016). Why Do Web Surveys Take Longer on Smartphones? *Social Science Computer Review.* doi: 10.1177/0894439316629932

Couper, M. P., & Singer, E. (2013). Informed Consent for Web Paradata Use. *Survey Research Methods 7* (1), 57-67. doi: 10.18148/srm/2013.v7i1.5138

Couper, M. P., Tourangeau, R., Conrad, F. G., & Crawford, S. D. (2004). What They See Is What We Get: Response Options for Web Surveys. *Social Science Computer Review 22* (1), 111-127. doi: 10.1177/0894439303256555

Couper, M. P., Tourangeau, R., Conrad, F. G., & Zhang, C. (2013). The Design of Grids in Web Surveys. *Social Science Computer Review 31* (3), 322-345. doi: 10.1177/0894439312469865

Couper, M. P., Traugott, M. W., & Lamias, M. J. (2001). Web Survey Design and Administration. *Public Opinion Quarterly 65* (2), 230-253. doi: 10.1086/322199

Craik, F. I. M., & Jennings, J. M. (1992). Human Memory. In F. I. M. Craik, & T. A. Salthouse (Hrsg.), *The Handbook of Aging and Cognition* (S. 51-110). Hillsdale, NJ: Lawrence Erlbaum Associates, Inc.

Das, M. (2012a). Innovation der Online-Datenerhebung für wissenschaftliche Forschungen. Das niederländische MESS-Projekt. In F. Faulbaum, M. Stahl, & E. Wiegand (Hrsg.), *Qualitätssicherung in der Umfrageforschung. Neue Herausforderungen für die Markt- und Sozialforschung* (S. 75-102). Wiesbaden: Springer VS.

Das, M. (2012b). Innovation in Online Data Collection for Scientific Research: The Dutch MESS Project. *Methodological Innovations Online 7* (1), 7-24. doi: 10.4256/mio.2012.002

Das, M., Toepoel, V., & Van Soest, A. (2011). Nonparametric Tests of Panel Conditioning and Attrition Bias in Panel Surveys. *Sociological Methods & Research 40* (1), 32-56. doi: 10.1177/0049124110390765

De Bruijne, M., & Wijnant, A. (2013). Comparing Survey Results Obtained via Mobile Devices and Computers: An Experiment with a Mobile Web

Survey on a Heterogeneous Group of Mobile Devices Versus a Computer-Assisted Web Survey. *Social Science Computer Review 31* (4), 482-504. doi: 10.1177/0894439313483976

De Bruijne, M., & Wijnant, A. (2014). Improving Response Rates and Questionnaire Design for Mobile Web Surveys. *Public Opinion Quarterly 78* (4), 951-962. doi: 10.1093/poq/nfu046

De Leeuw, E. D. (2005). To Mix or Not to Mix Data Collection Modes in Surveys. *Journal of Official Statistics 21* (2), 233-255.

De Leeuw, E. D. (2008). Choosing the Method of Data Collection. In E. D. De Leeuw, J. J. Hox, & D. A. Dillman (Hrsg.), *International Handbook of Survey Methodology* (S. 113-135). London: Taylor & Francis.

De Leeuw, E. D. (2012). Counting and Measuring Online: The Quality of Internet Surveys. *Bulletin de Méthodologie Sociologique 114* (1), 68-78. doi: 10.1177/0759106312437290

De Leeuw, E. D., Dillman, D. A., & Hox, J. J. (2008). Mixed Mode Surveys: When and Why. In E. D. De Leeuw, J. J. Hox, & D. A. Dillman (Hrsg.), *International Handbook of Survey Methodology* (S. 299-316). London: Taylor & Francis.

De Leeuw, E. D., Hox, J. J., & Scherpenzeel, A. (2010). *Emulating Interviewers in an Online Survey: Experimental Manipulation of 'Do-Not-Know' Over The Phone and on the Web*. Vortrag bei der 65th Annual Conference of the American Association for Public Opinion Research (AAPOR).

DeBell, M., Krosnick, J. A., & Lupia, A. 2010. *Methodology Report and User's Guide for the 2008-2009 ANES Panel Study*. Palo Alto, CA, and Ann Arbor, MI: Stanford University and the University of Michigan.

Denscombe, M. (2008). The Length of Responses to Open-Ended Questions: A Comparison of Online and Paper Questionnaires in Terms of a Mode Effect. *Social Science Computer Review 26* (3), 359-368. doi: 10.1177/0894439307309671

DeRouvray, C., & Couper, M. P. (2002). Designing a Strategy for Reducing "No Opinion" Responses in Web-Based Surveys. *Social Science Computer Review 20* (1), 3-9. doi: 10.1177/089443930202000101

Diekmann, A. (2002). *Empirische Sozialforschung. Grundlagen, Methoden, Anwendungen*. Reinbek bei Hamburg: Rowohlt.

Dillman, D. A. (2008). The Logic and Psychology of Constructing Questionnaires. In E. D. De Leeuw, J. J. Hox, & D. A. Dillman (Hrsg.), *International Handbook of Survey Methodology* (S. 161-175). London: Taylor & Francis.

Dillman, D. A., Eltinge, J. L., Groves, R. M., & Little, R. J. A. (2002). Survey Nonresponse in Design, Data Collection, and Analysis. In R. M. Groves, D. A. Dillman, J. L. Eltinge, & R. J. A. Little (Hrsg.), *Survey Nonresponse* (S. 3-26). New York: Wiley.

Dillman, D. A., Smyth, J. D., & Leah, M. C. (2009). *Internet, Mail, and Mixed-Mode Surveys: The Tailored Design Method*. Hoboken, NJ: Wiley

Downes-Le Guin, T. (2005). *Satisficing Behavior in Online Panelists*. Vortrag bei der MRA Annual Conference, Chicago.

Downes-Le Guin, T., Mechling, J., & Baker, R. (2006). *Great Results from Ambiguous Sources. Cleaning Internet Panel Data*. Vortrag bei der ESOMAR Panel Research 2006, Barcelona.

Draisma, S., & Dijkstra, W. (2004). Response Latency and (Para)Linguistic Expressions as Indicators of Response Error. In S. Presser, J. M. Rothgeb, M. P. Couper, J. T. Lessler, E. Martin, J. Martin, & E. Singer (Hrsg.), *Methods for Testing and Evaluating Survey Questions* (S. 131-147). Hoboken, NJ: Wiley.

Duan, N., Alegria, M., Canino, G., McGuire, T. G., & Takeuchi, D. (2007). Survey Conditioning in Self-Reported Mental Health Service Use: Randomized Comparison of Alternative Instrument Formats. *Health Services Research 42* (2), 890-907. doi: 10.1111/j.1475-6773.2006.00618.x

Duncan, G. J., & Kalton, G. (1987). Issues of Design and Analysis of Surveys Across Time. *International Statistical Review 55* (1), 97-117.

Eurostat. 2000. *Assessment of the Quality in Statistics*. Luxembourg: Eurostat.

Faas, T., & Schoen, H. (2009). Nur eine Frage der Zeit? Eine Analyse zweier Online-Umfragen zu den Bundestagswahlen 2002 und 2005. In H. Schoen, H. Rattinger, & O. W. Gabriel (Hrsg.), *Vom Interview zur Analyse: Methodische Aspekte der Wahl- und Einstellungsforschung* (S. 343-360). Baden-Baden: Nomos.

Fazio, R. H. (1990a). Multiple Processes by which Attitudes Guide Behavior: The Mode Model as an Integrative Framework. In M. P. Zanna (Hrsg.), *Advances in Experimental Social Psychology* (S. 75-109). San Diego: Academic Press.

Fazio, R. H. (1990b). A Practical Guide to the Use of Response Latency in Social Psychological Research. In C. Hendrick, & M. S. Clark (Hrsg.), *Research Methods in Personality and Social Psychology* (S. 74-97). Thousand Oaks, CA: Sage.

Fazio, R. H., Sanbonmatsu, D. M., Powell, M. C., & Kardes, F. R. (1986). On the Automatic Activation of Attitudes. *Journal of Personality and Social Psychology 50* (2), 229-238.

Ferrer-i-Carbonell, A. (2005). Income and Well-Being: An Empirical Analysis of the Comparison Income Effect. *Journal of Public Economics 89* (5-6), 997-1019. doi: 10.1016/j.jpubeco.2004.06.003

Fieldhouse, E., Green, J., Evans, G., Schmitt, H., & van der Eijk, C. (2014). *British Election Study Internet Panel Waves 1, 2, and 3.* Colchester, Essex: UK Data Archive.

Firebaugh, G. (2008). *Seven Rules for Social Research.* Princeton: Princeton University Press.

Firebaugh, G., Warner, C., & Massoglia, M. (2013). Fixed Effects, Random Effects, and Hybrid Models for Causal Analysis. In S. L. Morgan (Hrsg.), *Handbook of Causal Analysis for Social Research* (S. 113-132). Dordrecht: Springer.

Fowler, F. J. (1995). *Improving Survey Questions: Design and Evaluation.* Thousand Oaks, CA: Sage Publications.

Fricker, J., Ronald D. (2008). Sampling Methods for Web and E-mail Surveys. In N. Fielding, R. M. Lee, & G. Blank (Hrsg.), *The Sage Handbook of Online Research Methods* (S. 195-216). Los Angeles: Sage.

Fricker, S., Galesic, M., Tourangeau, R., & Yan, T. (2005). An Experimental Comparison of Web and Telephone Surveys. *Public Opinion Quarterly 69* (3), 370-392. doi: 10.1093/poq/nfi027

Fuchs, M. (2007). Mobile Web Survey. Möglichkeiten der Verknüpfung von Online-Befragung und Handy-Befragung. In S. Gabler, & S. Häder (Hrsg.), *ZUMA-Nachrichten-Spezial 13: Mobilfunktelefonie - Eine Herausforderung für die Umfrageforschung* (S. 105-126). Mannheim: GESIS - ZUMA.

Funke, F. (2015). A Web Experiment Showing Negative Effects of Slider Scales Compared to Visual Analogue Scales and Radio Button Scales. *Social Science Computer Review.* doi: 10.1177/0894439315575477

Funke, F., & Reips, U.-D. (2012). Why Semantic Differentials in Web-Based Research Should Be Made from Visual Analogue Scales and Not from 5-Point Scales. *Field Methods 24* (3), 310-327. doi: 10.1177/1525822x12444061

Funke, F., Reips, U.-D., & Thomas, R. K. (2011). Sliders for the Smart: Type of Rating Scale on the Web Interacts with Educational Level. *Social Science Computer Review 29* (2), 221-231. doi: 10.1177/0894439310376896

Galesic, M. (2006). Dropouts on the Web: Effects of Interest and Burden Experienced During an Online Survey. *Journal of Official Statistics* 22 (2), 313-328.

Galesic, M., & Bosnjak, M. (2009). Effects of Questionnaire Length on Participation and Indicators of Response Quality in a Web Survey. *Public Opinion Quarterly 73* (2), 349-360. doi: 10.1093/poq/nfp031

Gerlitz, J.-Y., & Schupp, J. (2005). *Zur Erhebung der Big-Five-basierten Persönlichkeitsmerkmale im SOEP. Dokumentation der Instrumententwicklung BFI-S auf Basis des SOEP-Pretests 2005.* DIW Research Notes. Berlin: DIW.

GESIS (2015). GESIS Panel. http://www.gesis.org/unser-angebot/daten-erheben/gesis-panel/. Zugegriffen: 30.06.2016.

GfK (2013), 11.02.2015. KnowledgePanel® Design Summary. http://www.knowledgenetworks.com/ganp/docs/KnowledgePanel(R)-Design-Summary.pdf. Zugegriffen: 11.02.2015.

Gilbert, N. (1993). *Analyzing Tabular Data.* London: UCL Press.

Göritz, A. S. (2004). The Impact of Material Incentives on Response Quantity, Response Quality, Sample Composition, Survey Outcome, and Cost in Online Access Panels. *International Journal of Market Research 46* (3), 327-345.

Greenleaf, E. A. (1992). Measuring Extreme Response Style. *Public Opinion Quarterly 56* (3), 328-351. doi: 10.1086/269326

Greszki, R., Meyer, M., & Schoen, H. (2014). The Impact of Speeding on Data Quality in Nonprobability and Freshly Recruited Probability-Based Online Panels. In M. Callegaro, R. Baker, J. Bethlehem, A. S. Göritz, J. A. Krosnick, & P. J. Lavrakas (Hrsg.), *Online Panel Research: A Data Quality Perspective* (S. 238-262). Chichester: Wiley.

Greszki, R., Meyer, M., & Schoen, H. (2015). Exploring the Effects of Removing "Too Fast" Responses and Respondents from Web Surveys. *Public Opinion Quarterly 79* (2), 471-503. doi: 10.1093/poq/nfu058

Groves, R. M. (1989). *Survey Errors and Survey Costs.* New York: Wiley.

Groves, R. M. (2006). Nonresponse Rates and Nonresponse Bias in Household Surveys. *Public Opinion Quarterly 70* (5), 646-675. doi: 10.1093/poq/nfl033

Groves, R. M., Fowler, F. J., Couper, M. P., Lepkowski, J. M., Singer, E., & Tourangeau, R. (2009). *Survey Methodology.* Hoboken, NJ: Wiley.

Groves, R. M., Presser, S., & Dipko, S. (2004). The Role of Topic Interest in Survey Participation Decisions. *Public Opinion Quarterly 68* (1), 2-31. doi: 10.1093/poq/nfh002

Gummer, T. (2015). *Multiple Panels in der empirischen Sozialforschung.* Wiesbaden: Springer VS.

Gummer, T., & Roßmann, J. (2015). Explaining Interview Duration in Web Surveys: A Multilevel Approach. *Social Science Computer Review 33* (2), 217-234. doi: 10.1177/0894439314533479

Häder, M. (2012). Qualität empirischer Daten. *Weiterbildung - Zeitschrift für Grundlagen, Praxis und Trends 2012* (4), 9-12.

Häder, M. (2015). *Empirische Sozialforschung. Eine Einführung.* Wiesbaden: Springer VS.

Häder, M., & Kühne, M. (2009). Fragereihenfolgeeffekte. In M. Häder, & S. Häder (Hrsg.), *Telefonbefragungen über das Mobilfunknetz: Konzept, Design und Umsetzung einer Strategie zur Datenerhebung* (S. 207-216). Wiesbaden: VS Verlag für Sozialwissenschaften.

Häder, M., & Kühne, M. (2010). Mobiltelefonerfahrung und Antwortqualität bei Umfragen. *Methoden - Daten - Analysen. Zeitschrift für empirische Sozialforschung 4* (2), 105-125.

Häder, M., Kühne, M., & Schlinzig, T. (2009). Mode-Effekte bei telefonischen Befragungen über Festnetz und Mobilfunk: Auswirkungen auf die Datenqualität. In M. Weichbold, J. Bacher, & C. Wolf (Hrsg.), *Umfrageforschung. Herausforderungen und Grenzen* (S. 45-62). Wiesbaden: VS Verlag für Sozialwissenschaften.

Hagenaars, J. A., & McCutcheon, A. L. (Hrsg.) (2002). *Applied Latent Class Analysis.* Cambridge: Cambridge University Press.

Halaby, C. N. (2004). Panel Models in Sociological Research: Theory into Practice. *Annual Review of Sociology 30,* 507-544. doi: 10.1146/annurev.soc.30.012703.110629

He, J., Bartram, D., Inceoglu, I., & van de Vijver, F. J. R. (2014a). Response Styles and Personality Traits: A Multilevel Analysis. *Journal of Cross-Cultural Psychology 45* (7), 1028-1045. doi: 10.1177/0022022114534773

He, J., Van de Vijver, F. J. R., Espinosa, A. D., & Mui, P. H. C. (2014b). Toward a Unification of Acquiescent, Extreme, and Midpoint Response Styles: A Multilevel Study. *International Journal of Cross Cultural Management 14* (3), 306-322. doi: 10.1177/1470595814541424

Heath, A. (1981). *Social Mobility.* London: Fontana.

Hedman, L., Manley, D., van Ham, M., & Östh, J. (2015). Cumulative Exposure to Disadvantage and the Intergenerational Transmission of Neighbourhood Effects. *Journal of Economic Geography 15* (1), 195-215. doi: 10.1093/jeg/lbt042

Heerwegh, D. (2003). Explaining Response Latencies and Changing Answers Using Client-Side Paradata from a Web Survey. *Social Science Computer Review 21* (3), 360-373. doi: 10.1177/0894439303253985

Heerwegh, D. (2005). *Web Surveys. Explaining and Reducing Unit Nonresponse, Item Nonresponse and Partial Nonresponse*. Leuven: Katholieke Universiteit Leuven.

Heerwegh, D. (2009). Mode Differences Between Face-to-Face and Web Surveys: An Experimental Investigation of Data Quality and Social Desirability Effects. *International Journal of Public Opinion Research 21* (1), 111-121. doi: 10.1093/ijpor/edn054

Heerwegh, D., & Loosveldt, G. (2002). An Evaluation of the Effect of Response Formats on Data Quality in Web Surveys. *Social Science Computer Review 20* (4), 471-484. doi: 10.1177/089443902237323

Heerwegh, D., & Loosveldt, G. (2008). Face-to-Face Versus Web Surveying in a High-Internet-Coverage Population. Differences in Response Quality. *Public Opinion Quarterly 72* (5), 836-846. doi: 10.1093/poq/nfn045

Hillygus, S. D., Jackson, N., & Young, M. (2014). Professional Respondents in Nonprobability Online Panels. In M. Callegaro, R. Baker, J. Bethlehem, A. S. Göritz, J. A. Krosnick, & P. J. Lavrakas (Hrsg.), *Online Panel Research: A Data Quality Perspective* (S. 219-237). Chichester: Wiley.

Hoaglin, D. C., Iglewicz, B., & Tukey, J. W. (1986). Performance of Some Resistant Rules for Outlier Labeling. *Journal of the American Statistical Association 81*, 991-999. doi: 10.1080/01621459.1986.10478363

Holbrook, A. L., Anand, S., Johnson, T. P., Cho, Y. I., Shavitt, S., Chávez, N., & Weiner, S. (2014). Response Heaping in Interviewer-Administered Surveys: Is It Really a Form of Satisficing? *Public Opinion Quarterly 78* (3), 591-633. doi: 10.1093/poq/nfu017

Holbrook, A. L., Green, M. C., & Krosnick, J. A. (2003). Telephone Versus Face-to-Face Interviewing of National Probability Samples with Long Questionnaires. Comparisons of Respondent Satisficing and Social Desirability Response Bias. *Public Opinion Quarterly 67* (1), 79-125. doi: 10.1086/346010

Holbrook, A. L., Krosnick, J. A., Moore, D., & Tourangeau, R. (2007). Response Order Effects in Dichotomous Categorical Questions Presented Orally. The Impact of Question and Respondent Attributes. *Public Opinion Quarterly 71* (3), 325-348. doi: 10.1093/poq/nfm024

Horvitz, D. G., & Thompson, D. J. (1952). A Generalization of Sampling Without Replacement from a Finite Universe. *Journal of the American Statistical Association 47* (260), 663-685.

Huawei Technologies Deutschland, & Initiative D21 (2012). Mobile Internetnutzung. Entwicklungsschub für die digitale Gesellschaft? http://www.initiatived21.de/wp-content/uploads/2013/02/Mobile-Internetnutzung-2012.pdf. Zugegriffen: 12.08.2015.

Huawei Technologies Deutschland, & Initiative D21 (2013). Mobile Internetnutzung. Entwicklungsschub für die digitale Gesellschaft! http://www.initiatived21.de/wp-content/uploads/2013/02/studie_mobilesinternet_d21_huawei_2013.pdf. Zugegriffen: 12.08.2015.

Huawei Technologies Deutschland, & Initiative D21 (2014). Mobile Internetnutzung 2014. Gradmesser für die digitale Gesellschaft. http://www.initiatived21.de/wp-content/uploads/2014/12/Mobile-Internetnutzung-2014_WEB.pdf. Zugegriffen: 12.08.2015.

Hui, C. H., & Triandis, H. C. (1985). The Instability of Response Sets. *Public Opinion Quarterly 49* (2), 253-260. doi: 10.1086/268918

Initiative D21, & TNS Infratest (2008). (N)Onliner Atlas 2008. http://www.initiatived21.de/wp-content/uploads/alt/08_NOA/NONLINER2008.pdf. Zugegriffen: 12.08.2015.

Initiative D21, & TNS Infratest (2009). (N)Onliner Atlas 2009. http://www.initiatived21.de/wp-content/uploads/2009/06/NONLINER2009.pdf. Zugegriffen: 12.08.2015.

Initiative D21, & TNS Infratest (2010). (N)Onliner Atlas 2010. http://www.initiatived21.de/wp-content/uploads/2011/07/NONLINER2010.pdf. Zugegriffen: 12.08.2015.

Initiative D21, & TNS Infratest (2011). (N)Onliner Atlas 2011. http://www.initiatived21.de/wp-content/uploads/2011/07/NOnliner2011.pdf. Zugegriffen: 12.08.2015.

Initiative D21, & TNS Infratest (2012). (N)Onliner Atlas 2012. http://www.initiatived21.de/wp-content/uploads/2012/06/NONLINER-Atlas-2012-Basiszahlen-f%C3%BCr-Deutschland.pdf. Zugegriffen: 12.08.2015.

Initiative D21, & TNS Infratest (2013). D21-Digital-Index 2013. http://www.initiatived21.de/wp-content/uploads/2013/05/digialindex_03.pdf. Zugegriffen: 12.08.2015.

Initiative D21, & TNS Infratest (2014). D21-Digital-Index 2014. http://www.initiatived21.de/wp-content/uploads/2014/11/141107_digitalindex_WEB_FINAL.pdf. Zugegriffen: 12.08.2015.

Jäckle, A. (2009). Dependent Interviewing: A Framework and Application to Current Research. In P. Lynn (Hrsg.), *Methodology of Longitudinal Surveys* (S. 93-111). Chichester: Wiley.

Jäckle, A., Roberts, C., & Lynn, P. 2006. *Telephone versus Face-to-Face Interviewing: Mode Effects on Data Quality and Likely Causes.* ISER Working Paper 2006-41. Colchester: University of Essex.

Jann, B. (2015a). COEFPLOT: Stata Module to Plot Regression Coefficients and Other Results. Boston: Boston College Department of Economics. http://EconPapers.repec.org/RePEc:boc:bocode:s457686

Jann, B. (2015b). ESTOUT: Stata Module to Make Regression Tables. Boston: Boston College Department of Economics. http://EconPapers.repec.org/RePEc:boc:bocode:s439301

Jann, B. (2015c). FRE: Stata Module to Display One-Way Frequency Table. Boston: Boston College Department of Economics. http://EconPapers.repec.org/RePEc:boc:bocode:s456835

Japec, L. (2006). Quality Issues in Interview Surveys. Some Contributions. *Bulletin de Méthodologie Sociologique 90* (1), 26-42. doi: 10.1177/075910630609000104

Jarvis, W. B. G., & Petty, R. E. (1996). The Need to Evaluate. *Journal of Personality and Social Psychology 70*, 172-194. doi: 10.1037/0022-3514.70.1.172

Kaczmirek, L. (2008). *Human-Survey Interaction. Usability and Nonresponse in Online Surveys.* Mannheim: Universität Mannheim.

Kahneman, D. (2003). Maps of Bounded Rationality: A Perspective on Intuitive Judgment and Choice. In T. Frängsmyr (Hrsg.), *Les Prix Nobel. The Nobel Prizes 2002* (S. 449-489). Stockholm: Nobel Foundation.

Kalton, G., & Citro, C. F. (1993). Panel Surveys: Adding the Fourth Dimension. *Survey Methodology 19* (2), 205-215.

Kam, C. C. S., & Zhou, M. (2014). Does Acquiescence Affect Individual Items Consistently? *Educational and Psychological Measurement.* doi: 10.1177/0013164414560817

Kaminska, O., McCutcheon, A. L., & Billiet, J. (2010). Satisficing Among Reluctant Respondents in a Cross-National Context. *Public Opinion Quarterly 74* (5), 956-984. doi: 10.1093/poq/nfq062

Kankaraš, M., Moors, G., & Vermunt, J. K. (2010). Testing for Measurement Invariance with Latent Class Analysis. In E. Davidov, P. Schmidt, & J. Billiet (Hrsg.), *Cross-Cultural Analysis. Methods and Applications* (S. 359-384). New York: Routledge.

Kaspar, H. (2009). Stabilität in Abhängigkeit von der Panellänge. In H. Schoen, H. Rattinger, & O. W. Gabriel (Hrsg.), *Vom Interview zur Analyse: Methodische Aspekte der Einstellungs- und Wahlforschung* (S. 57-81). Baden-Baden: Nomos.

Keusch, F., Batinic, B., & Mayerhofer, W. (2014). Motives for Joining Nonprobability Online Panels and Their Association with Survey Participation Behavior. In M. Callegaro, R. Baker, J. Bethlehem, A. S. Göritz, J. A. Krosnick, & P. J. Lavrakas (Hrsg.), *Online Panel Research: A Data Quality Perspective* (S. 171-191). Chichester: Wiley.

Kieruj, N. D., & Moors, G. (2010). Variations in Response Style Behavior by Response Scale Format in Attitude Research. *International Journal of Public Opinion Research 22* (3), 320-342. doi: 10.1093/ijpor/edq001

Kieruj, N. D., & Moors, G. (2013). Response Style Behavior: Question Format Dependent or Personal Style? *Quality & Quantity 47* (1), 193-211. doi: 10.1007/s11135-011-9511-4

Klausch, T., De Leeuw, E. D., Hox, J. J., Roberts, A., & De Jongh, A. (2012). *Matrix vs. Single Question Formats in Web Surveys: Results from a Large Scale Experiment.* Vortrag bei der General Online Research Conference (GOR12), Mannheim.

Knäuper, B. (1999). The Impact of Age and Education on Response Order Effects in Attitude Measurement. *Public Opinion Quarterly 63* (3), 347-370. doi: 10.1086/297724

Kreuter, F. (Hrsg.) (2013). *Improving Surveys with Paradata.* Hoboken, NJ: Wiley.

Kreuter, F., Presser, S., & Tourangeau, R. (2008). Social Desirability Bias in CATI, IVR, and Web Surveys. The Effects of Mode and Question Sensitivity. *Public Opinion Quarterly 72* (5), 847-865. doi: 10.1093/poq/nfn063

Krosnick, J. A. (1991). Response Strategies for Coping with the Cognitive Demands of Attitude Measures in Surveys. *Applied Cognitive Psychology 5* (3), 213-236. doi: 10.1002/acp.2350050305

Krosnick, J. A. (1999). Survey Research. *Annual Review of Psychology 50*, 537-567. doi: 10.1146/annurev.psych.50.1.537

Krosnick, J. A. (2000). The Threat of Satisficing in Surveys: The Shortcuts Respondents Take in Answering Questions. *Survey Methods Newsletter 20* (1), 4-8.

Krosnick, J. A., & Alwin, D. F. (1987). An Evaluation of a Cognitive Theory of Response-Order Effects in Survey Measurement. *Public Opinion Quarterly 51* (2), 201-219. doi: 10.1086/269029

Krosnick, J. A., & Alwin, D. F. (1988). A Test of the Form-Resistant Correlation Hypothesis. Ratings, Rankings, and the Measurement of Values. *Public Opinion Quarterly* 52 (4), 526-538. doi: 10.1086/269128

Krosnick, J. A., & Berent, M. K. (1990). *The Impact of Verbal Labeling of Response Alternatives and Branching on Attitude Measurement Reliability in Surveys.* Columbus, Ohio: The Ohio State University.

Krosnick, J. A., & Berent, M. K. (1993). Comparisons of Party Identification and Policy Preferences: The Impact of Survey Question Format. *American Journal of Political Science* 37 (3), 941-964. doi: 10.2307/2111580

Krosnick, J. A., & Fabrigar, L. R. (1997). Designing Rating Scales for Effective Measurement in Surveys. In L. E. Lyberg, P. P. Biemer, M. Collins, E. D. De Leeuw, C. Dippo, N. Schwarz, & D. Trewin (Hrsg.), *Survey Measurement and Process Quality* (S. 141-164). New York: Wiley.

Krosnick, J. A., Holbrook, A. L., Berent, M. K., Carson, R. T., Hanemann, W. M., Kopp, R. J., Mitchell, R. C., Presser, S., Ruud, P. A., Smith, V. K., Moody, W. R., Green, M. C., & Conaway, M. (2002). The Impact of "No Opinion" Response Options on Data Quality. Non-Attitude Reduction or an Invitation to Satisfice? *Public Opinion Quarterly* 66 (3), 371-403. doi: 10.1086/341394

Krosnick, J. A., Narayan, S., & Smith, W. R. (1996). Satisficing in Surveys: Initial Evidence. In M. T. Braverman, & J. K. Slater (Hrsg.), *Advances in Survey Research: New Directions for Evaluation* (S. 29-44). Jossey-Bass: Wiley.

Krosnick, J. A., & Presser, S. (2010). Question and Questionnaire Design. In P. V. Marsden, & J. D. Wright (Hrsg.), *Handbook of Survey Research* (S. 263-313). Bingley: Emerald.

Kwak, N., & Radler, B. (2002). A Comparison Between Mail and Web Surveys: Response Pattern, Respondent Profile, and Data Quality. *Journal of Official Statistics* 18 (2), 257-273.

Lazarsfeld, P. (1940). "Panel" Studies. *Public Opinion Quarterly* 4 (1), 122-128. doi: 10.1086/265373

Lenzner, T. (2012). Effects of Survey Question Comprehensibility on Response Quality. *Field Methods* 24 (4), 409-428. doi: 10.1177/1525822X12448166

Lenzner, T., Kaczmirek, L., & Lenzner, A. (2010). Cognitive Burden of Survey Questions and Response Times: A Psycholinguistic Experiment. *Applied Cognitive Psychology* 24 (7), 1003-1020. doi: 10.1002/acp.1602

Lewis-Beck, M. S., Jacoby, W. G., Norpoth, H., & Weisberg, H. F. (2008). *The American Voter Revisited.* Ann Arbor, MI: The University of Michigan Press.

Link, M. W., Murphy, J., Schober, M. F., Buskirk, T. D., Hunter Childs, J., & Langer Tesfaye, C. (2014). Mobile Technologies for Conducting, Augmenting and Potentially Replacing Surveys: Executive Summary of the AAPOR Task Force on Emerging Technologies in Public Opinion Research. *Public Opinion Quarterly 78* (4), 779-787. doi: 10.1093/poq/nfu054

Lipps, O. (2007). Interviewer and Respondent Survey Quality Effects in a CATI Panel. *Bulletin de Méthodologie Sociologique 95* (1), 5-25. doi: 10.1177/075910630709500103

Lohr, S. L. (2008). Coverage and Sampling. In E. D. De Leeuw, J. J. Hox, & D. A. Dillman (Hrsg.), *International Handbook of Survey Methodology* (S. 97-112). London: Taylor & Francis.

Long, J. S., & Freese, J. (2000). FITSTAT: Stata Module to Compute Fit Statistics for Single Equation Regression Models. Boston: Boston College Department of Economics. http://ideas.repec.org/c/boc/bocode/s407201.html

Long, J. S., & Freese, J. (2006). *Regression Models for Categorical Dependent Variables Using Stata*. College Station, TX: Stata Press.

Lozar Manfreda, K., Bosnjak, M., Berzelak, J., Haas, I., & Vehovar, V. (2008). Web Surveys Versus Other Survey Modes. A Meta-Analysis Comparing Response Rates. *International Journal of Market Research 50* (1), 79-104.

Lozar Manfreda, K., & Vehovar, V. (2008). Internet Surveys. In E. D. De Leeuw, J. J. Hox, & D. A. Dillman (Hrsg.), *International Handbook of Survey Methodology* (S. 264-284). London: Taylor & Francis.

Lugtig, P., & Toepoel, V. (2015). The Use of PCs, Smartphones, and Tablets in a Probability-Based Panel Survey: Effects on Survey Measurement Error. *Social Science Computer Review*. doi: 10.1177/0894439315574248

Lynn, P. (2009a). Methods for Longitudinal Surveys. In P. Lynn (Hrsg.), *Methodology of Longitudinal Surveys* (S. 1-19). Chichester: Wiley.

Lynn, P. (Hrsg.) (2009b). *Methodology of Longitudinal Surveys*. Chichester: Wiley.

Lynn, P., & Kaminska, O. (2012). The Impact of Mobile Phones on Survey Measurement Error. *Public Opinion Quarterly 77* (2), 586-605. doi: 10.1093/poq/nfs046

Magidson, J., & Vermunt, J. K. (2004). Latent Class Models. In D. Kaplan (Hrsg.), *The Sage Handbook of Quantitative Methodology for the Social Sciences* (S. 175-198). Thousand Oaks, CA: Sage.

Malhotra, N. (2008). Completion Time and Response Order Effects in Web Surveys. *Public Opinion Quarterly* 72 (5), 914-934. doi: 10.1093/poq/nfn050

Malhotra, N. (2009). Order Effects in Complex and Simple Tasks. *Public Opinion Quarterly* 73 (1), 180-198. doi: 10.1093/poq/nfp008

Malhotra, N., & Krosnick, J. A. (2007). The Effect of Survey Mode and Sampling on Inferences about Political Attitudes and Behavior: Comparing the 2000 and 2004 ANES to Internet Surveys with Nonprobability Samples. *Political Analysis* 15 (3), 286-323. doi: 10.1093/pan/mpm003

Malhotra, N., Krosnick, J. A., & Thomas, R. K. (2009). Optimal Design of Branching Questions to Measure Bipolar Constructs. *Public Opinion Quarterly* 73 (2), 304-324. doi: 10.1093/poq/nfp023

Malhotra, N., Miller, J. M., & Wedeking, J. (2014). The Relationship Between Nonresponse Strategies and Measurement Error. In M. Callegaro, R. Baker, J. Bethlehem, A. S. Göritz, J. A. Krosnick, & P. J. Lavrakas (Hrsg.), *Online Panel Research: A Data Quality Perspective* (S. 313-336). Chichester: Wiley.

Mathiowetz, N. A., & Lair, T. J. (1994). Getting Better? Changes or Errors in the Measurement of Functional Limitations. *Journal of Economic and Social Measurement 20* (3), 237-262.

Mathiowetz, N. A., & McGonagle, K. A. (2000). An Assessment of the Current State of Dependent Interviewing in Household Surveys. *Journal of Official Statistics 16* (4), 401-418.

Mavletova, A. (2013). Data Quality in PC and Mobile Web Surveys. *Social Science Computer Review 31* (6), 725-743. doi: 10.1177/0894439313485201

Mayerl, J. (2003). *Können Nonattitudes durch die Messung von Antwortreaktionszeiten ermittelt werden? Eine empirische Analyse computergestützter Telefoninterviews.* Schriftenreihe des Instituts für Sozialwissenschaften der Universität Stuttgart. Stuttgart: Institut für Sozialwissenschaften, Universität Stuttgart.

Mayerl, J. (2005). *Controlling the Baseline Speed of Respondents: An Empirical Evaluation of Data Treatment Methods of Response Latencies.* Proceedings of the 6th International Conference on Logic and Methodology, Amsterdam.

Mayerl, J. (2008). *Kognitive Grundlagen sozialen Verhaltens. Theoretische und statistische Analysen zur Modellierung von Einstellungs-Verhaltens-Beziehungen.* Stuttgart: Universität Stuttgart.

Mayerl, J., Sellke, P., & Urban, D. (2005). *Analyzing Cognitive Processes in CATI-Surveys with Response Latencies: An Empirical Evaluation of the*

Consequences of Using Different Baseline Speed Measures. Schriftenreihe des Instituts für Sozialwissenschaften der Universität Stuttgart. Stuttgart: Universität Stuttgart.

Mayerl, J., & Urban, D. (2008). *Antwortreaktionszeiten in Survey-Analysen. Messung, Auswertung und Anwendung.* Wiesbaden: VS Verlag für Sozialwissenschaften.

McCarty, J. A., & Shrum, L. J. (2000). The Measurement of Personal Values in Survey Research. A Test of Alternative Rating Procedures. *Public Opinion Quarterly 64* (3), 271-298. doi: 10.1086/317989

McCrae, R. R., & John, O. P. (1992). An Introduction to the Five-Factor Model and its Application. *Journal of Personality 60* (2), 175–215. doi: 10.1111/j.1467-6494.1992.tb00970.x

McCutcheon, A. L. (1987). *Latent Class Analysis.* Newbury Park, CA: Sage.

McCutcheon, A. L. (2002). Basic Concepts and Procedures in Single- and Multiple-Group Latent Class Analysis. In J. A. Hagenaars, & A. L. McCutcheon (Hrsg.), *Applied Latent Class Analysis* (S. 56-85). Cambridge: Cambridge University Press.

Meade, A. W., & Craig, S. B. (2011). *Identifying Careless Responses in Survey Data.* Vortrag bei der 26th Annual Meeting of the Society for Industrial and Organizational Psychology, Chicago, IL.

Meisenberg, G., & Williams, A. (2008). Are Acquiescent and Extreme Response Styles Related to Low Intelligence and Education? *Personality and Individual Differences 44* (7), 1539-1550. doi: 10.1016/j.paid.2008.01.010

Menold, N., & Kemper, C. J. (2014). How Do Real and Falsified Data Differ? Psychology of Survey Response as a Source of Falsification Indicators in Face-to-Face Surveys. *International Journal of Public Opinion Research 26* (1), 41-65. doi: 10.1093/ijpor/edt017

Meurs, H., Van Wissen, L., & Visser, J. (1989). Measurement Biases in Panel Data. *Transportation 16* (2), 175-194. doi: 10.1007/BF00163114

Miller, J., & Baker-Prewitt (2009). *Beyond 'Trapping' the Undesirable Panelist: The Use of Red Herrings to Reduce Satisficing.* Vortrag bei der CASRO Panel Quality Conference.

Müller, H., Gove, J. L., & Webb, J. S. (2012). *Understanding Tablet Use: A Multi-Method Exploration.* Vortrag bei der 14th Conference on Human-Computer Interaction with Mobile Devices and Services (Mobile HCI 2012), ACM, San Francisco, CA.

Mulligan, K., Grant, J. T., Mockabee, S. T., & Monson, J. Q. (2003). Response Latency Methodology for Survey Research: Measurement and Modeling Strategies. *Political Analysis 11* (3), 289-301. doi: 10.1093/pan/mpg004

Mundlak, Y. (1978). On the Pooling of Time Series and Cross Section Data. *Econometrica 46* (1), 69-85.

Naemi, B. D., Beal, D. J., & Payne, S. C. (2009). Personality Predictors of Extreme Response Style. *Journal of Personality 77* (1), 261-286. doi: 10.1111/j.1467-6494.2008.00545.x

Narayan, S., & Krosnick, J. A. (1996). Education Moderates Some Response Effects in Attitude Measurement. *Public Opinion Quarterly 60* (1), 58-88. doi: 10.1086/297739

Neumann, R. (2015). Analyse der Antwortqualität durch Reaktionszeitmessungen in CATI: Alles eine Frage der Operationalisierung? In M. Häder, & R. Neumann (Hrsg.), *Auswahlprobleme und Antwortverhalten bei Telefonbefragungen* (S. 91-135). Münster: Verlagshaus Monsenstein & Vannerdat.

O'Muircheartaigh, C. A., Krosnick, J. A., & Helic, A. 2001. *Middle Alternatives, Acquiescence, and the Quality of Questionnaire Data.* Chicago: Irving B. Harris Graduate School of Public Policy Studies, University of Chicago.

Olson, K. (2006). Survey Participation, Nonresponse Bias, Measurement Error Bias, and Total Bias. *Public Opinion Quarterly 70* (5), 737-758. doi: 10.1093/poq/nfl038

Olson, K., & Bilgen, I. (2011). The Role Of Interviewer Experience on Acquiescence. *Public Opinion Quarterly 75* (1), 99-114. doi: 10.1093/poq/nfq067

Olson, K., & Parkhurst, B. (2013). Collecting Paradata for Measurement Error Evaluations. In F. Kreuter (Hrsg.), *Improving Surveys with Paradata* (S. 43-72). Hoboken, NJ: Wiley.

Oppenheimer, D. M., Meyvis, T., & Davidenko, N. (2009). Instructional Manipulation Checks: Detecting Satisficing to Increase Statistical Power. *Journal of Experimental Social Psychology 45* (4), 867-872. doi: 10.1016/j.jesp.2009.03.009

Park, J. M., Fertig, A. R., & Allison, P. D. (2011). Physical and Mental Health, Cognitive Development, and Health Care Use by Housing Status of Low-Income Young Children in 20 American Cities: A Prospective Cohort Study. *American Journal of Public Health 101* (S1), 255-261. doi: 10.2105/AJPH.2010.300098

Paulhus, D. L. (1991). Measurement and Control of Response Bias. In J. P. Robinson, P. R. Shaver, & L. S. Wrightsman (Hrsg.), *Measures of Per-*

sonality and Social Psychological Attitudes (S. 17-59). San Diego: Academic Press.
Petty, R. E., Brinol, P., Loersch, C., & McCaslin, M. J. (2009). The Need for Cognition. In M. E. Leary, & R. H. Hoyle (Hrsg.), Handbook of Individual Differences in Social Behavior (S. 318-329). New York: The Guilford Press.
Petty, R. E., & Cacioppo, J. T. (1986). The Elaboration Likelihood Model of Persuasion. Advances in Experimental Social Psychology 19, 123-205.
Peytchev, A. (2009). Survey Breakoff. Public Opinion Quarterly 73 (1), 74-97. doi: 10.1093/poq/nfp014
Peytchev, A., & Hill, C. A. (2010). Experiments in Mobile Web Survey Design: Similarities to Other Modes and Unique Considerations. Social Science Computer Review 28 (3), 319-335. doi: 10.1177/0894439309353037
Pickery, J., & Loosveldt, G. (1998). The Impact of Respondent and Interviewer Characteristics on the Number of "No Opinion" Answers. Quality & Quantity 32 (1), 31-45. doi: 10.1023/A:1004268427793
Pickery, J., & Loosveldt, G. (2004). A Simultaneous Analysis of Interviewer Effects on Various Data Quality Indicators with Identification of Exceptional Interviewers. Journal of Official Statistics 20 (1), 77-89.
Raaijmakers, Q. A. W., van Hoof, A., 't Hart, H., Verbogt, T. F. M. A., & Vollebergh, W. A. M. (2000). Adolescents' Midpoint Responses on Likert-Type Scale Items: Neutral or Missing Values? International Journal of Public Opinion Research 12 (2), 209-217. doi: 10.1093/ijpor/12.2.209
Rada, V. D. d., & Domínguez-Álvarez, J. A. (2014). Response Quality of Self-Administered Questionnaires: A Comparison Between Paper and Web Questionnaires. Social Science Computer Review 32 (2), 256-269. doi: 10.1177/0894439313508516
Rammstedt, B., Goldberg, L. R., & Borg, I. (2010). The Measurement Equivalence of Big Five Factor Markers for Persons with Different Levels of Education. Journal of Research in Personality 44 (1), 53–61. doi: 10.1016/j.jrp.2009.10.005
Rammstedt, B., & John, O. P. (2007). Measuring Personality in One Minute or Less: A 10-Item Short Version of the Big Five Inventory in English and German. Journal of Research in Personality 41 (1), 203-212. doi: 10.1016/j.jrp.2006.02.001
Rammstedt, B., & Kemper, C. J. (2011). Measurement Equivalence of the Big Five: Shedding Further Light on Potential Causes of the Educational Bias. Journal of Research in Personality 45 (1), 121-125. doi: 10.1016/j.jrp.2010.11.006

Rattinger, H., & Krämer, J. (1995). Wahlnorm und Wahlbeteiligung in der Bundesrepublik Deutschland: Eine Kausalanalyse. *Politische Vierteljahresschrift 36* (2), 267-285.

Rattinger, H., Roßteutscher, S., Schmitt-Beck, R., & Weßels, B. (2011a). Einleitung. In H. Rattinger, S. Roßteutscher, R. Schmitt-Beck, B. Weßels, I. E. Bieber, J. E. Blumenstiel, E. Bytzek, T. Faas, S. Huber, M. Krewel, J. Maier, T. Rudi, P. Scherer, M. Steinbrecher, A. Wagner, & A. Wolsing (Hrsg.), *Zwischen Langeweile und Extremen: Die Bundestagswahl 2009* (S. 9-15). Baden-Baden: Nomos.

Rattinger, H., Roßteutscher, S., Schmitt-Beck, R., & Weßels, B. (2011b). *Langfrist-Online-Tracking, T12 (GLES)*. Köln: GESIS Datenarchiv. ZA5345, Version 1.0.0. doi: 10.4232/1.10406

Rattinger, H., Roßteutscher, S., Schmitt-Beck, R., & Weßels, B. (2011c). *Langfrist-Online-Tracking, T13 (GLES)*. Köln: GESIS Datenarchiv. ZA5346, Version 1.0.0. doi: 10.4232/1.10409

Rattinger, H., Roßteutscher, S., Schmitt-Beck, R., & Weßels, B. (2011d). *Langfrist-Online-Tracking, T14 (GLES)*. Köln: GESIS Datenarchiv. ZA5347, Version 1.0.0. doi: 10.4232/1.10763

Rattinger, H., Roßteutscher, S., Schmitt-Beck, R., & Weßels, B. (2011e). *Langfrist-Online-Tracking, T15 (GLES)*. Köln: GESIS Datenarchiv. ZA5348, Version 1.0.0. doi: 10.4232/1.11064

Rattinger, H., Roßteutscher, S., Schmitt-Beck, R., & Weßels, B. (2015). *Wahlkampf-Panel (GLES 2009)*. Köln: GESIS Datenarchiv. ZA5305, Version 5.0.0. doi: 10.4232/1.12198

Rattinger, H., Roßteutscher, S., Schmitt-Beck, R., Weßels, B., & Wolf, C. (2014). *Wahlkampf-Panel (GLES 2013)*. Köln: GESIS Datenarchiv. ZA5704, Version 2.0.0. doi: 10.4232/1.11934

Reja, U., Manfreda, K. L., Hlebec, V., & Vehovar, V. (2003). Open-Ended vs. Closed-Ended Questions in Web Questionnaires. *Developments in Applied Statistics 19*, 159-177.

Revilla, M. A., & Ochoa, C. (2015). What are the Links in a Web Survey Among Response Time, Quality, and Auto-Evaluation of the Efforts Done? *Social Science Computer Review 33* (1), 97-114. doi: 10.1177/0894439314531214

Revilla, M. A., & Saris, W. E. (2013). A Comparison of the Quality of Questions in a Face-to-Face and a Web Survey. *International Journal of Public Opinion Research 25* (2), 242-253. doi: 10.1093/ijpor/eds007

Roberts, C. (2016). Response Styles in Surveys: Understanding their Causes and Mitigating their Impact on Data Quality. In C. Wolf, D. Joye, T. W.

Smith, & Y.-c. Fu (Hrsg.), *Sage Handbook of Survey Methodology* (S. 579-596). Los Angeles: Sage.

Roberts, C., Gilbert, E., & Allum, N. (2011). *Research Based on Satisficing Theory: A Systematic Review of Methods and Results*. Vortrag bei der 4th Conference of the European Survey Research Association (ESRA), Lausanne.

Roberts, C., Gillian, E., Allum, N., & Lynn, P. 2010. *Data Quality in Telephone Surveys and the Effect of Questionnaire Length: A Cross-National Experiment*. ISER Working Paper Series 2010-36. Colchester: University of Essex.

Rorer, L. G. (1965). The Great Response-Style Myth. *Psychological Bulletin 63* (3), 129-156. doi: 10.1037/h0021888

Roßmann, J. (2013a). *Identifying and Mitigating Satisficing in Web Surveys: Some Experimental Evidence*. Vortrag bei der 5th Conference of the European Survey Research Association (ESRA), Ljubljana, Slovenia.

Roßmann, J. (2013b). *Identifying Satisficing Respondents in Web Surveys. A Comparison of Different Response Time-Based Approaches*. Vortrag bei der 5th Conference of the European Survey Research Association (ESRA), Ljubljana, Slovenia.

Roßmann, J., Blumenstiel, J. E., & Steinbrecher, M. (2015). Why Do Respondents Break Off Web Surveys and Does It Matter? Results from Four Follow-up Surveys. *International Journal of Public Opinion Research 27* (2), 289-302. doi: 10.1093/ijpor/edu025

Roßmann, J., & Gummer, T. (2015). PARSEUAS: Stata Module to Extract Detailed Information from User Agent Strings (Version 1.1). Boston: Boston College Department of Economics. http://EconPapers.repec.org/RePEc:boc:bocode:s457937

Roßmann, J., & Gummer, T. (2016). Using Paradata to Predict and Correct for Panel Attrition. *Social Science Computer Review 34* (3), 312-332. doi: 10.1177/0894439315587258

Roth, D. (1998). *Empirische Wahlforschung. Ursprung, Theorien, Instrumente und Methoden*. Opladen: Leske + Budrich.

Rubin, D. B. (1987). *Multiple Imputation for Nonresponse in Surveys*. New York: Wiley.

Salthouse, T. A., Babcock, R. L., & Shaw, R. J. (1991). Effects of Adult Age on Structural and Operational Capacities in Working Memory. *Psychology and Aging 6* (1), 118-127. doi: 10.1037/0882-7974.6.1.118

Sanders, D., Clarke, H. D., Stewart, M. C., & Whitley, P. (2007). Does Mode Matter for Modeling Political Choice? Evidence from the 2005 British

Election Study. *Political Analysis 15* (3), 257-285. doi: 10.1093/pan/mpl010

Saris, W. E., & Aalberts, C. (2003). Different Explanations for Correlated Disturbance Terms in MTMM Studies. *Structural Equation Modeling: A Multidisciplinary Journal 10* (2), 193-213. doi: 10.1207/S15328007SEM1002_2

Saris, W. E., Oberski, D., Revilla, M. A., Zavala, D., Lielleoja, L., Gallhofer, I., & Gruner, T. (2011). *The Development of the Program SQP 2.0 for the Prediction of the Quality of Survey Questions*. RECSM Working Paper Number 24. Barcelona: Universitat Pompeu Fabra.

Schaefer, D. R., & Dillman, D. A. (1998). Development of a Standard E-Mail Methodology. *Public Opinion Quarterly 62* (3), 378-397. doi: 10.1086/297851

Schaeffer, N. C., & Presser, S. (2003). The Science of Asking Questions. *Annual Review of Sociology 29*, 65-88. doi: 10.1146/annurev.soc.29.110702.110112

Scherpenzeel, A. (2009). Start of the LISS Panel: Sample and Recruitment of a Probability-Based Internet Panel. http://www.lissdata.nl/assets/uploaded/Sample_and_Recruitment.pdf. Zugegriffen: 11.01.2012.

Scherpenzeel, A. (2011). Data Collection in a Probability-Based Internet Panel: How the LISS Panel Was Built and How It Can Be Used. *Bulletin de Méthodologie Sociologique 109* (1), 56-61. doi: 10.1177/0759106310387713

Schmitt-Beck, R. (2010). Political Participation - National Election Study. In G. D. F. (RatSWD) (Hrsg.), *Building on Progress. Expanding the Research Infrastructure for the Social, Economic, and Behavioral Sciences* (S. 1123-1137). Opladen & Farmington Hills, MI: Budrich UniPress.

Schmitt-Beck, R. (2012). Empirische Wahlforschung in Deutschland: Stand und Perspektiven zu Beginn des 21. Jahrhunderts. In R. Schmitt-Beck (Hrsg.), *Wählen in Deutschland* (S. 2-39). Baden-Baden: Nomos.

Schmitt-Beck, R., Bytzek, E., Rattinger, H., Roßteutscher, S., & Weßels, B. (2009). *The German Longitudinal Election Study (GLES)*. Vortrag bei der Jahrestagung der International Communication Association (ICA), Chicago, USA.

Schmitt-Beck, R., Rattinger, H., Roßteutscher, S., & Weßels, B. (2010). Die deutsche Wahlforschung und die German Longitudinal Election Study (GLES). In F. Faulbaum, & C. Wolf (Hrsg.), *Gesellschaftliche Entwicklungen im Spiegel der empirischen Sozialforschung* (S. 141-172). Wiesbaden: VS Verlag für Sozialwissenschaften.

Schmitt-Beck, R., Weick, S., & Christoph, B. (2006). Shaky Attachments: Individual-Level Stability and Change of Partisanship Among West German Voters, 1984-2001. *European Journal of Political Research 45* (4), 581-608. doi: 10.1111/j.1475-6765.2006.00310.x

Schnell, R. (2012). *Survey-Interviews. Methoden standardisierter Befragungen*. Wiesbaden: Springer VS.

Schnell, R., Hill, P. B., & Esser, E. (2013). *Methoden der empirischen Sozialforschung*. München: Oldenbourg.

Schoen, H., & Weins, C. (2005). Der sozialpsychologische Ansatz zur Erklärung von Wahlverhalten. In J. W. Falter, & H. Schoen (Hrsg.), *Handbuch Wahlforschung* (S. 187-242). Wiesbaden: VS Verlag für Sozialwissenschaften.

Schuman, H., & Presser, S. (1981). *Questions and Answers in Attitude Surveys: Experiments on Question Form, Wording, and Context*. San Diego: Academic Press.

Schumann, S., & Schoen, H. (2009). Muster an Beständigkeit? Zur Stabilität politischer und persönlicher Prädispositionen. In H. Schoen, H. Rattinger, & O. W. Gabriel (Hrsg.), *Vom Interview zur Analyse: Methodische Aspekte der Einstellungs- und Wahlforschung* (S. 13-34). Baden-Baden: Nomos.

Schunck, R. (2013). Within and Between Estimates in Random-Effects Models: Advantages and Drawbacks of Correlated Random Effects and Hybrid Models. *The Stata Journal 13* (1), 65-76.

Schwarz, N., Knäuper, B., Oyserman, D., & Stich, C. (2008). The Psychology of Asking Questions. In E. D. De Leeuw, J. J. Hox, & D. A. Dillman (Hrsg.), *International Handbook of Survey Methodology* (S. 18-34). London: Taylor & Francis.

Selects (2012). Befragung der Wählerinnen und Wähler nach den Wahlen - 2011. Lausanne: FORS.

Shin, E., Johnson, T. P., & Rao, K. (2012). Survey Mode Effects on Data Quality: Comparison of Web and Mail Modes in a U.S. National Panel Survey. *Social Science Computer Review 30* (2), 212-228. doi: 10.1177/0894439311404508

Silber, H., Lischewski, J., & Leibold, J. (2013). Comparing Different Types of Web Surveys: Examining Drop-Outs, Non-Response and Social Desirability. *Metodološki zvezki 10* (2), 121-143.

Sim, C. H., Gan, F. F., & Chang, T. C. (2005). Outlier Labeling with Boxplot Procedures. *Journal of the American Statistical Association 100* (470), 642-652. doi: 10.1198/016214504000001466

Simon, H. A. (1957). *Models of Man. Social and Rational*. New York: Wiley.

Smith, T. W. (2005). Total Survey Error. In K. Kempf-Leonard (Hrsg.), *Encyclopedia of Social Measurement* (S. 857-862). New York: Academic Press.

Smith, T. W. (2011). Refining the Total Survey Error Perspective. *International Journal of Public Opinion Research 23* (4), 464-484. doi: 10.1093/ijpor/edq052

Smyth, J. D., Dillman, D. A., Christian, L. M., & McBride, M. (2009). Open-Ended Questions in Web Surveys. Can Increasing the Size of Answer Boxes and Providing Extra Verbal Instructions Improve Response Quality? *Public Opinion Quarterly 73* (2), 325-337. doi: 10.1093/poq/nfp029

Stapleton, G. E. (2013). The Smartphone Way to Collect Survey Data. *Survey Practice 6* (2).

StataCorp (2013a). *Stata Base Reference Manual. Release 13*. College Station, TX: Stata Press.

StataCorp (2013b). *Stata: Release 13. Statistical Software*. College Station, TX: StataCorp LP.

Steenkamp, J. Benedict E. M., & Baumgartner, H. (1998). Assessing Measurement Invariance in Cross-National Consumer Research. *Journal of Consumer Research 25* (1), 78-107. doi: 10.1086/209528

Steinbrecher, M., Roßmann, J., & Bergmann, M. 2013. *Das Wahlkampf-Panel der German Longitudinal Election Study 2009: Konzeption, Durchführung, Aufbereitung und Archivierung*. GESIS-Technical Reports 2013|17. Köln: GESIS - Leibniz-Institut für Sozialwissenschaften.

Steyer, R., Schmitt, M., & Eid, M. (1999). Latent State-Trait Theory and Research in Personality and Individual Differences. *European Journal of Personality 13* (5), 389-408. doi: 10.1002/(SICI)1099-0984(199909/10)13:5<389::AID-PER361>3.0.CO;2-A

Stocké, V. (2002). Die Vorhersage von Fragenreihenfolgeeffekten durch Antwortlatenzen: Eine Validierungsstudie. *ZUMA Nachrichten 50*, 26-53.

Stoop, I. A. L., Billiet, J., Koch, A., & Fitzgerald, R. (2010). *Improving Survey Response: Lessons Learned from the European Social Survey*. Chichester: Wiley.

Strack, F., & Martin, L. L. (1987). Thinking, Judging, and Communicating: A Process Account of Context Effects in Attitude Surveys. In H.-J. Hippler, N. Schwarz, & S. Sudman (Hrsg.), *Social Information Processing and Survey Methodology*. Heidelberg: Springer.

Struminskaya, B. (2014). *Data Quality in Probability-Based Online Panels*. Utrecht: Universiteit Utrecht.
Struminskaya, B., Kaczmirek, L., Schaurer, I., & Bandilla, W. (2014). Assessing Representativeness of a Probability-Based Online Panel in Germany. In M. Callegaro, R. Baker, J. Bethlehem, A. S. Göritz, J. A. Krosnick, & P. J. Lavrakas (Hrsg.), *Online Panel Research: A Data Quality Perspective* (S. 61-84). New York: Wiley.
Sturgis, P., Nick, A., & Brunton-Smith, I. (2009). Attitudes Over Time: The Psychology of Panel Conditioning. In P. Lynn (Hrsg.), *Methodology of Longitudinal Surveys* (S. 113-126). Hoboken, NJ: Wiley.
Sturgis, P., Roberts, C., & Smith, P. (2014). Middle Alternatives Revisited: How the neither/nor Response Acts as a Way of Saying "I Don't Know"? *Sociological Methods & Research 43* (1), 15-38. doi: 10.1177/0049124112452527
TNS Emnid, & Initiative D21 (2002). (N)Onliner Atlas 2002. http://www.initiatived21.de/wp-content/uploads/alt/NOA_Umzug/NOA_Atlanten/NONLINER-Atlas2002.pdf. Zugegriffen: 12.08.2015.
TNS Emnid, & Initiative D21 (2003). (N)Onliner Atlas 2003. http://www.initiatived21.de/wp-content/uploads/alt/NOA_Umzug/NOA_Atlanten/NONLINER-Atlas2003.pdf. Zugegriffen: 12.08.2015.
TNS Emnid, & Initiative D21 (2004). (N)Onliner Atlas 2004. http://www.initiatived21.de/wp-content/uploads/alt/NOA_Umzug/NOA_Atlanten/NONLINER-Atlas2004.pdf. Zugegriffen: 12.08.2015.
TNS Infratest, & Initiative D21 (2005). (N)Onliner Atlas 2005. http://www.initiatived21.de/wp-content/uploads/alt/NOA_Umzug/NOA_Atlanten/NONLINER-Atlas2005.pdf. Zugegriffen: 12.08.2015.
TNS Infratest, & Initiative D21 (2006). (N)Onliner Atlas 2006. http://www.initiatived21.de/wp-content/uploads/alt/NOA_Umzug/NOA_Atlanten/NONLINER-Atlas2006.pdf. Zugegriffen: 12.08.2015.
TNS Infratest, & Initiative D21 (2007). (N)Onliner Atlas 2007. http://www.initiatived21.de/wp-content/uploads/alt/NOA_Umzug/NOA_Atlanten/NONLINER-Atlas2007.pdf. Zugegriffen: 12.08.2015.
Toepoel, V. (2012). Effects of Incentives in Surveys. In L. Gideon (Hrsg.), *Handbook of Survey Methodology for the Social Sciences* (S. 209-223). New York: Springer.
Toepoel, V., Das, M., & Van Soest, A. (2008). Effects of Design in Web Surveys. Comparing Trained and Fresh Respondents. *Public Opinion Quarterly 72* (5), 985-1007. doi: 10.1093/poq/nfn060

Toepoel, V., Das, M., & Van Soest, A. (2009a). Design of Web Questionnaires: The Effects of the Number of Items per Screen. *Field Methods 21* (2), 200-213. doi: 10.1177/1525822x08330261

Toepoel, V., Das, M., & Van Soest, A. (2009b). Relating Question Type to Panel Conditioning: Comparing Trained and Fresh Respondents. *Survey Research Methods 3* (2), 73-80. doi: 10.18148/srm/2009.v3i2.874

Toepoel, V., & Lugtig, P. (2014). What Happens if You Offer a Mobile Option to Your Web Panel? Evidence from a Probability-Based Panel of Internet Users. *Social Science Computer Review 32* (4), 544-560. doi: 10.1177/0894439313510482

Toepoel, V., Vis, C., Das, M., & Van Soest, A. (2009c). Design of Web Questionnaires. An Information-Processing Perspective for the Effect of Response Categories. *Sociological Methods & Research 37* (3), 371-392. doi: 10.1177/0049124108327123

Tourangeau, R., Conrad, F., & Couper, M. P. (2013). *The Science of Web Surveys*. New York: Oxford University Press.

Tourangeau, R., Couper, M. P., & Conrad, F. (2004). Spacing, Position, and Order. Interpretive Heuristics for Visual Features of Survey Questions. *Public Opinion Quarterly 68* (3), 368-393. doi: 10.1093/poq/nfh035

Tourangeau, R., Groves, R. M., & Redline, C. D. (2010). Sensitive Topics and Reluctant Respondents. Demonstrating a Link Between Nonresponse Bias and Measurement Error. *Public Opinion Quarterly 74* (3), 413-432. doi: 10.1093/poq/nfq004

Tourangeau, R., & Rasinski, K. A. (1988). Cognitive Processes Underlying Context Effects in Attitude Measurement. *Psychological Bulletin 103* (3), 299.

Tourangeau, R., Rips, L. J., & Rasinski, K. (2000). *The Psychology of Survey Response*. Cambridge: Cambridge University Press.

Turner, A. G. (1984). *The Effect of Memory Bias on the Design of the National Crime Survey*. The National Crime Survey: Working Papers, Volume II: Methodological Studies. U.S. Department of Justice, Bureau of Justice Statistics.

Turner, G., Sturgis, P., & Martin, D. (2014). Can Response Latencies be Used to Detect Survey Satisficing on Cognitively Demanding Questions? *Journal of Survey Statistics and Methodology*. doi: 10.1093/jssam/smu022

Urban, D., & Mayerl, J. (2007). Antwortlatenzzeiten in der Survey-basierten Verhaltensforschung. *Kölner Zeitschrift für Soziologie und Sozialpsychologie 59* (4), 692-713. doi: 10.1007/s11577-007-0083-1

Van Vaerenberg, Y., & Thomas, T. D. (2013). Response Styles in Survey Research: A Literature Review of Antecedents, Consequences, and Remedies. *International Journal of Public Opinion Research* 25 (2), 195-217. doi: 10.1093/ijpor/eds021

Vandenberg, R. J., & Lance, C. E. (2000). A Review and Synthesis of the Measurement Invariance Literature: Suggestions, Practices, and Recommendations for Organizational Research. *Organizational Research Methods* 3 (1), 4-70. doi: 10.1177/109442810031002

Vannette, D. L., & Krosnick, J. A. (2014). Answering Questions. A Comparison of Survey Satisficing and Mindlessness. In A. Ie, C. T. Ngnoumn, & E. J. Langer (Hrsg.), *The Wiley Blackwell Handbook of Mindfulness* (S. 312-327). Chichester: Wiley.

Vannieuwenhuyze, J., Loosveldt, G., & Molenberghs, G. (2010). A Method for Evaluating Mode Effects in Mixed-Mode Surveys. *Public Opinion Quarterly* 74 (5), 1027-1045. doi: 10.1093/poq/nfq059

Vehovar, V., Batagelj, Z., Manfreda, K. L., & Zaletel, M. (2002). Nonresponse in Web Surveys. In R. M. Groves, D. A. Dillman, J. L. Eltinge, & R. J. A. Little (Hrsg.), *Survey Nonresponse* (S. 229-242). New York: Wiley.

Velez, P., & Ashworth, S. D. (2007). The Impact of Item Readability on the Endorsement of the Midpoint Response in Surveys. *Survey Research Methods* 1 (2), 69-74. doi: 10.18148/srm/2007.v1i2.76

Vermunt, J. K., & Magidson, J. (2004). Latent Class Analysis. In M. S. Lewis-Beck, A. E. Bryman, & T. F. Liao (Hrsg.), *The SAGE Encyclopedia of Social Science Research Methods* (S. 549-553). Thousand Oaks, CA: Sage.

Vermunt, J. K., & Magidson, J. (2005). *Latent GOLD 4.0 User's Guide*. Belmont, MA: Statistical Innovations Inc.

Vermunt, J. K., & Magidson, J. (2013a). *Latent GOLD 5.0 Upgrade Manual*. Belmont, MA: Statistical Innovations Inc.

Vermunt, J. K., & Magidson, J. (2013b). *Technical Guide for Latent GOLD 5.0: Basic, Advanced, and Syntax*. Belmont, MA: Statistical Innovations Inc.

Vogl, S. (2013). Telephone Versus Face-to-Face Interviews: Mode Effect on Semistructured Interviews with Children. *Sociological Methodology* 43 (1), 133-177. doi: 10.1177/0081175012465967

Wagner, N., Hassanein, K., & Head, M. (2010). Computer Use by Older Adults: A Multi-Disciplinary Review. *Computers in Human Behavior* 26 (5), 870-882. doi: 10.1016/j.chb.2010.03.029

Wanich, W. (2010). *Response Latency in Survey Research: A Strategy for Detection and Avoidance of Satisficing Behaviors.* Athens: Ohio University.

Waterton, J., & Lievesley, D. (1989). Evidence of Conditioning Effects in the British Social Attitudes Panel Survey. In D. Kasprzyk, G. Duncan, G. Kalton, & M. P. Singh (Hrsg.), *Panel Surveys* (S. 319-339). New York: Wiley.

Weijters, B. (2006). *Response Styles in Consumer Research.* Ghent: Ghent University.

Weijters, B., Geuens, M., & Schillewaert, N. (2010a). The Individual Consistency of Acquiescence and Extreme Response Style in Self-Report Questionnaires. *Applied Psychological Measurement 34* (2), 105-121. doi: 10.1177/0146621609338593

Weijters, B., Geuens, M., & Schillewaert, N. (2010b). The Stability of Individual Response Styles. *Psychological Methods 15* (1), 96-110. doi: 10.1037/a0018721

Weijters, B., Schillewaert, N., & Geuens, M. (2008). Assessing Response Styles Across Modes of Data Collection. *Journal of the Academy of Marketing Science 36* (3), 409-422. doi: 10.1007/s11747-007-0077-6

Weisberg, H. F. (2005). *The Total Survey Error Approach. A Guide to the New Science of Survey Research.* Chicago: The University of Chicago Press.

Williams, R. (2012). Using the Margins Command to Estimate and Interpret Adjusted Predictions and Marginal Effects. *The Stata Journal 12* (2), 308-331.

Wolf, C., & Best, H. (2010). Lineare Regressionsanalyse. In C. Wolf, & H. Best (Hrsg.), *Handbuch der sozialwissenschaftlichen Datenanalyse* (S. 607-638). Wiesbaden: VS Verlag für Sozialwissenschaften.

Wolff, H.-G., & Bacher, J. (2010). Hauptkomponentenanalyse und explorative Faktorenanalyse. In C. Wolf, & H. Best (Hrsg.), *Handbuch der sozialwissenschaftlichen Datenanalyse* (S. 333-365). Wiesbaden: VS Verlag für Sozialwissenschaften.

Wooldridge, J. M. (2010a). *Correlated Random Effects Models with Unbalanced Panels.* http://www.econ.msu.edu/faculty/wooldridge/docs/cre1_r4.pdf. Zugegriffen: 01.04.2015.

Wooldridge, J. M. (2010b). *Econometric Analysis of Cross Section and Panel Data.* Cambridge, MA: MIT Press.

Yan, T., & Tourangeau, R. (2008). Fast Times and Easy Questions: The Effects of Age, Experience and Question Complexity on Web Survey Response

Times. *Applied Cognitive Psychology* 22 (1), 51-68. doi: 10.1002/acp.1331

Yeager, D. S., Krosnick, J. A., Chang, L., Javitz, H. S., Levendusky, M. S., Simpser, A., & Wang, R. (2011). Comparing the Accuracy of RDD Telephone Surveys and Internet Surveys Conducted with Probability and Non-Probability Samples. *Public Opinion Quarterly* 75 (4), 709-747. doi: 10.1093/poq/nfr020

Zerback, T., Schoen, H., Jackob, N., & Schlereth, S. (2009). Zehn Jahre Sozialforschung im Internet - Eine Analyse zur Nutzung von Online-Umfragen in den Sozialwissenschaften. In N. Jackob, H. Schoen, & T. Zerback (Hrsg.), *Sozialforschung im Internet* (S. 15-32). Wiesbaden: VS Verlag für Sozialwissenschaften.

Zhang, C., & Conrad, F. G. (2014). Speeding in Web Surveys: The Tendency to Answer Very Fast and its Association with Straightlining. *Survey Research Methods 8* (2), 127-135. doi: 10.18148/srm/2014.v8i2.5453

Anhang

A Datengrundlage

Die hier verwendeten Daten entstammen der German Longitudinal Election Study (GLES). Die GLES ist eine den Zeitraum der Bundestagswahlen 2009 bis 2017 umspannende Wahlstudie, die im Rahmen des Langfristprogramms für die Geistes- und Sozialwissenschaften durch die Deutsche Forschungsgemeinschaft (DFG) finanziert wird (Rattinger et al. 2011a, S. 12). Als großes Infrastrukturprojekt macht sich die GLES den Gedanken zu eigen, dass die Daten öffentlich geförderter Studien als Gemeingut zu betrachten sind (vgl. Schmitt-Beck 2010, S. 1130, 1133). Die Daten der GLES werden der wissenschaftlichen Gemeinschaft durch GESIS – Leibniz-Institut für Sozialforschung größtenteils restriktionsfrei und ohne zeitliches Embargo zur Verfügung gestellt (Rattinger et al. 2011a, S. 12; Schmitt-Beck 2012, S. 17; Schmitt-Beck et al. 2010, S. 145). Die GLES besteht aus aufeinander abgestimmten Studienkomponenten, die einzelne oder auch mehrere Teilstudien repräsentieren (siehe Abbildung 15). Den Kern der GLES bilden die „Face-to-Face" durchgeführten Vorwahl- und Nachwahl-Querschnittsbefragungen (Komponente 1). Dieser Kern wird durch weitere quer- und längsschnittliche Umfragestudien, Experimente und Medieninhaltsanalysen komplettiert, die die Untersuchung unterschiedlicher Fragestellungen erlauben (siehe hierzu Schmitt-Beck 2010; Schmitt-Beck et al. 2009).

Zwei Studienkomponenten der GLES wurden webbasiert durchgeführt: Das Wahlkampfpanel (Komponente 3) und das Langfrist-Online-Tracking (Komponente 8).[95] Die Verwendung von Web-Befragungen soll einerseits das Spektrum der verwendeten Erhebungsmethoden erweitern, da sie zu vergleichsweise geringen Kosten eine hohe methodische Flexibilität und ein hohes Innovationspotenzial aufweisen. Andererseits soll ihre Anwendung vor dem Hintergrund rapide ansteigender Kosten für persönlich-mündliche Befragungen und stark sinkender Ausschöpfungsquoten auf Grund abneh-

---

95 Zwei weitere Komponenten der GLES bedienten sich in Teilen der Methode der Web-Befragung. Dies war einerseits die in einem Mixed-Mode-Design durchgeführte Kandidatenstudie (Komponente 6), bei der den Kandidaten zum Deutschen Bundestag freigestellt wurde, ob sie die Befragung schriftlich-postalisch oder als Web-Befragung beantworten. Im Langfrist-Panel (Komponente 7) wurde die Zwischenbefragung 2011/2012 in einem Mixed-Mode-Design mit der Option der Teilnahme an einer Web-Befragung durchgeführt (Blumenstiel und Gummer 2012).

mender Teilnahmebereitschaft an Umfragen in vielen Erhebungsmodi gesehen werden (Schmitt-Beck 2012, S. 19).

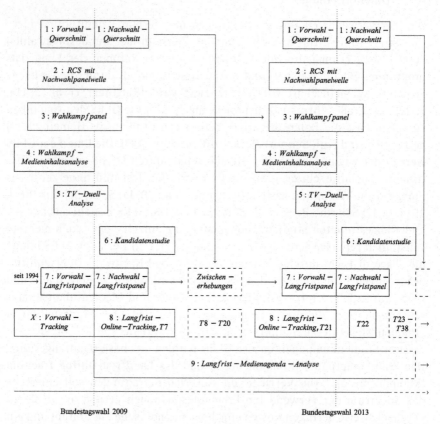

Quelle: Eigene Darstellung basierend auf der Visualisierung von http://gles.eu/wordpress/design/ (Zugegriffen: 18.07.2016).

Abbildung 15 Der Aufbau der GLES 2009 und 2013

Anhang A: Datengrundlage

A.1 Das Langfrist-Online-Tracking der GLES

Das Langfrist-Online-Tracking der GLES hat die Beobachtung der Einstellungen und politischen Verhaltensweisen der wahlberechtigten Bürger auch zwischen den Bundestagswahlen zum Ziel (Schmitt-Beck et al. 2010, S. 157-158). Zu diesem Zweck werden im dreimonatlichen Abstand Web-Befragungen mit einem konstanten Kernfragebogen und rotierenden thematischen Modulen sowie inhaltlichen und methodischen Experimenten als Querschnittsbefragungen durchgeführt. In den Analysen der Kapitel 3 und 4 wurden die Daten der Online-Trackings T12 (Rattinger et al. 2011b), T13 (Rattinger et al. 2011c), T14 (Rattinger et al. 2011d) und T15 (Rattinger et al. 2011e) verwendet. Der thematische Schwerpunkt von T12, welches im Zeitraum vom 09. bis zum 19. Dezember 2010 durchgeführt wurde, lag auf der Erhebung der Einstellungen der Befragten zu politisch umstrittenen Sachfragen (siehe hierzu z.B. Abold et al. 2009, S. 211; Roth 1998, S. 39-40). T13 hatte eine Feldzeit vom 09. bis zum 19. März 2011 und erhob schwerpunktmäßig Einstellungen zur wirtschaftlichen Lage in Deutschland und Europa. Vom 23. Mai bis zum 03. Juni 2011 wurde T14 erhoben, welches sich wesentlich mit Wahlen auf den Ebenen der Bundesländer, des Bundes sowie Europas beschäftigte. T15 wurde in der Zeit vom 24. August bis zum 03. September 2011 durchgeführt und hatte die Erhebung psychologischer Prädispositionen der Befragten als thematischen Schwerpunkt. Die Auswahlgesamtheit der Online-Trackings waren die zum Zeitpunkt der Erhebungen wahlberechtigten deutschen Internetnutzer aus dem nicht-zufallsbasierten Online-Access-Panel der Respondi AG. Dieses umfasste zum Zeitpunkt der Erhebung der Online-Trackings T12 bis T15 rund 100.000 aktive Mitglieder. Ein geringer Anteil der Mitglieder des Online-Access-Panels wurde telefonisch rekrutiert. Der weitaus größere Teil der Mitglieder wurde online über Werbung, Blogs, Meinungsportale, Onsite-Befragungen, Freundschaftswerbung und eine Facebook-Fanseite rekrutiert. Weitere Mitglieder haben sich über Suchmaschinen dem Online-Access-Panel zugewandt und sich selbsttätig angemeldet.

Die Stichproben für die Online-Trackings wurden durch eine Quotenauswahl über die Merkmale Geschlecht, Bildung und Alter aus der Auswahlgesamtheit des Online-Access-Panels gewonnen. Die Quotenvorgaben wurden in den Online-Trackings T12 bis T15 insgesamt gut erfüllt (siehe Tabelle 33). Lediglich die Quoten für Personen mit mittlerer Bildung und einem Alter zwischen 18 und 29 Jahren wurden knapp unterschritten. Dementgegen wurden die Quoten für Personen mit hoher Bildung und einem Alter von über 60 Jahre übererfüllt.

Tabelle 33 Quotierung (T12–T15)

Quotierungsmerkmale	Soll	T12	T13	T14	T15
Geschlecht					
Weiblich	50,0%	49,7%	49,1%	50,6%	50,4%
Männlich	50,0%	50,3%	50,9%	50,4%	49,6%
Bildung					
Niedrig (d.h. kein Abschluss, Haupt- oder Volksschule)	35,0%	34,7%	35,0%	34,0%	34,3%
Mittel (d.h. Realschule, Mittlere Reife)	40,0%	37,8%	37,0%	38,6%	38,2%
Hoch (d.h. Abitur, Fachhochschulreife, Studium)	25,0%	27,5%	28,0%	27,4%	27,5%
Alter					
18-29 Jahre	25,0%	22,0%	22,6%	21,0%	21,7%
30-39 Jahre	20,0%	20,2%	19,2%	20,7%	21,1%
40-49 Jahre	25,0%	24,6%	24,5%	23,8%	24,0%
50-59 Jahre	15,0%	15,4%	16,6%	17,5%	14,5%
60 Jahre und älter	15,0%	17,8%	17,1%	17,0%	18,7%

Die Tabelle 34 gibt die Anzahl der versendeten Befragungseinladungen sowie der abgebrochenen und vollständigen Interviews wieder. Die Participation Rate (AAPOR 2011, S. 38) betrug zwischen 16,4% (T15) und 27,7% (T12), während die Breakoff Rate (Callegaro und DiSogra 2008, S. 1022) zwischen 10,6% (T12) und 19,7% (T14) lag. Um die grundsätzliche Bereitschaft zur Teilnahme an den Umfragen zu erhöhen, wurden die Befragten incentiviert.[96] Für die vollständige Teilnahme an den Online-Trackings erhielten sie 150 Punkte, was zum Zeitpunkt der Erhebungen dem Gegenwert

---

96 Bisweilen werden Befürchtungen geäußert, dass eine Incentivierung zur Teilnahme von ursprünglich weniger motivierten Personen führt, die in der Folge qualitativ weniger hochwertige Antworten geben. Eine Studie von Göritz (2004) kommt hingegen zu dem Ergebnis, dass die Incentivierung keinen Einfluss auf die Antwortqualität und die substantiellen Ergebnisse der Studie hat. Die Literaturschau von Toepoel (2012) kommt ebenfalls zu dem Ergebnis, dass es keinen Zusammenhang zwischen Incentivierung und Antwortqualität zu geben scheint.

Anhang A: Datengrundlage

von 1,50€ entsprach. Ab einem Gegenwert von zehn Euro (im Jahr 2009) konnten die Teilnehmer des Online-Access-Panels ihre Punkte auszahlen, in Einkaufsgutscheine umwandeln oder den entsprechenden Betrag spenden lassen.

Tabelle 34 Teilnahmestatistiken (T12–T15)

Teilnahmestatus/Rate	T12	T13	T14	T15
Anzahl der Befragungseinladungen, davon ...	4.493	4.750	5.147	7.397
Unbekannt, ob die Einladung erhalten und gesehen wurde	2.857	3.146	3.529	5.754
Ausgescreent	81	72	70	80
Abgewiesen	276	174	115	236
Befragungsabbrüche	135	221	283	169
Vollständige und partiell vollständige Interviews	1.144	1.137	1.150	1.158
Participation Rate (in%)	27,7	25,2	23,2	16,4
Breakoff Rate (in%)	10,6	16,3	19,7	12,7

Anmerkungen: Befragte wurden ausgescreent, wenn ihre Angaben zu den Merkmalen Geschlecht und Alter von den Stammdaten des Panelbetreibers abwichen. Abgewiesen wurden Befragte, wenn Quoten bereits erfüllt waren.

Die Interviewdauer lag im Median zwischen 21 Minuten und 53 Sekunden (T12) und 31 Minuten und 48 Sekunden (T13), was für Web-Befragungen vergleichsweise lange ist (siehe Tabelle 35). Die im Vergleich kürzeste Umfrage T12 hat mit 10,6% den geringsten Anteil von Befragungsabbrüchen, während die beiden längsten Befragungen T13 und T14 mit 16,3% und 19,7% auch die höchsten Anteile von abgebrochenen Interviews aufweisen. Dies steht in Einklang mit dem Befund einer experimentellen Studie zu Web-Befragungen von Galesic (2006), wonach mit zunehmender angekündigter und tatsächlicher Interviewdauer das Risiko von Befragungsabbrüchen ansteigt (siehe hierzu auch die ausführliche Diskussion bei Peytchev 2009, S. 78-79).

Tabelle 35 Interviewdauer und Unterbrechungen (T12–T15)

Umfrage	Interviews		Unterbrochen		Minimale Befragungsdauer	Maximale Befragungsdauer	Arithmetisches Mittel	Median
	n	%	n	%	hh:mm:ss	hh:mm:ss	hh:mm:ss	hh:mm:ss
T12	1.144	100,0	53	4,6	00:03:58	01:43:43	00:24:34	00:21:53
T13	1.137	100,0	86	7,6	00:04:47	02:59:50	00:35:35	00:31:48
T14	1.150	100,0	65	5,7	00:05:26	02:29:51	00:33:59	00:31:12
T15	1.158	100,0	51	4,4	00:01:04	01:56:41	00:28:15	00:26:50

Anmerkungen: Für die Berechnung der Befragungsdauer wurden nur diejenigen Fälle herangezogen, die die Befragung vollständig und ohne Unterbrechung absolviert haben. Unter Unterbrechung wird hier das Verlassen der Befragung (d.h. das Schließen des Internetbrowsers) im Unterschied zu einer mehr oder weniger kurzen Unterbrechung der Fragebeantwortung verstanden.

A.2 Das Wahlkampfpanel 2013 der GLES

Das Wahlkampfpanel stellt eine der kurzfristigen Studienkomponenten der GLES dar und ist auf Grund des vergleichsweise neuartigen und komplexen Designs sowie nicht zuletzt wegen der verwendeten Erhebungsmethode ein Innovation in der deutschen Wahlforschung (Schmitt-Beck et al. 2010, S. 154). Die primäre Zielstellung des Wahlkampfpanels ist die Untersuchung des Wandels der politischen Einstellungen und Verhaltensweisen der Befragten im Wahlkampf auf intra-individueller Ebene. Die Auswahlgesamtheit für das siebenwellige Wahlkampfpanel 2013 (Rattinger et al. 2014) waren zur Bundestagswahl am 22. September 2013 wahlberechtigte deutsche Internetnutzer aus dem Online-Access-Panel der Respondi AG. Dieses umfasste im Jahr 2013 96.445 aktive Panelmitglieder. Die Stichprobe für das Wahlkampfpanel 2013 setzte sich aus zwei Bestandteilen zusammen. Insgesamt 4.226 Personen wurden durch eine Quotenauswahl anhand der Merkmale Geschlecht, Alter und formale Schulbildung aus dem Online-Access-Panel ausgewählt. Darüber hinaus wurden 1.527 Personen zur Teilnahme eingeladen, die am Wahlkampfpanel 2009 (siehe Rattinger et al. 2015; Steinbrecher et al. 2013) teilgenommen hatten. Von diesen nahmen 1.030 Personen (66,2%) am Wahlkampfpanel 2013 teil. Die Quotenvorgaben wurden insgesamt gut erfüllt, lediglich die Quoten für jüngere Befragte bis 39 Jahre wurden geringfügig unterschritten, während die Quoten für

Anhang A: Datengrundlage

weibliche Befragte und für Befragte mit niedriger Schulbildung leicht übererfüllt wurden (siehe Tabelle 36).

Tabelle 36 Quotierung (WKP 2013)

Quotierungsmerkmale	Soll	Ist Exkl. Befragte des Wahlkampfpanels 2009	Inkl. Befragte des Wahlkampfpanels 2009
Geschlecht			
Weiblich	50,0%	51,4%	51,4%
Männlich	50,0%	48,6%	48,6%
Bildung			
Niedrig (d.h. kein Abschluss, Haupt- oder Volksschule)	33,3%	35,2%	30,8%
Mittel (d.h. Realschule, Mittlere Reife)	33,4%	32,1%	34,3%
Hoch (d.h. Abitur, Fachhochschulreife, Studium)	33,3%	32,3%	35,0%
Alter			
18-29 Jahre	20,0%	18,5%	17,5%
30-39 Jahre	20,0%	17,8%	18,0%
40-49 Jahre	20,0%	21,1%	22,1%
50-59 Jahre	20,0%	21,8%	19,8%
60 Jahre und älter	20,0%	20,7%	19,8%

Die Feldzeit des Wahlkampfpanels 2013 lag zwischen dem 20. Juni und 04. Oktober 2013. In diesem Zeitraum wurden die Teilnehmer in kurzen Abständen von wenigen Tagen bis zu zwei Wochen bis zu sechsmal vor der Bundestagswahl und einmal nach der Wahl befragt.

Die Teilnehmer des Wahlkampfpanels 2013 wurden zweifach incentiviert, um eine hohe Wiederbefragungsrate zu erreichen. Im Mittel erhielten die Befragten 150 Punkte je Teilnahme an einer Panelwelle, was einem Gegenwert von 1,50€ entsprach. Bei vier bis sieben Teilnahmen an Wellen des Panels konnten zusätzlich zwischen 120 und 350 Punkte erworben werden. Insgesamt konnten Befragte somit bei sieben Teilnahmen insgesamt 1.400 Punkte bzw. 14,00€ verdienen. Die Participation Rate lag in der ersten

Welle des Wahlkampfpanels 2013 bei 36,6%.[97] Die nach den Empfehlungen von Callegaro und DiSogra (2008) berechnete Breakoff Rate weist für die erste Welle 4,9% Abbrecher aus, was als Hinweis auf ein sehr gutes Design der Web-Befragung interpretiert werden kann. In den folgenden Wellen sinkt die Breakoff Rate sogar auf Werte zwischen 0,9% und 2,3% (Rattinger et al. 2014).[98] Die Participation Rate für die Wellen 2 bis 7 betrug zwischen 77,3% (Welle 6) und 85,9% (Welle 2). Insgesamt ist somit eine sehr hohe Wiederbefragungsrate zu konstatieren. Dies kann auch den absoluten und relativen Häufigkeiten der Teilnahme an den Wellen des Wahlkampfpanels 2013 entnommen werden (siehe Tabelle 37).[99]

Tabelle 37 Teilnahmestatistik (WKP 2013)

Teilnahme an ...	n	%
1 Welle	413	7,9
2 Wellen	235	4,5
3 Wellen	185	3,5
4 Wellen	185	3,5
5 Wellen	244	4,6
6 Wellen	507	9,6
7 Wellen	3.487	66,3
Gesamt	5.256	100,0

---

97 Die Participation Rate berechnet sich als Anteil der vollständigen und partiell vollständigen Interviews an allen versendeten Einladungen an teilnahmeberechtigte Mitglieder des Online-Access-Panels. Detaillierte Informationen zur Berechnung können der Studienbeschreibung des Wahlkampfpanels 2013 entnommen werden.

98 Es ist darauf hinzuweisen, dass für das Wahlkampfpanel zwei verschiedene Breakoff Rates berichtet werden, die sich darin unterscheiden, ob Teilnehmer, die auf Grund eines falschen Identifizierungscodes nicht teilnehmen konnten, in der Berechnung berücksichtigt wurden oder nicht. Die hier zitierten Zahlen sind die Werte der Breakoff Rate 1, in denen diese Personen nicht berücksichtigt wurden. Zu weiteren Details siehe die Studienbeschreibung des Wahlkampfpanels 2013.

99 Die Teilnahme an der ersten Welle war obligatorisch für die Teilnahme am Wahlkampfpanel 2013. Die Teilnahme an nachfolgenden Wellen konnte hingegen prinzipiell ausgelassen werden. Daher bedeutet die Teilnahme an einer Welle zugleich die Teilnahme an der ersten Welle des Wahlkampfpanels. Die Teilnahme an zwei Wellen bedeutet hingegen lediglich, dass Personen an der ersten und mindestens einer weiteren Welle teilgenommen haben.

Anhang A: Datengrundlage 297

Die Tabelle 38 gibt die absoluten und relativen Häufigkeiten der am häufigsten aufgetretenen Muster der Teilnahme am Wahlkampfpanel 2013 wieder. Wie bereits zuvor gezeigt wurde, ist die Teilnahme an allen sieben Panelwellen das mit weitem Abstand häufigste Teilnahmemuster. Gefolgt wird dies zum einen von Mustern von Panel Attrition im engeren Sinne (siehe Lynn 2009a), bei denen Befragte nach der Teilnahme an der ersten oder den ersten beiden Panelwellen ausscheiden. Zum anderen sind Muster zu beobachten, bei denen Personen an lediglich einer der insgesamt sieben Wellen nicht teilnahmen. Die Bereitschaft zu einer fortgesetzten und sehr regelmäßigen Teilnahme am Wahlkampfpanel 2013 war folglich äußerst hoch. Da das Ausmaß von systematischen Verzerrungen in interessierenden Variablen von den Unterschieden zwischen teilnehmenden und nicht teilnehmenden Befragten und der Höhe der Response Rate abhängt (Groves 2006, S. 647-650; Groves et al. 2009, S. 58-59), kann geschlussfolgert werden, dass das maximale Ausmaß von systematischen Verzerrungen interessierender Variable durch die hohe Teilnahmebereitschaft im Wahlkampfpanel 2013 begrenzt wird. Daher kann unterstellt werden, dass Panel Attrition ein vergleichsweise geringes Problem für Analysen mit diesen Daten darstellt.

Tabelle 38 Häufigste Teilnahmemuster (WKP 2013)

Teilnahmemuster							Häufigkeit	
W1	W2	W3	W4	W5	W6	W7	n	%
1	1	1	1	1	1	1	3.487	66,3
1	0	0	0	0	0	0	413	7,9
1	1	0	0	0	0	0	150	2,9
1	1	1	1	1	0	1	135	2,6
1	1	0	1	1	1	1	93	1,8
1	0	1	1	1	1	1	79	1,5
1	1	1	0	0	0	0	77	1,5
1	1	1	0	1	1	1	70	1,3
1	1	1	1	0	0	0	70	1,3
1	1	1	1	0	1	1	65	1,2
1	1	1	1	1	1	0	65	1,2
1	1	1	1	1	0	0	55	1,1
Andere Muster							497	9,5
Gesamt							5.256	100,0

Anmerkungen: 0 = keine Teilnahme, 1 = Teilnahme.

Die Wellen im Wahlkampfpanel 2013 waren mit einer Interviewdauer von im Median zwischen 17 Minuten und 37 Sekunden (Welle 5) und 24 Minuten und 37 Sekunden (Welle 1) im Mittel etwas kürzer als die verwendeten Umfragen des Online-Trackings der GLES. Für weitere detaillierte Informationen zum komplexen Design (z.B. zur Versendung von Einladungen und Remindern sowie zur Teilnehmerverifikation) ist die Studienbeschreibung des Wahlkampfpanels 2013 zu konsultieren (siehe Rattinger et al. 2014).

B Die Messung von Satisficing

Die folgenden Abschnitte geben zusätzliche Informationen zur Operationalisierung der Indikatoren für Satisficing (B.1), zur Überprüfung der Robustheit der Ergebnisse der LCA gegenüber Modifikationen der Modellspezifikationen (B.2) sowie zu den Ergebnissen der LCA (B.3) aus Kapitel 3.

B.1 Operationalisierung der Indikatoren für Satisficing

Nachfolgend werden die Verteilungen der Indices sowie die für die Dichotomisierung der Indikatoren verwendeten Schwellenwerte für Straightlining (Abbildung 16), Mittelkategorie-Antworten (Abbildung 17), „Weiß nicht"-Antworten (Abbildung 18) und Speeding (Abbildung 19) in den Online-Trackings T12 bis T15 dargestellt.

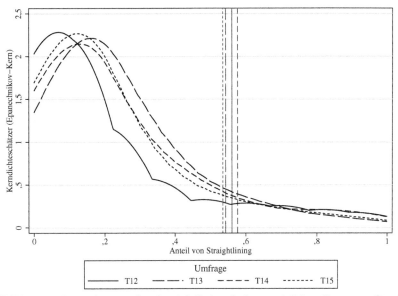

Abbildung 16 Verteilungen des Straightlining-Index und Schwellenwerte für die Dichotomisierung des Indikators (T12–T15)

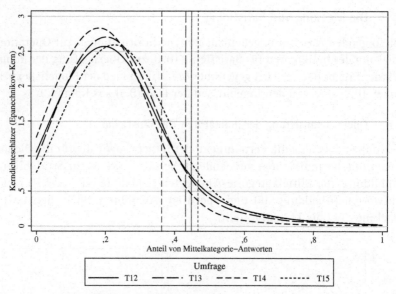

Abbildung 17 Verteilungen des Mittelkategorie-Index und Schwellenwerte für die Dichotomisierung des Indikators (T12–T15)

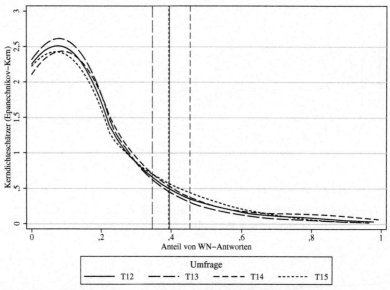

Abbildung 18 Verteilungen des „Weiß nicht"-Index und Schwellenwerte für die Dichotomisierung des Indikators (T12–T15)

Anhang B: Die Messung von Satisficing 301

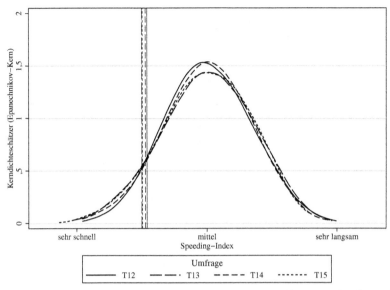

Abbildung 19 Verteilungen des Speeding-Index und Schwellenwerte für die Dichotomisierung des Indikators (T12–T15)

B.2 Robustheit der LCA gegenüber Modifikationen der Modellspezifikation

In fortführenden Analysen wurde die Robustheit der Ergebnisse der LCA gegenüber Modifikationen der Modellspezifikation überprüft. Für diese Robustheitstests wurde das Vorgehen bei der Dichotomisierung der Indikatoren für Straightlining, Mittelkategorie- und „Weiß nicht"-Antworten sowie Speeding variiert. In der ersten Variante wurden Schwellenwerte bestimmt, indem Fälle mit Werten, die mehr als zwei Standardabweichungen vom Mittelwert der Verteilung der Indikatoren entfernt lagen als Ausreißer behandelt wurden ($x_i > \bar{x} + 2s$ für Straightlining, Mittelkategorie- und „Weiß nicht"-Antworten und $x_i < \bar{x} - 2s$ für Speeding). In den folgenden drei Varianten wurden die 95%-, 90%- und 75%-Perzentile (für Straightlining, Mittelkategorie- und „Weiß nicht"-Antworten) bzw. 5%-, 10%- und 25%-Perzentile (für Speeding) verwendet, um ungewöhnliche Ausprägungen der Indikatoren zu bestimmen. Der binäre Indikator für nichtsubstantielle Antworten auf eine kognitiv fordernde offene Frage wurde nicht modifiziert.

Der Modellfit der LC-Modelle mit bis zu drei Klassen für die variierenden Modellspezifikationen ist in der Tabelle 39 dargestellt.

Tabelle 39 Fit der LC-Modelle unter variierenden Modellspezifikationen (T12–T15)

	Anzahl der Parameter	L^2	$BIC(L^2)$	$CAIC(L^2)$	Klassifikationsfehler (E)
Schwellenwert: $\bar{x} \pm 2s$					
T12					
1 Klasse	6,00	323,50	147,44	122,44	0,00
2 Klassen	12,00	31,68	-102,13	-121,13	0,02
3 Klassen	18,00	18,14	-73,41	-86,41	0,08
T13					
1 Klasse	7,00	264,11	95,24	71,24	0,00
2 Klassen	13,00	35,49	-91,16	-109,16	0,02
3 Klassen	19,00	16,48	-67,95	-79,95	0,04
T14					
1 Klasse	6,00	456,75	280,56	255,56	0,00
2 Klassen	12,00	21,74	-112,16	-131,16	0,01
3 Klassen	18,00	3,05	-88,57	-101,57	0,02
T15					
1 Klasse	6,00	329,36	152,99	127,99	0,00
2 Klassen	12,00	25,00	-109,03	-128,03	0,01
3 Klassen	18,00	13,61	-78,10	-91,10	0,03
Schwellenwert: 5%- bzw. 95%-Perzentil					
T12					
1 Klasse	6,00	304,25	128,20	103,20	0,00
2 Klassen	12,00	29,74	-104,07	-123,07	0,03
3 Klassen	18,00	18,20	-73,35	-86,35	0,09
T13					
1 Klasse	6,00	209,88	33,98	8,98	0,00
2 Klassen	12,00	36,19	-97,50	-116,50	0,06
3 Klassen	18,00	21,70	-69,77	-82,77	0,04
T14					
1 Klasse	6,00	390,86	214,67	189,67	0,00
2 Klassen	12,00	31,09	-102,82	-121,82	0,01
3 Klassen	18,00	8,98	-82,64	-95,64	0,09
T15					
1 Klasse	6,00	352,51	176,15	151,15	0,00
2 Klassen	12,00	23,78	-110,25	-129,25	0,01
3 Klassen	18,00	12,88	-78,83	-91,83	0,02

Anhang B: Die Messung von Satisficing

	Anzahl der Parameter	L^2	$BIC(L^2)$	$CAIC(L^2)$	Klassifikationsfehler (E)
Schwellenwert: 10%- bzw. 90%-Perzentil					
T12					
1 Klasse	6,00	451,70	275,64	250,64	0,00
2 Klassen	12,00	35,88	-97,92	-116,92	0,03
3 Klassen	18,00	16,02	-75,53	-88,53	0,07
T13					
1 Klasse	6,00	359,98	184,08	159,08	0,00
2 Klassen	12,00	41,89	-91,80	-110,80	0,04
3 Klassen	18,00	20,44	-71,03	-84,03	0,07
T14					
1 Klasse	6,00	531,30	355,11	330,11	0,00
2 Klassen	12,00	22,42	-111,48	-130,48	0,01
3 Klassen	18,00	12,87	-78,75	-91,75	0,23
T15					
1 Klasse	5,00	474,80	291,38	265,38	0,00
2 Klassen	11,00	38,49	-102,60	-122,60	0,03
3 Klassen	17,00	26,94	-71,83	-85,83	0,18
Schwellenwert: 25%- bzw. 75%-Perzentil					
T12					
1 Klasse	6,00	523,80	347,74	322,74	0,00
2 Klassen	12,00	22,71	-111,09	-130,09	0,06
3 Klassen	18,00	12,91	-78,64	-91,64	0,11
T13					
1 Klasse	6,00	432,01	256,11	231,11	0,00
2 Klassen	12,00	29,02	-104,67	-123,67	0,07
3 Klassen	18,00	8,98	-82,49	-95,49	0,08
T14					
1 Klasse	7,00	452,36	283,22	259,22	0,00
2 Klassen	13,00	30,89	-95,97	-113,97	0,01
3 Klassen	19,00	15,34	-69,23	-81,23	0,06
T15					
1 Klasse	6,00	590,04	413,68	388,68	0,00
2 Klassen	12,00	47,25	-86,78	-105,78	0,04
3 Klassen	18,00	28,01	-63,70	-76,70	0,08

Im Ergebnis zeigte sich, dass die zu beobachtenden Muster über alle Varianten der Modellspezifikation und alle vier untersuchten Datensätze gleich sind. Die LC-Modelle mit drei Klassen weisen die geringsten Werte für die L^2-Statistik auf, gefolgt von den LC-Modellen mit zwei Klassen. Bei den Informationsmaßen *BIC* und *CAIC* hingegen haben die LC-Modelle mit zwei Klassen in allen Fällen geringere Werte als die LC-Modelle mit einer oder drei Klassen. Über alle vier analysierten Varianten der Modellspezifikation sind daher die LC-Modelle mit zwei Klassen gegenüber LC-Modellen mit einer oder drei Klassen vorzuziehen.

B.3 Ergebnisse der LCA

Die Abbildung 20 illustriert, dass für den größten Teil der Befragten in den Online-Trackings T12 bis T15 eine Wahrscheinlichkeit von $p \approx 0$ oder $p \approx 1$ für die Zugehörigkeit zur Klasse Satisficing geschätzt wurde. Die modale Zuordnung zu den Klassen Optimizing und Satisficing erfolgt für diese Fälle somit unter hoher Sicherheit.

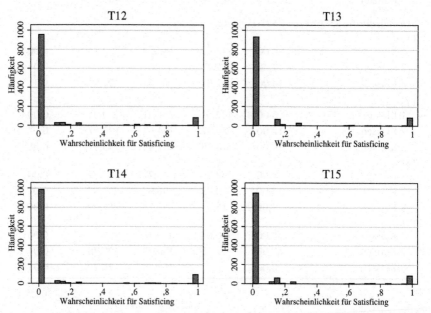

Abbildung 20 Verteilungen der geschätzten Wahrscheinlichkeiten für Satisficing (T12–T15)

C Die Erklärung von Satisficing

Der folgende Abschnitt stellt zusätzliche Informationen zur Operationalisierung der Einflussgrößen in der Wahl der Antwortstrategie in Kapitel 4 zur Verfügung (C.1). Darüber hinaus werden die vollständigen logistischen Regressionsmodelle präsentiert, auf denen die Analysen von Kapitel 4 basieren (C.2). Anschließend wird das Imputationsverfahren erläutert, welches verwendet wurde, um die Robustheit der Analyseergebnisse gegenüber möglichen Verzerrungen auf Grund fehlender Werte zu überprüfen (C.3). Abschließend werden die Ergebnisse der Untersuchung des Zusammenhangs zwischen dem Alter und der mittleren Antwortgeschwindigkeit von Befragten dargestellt (C.4).

C.1 Operationalisierung der Einflussgrößen von Satisficing

Im Folgenden werden ausgewählte Operationalisierungen für die Einflussgrößen in der Wahl der Antwortstrategie im Kapitel 4 erläutert. Die Tabelle 40 gibt eine Übersicht über die in den Operationalisierungen verwendeten Fragen.

Die auf die Messung der Schwierigkeit der Aufgabe (H_1) abzielenden Fragen nach der *Schwierigkeit des Frageverstehens* und der *Schwierigkeit des Fragebeantwortens* wurden mit Rückgriff auf die Ausführungen von Krosnick (1991, S. 221-222) für die vorliegende Untersuchung entworfen. Beide Fragen waren mittels einer vollständig gelabelten, fünfstufigen Antwortskala zu beantworten, deren von „überhaupt nicht schwierig" bis „sehr schwierig" reichende Antwortmöglichkeiten auf die evaluative Dimension der Konstrukte Bezug nehmen.[100]

---

[100] Von vollständig gelabelten Antwortskalen wird angenommen, dass sie gegenüber partiell gelabelten Antwortskalen eine höhere Reliabilität als auch Validität der Antworten erzielen (Alwin und Krosnick 1991, S. 152; Krosnick und Fabrigar 1997, S. 149-152). Zudem scheinen Befragte Antwortskalen mit mehr Labels zu präferieren (Krosnick und Fabrigar 1997, S. 150). Darüber hinaus gibt es Hinweise, dass Ratingskalen mit Beschriftungen der Skalenpunkte, die auf die evaluative Dimension der Frage Bezug nehmen, eine höhere Reliabilität und Validität erreichen als Antwortskalen, die den Grad der Zustimmung zu vorgegebenen Aussagen erfassen. Zudem sind solche konstruktspezifischen Antwortskalen weniger anfällig gegenüber Akquieszenz als Zustimmungsskalen (Krosnick und Presser 2010, S. 275-278).

Ablenkungen während der Umfrage (H_2) wurden mittels einer gegen Ende des Fragebogens platzierten Frage erhoben, ob Befragte während der Teilnahme an der Umfrage – beispielsweise durch weitere anwesende Personen, den Fernseher oder das Telefon – abgelenkt wurden. Diese Frage überlässt es weitgehend dem Ermessensspielraum der Befragten, was sie als Ablenkungen verstehen und was nicht. Daher wurde ein zweiter, auf Paradaten basierender Indikator für Ablenkungen konstruiert, der anzeigt, ob Befragte die Beantwortung des Fragebogens mindestens einmal unterbrochen und zu einem späteren Zeitpunkt fortgesetzt haben. Eine *Unterbrechung der Umfrage* liegt demnach vor, wenn Befragte entweder den Fragebogen im Browser des Computers geschlossen und die Befragung zu einem späteren Zeitpunkt fortgesetzt oder wenn sie ungewöhnlich lange für die vollständige Beantwortung der Umfrage gebraucht haben. Zur Identifikation einer außergewöhnlichen langen Interviewdauer wurde auf die Boxplot-Methode zurückgegriffen (vgl. Hoaglin et al. 1986; Sim et al. 2005). Es wird unterstellt, dass eine außergewöhnlich lange Interviewdauer durch eine längere oder mehrere kürzere Unterbrechungen während des Ausfüllens des Fragebogens hervorgerufen wurde.

Die *formale Schulbildung* (H_5) wurde mittels der Frage nach dem höchsten allgemeinbildenden Schulabschluss erhoben. Die Antwortkategorien „Schule beendet ohne Abschluss" und „Hauptschulabschluss, Volksschulabschluss" wurden zu niedriger Bildung zusammengefasst. Befragte mit „Realschulabschluss, Mittlere Reife, Fachschulreife oder Abschluss der polytechnischen Oberschule 10. Klasse" wurden zu mittlerer Bildung codiert. Befragte, die zum Zeitpunkt der Befragung noch zur Schule gingen, wurden ebenfalls der Kategorie mittlere Bildung zugeordnet.[101] Personen mit

---

101 Da nur Personen zur Umfrage zugelassen wurden, die mindestens 18 Jahre alt waren, kann davon ausgegangen werden, dass Schüler mit hoher Wahrscheinlichkeit eine Fachoberschule, ein Gymnasium o.ä. besuchten. Demnach wären diese Befragten der Kategorie hohe Bildung zuzuordnen. Dennoch wurden die Befragten der Kategorie mittlere Bildung zugeordnet, da einerseits der Besuch niedrigerer Schulformen mit Wiederholungen von Klassenstufen als auch das Nachholen von mittleren Bildungsabschlüssen in höherem Alter möglich ist. Andererseits befinden sich Schüler noch im Prozess des Erwerbs von Wissen und Fähigkeiten, weshalb nicht zwingend davon auszugehen ist, dass ihre Fähigkeiten denen von Personen mit bereits erworbenen hohen Bildungsabschlüssen entsprechen. Insgesamt wurden lediglich 40 Schüler (0,87% der 4.589 Befragten) der Kategorie mittlere Bildung zugewiesen. Es ist daher davon auszugehen, dass die Zuordnung

Fachhochschul- und Hochschulreife bilden die Kategorie hohe Bildung. Zur Berechnung des *Alters* wurde das Geburtsjahr der Befragten vom Jahr der Erhebung subtrahiert. Um die Lesbarkeit und Interpretation der Koeffizienten zu erleichtern, wurde das Alter der Befragten durch zehn dividiert.

Die politische Mediennutzung (H_6) wurde anhand von vier Fragen operationalisiert. Erstens wurde die Variable *keine politische Information* aus der Frage abgeleitet, aus welcher Quelle Befragte aktuell die meisten Informationen über Politik beziehen. Befragte, die eine Quelle nannten wurden als Referenzgruppe der politisch Informierten mit dem Wert null codiert. Diejenigen Befragten, die sich nicht politisch informierten, wurden mit dem Wert eins codiert. Die Frage nach der wichtigsten Informationsquelle diente zugleich als Filterfrage. Nur diejenigen Befragten, die eine Informationsquelle nannten, erhielten die nachfolgenden Fragen zur politischen Printmedien-, Fernseh- und Internetnutzung. Eine *politische Zeitungsnutzung* wird als vorliegend angesehen, wenn Befragte politische Berichte in insgesamt sechs wichtigen überregionalen Tageszeitungen, einer Online-Zeitung oder einer anderen Tageszeitung an mindestens einem Tag der vergangenen Woche gelesen haben.[102] Eine *politische Fernsehnutzung* liegt vor, wenn Befragte an mindestens einem Tag der vergangenen Woche Nachrichtensendungen von mindestens einem von fünf populären Sendern des deutschen Fernsehens gesehen haben.[103] Eine *politische Internetnutzung* ist gegeben, wenn Befragte sich an mindestens einem Tag in der vergangenen Woche über Politik im Internet informiert haben.

Die *Verweildauer im Online-Access-Panel* in Monaten (H_7) wurde anhand des vom Panelanbieter übermittelten Eintrittsdatums in das Panel sowie des Datums des Beginns der Teilnahme an der Umfrage errechnet. Die empirische Verteilung der Verweildauer im Panel ist multimodal, was teils aus dem Rekrutierungsprozess und teils aus dem Teilnahmeverhalten der Mitglieder resultiert. Knapp 52% der Befragten sind seit acht Monaten

---

dieser Fälle zu den Bildungskategorien auf Grund der geringen Fallzahl keinen wesentlichen Einfluss auf die substantiellen Ergebnisse haben sollte.

102 Zu den explizit abgefragten Tageszeitungen gehörten die Bild-Zeitung, die Frankfurter Rundschau, die Frankfurter Allgemeine Zeitung, die Süddeutsche Zeitung, die tageszeitung (taz) sowie Die Welt.

103 Abgefragt wurde die Häufigkeit des Sehens der Tagesschau oder der Tagesthemen im Ersten Deutschen Fernsehen (ARD), von Heute oder dem Heute Journal im Zweiten Deutschen Fernsehen (ZDF), von RTL Aktuell, der Sat.1 Nachrichten sowie von Pro 7 Newstime.

oder kürzer und rund 27% erst seit zwei Monaten oder kürzer Mitglied des Online-Access-Panels. Dahingegen gibt es Befragte, die seit zehn Jahren und zehn Monaten Mitglieder sind. Hinzukommt, dass sich Spitzen in der Verteilung vorfinden lassen, die auf Rekrutierungsanstrengungen in der Vergangenheit schließen lassen. Die Verteilung spiegelt somit Prozesse von Panel Attrition und verstärkter Bemühungen zur Vergrößerung des Online-Access-Panels wider. Die Variable Verweildauer im Online-Access-Panel wurde daher in Quintile unterteilt.

Die Frage nach dem *Interesse an Politik* (H_8) – als dem übergreifenden Thema der Umfrage – verwendete eine vollständig gelabelte, fünfstufige Antwortskala mit konstruktspezifischen Ausprägungen von „überhaupt nicht" bis „sehr stark". Sie entspricht somit in ihrem Design den Empfehlung von Krosnick und Presser (2010, S. 275-278), um eine möglichst reliable Messung zu erhalten.

Die Frage nach der *Wichtigkeit der Teilnahme an wissenschaftlichen Umfragen* (H_9) wurde auf Grundlage der Ausführungen von Krosnick (1991, S. 224) und der in Studie 3 von Krosnick et al. (1996, S. 39-42) verwendeten Operationalisierungen für die vorliegende Untersuchung entworfen. Sie benutzt ebenfalls eine vollständig gelabelte, fünfstufige Antwortskala mit konstruktspezifischen Antwortmöglichkeiten von „überhaupt nicht wichtig" bis „sehr wichtig".

Die Persönlichkeitsmerkmale *Need for Cognition* (H_{10}) und *Need to Evaluate* (H_{11}) wurden über die Zustimmung der Befragten zu den Aussagen „Ich finde wenig Befriedigung darin, angestrengt und stundenlang nachzudenken." und „Ich bilde mir zu allem eine Meinung." auf einer fünfstufigen (T12-T14) bzw. siebenstufigen (T15) Antwortskala erhoben. Die Antwortskalen wurden auf den Wertebereich von null bis eins recodiert, um die Zusammenfassung über die Datensätze hinweg zu erlauben. Zudem wurden die Antworten auf die erste Aussage recodiert, sodass hohe Werte für eine starke Neigung zu kognitiven Herausforderungen stehen.

Für die Erfassung der Persönlichkeitsdimension *Gewissenhaftigkeit* (H_{12}) wurde die Zustimmung der Befragten zu der Aussage „Ich erledige Aufgaben gründlich." auf einer fünfstufigen (T12-T14) bzw. siebenstufigen (T15) Antwortskala verwendet. Die *Offenheit für Erfahrungen* (H_{13}) wurde über die Zustimmung zur Aussage „Ich habe eine aktive Vorstellungskraft, bin phantasievoll." erhoben. Die Antwortskalen wurden auch hier auf den Wertebereich von null bis eins recodiert, um eine Zusammenfassung zu erlauben.

Zur Messung der Motivation von Befragten wurde weiterhin eine für die vorliegende Untersuchung entworfene Frage nach der *Sorgfalt* bei der Beantwortung der Fragen (H_{14}) verwendet, die jeweils am Ende der Fragebögen platziert wurde. Die Frage war mittels einer vollständig gelabelten, fünfstufigen Antwortskala mit konstruktspezifischen Ausprägungen von „gar nicht bemüht" bis „sehr bemüht" zu beantworten.

Zwei Fragen wurden zur Bestimmung des *Vorhandenseins und der Stärke einer Parteiidentifikation* (H_{15}) verwendet. Personen, die sich mit einer Partei identifizierten, erhielten die Nachfrage, wie stark sie dieser Partei zuneigten. Die Stärke der Parteiidentifikation konnte auf einer fünfstufigen Skala mit Ausprägungen von „sehr schwach" bis „sehr stark" angegeben werden. Die Angaben zur Stärke der Parteiidentifikation sind erwartungsgemäß schief verteilt: Lediglich 1,8% der Befragten gaben eine sehr schwache oder schwache Parteiidentifikation an. Für die Analysen wurden daher die Angaben zum Vorhandensein einer Parteiidentifikation und der Stärke dieser Neigung zusammengefasst. Die abgeleitete Variable Parteiidentifikation umfasst drei Ausprägungen. Personen ohne Parteiidentifikation bilden die Referenzgruppe. Personen mit einer sehr schwachen, schwachen oder mäßig starken Neigung zu einer Partei wurden zur Kategorie schwache Parteiidentifikation und Befragte mit einer starken oder sehr starken Neigung zu einer Partei zur Kategorie starke Parteiidentifikation zusammengefasst.

Tabelle 40 Operationalisierung der Einflussgrößen von Satisficing (T12–T15)

Konstrukt	Variable	Fragetext	Antwortmöglichkeiten	Label
Kontrollvariable				
Geschlecht	v_01	Bitte geben Sie zunächst Ihr Geschlecht, Ihr Geburtsjahr und Ihre Schulbildung an.	(1) männlich (2) weiblich	Geschlecht
Schwierigkeit der Aufgabe				
Schwierigkeit: Frageverstehen	V009	Wie schwierig fanden Sie es, die Fragen in der Umfrage zu verstehen?	(1) sehr schwierig (2) eher schwierig (3) teils schwierig, teils nicht schwierig (4) weniger schwierig (5) überhaupt nicht schwierig	Debriefing: Schwierigkeit der Fragen
Schwierigkeit: Fragebeantwortung	V010	Und wie schwierig fanden Sie es, die Fragen in der Umfrage zu beantworten?	(1) sehr schwierig (2) eher schwierig (3) teils schwierig, teils nicht schwierig (4) weniger schwierig (5) überhaupt nicht schwierig	Debriefing: Schwierigkeit Antworten
Interviewsituation	V003	Zum Abschluss haben wir noch einige Fragen zu dieser Umfrage an Sie. Wo haben Sie an dieser Umfrage teilgenommen?	(1) am Arbeitsplatz (2) zu Hause/an einem privaten Internetzugang (3) an einem öffentlichen Internetzugang	Befragungssituation: Arbeitsplatz/Privat

Anhang C: Die Erklärung von Satisficing

Konstrukt	Variable	Fragetext	Antwortmöglichkeiten	Label
Ablenkung während der Umfrage	V026a	Wurden Sie während der Teilnahme an der Umfrage abgelenkt (z.B. durch weitere anwesende Personen, den Fernseher oder das Telefon)?	(1) nein, ich wurde nicht abgelenkt (2) ja, ich wurde abgelenkt	Debriefing: Ablenkung
Unterbrechung der Umfrage	Paradatum	-	-	Interviewdauer
Fähigkeiten				
Alter	v_02	Tragen Sie bitte ein, in welchem Jahr Sie geboren sind.	Textfeld	Geburtsjahr
Bildung	v_03	Welchen Schulabschluss haben Sie?	(1) Schule beendet ohne Abschluss (2) Hauptschulabschluss, Volksschulabschluss (3) Realschulabschluss, Mittlere Reife, Fachschulreife oder Abschluss der polytechnischen Oberschule 10. Klasse (4) Fachhochschulreife (Abschluss einer Fachoberschule etc.) (5) Abitur bzw. erweiterte Oberschule mit Abschluss 12. Klasse (Hochschulreife) (6) bin noch Schüler/in	Schulbildung

Konstrukt	Variable	Fragetext	Antwortmöglichkeiten	Label
Umfrageerfahrung	V012	An wie vielen Online-Umfragen haben Sie im letzten Monat in etwa teilgenommen?	(1) an keiner Umfrage (2) an 1 Umfrage (3) an 2 Umfragen (4) an 3 Umfragen (5) an 4 Umfragen (6) an 5 Umfragen (7) an 6 Umfragen (8) an 7 Umfragen (9) an 8 Umfragen (10) an 9 Umfragen (11) an 10 oder mehr Umfragen	Erfahrungen mit Umfragen, objektiv
Verweildauer im Panel	Paradatum	-	-	Eintrittsdatum ins Online-Access-Panel
Keine politische Information	A31	Es gibt unterschiedliche Quellen, aus denen man sich über Politik informieren kann. Woher bekommen Sie aktuell die meisten Informationen über die Politik und die Parteien?	(1) Fernsehen (2) Zeitung (3) Radio (4) Internet (5) persönliche Gespräche (6) andere Quelle (7) informiere mich aktuell nicht	Wichtigste Informationsquelle
Politische Zeitungsnutzung	B23a-h	An wie vielen Tagen haben Sie in der vergangenen Woche politische Berichte in den folgenden Zeitungen gelesen? (A) Bild-Zeitung	(1) 0 Tage (2) 1 Tag (3) 2 Tage (4) 3 Tage (5) 4 Tage	Printmediennutzung, politisch

Anhang C: Die Erklärung von Satisficing   313

Konstrukt	Variable	Fragetext	Antwortmöglichkeiten	Label
		(B) Frankfurter Rundschau (C) Frankfurter Allgemeine Zeitung (D) Süddeutsche Zeitung (E) die tageszeitung (taz) (F) Die Welt (G) Eine Online-Zeitung (H) Eine andere Tageszeitung	(6) 5 Tage (7) 6 Tage (8) 7 Tage	
Politische Fernsehnutzung	B24a-e	An wie vielen Tagen haben Sie in der vergangenen Woche eine der folgenden Nachrichtensendungen gesehen? (A) Tagesschau oder Tagesthemen (B) Heute oder das Heute Journal (C) RTL Aktuell (D) Sat.1 Nachrichten (E) Pro 7 Newstime	(1) 0 Tage (2) 1 Tag (3) 2 Tage (4) 3 Tage (5) 4 Tage (6) 5 Tage (7) 6 Tage (8) 7 Tage	Fernsehnutzung, politisch
Politische Internetnutzung	A34	An wie vielen Tagen haben Sie sich in der vergangenen Woche im Internet über Politik oder die Parteien informiert?	(1) 0 Tage (2) 1 Tag (3) 2 Tage (4) 3 Tage (5) 4 Tage (6) 5 Tage (7) 6 Tage (8) 7 Tage	Internetnutzung, politisch

Konstrukt	Variable	Fragetext	Antwortmöglichkeiten	Label
Motivation				
Interesse an Politik	A01	Wie stark interessieren Sie sich im Allgemeinen für Politik?	(1) sehr stark (2) stark (3) mittelmäßig (4) weniger stark (5) überhaupt nicht	Politisches Interesse
Wichtigkeit von wiss. Umfragen	V011	Wie wichtig finden Sie es im Allgemeinen, an wissenschaftlichen Umfragen teilzunehmen?	(1) sehr wichtig (2) eher wichtig (3) teils wichtig, teils nicht wichtig (4) weniger wichtig (5) überhaupt nicht wichtig	Debriefing: Wissenschaftliche Umfragen
Sorgfalt	V004	Wie sehr haben Sie sich in der Umfrage bemüht, die Fragen sorgfältig zu beantworten?	(1) sehr bemüht (2) eher bemüht (3) mäßig bemüht (4) weniger bemüht (5) gar nicht bemüht	Debriefing: Sorgfalt
Need for Cognition	KPX_1570b (T12–T14)	Bitte geben Sie jeweils an, inwieweit diese Aussagen auf Sie zutreffen oder nicht. (B) Ich finde wenig Befriedigung darin, angestrengt und stundenlang nachzudenken.	(1) trifft überhaupt nicht zu (2) trifft eher nicht zu (3) trifft teils zu/teils nicht zu (4) trifft eher zu (5) trifft voll und ganz zu	Needs (3 Items)
	B20b_a (T15)	Bitte geben Sie zu jeder der folgenden Aussagen an, inwieweit diese auf Sie zutrifft.	(1) -3 trifft überhaupt nicht zu (2) -2 (3) -1	Need (7 Items)

Anhang C: Die Erklärung von Satisficing

Konstrukt	Variable	Fragetext	Antwortmöglichkeiten	Label
Need to Evaluate		(B) Ich finde wenig Befriedigung darin, angestrengt und stundenlang nachzudenken.	(4) 0 (5) +1 (6) +2 (7) +3 trifft voll und ganz zu	Needs (3 Items)
	KPX_1570a (T12–T14)	Bitte geben Sie jeweils an, inwieweit diese Aussagen auf Sie zutreffen oder nicht. (A) Ich bilde mir zu allem eine Meinung.	(1) trifft überhaupt nicht zu (2) trifft eher nicht zu (3) trifft teils zu/teils nicht zu (4) trifft eher zu (5) trifft voll und ganz zu	
	B20a_a (T15)	Bitte geben Sie zu jeder der folgenden Aussagen an, inwieweit diese auf Sie zutrifft. (A) Ich bilde mir zu allem eine Meinung.	(1) –3 trifft überhaupt nicht zu (2) –2 (3) –1 (4) 0 (5) +1 (6) +2 (7) +3 trifft voll und ganz zu	Need (7 Items)
Big Five: Gewissenhaftigkeit	T7_36c_a (T12–T14)	Inwieweit treffen die folgenden Aussagen auf Sie zu? (C) Ich erledige Aufgaben gründlich.	(1) trifft überhaupt nicht zu (2) trifft eher nicht zu (3) weder noch (4) trifft eher zu (5) trifft voll und ganz zu	Big Five (10 Items)
	T15_001c (T15)	Inwieweit treffen die folgenden Aussagen auf Sie zu? (C) Ich erledige Aufgaben gründlich.	(1) trifft überhaupt nicht zu (2) trifft eher nicht zu (3) weder noch (4) trifft eher zu (5) trifft voll und ganz zu	Big five (15 items) Ego

Konstrukt	Variable	Fragetext	Antwortmöglichkeiten	Label
Big Five: Offenheit	T7_36e_a (T12-T14)	Inwieweit treffen die folgenden Aussagen auf Sie zu? (E) Ich habe eine aktive Vorstellungskraft, bin phantasievoll.	(1) trifft überhaupt nicht zu (2) trifft eher nicht zu (3) weder noch (4) trifft eher zu (5) trifft voll und ganz zu	Big Five (10 Items)
	T15_001e (T15)	Inwieweit treffen die folgenden Aussagen auf Sie zu? (E) Ich habe eine aktive Vorstellungskraft, bin phantasievoll.	(1) trifft überhaupt nicht zu (2) trifft eher nicht zu (3) weder noch (4) trifft eher zu (5) trifft voll und ganz zu	Big five (15 items) Ego
Parteiidentifikation	A36	Und jetzt noch einmal kurz zu den politischen Parteien. In Deutschland neigen viele Leute längere Zeit einer bestimmten politischen Partei zu, obwohl sie auch ab und zu eine andere Partei wählen. Wie ist das bei Ihnen: Neigen Sie - ganz allgemein - einer bestimmten Partei zu? Und wenn ja, welcher?	(2) CDU (3) CSU (4) SPD (5) FDP (7) Die Linke (6) Bündnis 90/Die Grünen (801) Andere Partei, und zwar (808) Keiner Partei	Parteiidentifikation
	A37	Wie stark oder wie schwach neigen Sie - alles zusammengenommen - dieser Partei zu?	(1) sehr stark (2) ziemlich stark (3) mäßig (4) ziemlich schwach (5) sehr schwach	Parteiidentifikation, Stärke

Anhang C: Die Erklärung von Satisficing 317

Konstrukt	Variable	Fragetext	Antwortmöglichkeiten	Label
Wahlnorm	V019e (T12-T14)	Hier ist eine Reihe von häufig gehörten Meinungen über die Politik und die Gesellschaft. Geben Sie bitte an, ob Sie diesen Meinungen zustimmen oder nicht. (E) In der Demokratie ist es die Pflicht jedes Bürgers, sich regelmäßig an Wahlen zu beteiligen.	(1) stimme überhaupt nicht zu (2) stimme eher nicht zu (3) stimme teils zu/teils nicht zu (4) stimme eher zu (5) stimme voll und ganz zu	Einstellungen zu Politik und Gesellschaft allgemein
	B20f_a (T15)	Bitte geben Sie zu jeder der folgenden Aussagen an, inwieweit diese auf Sie zutrifft. (F) In der Demokratie ist es die Pflicht jedes Bürgers, sich regelmäßig an Wahlen zu beteiligen.	(1) -3 trifft überhaupt nicht zu (2) -2 (3) -1 (4) 0 (5) +1 (6) +2 (7) +3 trifft voll und ganz zu	Need (7 Items)
Politische Kommunikation	A30	An wie vielen Tagen haben Sie sich in der vergangenen Woche mit anderen Personen über Politik und die Parteien unterhalten?	(1) 0 Tage (2) 1 Tag (3) 2 Tage (4) 3 Tage (5) 4 Tage (6) 5 Tage (7) 6 Tage (8) 7 Tage	Gespräche über Politik

C.2 Logistische Regressionsmodelle

Auf Grund der Sparsamkeit der Darstellung wurde im Kapitel 4 lediglich das zur Interpretation der Effekte der unabhängigen Variablen auf die abhängige Variable herangezogene Gesamtmodell präsentiert. In diesem Modell wurde auf die Darstellung der Regressionskonstante sowie der Koeffizienten und Standardfehler der Kontrollvariablen verzichtet. Im Folgenden wird daher das vollständige logistische Regressionsmodell dargestellt (Tabelle 45). Darüber hinaus werden die vier logistischen Regressionsmodelle abgebildet, die zur Evaluation der Verbesserung der Modellanpassung verwendet wurden, wenn das nur aus den Kontrollvariablen bestehende Basismodell (Tabelle 41) jeweils um die Sätze von unabhängigen Variablen erweitert wurde, die den Einflussgrößen Schwierigkeit der Aufgabe (Tabelle 42), Fähigkeiten (Tabelle 43) und Motivation (Tabelle 44) zugeordnet waren. Um die logistischen Regressionsmodelle untereinander vergleichbar zu halten, wurde die zu analysierende Stichprobe auf diejenigen Befragten beschränkt, die bei listenweisem Fallausschluss im Gesamtmodell verblieben. Alle Modelle wurden mit robusten Standardfehlern berechnet, die berücksichtigen, dass die Befragten in den vier Online-Trackings geclustert sind.

Tabelle 41 Logistische Regression: M_0 – Basismodell (T12–T15)

	Antwortstrategie (0 = Optimizing/ 1 = Satisficing)			
	β	SE	AME	SE
Konstante & Kontrollvariablen				
Konstante	-2,820***	0,104		
Umfrage: T12	Ref.	Ref.	Ref.	Ref.
T13	0,077***	0,002	0,006***	0,000
T14	0,053***	0,001	0,004***	0,000
T15	0,078***	0,001	0,006***	0,000
Geschlecht: weiblich	0,783***	0,160	0,063***	0,013
n	4.293			
R^2_{MF}	0,020			
BIC	2.565,1			

Anmerkungen: β = Logit-Koeffizient, SE = Robuste Standardfehler, AME = Durchschnittlicher marginaler Effekt.
+ $p < 0{,}10$, * $p < 0{,}05$, ** $p < 0{,}01$, *** $p < 0{,}001$.

Anhang C: Die Erklärung von Satisficing

Tabelle 42 Logistische Regression: M_1 – Schwierigkeit (T12–T15)

	Antwortstrategie (0 = Optimizing/ 1 = Satisficing)			
	β	SE	AME	SE
Konstante & Kontrollvariablen				
Konstante	-2,936***	0,180		
Umfrage: T12	Ref.	Ref.	Ref.	Ref.
T13	0,077***	0,008	0,006***	0,001
T14	0,038***	0,009	0,003***	0,001
T15	0,079***	0,009	0,006***	0,001
Geschlecht: weiblich	0,764***	0,144	0,060***	0,011
Schwierigkeit der Aufgabe				
Schwierigkeit: Frageverstehen	1,272***	0,382	0,100***	0,029
Schwierigkeit: Fragebeantwortung	-1,176**	0,367	-0,092**	0,029
Schwierigkeit: Interaktionsterm	2,173***	0,566	0,171***	0,045
Smartphone	-0,059	1,113	-0,005	0,087
Tablet	-1,593	1,106	-0,125	0,087
Interviewsituation: Zuhause	Ref.	Ref.	Ref.	Ref.
Arbeitsplatz	0,318	0,224	0,027	0,021
Öffentlicher Ort	1,216*	0,574	0,145	0,093
Ablenkung während der Umfrage	-0,312+	0,177	-0,024+	0,014
Unterbrechung der Umfrage	-0,570***	0,107	-0,045***	0,009
n		4.293		
R^2_{MF}		0,053		
BIC		2.478,8		

Anmerkungen: β = Logit-Koeffizient, SE = Robuste Standardfehler, AME = Durchschnittlicher marginaler Effekt.
+ $p < 0,10$, * $p < 0,05$, ** $p < 0,01$, *** $p < 0,001$.

Tabelle 43 Logistische Regression: M_2 – Fähigkeiten (T12–T15)

	Antwortstrategie (0 = Optimizing/ 1 = Satisficing)			
	β	SE	AME	SE
Konstante & Kontrollvariablen				
Konstante	0,127	0,515		
Umfrage: T12	Ref.	Ref.	Ref.	Ref.
T13	0,345***	0,037	0,021***	0,002
T14	0,360***	0,055	0,022***	0,003
T15	0,237***	0,041	0,014***	0,002
Geschlecht: weiblich	0,648***	0,173	0,041***	0,011
Fähigkeiten				
Alter in Dekaden	-0,372***	0,082	-0,023***	0,005
Bildung: niedrig	Ref.	Ref.	Ref.	Ref.
mittel	-0,642***	0,094	-0,048***	0,008
hoch	-1,406***	0,189	-0,086***	0,011
Umfrageerfahrung: keine Umfragen	Ref.	Ref.	Ref.	Ref.
1-4 Umfragen	-0,574***	0,146	-0,043***	0,013
5-9 Umfragen	-0,758***	0,207	-0,054***	0,016
10 oder mehr Umfragen	-0,526*	0,249	-0,040*	0,019
Verweildauer im Panel: 0-2 Monate	Ref.	Ref.	Ref.	Ref.
3-5 Monate	0,568	0,406	0,033	0,024
6-15 Monate	0,579	0,366	0,034	0,021
16-37 Monate	0,631**	0,224	0,037**	0,012
38-130 Monate	0,646***	0,164	0,038***	0,009
Keine politische Information	1,354***	0,060	0,085***	0,004
Politische Zeitungsnutzung	-0,726***	0,037	-0,046***	0,003
Politische Fernsehnutzung	-0,702***	0,142	-0,044***	0,008
Politische Internetnutzung	-0,284	0,192	-0,018	0,012
n	4.293			
R^2_{MF}	0,245			
BIC	1.982,5			

Anmerkungen: β = Logit-Koeffizient, SE = Robuste Standardfehler, AME = Durchschnittlicher marginaler Effekt.
$^+ p < 0,10$, $^* p < 0,05$, $^{**} p < 0,01$, $^{***} p < 0,001$.

Anhang C: Die Erklärung von Satisficing

Tabelle 44 Logistische Regression: M_3 – Motivation (T12–T15)

	Antwortstrategie (0 = Optimizing/ 1 = Satisficing)			
	β	SE	AME	SE
Konstante & Kontrollvariablen				
Konstante	4,830***	0,632		
Umfrage: T12	Ref.	Ref.	Ref.	Ref.
T13	0,171***	0,025	0,010***	0,001
T14	-0,004	0,038	0,000	0,002
T15	0,041**	0,015	0,002**	0,001
Geschlecht: weiblich	0,502***	0,125	0,029***	0,007
Motivation				
Interesse an Politik	-1,474***	0,401	-0,086***	0,025
Wichtigkeit von wiss. Umfragen	-1,269***	0,270	-0,074***	0,015
Sorgfalt	-1,428***	0,429	-0,083***	0,025
Need for Cognition	-0,469**	0,178	-0,027**	0,010
Need to Evaluate	-0,609***	0,147	-0,035***	0,009
Big Five: Gewissenhaftigkeit	-2,582***	0,238	-0,150***	0,011
Big Five: Offenheit	-0,973***	0,203	-0,056***	0,011
Parteiidentifikation: keine	Ref.	Ref.	Ref.	Ref.
schwach	-0,703***	0,180	-0,048***	0,013
stark	-1,437***	0,147	-0,080***	0,009
Wahlnorm	-1,125**	0,355	-0,065***	0,019
Politische Kommunikation	-0,688***	0,085	-0,040***	0,005
n		4.293		
R^2_{MF}		0,332		
BIC		1.756,7		

Anmerkungen: β = Logit-Koeffizient, SE = Robuste Standardfehler, AME = Durchschnittlicher marginaler Effekt.
⁺ $p < 0{,}10$, * $p < 0{,}05$, ** $p < 0{,}01$, *** $p < 0{,}001$.

Tabelle 45 Logistische Regression: M_4 – Gesamtmodell (T12–T15)

	Antwortstrategie (0 = Optimizing/ 1 = Satisficing)			
	β	SE	AME	SE
Konstante & Kontrollvariablen				
Konstante	5,255***	0,804		
Umfrage: T12	Ref.	Ref.	Ref.	Ref.
T13	0,318***	0,040	0,016***	0,002
T14	0,267***	0,076	0,013***	0,004
T15	0,171***	0,033	0,008***	0,002
Geschlecht: weiblich	0,657***	0,107	0,034***	0,005
Schwierigkeit der Aufgabe				
Schwierigkeit: Frageverstehen	0,104	0,475	0,005	0,025
Schwierigkeit: Fragebeantwortung	-1,810***	0,227	-0,094***	0,010
Schwierigkeit: Interaktionsterm	2,907**	0,910	0,151**	0,046
Smartphone	0,021	1,143	0,001	0,059
Tablet	-1,150	0,784	-0,060	0,040
Interviewsituation: Zuhause	Ref.	Ref.	Ref.	Ref.
Arbeitsplatz	0,490*	0,231	0,028+	0,015
Öffentlicher Ort	0,582	1,157	0,034	0,077
Ablenkung während der Umfrage	-0,703***	0,173	-0,036***	0,010
Unterbrechung der Umfrage	-0,212	0,255	-0,011	0,013
Fähigkeiten				
Alter in Dekaden	-0,256**	0,085	-0,013**	0,004
Bildung: niedrig	Ref.	Ref.	Ref.	Ref.
mittel	-0,459***	0,073	-0,026***	0,005
hoch	-0,897***	0,158	-0,046***	0,008
Umfrageerfahrung: keine Umfragen	Ref.	Ref.	Ref.	Ref.
1-4 Umfragen	-0,260	0,305	-0,014	0,017
5-9 Umfragen	-0,217	0,279	-0,012	0,016
10 oder mehr Umfragen	-0,057	0,308	-0,003	0,017
Verweildauer im Panel: 0-2 Monate	Ref.	Ref.	Ref.	Ref.
3-5 Monate	0,525	0,381	0,025	0,018
6-15 Monate	0,609	0,402	0,029	0,019
16-37 Monate	0,656**	0,221	0,032***	0,010
38-130 Monate	0,757***	0,124	0,038***	0,003
Keine politische Information	1,067***	0,101	0,055***	0,004
Politische Zeitungsnutzung	-0,410***	0,103	-0,021***	0,005

	Antwortstrategie (0 = Optimizing/ 1 = Satisficing)			
	β	SE	AME	SE
Politische Fernsehnutzung	-0,269	0,173	-0,014	0,009
Politische Internetnutzung	0,163	0,144	0,008	0,007
Motivation				
Interesse an Politik	-0,781⁺	0,405	-0,040⁺	0,022
Wichtigkeit von wiss. Umfragen	-1,163***	0,281	-0,060***	0,013
Sorgfalt	-1,737***	0,445	-0,090***	0,024
Need for Cognition	-0,515*	0,241	-0,027*	0,012
Need to Evaluate	-0,583***	0,110	-0,030***	0,006
Big Five: Gewissenhaftigkeit	-2,134***	0,273	-0,111***	0,012
Big Five: Offenheit	-0,881***	0,150	-0,046***	0,007
Parteiidentifikation: keine	Ref.	Ref.	Ref.	Ref.
schwach	-0,557*	0,217	-0,034*	0,014
stark	-1,313***	0,163	-0,066***	0,010
Wahlnorm	-0,913*	0,442	-0,047*	0,022
Politische Kommunikation	-0,306***	0,072	-0,016***	0,004
n	4.293			
R^2_{MF}	0,395			
BIC	1.593,4			

Anmerkungen: β = Logit-Koeffizient, SE = Robuste Standardfehler, AME = Durchschnittlicher marginaler Effekt.
⁺ $p < 0,10$, * $p < 0,05$, ** $p < 0,01$, *** $p < 0,001$.

C.3 Umgang mit fehlenden Werten

Fehlende Werte stellen ein Problem in statistischen Analysen dar. Dies trifft insbesondere auf multivariate Analysen zu, in denen sie zur fehlerhaften Berechnung von Varianzen oder Regressionskoeffizienten führen können (Weisberg 2005, S. 139-140). Die in dieser Untersuchung durchgeführten Analysen sind erwartungsgemäß ebenfalls mit dem Problem fehlender Werte konfrontiert. Im vollständigen logistischen Regressionsmodell weisen insgesamt 6,5% der Befragten fehlende Werte auf mindestens einer Variablen auf und werden bei listenweisem Fallausschluss in Analysen nicht berücksichtigt. Obgleich der Verlust von 6,5% der Stichprobe als vergleichsweise gering bezeichnet werden kann, wiegt umso schwerer, dass der relative Anteil von Fällen mit fehlenden Werten in der Klasse Satisficing mit 10,3% signifikant höher liegt als mit 6,1% in der Klasse Optimizing ($p < 0{,}001$).[104] Die „missing completely at random"-Annahme ist somit verletzt (siehe Allison 2002, S. 3-5). Der listenweise Fallausschluss führt daher nicht nur zur fehlerhaften Schätzung von Standardfehlern sondern möglicherweise auch zu verzerrten Regressionskoeffizienten (Allison 2002, S. 6). Allerdings können bei der Berechnung logistischer Regressionen mit listenweisem Fallausschluss auch dann noch konsistente Regressionskoeffizienten und Standardfehler erhalten werden, wenn die Wahrscheinlichkeit von fehlenden Werten auf einer der unabhängigen Variablen von den Ausprägungen der abhängigen Variablen abhängt, solange diese Wahrscheinlichkeit nicht zudem von Ausprägungen weiterer unabhängiger Variablen beeinflusst ist (Allison 2002, S. 7). Um die Ergebnisse der hier durchgeführten logistischen Regressionen mit listenweisem Fallausschluss abzusichern, wurden das Basismodell (Tabelle 47), die Modelle für die Schwierigkeit der Aufgabe (Tabelle 48), die Fähigkeiten (Tabelle 49), die Motivation (Tabelle 50) sowie das Gesamtmodell (Tabelle 51) zusätzlich unter Anwendung eines Imputationsverfahrens geschätzt. Hierfür wurde eine Kombination des „mean imputation within cells"- (siehe Weisberg 2005, S. 147) und des „dummy variable adjustment"-Ansatzes (Allison 2002, S. 9-11) gewählt. In einem ersten Schritt wurden fehlende Werte bei ordinalen und metrischen Variablen nach Zugehörigkeit der Fälle zu den Klassen Optimizing bzw. Satisficing mit dem gruppenspezifischen Mittelwert ersetzt. In

---

104 Der höhere Anteil fehlender Werte in der latenten Klasse Satisficing ist höchstwahrscheinlich mit einer verstärkten Neigung zur Nichtbeantwortung von Fragen zu erklären. Obwohl Item Nonresponse definitionsgemäß keine Folge von Satisficing ist (Holbrook et al. 2003, S. 92, Fußnote 5), wird die Nichtbeantwortung von Fragen im Kontext von Web-Befragungen gelegentlich mit dieser Antwortstrategie in Verbindung gebracht, so z.B. im AAPOR Report on Online Panels von Baker et al. (2010, S. 736): „Some specific respondent behaviors generally associated with satisficing include [...] item nonresponse (elevated use of nonsubstantive response options such as "don't know" or simply skipping items)." In Web-Befragungen könnte der Übergang zwischen starkem Satisficing und der Nichtbeantwortung von Fragen auf Grund der Abwesenheit eines Interviewers graduell sein (Heerwegh 2005, S. 70-71). Zudem kann in Web-Befragungen oftmals nicht unterschieden werden, ob Nichtantworten Verweigerungen oder „Weiß nicht"-Antworten repräsentieren. Daher kann der höhere Anteil fehlender Werte auch mit Satisficing erklärt werden.

einem zweiten Schritt wurde je imputierter Variable eine Flaggenvariable angelegt, die diejenigen Fälle markiert, bei denen fehlende Werte ersetzt wurden. Bei kategorialen Variablen wurde je eine Dummy-Variable für diejenigen Fälle angelegt, die fehlende Werte bei dieser Variablen aufwiesen. Der Vorzug des „dummy variable adjustment"-Ansatzes ist, dass die vollständige verfügbare Information zu den fehlenden Werten verwendet wird (Allison 2002, S. 10). Der wesentliche Nachteil der Imputation fehlender Werte mit dem Mittelwert der beobachteten Fälle ist die Unterschätzung der Varianz der Variablen, was zu verzerrten Korrelationen mit anderen Variablen im Modell führen kann (Weisberg 2005, S. 147). Die Imputation von fehlenden Werten bei ordinalen und metrischen Variablen mit dem gruppenspezifischen Mittelwert führte lediglich zu marginalen Änderungen der Mittelwerte und Standardabweichungen der betreffenden Variablen (siehe Tabelle 46). Abschließend wurden die Ergebnisse der logistischen Regressionsmodelle mit listenweisem Fallausschluss und mit imputierten Werten miteinander verglichen und auf relevante Unterschiede hinsichtlich der Regressionskoeffizienten und Standardfehler untersucht. In den Vergleichen der Modelle konnten keine Abweichungen in den Regressionskoeffizienten und Standardfehlern festgestellt werden, die zu substantiell unterschiedlichen Schlüssen führen. Zur inhaltlichen Interpretation wurden im Kapitel 4 die Ergebnisse der logistischen Regressionsmodelle mit listenweisem Fallausschluss herangezogen, da dieses Verfahren unter vielen Bedingungen zu konsistenten Ergebnissen führt (siehe Allison 2002, S. 6-8).

Tabelle 46 Deskriptive Statistiken zu den imputierten Variablen (T12–T15)

	Ohne fehlende Werte			Imputiert/ mit fehlenden Werten		
	n	$\bar{x}$	s	n	$\bar{x}$	s
Schwierigkeit der Aufgabe						
Schwierigkeit: Frageverstehen						
(0 = niedrig – 1 = hoch)	4.549	0,19	0,21	4.589	0,19	0,21
Schwierigkeit: Fragebeantwortung						
(0 = niedrig – 1 = hoch)	4.519	0,25	0,23	4.589	0,25	0,23
Interviewsituation: Zuhause	Ref.	Ref.	Ref.	Ref.	Ref.	Ref.
Arbeitsplatz	4.548	0,07	0,26	4.589	0,07	0,25
Öffentlicher Ort	4.548	0,01	0,10	4.589	0,01	0,10
keine Angabe				4.589	0,01	0,09
Fähigkeiten						
Umfrageerfahrung: keine Umfragen	Ref.	Ref.	Ref.	Ref.	Ref.	Ref.
1–4 Umfragen	4.555	0,46	0,50	4.589	0,46	0,50
5–9 Umfragen	4.555	0,29	0,45	4.589	0,29	0,45
10 oder mehr Umfragen	4.555	0,19	0,40	4.589	0,19	0,39
keine Angabe				4.589	0,01	0,09
Motivation						
Interesse an Politik						
(0 = niedrig – 1 = hoch)	4.586	0,55	0,27	4.589	0,55	0,27
Wichtigkeit von wiss. Umfragen						
(0 = niedrig – 1 = hoch)	4.543	0,74	0,24	4.589	0,74	0,24
Sorgfalt						
(0 = niedrig – 1 = hoch)	4.569	0,90	0,16	4.589	0,90	0,16
Need for Cognition						
(0 = niedrig – 1 = hoch)	4.524	0,57	0,27	4.589	0,57	0,27
Need to Evaluate						
(0 = niedrig – 1 = hoch)	4.530	0,68	0,23	4.589	0,68	0,23
Big Five: Gewissenhaftigkeit						
(0 = niedrig – 1 = hoch)	4.495	0,77	0,21	4.589	0,77	0,21
Big Five: Offenheit						
(0 = niedrig – 1 = hoch)	4.515	0,69	0,24	4.589	0,69	0,24
Parteiidentifikation: keine	Ref.	Ref.	Ref.	Ref.	Ref.	Ref.
schwach	4.584	0,27	0,44	4.589	0,27	0,44
stark	4.584	0,43	0,49	4.589	0,43	0,49
keine Angabe				4.589	0,00	0,03

Anhang C: Die Erklärung von Satisficing

	Ohne fehlende Werte			Imputiert/ mit fehlenden Werten		
	n	$\bar{x}$	s	n	$\bar{x}$	s
Wahlnorm (0 = niedrig – 1 = hoch)	4.531	0,72	0,32			
Politische Kommunikation: nein	Ref.	Ref.	Ref.	Ref.	Ref.	Ref.
ja	4.548	0,75	0,43	4.589	0,74	0,44
keine Angabe				4.589	0,01	0,09

Anmerkungen: $\bar{x}$ = Arithmetischer Mittelwert, s = Standardabweichung.

Tabelle 47 Log. Reg. mit imputierten Variablen: M_0 – Basismodell (T12–T15)

	Antwortstrategie (0 = Optimizing/ 1 = Satisficing)			
	β	SE	AME	SE
Konstante & Kontrollvariablen				
Konstante	-2,758***	0,096		
Umfrage: T12	Ref.	Ref.	Ref.	Ref.
T13	0,032***	0,001	0,003***	0,000
T14	0,007***	0,001	0,001***	0,000
T15	-0,009***	0,001	-0,001***	0,000
Geschlecht: weiblich	0,822***	0,146	0,069***	0,012
n	4.589			
R^2_{MF}	0,022			
BIC	2.813,4			

Anmerkungen: β = Logit-Koeffizient, SE = Robuste Standardfehler, AME = Durchschnittlicher marginaler Effekt.
$^+ p < 0{,}10$, $^* p < 0{,}05$, $^{**} p < 0{,}01$, $^{***} p < 0{,}001$.

Tabelle 48 Log. Reg. mit imputierten Variablen: M_1 – Schwierigkeit (T12–T15)

	Antwortstrategie (0 = Optimizing/ 1 = Satisficing)			
	β	SE	AME	SE
Konstante & Kontrollvariablen				
Konstante	-2,882***	0,156		
Umfrage: T12	Ref.	Ref.	Ref.	Ref.
T13	0,022**	0,008	0,002**	0,001
T14	-0,013	0,008	-0,001	0,001
T15	-0,010	0,012	-0,001	0,001
Geschlecht: weiblich	0,798***	0,133	0,065***	0,011
Schwierigkeit der Aufgabe				
Schwierigkeit: Frageverstehen	1,248***	0,195	0,101***	0,015
Schwierigkeit: Fragebeantwortung	-1,131***	0,294	-0,092***	0,024
Schwierigkeit: Interaktionsterm	2,189***	0,441	0,178***	0,036
Smartphone	-0,463	0,976	-0,038	0,079
Tablet	-1,677	1,152	-0,136	0,094
Interviewsituation: Zuhause	Ref.	Ref.	Ref.	Ref.
Arbeitsplatz	0,283	0,221	0,025	0,021
Öffentlicher Ort	1,170**	0,452	0,141+	0,074
keine Angabe	-0,120	0,615	-0,009	0,044
Ablenkung während der Umfrage	-0,218	0,183	-0,018	0,015
Unterbrechung der Umfrage	-0,658***	0,086	-0,053***	0,007
Imputierte Fälle				
Schwierigkeit: Frageverstehen	0,317	0,352	0,026	0,029
Schwierigkeit: Fragebeantwortung	0,281	0,513	0,023	0,042
n	4.589			
R^2_{MF}	0,056			
BIC	2.715,1			

Anmerkungen: β = Logit-Koeffizient, SE = Robuste Standardfehler, AME = Durchschnittlicher marginaler Effekt.
+ $p < 0{,}10$, * $p < 0{,}05$, ** $p < 0{,}01$, *** $p < 0{,}001$.

Anhang C: Die Erklärung von Satisficing

Tabelle 49 Log. Reg. mit imputierten Variablen: M_2 – Fähigkeiten (T12–T15)

	Antwortstrategie (0 = Optimizing/ 1 = Satisficing)			
	β	SE	AME	SE
Konstante & Kontrollvariablen				
Konstante	0,139	0,496		
Umfrage: T12	Ref.	Ref.	Ref.	Ref.
T13	0,286***	0,031	0,018***	0,002
T14	0,303***	0,067	0,020***	0,004
T15	0,156***	0,040	0,010***	0,002
Geschlecht: weiblich	0,671***	0,154	0,044***	0,011
Fähigkeiten				
Alter in Dekaden	-0,376***	0,078	-0,025***	0,005
Bildung: niedrig	Ref.	Ref.	Ref.	Ref.
mittel	-0,645***	0,087	-0,050***	0,008
hoch	-1,257***	0,214	-0,082***	0,013
Umfrageerfahrung: keine Umfragen	Ref.	Ref.	Ref.	Ref.
1-4 Umfragen	-0,611**	0,222	-0,048*	0,020
5-9 Umfragen	-0,742**	0,286	-0,056*	0,024
10 oder mehr Umfragen	-0,511	0,322	-0,041	0,027
keine Angabe	-0,727	0,639	-0,055	0,045
Verweildauer im Panel: 0-2 Monate	Ref.	Ref.	Ref.	Ref.
3-5 Monate	0,531	0,396	0,032	0,025
6-15 Monate	0,576+	0,311	0,035+	0,019
16-37 Monate	0,587***	0,136	0,036***	0,008
38-130 Monate	0,683***	0,144	0,043***	0,009
Keine politische Information	1,344***	0,086	0,089***	0,004
Politische Zeitungsnutzung	-0,676***	0,082	-0,045***	0,005
Politische Fernsehnutzung	-0,615***	0,092	-0,041***	0,005
Politische Internetnutzung	-0,325*	0,161	-0,022*	0,011
n		4.589		
R^2_{MF}		0,234		
BIC		2.207,6		

Anmerkungen: β = Logit-Koeffizient, SE = Robuste Standardfehler, AME = Durchschnittlicher marginaler Effekt.
+ $p < 0,10$, * $p < 0,05$, ** $p < 0,01$, *** $p < 0,001$.

Tabelle 50 Log. Reg. mit imputierten Variablen: M_3 – Motivation (T12–T15)

	Antwortstrategie (0 = Optimizing/ 1 = Satisficing)			
	β	SE	AME	SE
Konstante & Kontrollvariablen				
Konstante	4,995***	0,516		
Umfrage: T12	Ref.	Ref.	Ref.	Ref.
T13	0,088+	0,051	0,005+	0,003
T14	-0,075	0,049	-0,004	0,003
T15	-0,027	0,023	-0,002	0,001
Geschlecht: weiblich	0,508***	0,119	0,030***	0,007
Motivation				
Interesse an Politik	-1,414***	0,335	-0,084***	0,020
Wichtigkeit von wiss. Umfragen	-1,365***	0,223	-0,081***	0,013
Sorgfalt	-1,534***	0,373	-0,091***	0,022
Need for Cognition	-0,418**	0,149	-0,025**	0,009
Need to Evaluate	-0,626***	0,171	-0,037***	0,010
Big Five: Gewissenhaftigkeit	-2,498***	0,236	-0,148***	0,013
Big Five: Offenheit	-1,007***	0,211	-0,060***	0,012
Parteiidentifikation: keine	Ref.	Ref.	Ref.	Ref.
schwach bis mittel	-0,687***	0,194	-0,048***	0,014
stark bis sehr stark	-1,423***	0,123	-0,081***	0,008
keine Angabe	-0,178	0,748	-0,014	0,057
Wahlnorm	-1,129***	0,272	-0,067***	0,015
Politische Kommunikation: nein	Ref.	Ref.	Ref.	Ref.
ja	-0,716***	0,117	-0,045***	0,008
keine Angabe	-0,132	0,138	-0,010	0,010
Imputierte Fälle				
Wichtigkeit von wiss. Umfragen	-0,010	1,162	-0,001	0,069
Sorgfalt	1,812+	0,956	0,108+	0,057
Need for Cognition	-0,094	0,539	-0,006	0,032
Need to Evaluate	-0,727	0,568	-0,043	0,033
Big Five: Gewissenhaftigkeit	-0,428	0,386	-0,025	0,023
Big Five: Offenheit	0,551	1,332	0,033	0,079
Wahlnorm	-1,955+	1,100	-0,116+	0,066

Anhang C: Die Erklärung von Satisficing

	Antwortstrategie (0 = Optimizing/ 1 = Satisficing)			
	β	SE	AME	SE
n	4.589			
R^2_{MF}	0,338			
BIC	1.912,8			

Anmerkungen: β = Logit-Koeffizient, SE = Robuste Standardfehler, AME = Durchschnittlicher marginaler Effekt.
$^+ p < 0{,}10,\ ^* p < 0{,}05,\ ^{**} p < 0{,}01,\ ^{***} p < 0{,}001$.

Tabelle 51 Log. Reg. mit imputierten Variablen: M_4 – Gesamtmodell (T12–T15)

	Antwortstrategie (0 = Optimizing/ 1 = Satisficing)			
	β	SE	AME	SE
Konstante & Kontrollvariablen				
Konstante	5,448***	0,812		
Umfrage: T12	Ref.	Ref.	Ref.	Ref.
T13	0,250**	0,076	0,013**	0,004
T14	0,212*	0,094	0,011*	0,005
T15	0,116**	0,037	0,006**	0,002
Geschlecht: weiblich	0,654***	0,093	0,035***	0,005
Schwierigkeit der Aufgabe				
Schwierigkeit: Frageverstehen	0,143	0,396	0,008	0,021
Schwierigkeit: Fragebeantwortung	-1,707***	0,154	-0,091***	0,008
Schwierigkeit: Interaktionsterm	2,813***	0,701	0,150***	0,037
Smartphone	-0,785	1,320	-0,042	0,070
Tablet	-1,166	0,822	-0,062	0,044
Interviewsituation: Zuhause	Ref.	Ref.	Ref.	Ref.
Arbeitsplatz	0,404+	0,223	0,023+	0,014
Öffentlicher Ort	0,706	0,829	0,044	0,059
keine Angabe	-0,497	0,862	-0,023	0,035
Ablenkung während der Umfrage	-0,620***	0,175	-0,033***	0,010
Unterbrechung der Umfrage	-0,251	0,270	-0,013	0,014
Fähigkeiten				
Alter in Dekaden	-0,269***	0,079	-0,014***	0,004
Bildung: niedrig	Ref.	Ref.	Ref.	Ref.
mittel	-0,481***	0,077	-0,028***	0,005
hoch	-0,793***	0,222	-0,042***	0,011

	Antwortstrategie (0 = Optimizing/ 1 = Satisficing)			
	β	SE	AME	SE
Umfrageerfahrung: keine Umfragen	Ref.	Ref.	Ref.	Ref.
1-4 Umfragen	-0,321	0,353	-0,018	0,021
5-9 Umfragen	-0,240	0,337	-0,014	0,020
10 oder mehr Umfragen	-0,071	0,351	-0,004	0,021
keine Angabe	-0,209	1,453	-0,012	0,079
Verweildauer im Panel: 0-2 Monate	Ref.	Ref.	Ref.	Ref.
3-5 Monate	0,519	0,363	0,025	0,017
6-15 Monate	0,625	0,381	0,031	0,019
16-37 Monate	0,648***	0,132	0,032***	0,006
38-130 Monate	0,828***	0,113	0,043***	0,003
Keine politische Information	1,012***	0,052	0,054***	0,003
Politische Zeitungsnutzung	-0,407***	0,020	-0,022***	0,001
Politische Fernsehnutzung	-0,248	0,183	-0,013	0,010
Politische Internetnutzung	0,183	0,152	0,010	0,008
Motivation				
Interesse an Politik	-0,785*	0,306	-0,042*	0,017
Wichtigkeit von wiss. Umfragen	-1,271***	0,249	-0,068***	0,013
Sorgfalt	-1,769***	0,527	-0,094***	0,029
Need for Cognition	-0,432*	0,202	-0,023*	0,010
Need to Evaluate	-0,568***	0,166	-0,030***	0,009
Big Five: Gewissenhaftigkeit	-2,113***	0,282	-0,113***	0,013
Big Five: Offenheit	-0,896***	0,126	-0,048***	0,006
Parteiidentifikation: keine	Ref.	Ref.	Ref.	Ref.
schwach bis mittel	-0,562*	0,229	-0,035*	0,015
stark bis sehr stark	-1,348***	0,122	-0,069***	0,009
keine Angabe	0,256	0,963	0,019	0,077
Wahlnorm	-0,906*	0,377	-0,048*	0,019
Politische Kommunikation: nein	Ref.	Ref.	Ref.	Ref.
ja	-0,369**	0,132	-0,020**	0,008
keine Angabe	-0,175	0,268	-0,010	0,014
Imputierte Fälle				
Schwierigkeit: Frageverstehen	-0,706+	0,374	-0,038+	0,020
Schwierigkeit: Fragebeantwortung	-0,370	0,485	-0,020	0,026
Wichtigkeit von wiss. Umfragen	0,319	0,998	0,017	0,053
Sorgfalt	2,577***	0,760	0,137***	0,039
Need for Cognition	0,031	0,627	0,002	0,033

	Antwortstrategie (0 = Optimizing/ 1 = Satisficing)			
	β	SE	AME	SE
Need to Evaluate	-1,099*	0,526	-0,059*	0,028
Big Five: Gewissenhaftigkeit	-0,637	0,605	-0,034	0,032
Big Five: Offenheit	0,701	1,576	0,037	0,083
Wahlnorm	-1,944	1,583	-0,104	0,083
n		4.589		
R^2_{MF}		0,398		
BIC		1.740,4		

Anmerkungen: β = Logit-Koeffizient, SE = Robuste Standardfehler, AME = Durchschnittlicher marginaler Effekt.
⁺ $p < 0,10$, * $p < 0,05$, ** $p < 0,01$, *** $p < 0,001$.

C.4 Der Zusammenhang von Alter und mittlerer Antwortgeschwindigkeit

In den Studien von Couper und Kreuter (2013) sowie von Yan und Tourangeau (2008) wird eine im Mittel geringere Antwortgeschwindigkeit älterer Befragter berichtet. Diese kann einerseits mit einer geringeren Leistung des Arbeitsgedächtnisses, andererseits aber auch mit geringeren Computerfertigkeiten sowie einer geringeren Lesegeschwindigkeit älterer Personen erklärt werden (vgl. Carver 1992; Wagner et al. 2010). Zur Überprüfung des vermuteten Zusammenhangs wurde ein lineares Regressionsmodell mit dem Speeding-Index als abhängiger Variable, der Umfrage, dem Geschlecht sowie der Bildung der Befragten als Kontrollvariablen und dem Alter der Befragten als interessierende erklärende Variable aufgesetzt. Es zeigt sich in Übereinstimmung mit den Befunden aus der bestehenden Forschung, dass die mittlere Antwortgeschwindigkeit mit zunehmendem Alter nachlässt und insbesondere für Befragte ab etwa 50 Jahren über dem Durchschnitt aller Befragten liegt (siehe Abbildung 21).

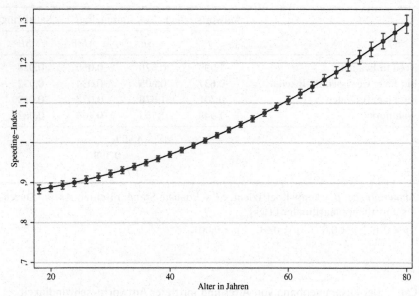

Anmerkung: Vorhergesagte Werte mit 95%-Konfidenzintervallen

Abbildung 21 Zusammenhang von Alter und Antwortgeschwindigkeit (T12–T15)

D Intra-individuelle Stabilität und Variabilität in der Wahl der Antwortstrategie

Die folgenden Abschnitte stellen zusätzliche Informationen zur Auswahl der Wellen und Fragen für die Datenanalyse (D.1), zur Operationalisierung der Indikatoren für Satisficing (D.2) und der Einflussgrößen in der Wahl der Antwortstrategie (D.3) sowie zur LCA (D.4) im fünften Kapitel zur Verfügung. Darüber hinaus werden die hier verwendeten FE-Regressionsmodelle (D.5) sowie die Hybride aus FE- und RE-Regressionsmodellen (D.6) ausführlich erläutert. Anschließend werden die vollständigen logistischen FE- und Hybrid-Modelle präsentiert, die zur Erklärung des Auftretens von Satisficing herangezogen wurden. Zudem werden die zur Überprüfung der Robustheit der Analyseergebnisse verwendeten Modelle dargestellt (D.7). Abschließend werden die Ergebnisse der Untersuchung des Zusammenhangs zwischen dem Alter und der Antwortgeschwindigkeit von Befragten sowie der Effekte der Nutzung von Smartphones gezeigt (D.8).

D.1 Auswahl der Wellen und Fragen für die Datenanalyse

Die Datengrundlage für die Messung des Auftretens von Satisficing im Kapitel 5 wurde auf eine Auswahl an Erhebungswellen und Fragen begrenzt. Hierdurch sollte ex-post eine Kondition geschaffen werden, in der die in der Analyse verwendeten Befragungsteile bzw. Fragen für alle Befragten und über alle verwendeten Wellen konstant waren. Die Auswahl der Erhebungswellen und Fragen erfolgte auf Basis einer Analyse der strukturellen Ähnlichkeit der Fragebögen des Wahlkampfpanels 2013. In paarweisen Vergleichen wurde die relative inhaltliche Übereinstimmung zwischen den Wellen untersucht. Hierfür wurde zunächst für alle paarweisen Vergleiche zwischen den Wellen die Menge aller Fragen in den beiden Fragebögen dieser Wellen festgestellt. Anschließend wurde der prozentuale Anteil der übereinstimmenden Fragen durch die Division der absoluten Anzahl der übereinstimmenden Fragen durch die Gesamtanzahl der Fragen in den beiden Wellen und der Multiplikation des Ergebnisses mit 100 berechnet. Da insbesondere Matrixfragen eine unterschiedlich große Anzahl von Items umfassen können, wurde diese Vorgehensweise anschließend auf der Ebene von einzelnen Items sowie auf der Ebene von für die Messung von Satisficing verwendbaren Items wiederholt (siehe Tabelle 52).

Tabelle 52 Prozentuale Übereinstimmung im Inhalt der Panelwellen (WKP 2013)

Alle Fragen

Welle	2	3	4	5	6	7
1	13,0	19,6	20,5	16,4	14,1	20,7
2		30,1	57,0	38,2	48,2	25,3
3			35,4	37,0	41,0	39,6
4				38,6	48,3	37,8
5					38,4	38,2
6						35,4

Alle Items

Welle	2	3	4	5	6	7
1	9,5	21,8	13,5	12,8	15,1	21,0
2		35,6	67,3	47,4	55,9	36,1
3			39,1	48,1	48,6	51,7
4				48,3	58,9	46,8
5					43,6	52,7
6						45,7

Items für Satisficing

Welle	2	3	4	5	6	7
1	12,3	34,5	23,6	22,6	20,6	29,6
2		22,3	70,3	47,0	57,6	33,9
3			18,8	41,8	32,9	39,5
4				37,7	47,5	41,7
5					25,1	54,3
6						23,1

Anmerkungen: Angaben in %.

Das Ergebnis war für alle drei Analysen im Wesentlichen dasselbe. Bei der Betrachtung auf der Ebene von Fragen wurde die größte strukturelle Ähnlichkeit mit 57,0% zwischen den Wellen 2 und 4 festgestellt, gefolgt von den Wellen 4 und 6 mit 48,3% und den Wellen 2 und 6 mit 48,2%. Auf der Ebene von Items ist die Übereinstimmung noch etwas höher. Auch hier besteht die größte strukturelle Ähnlichkeit mit 67,3% zwischen den Wellen 2 und 4, gefolgt von den Wellen 4 und 6 mit 58,9% und den Wellen 2 und 6 mit 55,9%. Für die Untersuchung in Kapitel 5 war insbesondere die Übereinstimmung hinsichtlich derjenigen Items von Interesse, die für die Messung von Satisficing verwendet werden konnten, d.h. Items in Matrixfragen, Items mit einer Ratingskala mit Mittelkategorie, Items mit einer „Weiß nicht"-Antwortmöglichkeit sowie kognitiv fordernde offene Fragen. Für die Menge dieser Items wurde die größte strukturelle Ähnlichkeit mit 70,3% zwischen den Wellen 2 und 4 festgestellt, gefolgt von den Wellen 2 und 6 mit 57,6% und den Wellen 4 und 6 mit 47,5%. Insgesamt zeigt sich somit, dass die die größte strukturelle Ähnlichkeit zwischen den Wellen 2, 4 und 6 besteht. Für die Messung des Auftretens von Satisficing wurden anschließend diejenigen Fragen bzw. Items ausgewählt, die identisch in diesen drei Wellen erhoben wurden. Die endgültige Auswahl umfasst zehn Matrixfragen mit Ratingskala und drei bis acht Frageitems, 68 Items mit einer fünf bis elf Punkte umfassenden Ratingskala mit Mittelkategorie sowie 40 Items mit einer „Weiß nicht"-Antwortmöglichkeit (siehe auch Anhang D.2).

D.2 Operationalisierung der Indikatoren für Satisficing

Für die Messung der latenten Variable der Wahl der Antwortstrategie wurden im Wahlkampfpanel 2013 fünf Indikatoren für Satisficing verwendet: Straightlining, Mittelkategorie- und „Weiß nicht"-Antworten, nichtsubstantielle Antworten auf eine kognitiv fordernde offene Frage sowie Speeding. Die Indikatoren für Straightlining, Mittelkategorie-Antworten, „Weiß nicht"-Antworten und Speeding wurden durch die im Kapitel 5 beschriebene Dichotomisierung der zuvor berechneten Indices gebildet. Hier werden detaillierte Informationen und Statistiken zu den verwendeten Frageitems, den generierten Indices sowie den zur Dichotomisierung angewendeten Schwellenwerten bereitgestellt (siehe Tabelle 53 sowie die Abbildungen 22 bis 25).

Tabelle 53 Deskriptive Statistiken zu den Indikatoren für Satisficing (WKP 2013)

	Fragen/Items/Seiten		Index		
	n	$\bar{x}$	$\bar{x}$	s	Schwellenwert
Straightlining					
Welle 2	10		0,13	0,19	0,42
Welle 4	10		0,14	0,20	0,44
Welle 6	10		0,12	0,18	0,40
Mittelkategorie-Antworten					
Welle 2	67		0,21	0,14	0,42
Welle 4	67		0,22	0,15	0,44
Welle 6	67		0,21	0,14	0,42
„Weiß nicht"-Antworten					
Welle 2	37-40	39,46	0,21	0,22	0,55
Welle 4	37-40	39,34	0,19	0,23	0,53
Welle 6	37-40	39,10	0,19	0,23	0,54
Speeding					
Welle 2	23-28	27,54	1,01	0,27	0,61
Welle 4	19-28	27,43	1,01	0,26	0,62
Welle 6	18-28	27,36	1,00	0,25	0,62

Anmerkungen: $\bar{x}$ = Arithmetischer Mittelwert, s = Standardabweichung. Der Index für Straightlining wurde auf Basis von Matrixfragen berechnet. Die Indices für Mittelkategorie- und „Weiß nicht"-Antworten wurden auf der Grundlage von Items generiert. Der Speeding-Index schließlich wurde basierend auf Seiten der Befragung erstellt.

Anhang D: Intra-individuelle Stabilität und Variabilität 339

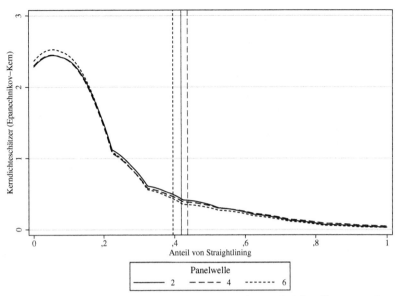

Abbildung 22 Verteilungen des Straightlining-Index und Schwellenwerte für die Dichotomisierung des Indikators (WKP 2013)

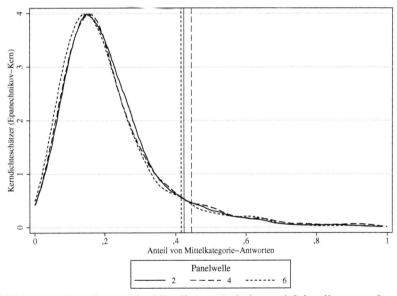

Abbildung 23 Verteilungen des Mittelkategorie-Index und Schwellenwerte für die Dichotomisierung des Indikators (WKP 2013)

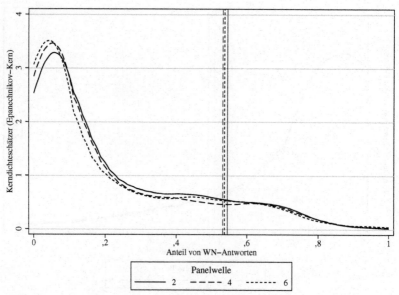

Abbildung 24 Verteilungen des „Weiß nicht"-Index und Schwellenwerte für die Dichotomisierung des Indikators (WKP 2013)

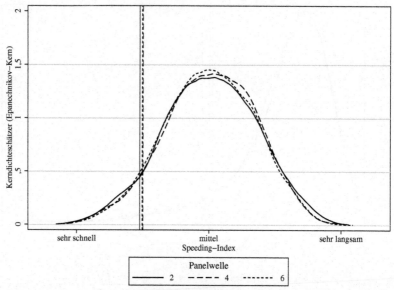

Abbildung 25 Verteilungen des Speeding-Index und Schwellenwerte für die Dichotomisierung des Indikators (WKP 2013)

D.3 Operationalisierung der Einflussgrößen von Satisficing

Unterbrechungen der Umfrage wurden codiert, wenn Befragte den Fragebogen im Browser ihres Endgeräts geschlossen und die Befragung zu einem späteren Zeitpunkt fortgesetzt haben (0 = keine Unterbrechung/ 1 = Unterbrechung). Die Feststellung von Unterbrechungen erfolgte wellenweise.

Die Information zum verwendeten *Endgerät* wurde mittels des Stata-Programms *parseuas* (Roßmann und Gummer 2015) aus den „user agents strings" wellenweise ausgelesen. Aus der so gewonnenen Information wurden zwei binäre Indikatoren für die Nutzung eines Tablets (0 = anderes Gerät/ 1 = Tablet) oder eines Smartphones (0 = anderes Gerät/ 1 = Smartphone) zur Beantwortung des Fragebogens einer Panelwelle gebildet.

Die formale Schulbildung wurde anhand der Frage nach dem höchsten allgemeinbildenden Schulabschluss erhoben. Die Antwortkategorien „Schule beendet ohne Abschluss" und „Hauptschulabschluss, Volksschulabschluss" wurden zu niedriger Bildung zusammengefasst. Befragte mit „Realschulabschluss, Mittlere Reife, Fachschulreife oder Abschluss der polytechnischen Oberschule 10. Klasse" wurden zu mittlerer Bildung codiert. Befragte, die zum Zeitpunkt der Befragung noch zur Schule gingen, wurden der Kategorie mittlere Bildung zugeordnet (siehe hierzu Fußnote 101 in Anhang C.1). Personen mit Fachhochschul- und Hochschulreife bilden die Kategorie hohe Bildung.

Zur Berechnung des *Alters* in Jahren wurden der Geburtsmonat sowie das Geburtsjahr der Befragten herangezogen. Anschließend wurde das Alter in Dekaden durch die Division mit zehn gebildet, um die Lesbarkeit und Interpretation der Koeffizienten zu erleichtern.

Bei der Operationalisierung der *politischen Mediennutzung* wurde im Unterschied zu Kapitel 4 nur auf die politische Printmedien-, Fernseh- und Internetnutzung zurückgegriffen, was durch eine geringfügig abweichende Abfrage der entsprechenden Konstrukte im Wahlkampfpanel 2013 bedingt ist. Eine politische Zeitungsnutzung wurde als vorliegend angesehen, wenn Befragte politische Berichte in wenigstens einer von insgesamt sechs wichtigen überregionalen Tageszeitungen oder einer anderen Tageszeitung gelesen haben (0 = keine politische Zeitungsnutzung/ 1 = politische Zeitungsnutzung).[105] Zweitens wurde die politische Fernsehnutzung über

---

105 Zu den überregionalen Tageszeitungen gehören die Bild-Zeitung, die Frankfurter Rundschau, die Frankfurter Allgemeine Zeitung, die Süddeutsche Zeitung, die tageszeitung (taz) sowie Die Welt.

die Häufigkeit der Rezeption der Nachrichtensendungen von fünf Sendern des deutschen Fernsehens erhoben.[106] Eine politische Fernsehnutzung liegt vor, wenn Befragte an mindestens einem Tag Nachrichtensendungen von mindestens einem Sender gesehen haben (0 = keine politische Fernsehnutzung/ 1 = politische Fernsehnutzung). Der dritte Indikator ist die Nutzung des Internets zur Suche nach Informationen über Politik. Eine politische Internetnutzung liegt vor, wenn Befragte sich an mindestens einem Tag über Politik informiert haben (0 = keine politische Internetnutzung/ 1 = politische Internetnutzung).[107]

Die *Anzahl der Teilnahmen an Online-Umfragen im letzten Monat* wurde in der ersten und siebten Panelwelle mittels einer direkten Frage mit sechs Antwortkategorien von „keine Umfrage" bis „mehr als 20 Umfragen" erhoben. Die Antworten wurden anschließend zu den vier Kategorien „keine Umfrage", „1-4 Umfragen", „5-10 Umfragen" und „11 oder mehr Umfragen" zusammengefasst, um eine weitgehend gleichmäßige Besetzung der Antwortkategorien zu gewährleisten. Auf Grund der Beschränkung auf die Verwendung der Wellen 2, 4 und 6 wurde dieser Indikator als zeitstabil behandelt und lediglich die Messung aus der ersten Welle verwendet.

Die *Verweildauer im Online-Access-Panel* in Monaten wurde anhand des Eintrittsdatums in das Online-Access-Panel und des Datums des Beginns der Teilnahme am Wahlkampfpanel 2013 berechnet. Anschließend wurde die Variable in Quintile unterteilt (1 = 0-7 Monate/ 2 = 8-22 Monate/ 3 = 23-35 Monate/ 4 = 36-65 Monate/ 5 = 66-152 Monate).

Die *Anzahl der Mitgliedschaften eines Befragten in unterschiedlichen Online-Access-Panels* wurde über eine Frage nach der Anzahl von weiteren Mitgliedschaften in Online-Meinungsplattformen in der ersten Welle des Wahlkampfpanels 2013 erhoben. Auf Grund von Erkenntnissen zu multip-

---

106 Abgefragt wurde die Häufigkeit des Sehens der Tagesschau oder der Tagesthemen im Ersten Deutschen Fernsehen (ARD), von Heute oder dem Heute Journal im Zweiten Deutschen Fernsehen (ZDF), von RTL Aktuell, der Sat.1 Nachrichten sowie von Pro 7 Newstime.

107 Es ist anzumerken, dass in der ersten Welle des Wahlkampfpanels 2013 bei allen Fragen zur politischen Mediennutzung nach der „gewöhnlichen" Nutzung gefragt wurde, während in den nachfolgenden Wellen die Häufigkeit der Nutzung „in der vergangenen Woche" erhoben wurde. In der unmittelbaren Nachwahlwelle (Welle 7) wurde wiederum nach der Nutzung „in der Woche vor der Bundestagswahl" gefragt. Die Abfrage in den untersuchten Wellen 2, 4 und 6 war daher gleichbleibend.

len Mitgliedschaften in Online-Access-Panels (siehe Callegaro et al. 2014, S. 43-45) wurde die Frage mit sechs Antwortmöglichkeiten von „keiner" bis „fünf oder mehr" in einen binären Indikator überführt (0 = eine oder zwei/ 1 = drei oder mehr).

Das *politische Interesse* wurde zu Beginn jeder Panelwelle mittels einer einfachen Listenfrage erhoben. Die Frage, wie stark man sich im Allgemeinen für Politik interessiere, war mit einer fünfstufigen Antwortskala von „überhaupt nicht" bis „sehr stark" zu beantworten. Der Indikator wurde auf einen Wertebereich von null bis eins normiert (0 = niedrig - 1 = hoch).

Wie im Online-Tracking der GLES wurde auch im Wahlkampfpanel 2013 eine Frage implementiert, welche auf die direkte Erfassung der Sorgfalt bei der Fragenbeantwortung abzielte (siehe auch Holbrook et al. 2014; Revilla und Ochoa 2015). Dieses Item wurde im Wahlkampfpanel um eine weitere Frage ergänzt, wie aufmerksam Befragte bei der Beantwortung der Fragen waren. Zur Beantwortung der beiden Fragen wurden fünfstufige, konstruktspezifische Antwortskalen mit Ausprägungen von „gar nicht bemüht" bzw. „gar nicht aufmerksam" bis „sehr bemüht" bzw. „sehr aufmerksam" vorgegeben. Da beide Fragen auf eine direkte Messung der Motivation im Sinne der Sorgfalt und Aufmerksamkeit abzielen und folglich stark korreliert sind, wurden sie in einen additiven *Index der Motivation* (0 = niedrig - 1 = hoch) der Befragten zusammengeführt (siehe hierzu auch Holbrook et al. 2014). Wellenweise durchgeführte Faktoranalysen bestätigten, dass beiden Items eine Dimension zu Grunde liegt. Mit Werten für Cronbach's Alpha von 0,74 oder höher ist die Messung als reliabel zu betrachten.

Die *Bewertung der Panelwellen* (0 = sehr schlecht - 1 = sehr gut) wurde mittels einer Frage mit fünfstufiger, konstruktspezifischer Antwortskala erhoben, wie gut den Teilnehmern die Umfrage insgesamt gefallen hat. Die Frage wurde am Ende jeder Panelwelle erhoben.

Die Indikatoren für *Need for Cognition* (0 = niedrig - 1 = hoch) sowie die Persönlichkeitsdimensionen des „*Big Five*"-Modells (0 = niedrig - 1 = hoch) bestehen aus den normierten Komponentenwerten von zwei Hauptkomponentenanalysen (PCA). Im Gegensatz zum Online-Tracking der GLES standen im Wahlkampfpanel 2013 jeweils drei Items pro Persönlichkeitsmerkmal bzw. Dimension zur Verfügung. Sowohl bei der Bildung des Indikators für Need for Cognition als auch der Indikatoren der „Big Five"-Persönlichkeitsdimensionen wurden Fälle mit Straightlining-Antwortmustern ausgeschlossen. Die PCA für Need for Cognition resultierte in einer Komponente (n = 4.508, Eigenwert = 1,56). Die drei verwendeten Items sowie ihre rotierten Ladungen auf dieser Komponente sind in Tabelle 54 abgebildet.

Tabelle 54 Ladungen der Items für Need for Cognition (WKP 2013)

Indikator	Komponente 1 Need for Cognition
Need for Cognition 1 (wenig Befriedigung, angestrengt nachzudenken) (-)	0,71
Need for Cognition 2 (neue Lösungen für Probleme)(+)	0,69
Need for Cognition 3 (wenig Nachdenken)(-)	0,76

Anmerkungen: Varimaxrotierte Ladungsmatrix der PCA. Items mit negativer Formulierung (-) wurden recodiert.

Entsprechend der theoretischen Erwartungen wurden in der PCA für die Persönlichkeitsdimensionen des „Big Five"-Modells (n = 4.508) fünf Komponenten mit einem Eigenwert größer eins identifiziert (siehe Tabelle 55).

Tabelle 55 PCA für die „Big Five"-Persönlichkeitsdimensionen (WKP 2013)

Komponente	Eigenwert	Anteil erklärter Varianz	Kumulierter Anteil erklärter Varianz
1	3,69	0,25	0,25
2	1,86	0,12	0,37
3	1,67	0,11	0,48
4	1,18	0,08	0,56
5	1,15	0,08	0,64

Je Persönlichkeitsdimension standen drei Items zur Verfügung. Mit wenigen Ausnahmen luden die Items entsprechend ihrer theoretischen Zuordnung zu den Dimensionen auf den fünf Komponenten (siehe Tabelle 56).

Anhang D: Intra-individuelle Stabilität und Variabilität 345

Tabelle 56 Ladungen der Items für die „Big Five"-Persönlichkeitsdimensionen (WKP 2013)

Indikator	Komponente				
	1 Extraversion	2 Gewissenhaftigkeit	3 Offenheit	4 Neurotizismus	5 Verträglichkeit
Extraversion 1 (reserviert) (-)	0,78				
Extraversion 2 (gesellig) (+)	0,83				
Extraversion 3 (kommunikativ) (+)	0,81				
Gewissenhaftigkeit 1 (Faulheit) (-)		0,39			0,35
Gewissenhaftigkeit 2 (gründlich) (+)		0,80			
Gewissenhaftigkeit 3 (effizient) (+)		0,77			
Offenheit 1 (phantasievoll) (+)			0,76		
Offenheit 2 (künstlerisches Interesse) (-)			0,80		
Offenheit 3 (originell) (+)			0,69		
Neurotizismus 1 (Sorgen) (+)				0,80	
Neurotizismus 2 (nervös) (+)	-0,38			0,70	
Neurotizismus 3 (entspannt) (-)				0,73	
Verträglichkeit 1 (grob) (-)					0,81
Verträglichkeit 2 (rücksichtsvoll) (+)		0,43			0,51
Verträglichkeit 3 (kritisieren) (-)					0,77

Anmerkungen: Varimaxrotierte Ladungsmatrix der PCA. Items mit negativer Formulierung (-) wurden recodiert. Ladungswerte unter 0,35 werden nicht dargestellt.

Das Vorhandensein und die Stärke der *Parteiidentifikation* wurden im Wahlkampfpanel 2013 mit zwei Fragen erhoben. Die Angabe zum Vorhandensein und die auf einer fünfstufigen Skala erhobene Stärke der Parteiidentifikation wurden zusammengefasst. Die kategoriale Variable Parteiidentifikation umfasst drei Ausprägungen. Personen ohne Parteiidentifikation bilden die Referenzgruppe. Personen mit einer sehr schwachen, schwachen oder mäßig starken Neigung zu einer Partei wurden zur Kategorie schwache Parteiidentifikation zusammengefasst. Der Kategorie starke Parteiidentifikation wurden Befragte mit einer starken oder sehr starken Neigung zu einer Partei zugewiesen.

Die Stärke der *Internalisierung der Wahlnorm* (0 = niedrig – 1 = hoch) wurde über die Stärke der Zustimmung zu der Aussage erhoben, wonach es in der Demokratie die Pflicht jedes Bürgers sei, sich regelmäßig an Wahlen zu beteiligen.

Die Intensität der politischen Kommunikation wurde im Wahlkampfpanel 2013 mittels von fünf Fragen nach der Häufigkeit von Gesprächen über Politik mit Freunden, dem Partner oder Ehepartner, Verwandten, Arbeits- oder Studienkollegen und Bekannten oder Nachbarn erhoben. Das Vorliegen *politischer Kommunikation* wurde codiert, wenn Befragte sich an mindestens einem Tag in der vergangenen Woche mit Personen aus ihrem Netzwerk über Politik unterhalten haben (0 = keine politische Kommunikation/ 1 = politische Kommunikation).

D.4 Analyse latenter Klassen

Zur Bestimmung der Anzahl der Klassen, die in der Untersuchung der Messinvarianz zu berücksichtigen ist, wurde die LCA für die Wellen 2, 4 und 6 des Wahlkampfpanels 2013 separat durchgeführt (siehe Kankaraš et al. 2010). Die Modellselektion erfolgte anhand der L^2-Statistik sowie insbesondere der Informationskriterien *BIC* und *CAIC*. Für alle Wellen ist der Modellfit nach *BIC* und *CAIC* am höchsten für die erwartete 2-Klassenlösung (siehe Tabelle 57).

Tabelle 57 Fit der separat für die Wellen berechneten LC-Modelle (WKP 2013)

	Anzahl der Parameter	L^2	$BIC(L^2)$	$CAIC(L^2)$	Klassifikations- fehler (E)
Welle 2					
1 Klasse	6,00	973,42	763,03	738,03	0,00
2 Klassen	12,00	35,96	-123,94	-142,94	0,05
3 Klassen	18,00	17,75	-91,65	-104,65	0,16
4 Klassen	24,00	10,43	-48,48	-55,48	0,18
5 Klassen	30,00	3,88	-4,53	-5,53	0,19
Welle 4					
1 Klasse	6,00	852,02	642,95	617,95	0,00
2 Klassen	12,00	47,31	-111,58	-130,58	0,06
3 Klassen	18,00	28,59	-80,12	-93,12	0,14
4 Klassen	24,00	7,33	-51,21	-58,21	0,09
5 Klassen	30,00	2,75	-5,62	-6,62	0,22

Anzahl der Parameter	L^2	$BIC(L^2)$	$CAIC(L^2)$	Klassifikations-fehler (E)
Welle 6				
1 Klasse	6,00	881,19	673,45	648,45	0,00
2 Klassen	12,00	45,44	-112,44	-131,44	0,05
3 Klassen	18,00	22,03	-86,00	-99,00	0,11
4 Klassen	24,00	7,93	-50,24	-57,24	0,10
5 Klassen	30,00	3,62	-4,69	-5,69	0,12

D.5 Fixed-Effects-Regressionsmodelle

Die zunehmende Verbreitung von Panelstudien in der empirischen Sozialforschung – insbesondere in den vergangenen zwei bis drei Jahrzehnten – kann wesentlich darauf zurückgeführt werden, dass es Paneldaten grundsätzlich ermöglichen, Kausaleffekte zu schätzen.[108] Paneldaten überkommen somit ein bedeutendes analytisches Problem von Studien, denen keine Randomisierung der Untersuchungseinheiten zu Grunde liegt.

„The problem of causal inference is fundamentally one of unobservables, and unobservables are at the heart of the contribution of panel data to solving problems of causal inference." (Halaby 2004, S. 508)

Zwei Typen von Nichtbeobachtbaren sind für die Schätzung von Kausaleffekten in nicht randomisierten Studien von Bedeutung. Erstens zeitinvariante Einheiten-spezifische Nichtbeobachtbare, welche stabile Eigenschaften der Einheiten darstellen. Dieser Typus von Nichtbeobachtbaren wird als „omitted variables problem" (Wooldridge 2010b, S. 247-251; siehe auch Firebaugh et al. 2013, S. 114; Wolf und Best 2010, S. 616-617) oder auch als das Problem unbeobachteter Heterogenität bezeichnet (Brüderl 2010, S. 964; Brüderl

---

108 Brüderl (2010, S. 963) postuliert sogar, dass Paneldaten auf Grund ihrer Vorteile über kurz und lang die Sozialforschung dominieren werden. Zum Design von Panelstudien, ihren Anwendungsmöglichkeiten sowie ihren Vor- und Nachteilen siehe z.B. Duncan und Kalton (1987), Kalton und Citro (1993) oder Lynn (2009b). Eine sehr gute Literaturübersicht zum Design von Panels findet sich auch in Gummer (2015).

und Ludwig 2015, S. 327; siehe auch Wooldridge 2010b, S. 251).[109] Zweitens sind zeitvariante Einheiten-spezifische Nichtbeobachtbare von Bedeutung, die Übergangsphänomene oder idiosynkratische Kräfte repräsentieren, die auf die Einheiten einwirken (Halaby 2004, S. 508). Im Zusammenhang mit Panelstudien wird dieser Typus von Nichtbeobachtbaren als Alters- oder Periodeneffekt thematisiert (Brüderl 2010, S. 966; Halaby 2004, S. 508).

Bei der Verwendung von Paneldaten ermöglichen es Fixed-Effects-Regressionsmodelle (FE-Modelle), die Effekte von unbeobachteten, konfundierenden Variablen bzw. von unbeobachteter Heterogenität abzumildern (Allison 2009; Brüderl 2010; Brüderl und Ludwig 2015; Firebaugh et al. 2013; Halaby 2004; Wooldridge 2010b). Der FE-Ansatz ersetzt dabei die im Normalfall unrealistische Annahme, dass die gemessenen nicht mit den nicht gemessenen Ursachen korreliert sind, mit der weniger restriktiven Annahme, dass die nicht gemessenen Ursachen konstant und ihre Effekte stabil sind (Firebaugh et al. 2013, S. 116). FE-Modelle eliminieren somit die Effekte zeitinvarianter Ursachen, unabhängig davon, ob diese gemessen wurden oder nicht. Hierbei gilt es jedoch zu beachten, dass FE-Modelle nicht die verzerrenden Effekte nicht beobachteter zeitvarianter Ursachen beseitigen (Firebaugh et al. 2013, S. 116). In der Literatur werden mehrere Methoden zur Umsetzung von FE-Modellen diskutiert (siehe Allison 2009). Die vorliegenden Untersuchung verwendet die als „mean deviation" (Allison 2009), „demeaning" (Brüderl und Ludwig 2015; Schunck 2013) oder auch „within transformation" (Brüderl 2010; Brüderl und Ludwig 2015; Wooldridge 2010b) bezeichnete Methode.[110] Diese geht vom Modell unbeobachteter Effekte für Zeitpunkte aus:

$$y_{it} = x_{it}\beta + c_i + u_{it}, t = 1, ..., T \qquad (13)$$

wobei x_{it} ein $1 \times K$-Vektor von beobachteten Variablen, die über die Beobachtungseinheiten i und die Zeitpunkte T variieren können, β ein $K \times 1$-Vektor von korrespondierenden Parametern, c_i zeitinvariante, nicht beobachtete Variablen und u_{it} die idiosynkratischen Fehler sind, die über die

---

109 Es ist wichtig darauf hinzuweisen, dass unbeobachtete Heterogenität gemeint ist, die mit den Regressoren im Modell korreliert ist (Brüderl und Ludwig 2015, S. 355; siehe auch Wooldridge 2010b, S. 247-251).
110 Diese Methode hat im Vergleich zur „dummy variable"-Methode (Allison 2009; Firebaugh et al. 2013) den wesentlichen Vorteil, weniger rechenintensiv zu sein, insbesondere bei großen Stichproben (Allison 2009, S. 17).

Anhang D: Intra-individuelle Stabilität und Variabilität 349

Einheiten und die Zeit variieren (Wooldridge 2010b, S. 247-297; siehe auch Brüderl und Ludwig 2015, S. 328-329). Die Schätzung des FE-Modells erfolgt mittels „pooled ordinary least squares" (POLS) über die transformierten Daten (Brüderl und Ludwig 2015, S. 328-329). Die hierzu verwendete „within transformation" ergibt durch Mittelwertbildung der Formel (13) über die Zeitpunkte $t = 1, ..., T$ die Formel

$$\bar{y}_i = \bar{x}_i \beta + c_i + \bar{u}_i, \qquad (14)$$

wobei $\bar{y}_i = T^{-1}\sum_{t=1}^{T} y_{it}, \bar{x}_i = T^{-1}\sum_{t=1}^{T} x_{it}$, und $\bar{u}_i = T^{-1}\sum_{t=1}^{T} u_{it}$ Einheiten-spezifische Mittelwerte sind.[111] Durch Subtraktion der Formel (14) von der Formel (13) wird c_i eliminiert und man erhält die FE-transformierte Formel

$$y_{it} - \bar{y}_i = (x_{it} - \bar{x}_i) \beta + u_{it} - \bar{u}_i. \qquad (15)$$

Der FE-Schätzer (auch Within-Schätzer genannt) ist der POLS-Schätzer der so transformierten Daten (Wooldridge 2010b, S. 247-297; siehe auch Brüderl und Ludwig 2015, S. 328-329).

FE-Modelle können ebenfalls für binäre abhängige Variablen geschätzt werden (Allison 2009; Brüderl 2010; Wooldridge 2010b). Ein logistisches FE-Modell kann mittels bedingter Likelihood („conditional maximum likelihood") konsistent geschätzt werden (Allison 2009, S. 28-37; Brüderl 2010, S. 986-988). Die kombinierten Effekte unbeobachteter Variablen werden dabei durch die Verwendung der bedingten Likelihood aus der Likelihood-Funktion herauskonditioniert (Allison 2009, S. 32). Eine beachtenswerte Eigenschaft des logistischen FE-Modells ist, dass für die Schätzung nur die Variation innerhalb der Einheiten – im vorliegenden Fall Personen – verwendet wird, was zu einer erheblichen Reduzierung der Fallzahlen führen kann, je nachdem wie groß der Anteil der Einheiten ist, die im Beobachtungszeitraum keine Varianz auf der abhängigen Variable aufweisen (Allison 2009, S. 28-37; Brüderl 2010, S. 986-988; Firebaugh et al. 2013, S. 129).[112] Der Ausschluss einer mitunter großen Anzahl von Beobachtungen

---

111 In der vorliegenden Untersuchung sind die Untersuchungseinheiten Personen im Panel, sodass auch von personenspezifischen Mittelwerten gesprochen werden kann.
112 Weiterhin gilt zu beachten, dass die Anwendung von logistischen Fixed-Effects- und Random-Effects-Modellen zu subjektspezifischen Koeffizienten führt, während logistische Pooled-Modelle Populationsdurchschnitts-Koeffizienten erzeu-

aus der Analyse ist jedoch in der Regel unproblematisch und induziert keineswegs ein Stichprobenauswahl-Problem, da die exkludierten Beobachtungen keine Information zur Schätzung der Regressionseffekte beitragen (Brüderl 2010, S. 987).

D.6 Hybride Panelregressionsmodelle

Auf Grund der für bestimmte Untersuchungszwecke nachteiligen Eigenschaft von FE-Modellen, keine Effekte zeitinvarianter Variablen schätzen zu können, wurden in den vergangen Jahren Hybride aus FE- und RE-Regressionsmodellen vorgeschlagen (Allison 2009; Bell und Jones 2015; Brüderl 2010; Firebaugh et al. 2013; Mundlak 1978; Schunck 2013; Wooldridge 2010a, 2010b). Das weithin beachtete Hybrid-Modell nach Allison (2009, S. 23-25) beinhaltet die Aufnahme Einheiten-spezifischer Mittelwerte $\bar{x}_i = T^{-1} \sum_{t=1}^{T} x_{it}$ für zeitvariante Variablen sowie Einheiten-spezifischer Abweichungen von diesen Mittelwerten $x_{it} - \bar{x}_i$ zusammen mit beliebigen beobachteten zeitinvarianten Variablen in ein RE-Modell. Das Hybrid-Modell kann in Anlehnung an Allison (2009, S. 23-25) formuliert werden als

$$y_{it} = (x_{it} - \bar{x}_i)\beta_1 + \bar{x}_i\beta_2 + z_i\beta_3 + c_i + u_{it}, \tag{16}$$

wobei z_i ein $1 \times K$-Vektor von beobachteten zeitinvarianten Variablen, die über die Beobachtungseinheiten i und die Zeitpunkte T variieren können, β_3 ein $K \times 1$-Vektor von korrespondierenden Parametern, c_i zeitinvariante, nicht beobachtete Variablen und u_{it} die idiosynkratischen Fehler sind, die über die Einheiten und die Zeit variieren (vgl. Brüderl 2010).[113] β_1 sind die Schätzer der Einheiten-spezifischen Abweichung (Within-Schätzer). Sie sind identisch mit den Within-Schätzern im FE-Modell (Allison 2009, S. 23-25). β_2 sind die Schätzer der Einheiten-spezifischen Mittelwerte (Between-Schätzer). Sie sind bei Vorliegen unbeobachteter Heterogenität verzerrt und in der Regel inhaltlich nicht sinnvoll interpretierbar (Allison 2009, S. 25; Brüderl 2010, S. 977). Nichtsdestoweniger ist es wichtig, die Einheiten-spe-

---

gen. Beide Arten von Koeffizienten unterscheiden sich in ihrer substantiellen Interpretation, was bei linearen Modellen nicht der Fall ist (Allison 2009, S. 36; Brüderl 2010, S. 987-988). Die subjektspezifischen Koeffizienten sind für die Kausalanalyse bedeutsamer, da sie den geschätzten Effekt der interessierenden auf die abhängige Variable angeben (Brüderl 2010, S. 988).

113 Die Notation wurde angelehnt an Wooldridge (2010b).

zifischen Mittelwerte in die Regression aufzunehmen, da einerseits eine bessere Schätzung der Effekte der zeitinvarianten Variablen z_i ermöglicht wird. Andererseits kann überprüft werden, ob die Within- und Between-Schätzer gleich sind oder sich signifikant unterscheiden. Insofern die Annahme des RE-Modells zutreffend ist, dass die zeitinvarianten, nicht beobachteten Variablen c_i nicht mit den beobachteten zeitvarianten Variablen x korreliert sind, dann sind die Within- und Between-Schätzer gleich. Ist dies nicht der Fall, so spricht dies für die Verwendung eines FE- oder Hybrid-Modells (Allison 2009, S. 23-25). Ein solcher Test stellt mithin eine Alternative zum Hausman-Test dar (Allison 2009, S. 25; Brüderl 2010, S. 977).

Das Hybrid-Modell kann auch für binäre abhängige Variablen formuliert werden (Allison 2009, S. 39-42). Ein wesentlicher Unterschied des logistischen Hybrid-Modells im Vergleich zum logistischen FE-Modell ist, dass beim logistischen Hybrid-Modell alle verfügbaren Beobachtungen in die Analyse eingehen. Dies führt dazu, dass die Within-Schätzer im logistischen Hybrid-Modell nicht identisch mit den Within-Schätzern im logistischen FE-Modell sind. Nichtsdestoweniger sind sie in der Regel ähnlich groß und führen zu den gleichen substantiellen Schlüssen (Allison 2009, S. 39-42).

D.7 Die Erklärung der intra-individuellen Variabilität in der Wahl der Antwortstrategie

Die Tabelle 58 zeigt die vollständigen logistischen FE- und Hybrid-Modelle, auf denen die Analysen im Kapitel 5 beruhen. Das vollständige logistische Hybrid-Modell zeigt zusätzlich die Regressionskonstante, die Kontrollvariable und die Between-Schätzer der zeitvarianten Variablen. Darüber hinaus wird die Varianz auf der Panelebene $\ln(\sigma_v^2)$ sowie der Anteil der Varianz der Panelebene an der Gesamtvarianz (ρ) für das logistische Hybrid-Modell ausgewiesen. Da $\rho > 0$ und der zugehörige Likelihood-Ratio-Test signifikant ist, kann unterstellt werden, dass sich die Schätzer des Panelmodells von einem gepoolten Logit-Modell unterscheiden (StataCorp 2013a, S. 233).

Tabelle 58 Vollständiges logistisches FE- und Hybrid-Modell zur Erklärung des Auftretens von Satisficing (WKP 2013)

	Antwortstrategie (0 = Optimizing/ 1 = Satisficing)					
	Logistisches FE-Modell		Logistisches Hybrid-Modell			
	β	SE	β	SE	AME	SE
Kontrollvariablen						
Geschlecht: männlich			Ref.	Ref.	Ref.	Ref.
weiblich			1,331***	0,237	0,029***	0,005
Schwierigkeit der Aufgabe/Situation						
Welle 4	-0,148	0,158	-0,189	0,146	-0,004	0,003
Welle 6	0,215	0,166	0,159	0,148	0,004	0,003
Smartphone (between)			-0,699	0,716	-0,016	0,016
Tablet (between)			-0,808	0,798	-0,019	0,018
Unterbrechung der Umfrage (between)			-0,318	0,641	-0,007	0,015
Smartphone	-1,402+	0,739	-1,507*	0,610	-0,035*	0,014
Tablet	-0,593	0,699	-0,609	0,694	-0,014	0,016
Unterbrechung der Umfrage	-0,414	0,390	-0,538	0,349	-0,012	0,008
Fähigkeiten			Ref.	Ref.	Ref.	Ref.
Alter in Dekaden			-0,714***	0,093	-0,016***	0,002
Bildung: niedrig			Ref.	Ref.	Ref.	Ref.
mittel			-0,661**	0,253	-0,018*	0,007
hoch			-2,199***	0,323	-0,047***	0,007
Umfrageerfahrung: keine Umfragen			Ref.	Ref.	Ref.	Ref.
1-4 Umfragen			-1,026*	0,509	-0,028+	0,016
5-10 Umfragen			-1,358**	0,527	-0,035*	0,016
11 oder mehr Umfragen			-0,885	0,559	-0,025	0,017
Verweildauer im Panel: 0-7 Monate			Ref.	Ref.	Ref.	Ref.
8-22 Monate			0,449	0,339	0,010	0,007
23-35 Monate			0,730*	0,364	0,016*	0,008
36-65 Monate			0,521	0,343	0,011	0,007
66-152 Monate			0,533	0,356	0,012	0,008
Panelmitgliedschaften: eine			Ref.	Ref.	Ref.	Ref.
zwei oder mehr			0,518*	0,250	0,012*	0,006
Politische Internetnutzung (between)			0,720*	0,349	0,017*	0,008
Politische Zeitungsnutzung (between)			0,553+	0,294	0,013+	0,007
Politische Fernsehnutzung (between)			-1,244***	0,308	-0,029***	0,007
Politische Internetnutzung	-0,299	0,224	-0,186	0,219	-0,004	0,005

Anhang D: Intra-individuelle Stabilität und Variabilität

	Antwortstrategie (0 = Optimizing/ 1 = Satisficing)					
	Logistisches FE-Modell		Logistisches Hybrid-Modell			
	β	SE	β	SE	AME	SE
Politische Zeitungsnutzung	0,000	0,245	-0,007	0,237	0,000	0,005
Politische Fernsehnutzung	-0,128	0,234	-0,225	0,229	-0,005	0,005
Motivation						
Interesse an Politik (between)			-2,644***	0,667	-0,061***	0,015
Motivation (between)			-7,636***	0,957	-0,175***	0,021
Bewertung der Umfrage (between)			2,859***	0,813	0,066***	0,019
Politische Kommunikation (between)			-2,563***	0,354	-0,059***	0,008
Interesse an Politik	-0,745	0,580	-0,894	0,628	-0,021	0,014
Motivation	-3,581***	0,675	-4,058***	0,710	-0,093***	0,016
Bewertung der Umfrage	-0,364	0,558	-0,678	0,617	-0,016	0,014
Politische Kommunikation	-0,434+	0,228	-0,357+	0,205	-0,008+	0,005
Big Five: Gewissenhaftigkeit			-2,390*	0,958	-0,055*	0,022
Big Five: Offenheit			-0,518	0,673	-0,012	0,015
Big Five: Verträglichkeit			-2,022**	0,714	-0,046**	0,016
Need for Cognition			-1,808*	0,717	-0,042*	0,016
Parteiidentifikation: keine			Ref.	Ref.	Ref.	Ref.
schwach			-1,993***	0,266	-0,048***	0,006
stark			-2,663***	0,288	-0,057***	0,006
Wahlnorm			-3,078***	0,361	-0,071***	0,008
Konstante			13,189***	1,275		
Beobachtungen	967		11.703			
Befragte	340		4.355			
$\ln(\sigma_v^2)$			2,588***			
σ_v			3,647			
ρ			0,802			
Log-Likelihood	-309,738		-2100,000			

Anmerkungen: β = Logit-Koeffizient, SE = Standardfehler, AME = Durchschnittlicher marginaler Effekt. Für das logistische Hybrid-Modell wurden robuste Standardfehler berechnet.
+ $p < 0,10$, * $p < 0,05$, ** $p < 0,01$, *** $p < 0,001$

Um die Robustheit der Analyseergebnisse zu überprüfen, wurden die Modelle wiederholt mit abweichenden Spezifikationen berechnet. Zunächst wurden ein lineares FE- und Hybrid-Modell mit der modalen Zuordnung der Befragten zu den Klassen Optimizing und Satisficing als abhängiger Variable aufgesetzt (siehe Tabelle 59). Diese Modelle wurden anschließend mit der Wahrscheinlichkeit der Zugehörigkeit zur Klasse Satisficing als abhängige Variable geschätzt (siehe Tabelle 60). Die logistischen und linearen FE- und Hybrid-Modelle mit der modalen Zuordnung und der Wahrscheinlichkeit der Zugehörigkeit zur Klasse Satisficing als abhängige Variablen führen überwiegend zu den gleichen substantiellen Schlüssen, weshalb entsprechend weitgehende Robustheit der Analyseergebnisse unterstellt werden kann. Dennoch gibt es geringfügige Unterschiede, die hervorzuheben sind. Erstens ist der signifikante, positive Effekt einer Verweildauer im Online-Access-Panel von 23-35 Monaten nicht bzw. nur auf 10%-Niveau signifikant, wenn lineare Hybrid-Modelle mit der modalen Zuordnung oder der Wahrscheinlichkeit als abhängige Variable verwendet werden. Zweitens weist die politische Fernsehnutzung einen auf 10%- bzw. auf 1%-Niveau signifikanten Within-Effekt auf, wenn lineare FE- und Hybrid-Modelle mit der modalen Zuordnung oder der Wahrscheinlichkeit als abhängige Variable geschätzt werden. Drittens sind die Within-Effekte des politischen Interesses und der Bewertung der Umfrage auf 5%- bzw. 1%-Niveau signifikant, wenn lineare FE- und Hybrid-Modelle mit der Wahrscheinlichkeit als abhängige Variable berechnet werden. Der Within-Effekt der Bewertung der Umfrage ist zudem auf 10%-Niveau signifikant, wenn ein lineares Hybrid-Modell mit der modalen Zuordnung als abhängige Variable geschätzt wird. Viertens ist der Effekt von Need for Cognition nicht bzw. nur auf 10%-Niveau signifikant, wenn lineare FE- und Hybrid-Modelle mit der modalen Zuordnung oder der Wahrscheinlichkeit als abhängige Variable aufgesetzt werden.

Anhang D: Intra-individuelle Stabilität und Variabilität

Tabelle 59 Lineares FE- und Hybrid-Modell zur Erklärung des Auftretens von Satisficing (modale Zuordnung)

	Antwortstrategie (0 = Optimizing/ 1 = Satisficing)			
	Lineares FE-Modell		Lineares Hybrid-Modell nach Allison (2009)	
	b	SE	b	SE
Kontrollvariablen				
Geschlecht: männlich			Ref.	Ref.
weiblich			0,035***	0,008
Schwierigkeit der Aufgabe/Situation				
Welle 4	-0,006	0,004	-0,007+	0,004
Welle 6	0,005	0,004	0,004	0,004
Smartphone (between)			-0,018	0,033
Tablet (between)			-0,026	0,021
Unterbrechung der Umfrage (between)			-0,012	0,027
Smartphone	-0,046*	0,021	-0,047*	0,021
Tablet	-0,017	0,019	-0,016	0,019
Unterbrechung der Umfrage	-0,017+	0,010	-0,019+	0,010
Fähigkeiten				
Alter in Dekaden			-0,015***	0,003
Bildung: niedrig			Ref.	Ref.
mittel			-0,028**	0,010
hoch			-0,060***	0,010
Umfrageerfahrung: keine Umfragen			Ref.	Ref.
1-4 Umfragen			-0,048*	0,020
5-10 Umfragen			-0,060**	0,020
11 oder mehr Umfragen			-0,042+	0,022
Verweildauer im Panel: 0-7 Monate			Ref.	Ref.
8-22 Monate			0,009	0,012
23-35 Monate			0,021	0,013
36-65 Monate			0,012	0,012
66-152 Monate			0,013	0,012
Panelmitgliedschaften: eine			Ref.	Ref.
zwei oder mehr			0,019*	0,009
Politische Internetnutzung (between)			0,015	0,011
Politische Zeitungsnutzung (between)			0,014	0,009
Politische Fernsehnutzung (between)			-0,072***	0,015
Politische Internetnutzung	-0,002	0,006	-0,003	0,006

	Antwortstrategie (0 = Optimizing/ 1 = Satisficing)			
	Lineares FE-Modell		Lineares Hybrid-Modell nach Allison (2009)	
	b	SE	b	SE
Politische Zeitungsnutzung	-0,001	0,007	-0,001	0,007
Politische Fernsehnutzung	-0,017⁺	0,010	-0,017⁺	0,010
Motivation				
Interesse an Politik (between)			-0,099***	0,025
Motivation (between)			-0,403***	0,043
Bewertung der Umfrage (between)			0,109***	0,032
Politische Kommunikation (between)			-0,070***	0,011
Interesse an Politik	-0,040	0,026	-0,040	0,026
Motivation	-0,231***	0,034	-0,230***	0,034
Bewertung der Umfrage	-0,038	0,023	-0,039⁺	0,023
Politische Kommunikation	-0,010⁺	0,006	-0,010⁺	0,006
Big Five: Gewissenhaftigkeit			-0,102**	0,038
Big Five: Offenheit			-0,037	0,023
Big Five: Verträglichkeit			-0,067**	0,024
Need for Cognition			-0,019	0,024
Parteiidentifikation: keine			Ref.	Ref.
schwach			-0,117***	0,011
stark			-0,109***	0,010
Wahlnorm			-0,146***	0,016
Konstante	0,384***	0,037	0,971***	0,050
Beobachtungen	11.703		11.703	
Befragte	4.355		4.355	
R^2_{within}	0,025		0,025	
$R^2_{between}$	0,163		0,289	
R^2_{gesamt}	0,126		0,235	

Anmerkungen: b = Unstandardisierter Regressionskoeffizient, SE = Robuste Standardfehler.
⁺ $p < 0.10$, * $p < 0.05$, ** $p < 0.01$, *** $p < 0.001$

Anhang D: Intra-individuelle Stabilität und Variabilität

Tabelle 60 Lineares FE- und Hybrid-Modell zur Erklärung des Auftretens von Satisficing (Wahrscheinlichkeit)

	Satisficing (Wahrscheinlichkeit)			
	Lineares FE-Modell		Lineares Hybrid-Modell nach Allison (2009)	
	b	SE	b	SE
Kontrollvariablen				
Geschlecht: männlich			Ref.	Ref.
weiblich			0,035***	0,007
Schwierigkeit der Aufgabe/Situation				
Welle 4	-0,001	0,003	-0,001	0,003
Welle 6	0,012***	0,003	0,011***	0,003
Smartphone (between)			-0,031	0,029
Tablet (between)			-0,029	0,019
Unterbrechung der Umfrage (between)			-0,018	0,023
Smartphone	-0,030*	0,015	-0,031*	0,015
Tablet	-0,017	0,014	-0,017	0,014
Unterbrechung der Umfrage	-0,012	0,008	-0,013+	0,008
Fähigkeiten				
Alter in Dekaden			-0,017***	0,002
Bildung: niedrig			Ref.	Ref.
mittel			-0,032***	0,009
hoch			-0,064***	0,009
Umfrageerfahrung: keine Umfragen			Ref.	Ref.
1-4 Umfragen			-0,045**	0,017
5-10 Umfragen			-0,059***	0,018
11 oder mehr Umfragen			-0,041*	0,019
Verweildauer im Panel: 0-7 Monate			Ref.	Ref.
8-22 Monate			0,011	0,011
23-35 Monate			0,021+	0,011
36-65 Monate			0,013	0,010
66-152 Monate			0,011	0,010
Panelmitgliedschaften: eine			Ref.	Ref.
zwei oder mehr			0,020**	0,008
Politische Internetnutzung (between)			0,015	0,010
Politische Zeitungsnutzung (between)			0,010	0,008
Politische Fernsehnutzung (between)			-0,070***	0,013
Politische Internetnutzung	-0,006	0,005	-0,006	0,005

	Satisficing (Wahrscheinlichkeit)			
	Lineares FE-Modell		Lineares Hybrid-Modell nach Allison (2009)	
	b	SE	b	SE
Politische Zeitungsnutzung	-0,004	0,006	-0,004	0,006
Politische Fernsehnutzung	-0,019*	0,008	-0,019*	0,008
Motivation				
Interesse an Politik (between)			-0,095***	0,021
Motivation (between)			-0,387***	0,037
Bewertung der Umfrage (between)			0,097***	0,027
Politische Kommunikation (between)			-0,079***	0,010
Interesse an Politik	-0,042*	0,020	-0,043*	0,020
Motivation	-0,207***	0,026	-0,207***	0,026
Bewertung der Umfrage	-0,046**	0,018	-0,046**	0,018
Politische Kommunikation	-0,014**	0,005	-0,014**	0,005
Big Five: Gewissenhaftigkeit			-0,076*	0,033
Big Five: Offenheit			-0,021	0,020
Big Five: Verträglichkeit			-0,080***	0,021
Need for Cognition			-0,037+	0,021
Parteiidentifikation: keine			Ref.	Ref.
schwach			-0,107***	0,010
stark			-0,100***	0,009
Wahlnorm			-0,147***	0,014
Konstante	0,405***	0,029	0,993***	0,043
Beobachtungen	11.703		11.703	
Befragte	4.355		4.355	
R^2_{within}	0,041		0,041	
$R^2_{between}$	0,215		0,354	
R^2_{gesamt}	0,171		0,302	

Anmerkungen: b = Unstandardisierter Regressionskoeffizient, SE = Robuste Standardfehler.

+ $p < 0.10$, * $p < 0.05$, ** $p < 0.01$, *** $p < 0.001$

Anhang D: Intra-individuelle Stabilität und Variabilität

D.8 Effekte der Nutzung von Smartphones

Zur Überprüfung der vermuteten Zusammenhänge zwischen dem Alter von Befragten sowie der Nutzung von Smartphones und der Antwortgeschwindigkeit wurde eine lineare RE-Panelregression mit dem Speeding-Index als abhängige Variable und der Nutzung eines Smartphones, dem Alter und dem quadrierten Alter als unabhängige Variablen gerechnet. Zudem wurde auf die formale Bildung, das Geschlecht und die Panelwelle kontrolliert und es wurden robuste Standardfehler berechnet. Anschließend wurden die vorhergesagten marginalen Effekte des Alters in Abhängigkeit von der Nutzung eines Smartphones grafisch dargestellt (siehe Abbildung 26).

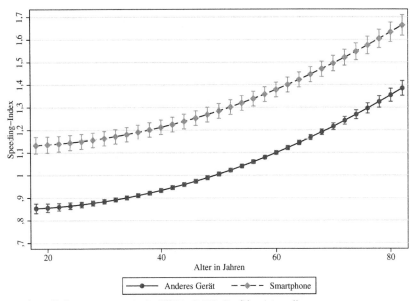

Anmerkung: Vorhergesagter marginaler Effekt mit 95%-Konfidenzintervallen

Abbildung 26 Vorhergesagte Werte des Speeding-Index nach Alter und Smartphonenutzung (WKP 2013)

Es zeigt sich in Übereinstimmung mit bestehenden Forschungsergebnissen, dass die mittlere Antwortgeschwindigkeit mit ansteigendem Alter abnimmt (siehe z.B. Couper und Kreuter 2013; Yan und Tourangeau 2008). Zudem ist ein deutlicher und signifikanter Unterschied in der mittleren

Antwortgeschwindigkeit zwischen Nutzern von Smartphones und Nutzern anderer Geräte zu sehen, der in Einklang mit Forschungsergebnissen steht, wonach Smartphonenutzer eine geringere Antwortgeschwindigkeit aufweisen (siehe z.b. Couper und Peterson 2016; Gummer und Roßmann 2015; Mavletova 2013).

Zur weiteren Untersuchung der Effekte der Nutzung von Smartphones auf die Indikatoren von Satisficing wurden lineare RE-Panelregressionen mit den Indices für „Weiß nicht"-Antworten, Mittelkategorie-Antworten und Straightlining als abhängige Variablen und der Nutzung eines Smartphones, dem Alter, der Bildung, dem Geschlecht und der Panelwelle als unabhängige bzw. Kontrollvariablen gerechnet (siehe Tabelle 61).

Tabelle 61 Effekte der Smartphonenutzung auf den Anteil von „Weiß nicht"-Antworten, Mittelkategorie-Antworten und Straightlining (WKP 2013)

	„Weiß nicht"-Antworten		Mittelkategorie-Antworten		Straightlining	
	b	SE	b	SE	b	SE
Smartphone	-0,027*	-0,012	-0,011	-0,008	-0,010	-0,009
Alter in Dekaden	-0,035***	-0,002	-0,020***	-0,001	-0,028***	-0,002
Bildung: niedrig	Ref.	Ref.	Ref.	Ref.	Ref.	Ref.
mittel	-0,057***	-0,008	-0,016**	-0,005	-0,073***	-0,007
hoch	-0,130***	-0,007	-0,051***	-0,005	-0,138***	-0,006
Geschlecht: männlich	Ref.	Ref.	Ref.	Ref.	Ref.	Ref.
weiblich	0,123***	-0,006	0,041***	-0,004	0,057***	-0,005
Welle 4	-0,009***	-0,002	0,005**	-0,002	0,004*	-0,002
Welle 6	-0,008***	-0,002	-0,005**	-0,002	-0,006**	-0,002
Konstante	0,377***	-0,012	0,311***	-0,008	0,309***	-0,011
Beobachtungen	12.864		12.864		12.864	
Befragte	4.765		4.765		4.765	
R^2_{within}	0,002		0,004		0,003	
$R^2_{between}$	0,195		0,096		0,158	
R^2_{gesamt}	0,167		0,080		0,131	

Anmerkungen: RE-Regression. b = Unstandardisierter Regressionskoeffizient, SE = Robuste Standardfehler.
$^+ p < 0.10$, $^* p < 0.05$, $^{**} p < 0.01$, $^{***} p < 0.001$

Die Analyse zeigt, dass die Nutzer von Smartphones einen geringeren Anteil der Fragen mit „weiß nicht" beantworten als Nutzer anderer Geräte. Für den Anteil von Mittelkategorie-Antworten und Straightlining ist hingegen kein signifikant von null verschiedener Effekt zu beobachten.

Der Effekt der Nutzung eines Smartphones auf die Motivation von Befragten wurde mittels einer linearen FE-Panelregression untersucht. Weder der Wechsel des Endgeräts hin zu einem Tablet noch zu einem Smartphone bewirkt eine signifikante Veränderung in der selbstberichteten Motivation von Befragten (siehe Tabelle 62).

Tabelle 62 Effekt der Smartphonenutzung auf die Motivation (WKP 2013)

	Index der Motivation	
	b	SE
Smartphone	0,000	-0,012
Tablet	0,010	-0,009
Welle 4	-0,039***	-0,002
Welle 6	-0,032***	-0,002
Konstante	0,908***	-0,001
Beobachtungen	12.849	
Befragte	4.762	
R^2_{within}	0,047	
$R^2_{between}$	0,003	
R^2_{gesamt}	0,009	

Anmerkungen: FE-Regression. b = Unstandardisierter Regressionskoeffizient, SE = Robuste Standardfehler.
+ $p < 0.10$, * $p < 0.05$, ** $p < 0.01$, *** $p < 0.001$

Abkürzungsverzeichnis

AAPOR	American Association for Public Opinion Research
ADM	Arbeitskreis Deutscher Markt- und Sozialforschungsinstitute e.V.
AES	Australian Election Study
AME	Average Marginal Effect
ANES	American National Election Study
ARS	Aquiescence Response Style
BES	British Election Study
BIC	Bayesian Information Criterion
CAIC	Consistent Akaike Information Criterion
CAWI	Computer Assisted Web Interview
DARS	Disacquiescence Response Style
DFG	Deutsche Forschungsgemeinschaft
ELIPSS	Étude Longitudinale par Internet Pour les Sciences Sociales
ERS	Extreme Response Style
ESS	European Social Survey
FE	Fixed Effects
GIP	German Internet Panel
GLES	German Longitudinal Election Study
GPS	Global Positioning System
GSS	General Social Survey
LC	Latent Class
LCA	Latent Class Analysis
LISS	Longitudinal Internet Studies for the Social Sciences
MRS	Midpoint Response Style
PCA	Principal Component Analysis
POLS	Pooled Ordinary Least Squares
R^2_{MF}	McFadden's R^2
RE	Random Effects
SE	Standard Error
Selects	Swiss Electoral Study
SQP	Survey Quality Predictor
TSE	Total Survey Error
USA	United States of America
WKP 2013	Wahlkampfpanel 2013
WLAN	Wireless Local Area Network
WWW	World Wide Web

Abbildungsverzeichnis

Abbildung 1	Klassenprofil für das strukturell homogene 2-Klassenmodell (T12–T15)	109
Abbildung 2	Bedingte Wahrscheinlichkeiten für die Zugehörigkeit zur Klasse Satisficing in Abhängigkeit von den Ausprägungen der Indikatoren (T12–T15)	110
Abbildung 3	Interaktionseffekt zwischen der Schwierigkeit des Frageverstehens und der Fragebeantwortung (T12–T15)	136
Abbildung 4	Effekte der Schwierigkeit der Aufgabe auf Satisficing (T12–T15)	138
Abbildung 5	Effekte der Fähigkeiten von Befragten auf Satisficing (T12–T15)	141
Abbildung 6	Effekt des Alters auf die Wahrscheinlichkeit von Satisficing (T12–T15)	142
Abbildung 7	Effekte der Motivation von Befragten auf Satisficing (T12–T15)	147
Abbildung 8	Wahrscheinlichkeit von Satisficing in Abhängigkeit von der Schwierigkeit der Aufgabe (T12–T15)	152
Abbildung 9	Wahrscheinlichkeit von Satisficing in Abhängigkeit von den Fähigkeiten der Befragten (T12–T15)	154
Abbildung 10	Wahrscheinlichkeit von Satisficing in Abhängigkeit von der Motivation der Befragten (T12–T15)	155
Abbildung 11	Geschätzte Wahrscheinlichkeiten für Satisficing in Abhängigkeit von variierenden Ausprägungen der Einflussgrößen Schwierigkeit der Aufgabe, Fähigkeiten und Motivation (T12–T15)	157
Abbildung 12	Das Design des Wahlkampfpanels 2013	175
Abbildung 13	Klassenprofil für das strukturell homogene 2-Klassenmodell (WKP 2013)	193
Abbildung 14	Bedingte Wahrscheinlichkeiten für die Zugehörigkeit zur Klasse Satisficing in Abhängigkeit von den Ausprägungen der Indikatoren (WKP 2013)	194
Abbildung 15	Der Aufbau der GLES 2009 und 2013	290
Abbildung 16	Verteilungen des Straightlining-Index und Schwellenwerte für die Dichotomisierung des Indikators (T12–T15)	299

Abbildung 17 Verteilungen des Mittelkategorie-Index und Schwellenwerte für die Dichotomisierung des Indikators (T12–T15) 300

Abbildung 18 Verteilungen des „Weiß nicht"-Index und Schwellenwerte für die Dichotomisierung des Indikators (T12–T15) 300

Abbildung 19 Verteilungen des Speeding-Index und Schwellenwerte für die Dichotomisierung des Indikators (T12–T15) 301

Abbildung 20 Verteilungen der geschätzten Wahrscheinlichkeiten für Satisficing (T12–T15) 304

Abbildung 21 Zusammenhang von Alter und Antwortgeschwindigkeit (T12–T15) 334

Abbildung 22 Verteilungen des Straightlining-Index und Schwellenwerte für die Dichotomisierung des Indikators (WKP 2013) 339

Abbildung 23 Verteilungen des Mittelkategorie-Index und Schwellenwerte für die Dichotomisierung des Indikators (WKP 2013) 339

Abbildung 24 Verteilungen des „Weiß nicht"-Index und Schwellenwerte für die Dichotomisierung des Indikators (WKP 2013) .. 340

Abbildung 25 Verteilungen des Speeding-Index und Schwellenwerte für die Dichotomisierung des Indikators (WKP 2013) .. 340

Abbildung 26 Vorhergesagte Werte des Speeding-Index nach Alter und Smartphonenutzung (WKP 2013) 359

Tabellenverzeichnis

Tabelle 1	Teilnahme an den Online-Trackings T12–T15	84
Tabelle 2	Deskriptive Statistiken zum Straightlining-Index (T12–T15)	88
Tabelle 3	Straightlining als Indikator für Satisficing (T12–T15) ...	90
Tabelle 4	Deskriptive Statistiken zum Mittelkategorie-Index (T12–T15)	91
Tabelle 5	Mittelkategorie-Antworten als Indikator für Satisficing (T12–T15)	91
Tabelle 6	Deskriptive Statistiken zum WN-Index (T12–T15)	94
Tabelle 7	„Weiß nicht"-Antworten als Indikator für Satisficing (T12–T15)	94
Tabelle 8	Nichtsubstantielle Antworten auf eine offene Frage (T12–T15)	96
Tabelle 9	Deskriptive Statistiken zum Speeding-Index (T12–T15)	101
Tabelle 10	Speeding als Indikator für Satisficing (T12–T15)	103
Tabelle 11	Fit der LC-Modelle für die Online-Trackings T12–T15 ..	104
Tabelle 12	Fit der LC-Modelle für den gepoolten Datensatz der Online-Trackings	108
Tabelle 13	Optimizing und Satisficing in den Online-Trackings T12–T15	112
Tabelle 14	Deskriptive Statistiken zu den unabhängigen Variablen (T12–T15)	129
Tabelle 15	Logistische Regression auf die Antwortstrategie (T12–T15)	139
Tabelle 16	Fit der Modelle für die Einflussgrößen von Satisficing (T12–T15)	151
Tabelle 17	Übersicht über die Ergebnisse der Hypothesenprüfung (T12–T15)	159
Tabelle 18	Straightlining als Indikator für Satisficing (WKP 2013)	180
Tabelle 19	Mittelkategorie-Antworten als Indikator für Satisficing (WKP 2013)	181
Tabelle 20	„Weiß nicht"-Antworten als Indikator für Satisficing (WKP 2013)	181
Tabelle 21	Nichtsubstantielle Antworten auf eine offene Frage (WKP 2013)	182
Tabelle 22	Speeding als Indikator für Satisficing (WKP 2013)	183

Tabelle 23	Indikatoren für die Einflussgrößen von Satisficing (WKP 2013)	188
Tabelle 24	Fit der LC-Modelle (WKP 2013)	191
Tabelle 25	Optimizing und Satisficing im Wahlkampfpanel 2013	195
Tabelle 26	Häufigkeit von Satisficing nach Anzahl der absolvierten Wellen (WKP 2013)	196
Tabelle 27	Übergangswahrscheinlichkeiten zwischen Optimizing und Satisficing (WKP 2013)	197
Tabelle 28	Wahrscheinlichkeit für Stabilität in der Wahl der Antwortstrategie in Abhängigkeit von der verfolgten Antwortstrategie in vorhergehenden Wellen (WKP 2013)	197
Tabelle 29	Odds-Ratios des Auftretens von Optimizing zu Satisficing (WKP 2013)	198
Tabelle 30	Deskriptive Statistiken zur abhängigen und den unabhängigen Variablen (WKP 2013)	200
Tabelle 31	Logistisches FE- und Hybrid-Modell zur Erklärung des Auftretens von Satisficing (WKP 2013)	206
Tabelle 32	Tests auf Gleichheit der Between- und Within-Schätzer im logistischen Hybrid-Modell (WKP 2013)	209
Tabelle 33	Quotierung (T12–T15)	292
Tabelle 34	Teilnahmestatistiken (T12–T15)	293
Tabelle 35	Interviewdauer und Unterbrechungen (T12–T15)	294
Tabelle 36	Quotierung (WKP 2013)	295
Tabelle 37	Teilnahmestatistik (WKP 2013)	296
Tabelle 38	Häufigste Teilnahmemuster (WKP 2013)	297
Tabelle 39	Fit der LC-Modelle unter variierenden Modellspezifikationen (T12–T15)	302
Tabelle 40	Operationalisierung der Einflussgrößen von Satisficing (T12–T15)	310
Tabelle 41	Logistische Regression: M_0 – Basismodell (T12–T15)	318
Tabelle 42	Logistische Regression: M_1 – Schwierigkeit (T12–T15)	319
Tabelle 43	Logistische Regression: M_2 – Fähigkeiten (T12–T15)	320
Tabelle 44	Logistische Regression: M_3 – Motivation (T12–T15)	321
Tabelle 45	Logistische Regression: M_4 – Gesamtmodell (T12–T15)	322
Tabelle 46	Deskriptive Statistiken zu den imputierten Variablen (T12–T15)	326

Tabellenverzeichnis

Tabelle 47	Log. Reg. mit imputierten Variablen: M_0 – Basismodell (T12–T15)	327
Tabelle 48	Log. Reg. mit imputierten Variablen: M_1 – Schwierigkeit (T12–T15)	328
Tabelle 49	Log. Reg. mit imputierten Variablen: M_2 – Fähigkeiten (T12–T15)	329
Tabelle 50	Log. Reg. mit imputierten Variablen: M_3 – Motivation (T12–T15)	330
Tabelle 51	Log. Reg. mit imputierten Variablen: M_4 – Gesamtmodell (T12–T15)	331
Tabelle 52	Prozentuale Übereinstimmung im Inhalt der Panelwellen (WKP 2013)	336
Tabelle 53	Deskriptive Statistiken zu den Indikatoren für Satisficing (WKP 2013)	338
Tabelle 54	Ladungen der Items für Need for Cognition (WKP 2013)	344
Tabelle 55	PCA für die „Big Five"-Persönlichkeitsdimensionen (WKP 2013)	344
Tabelle 56	Ladungen der Items für die „Big Five" Persönlichkeitsdimensionen (WKP 2013)	345
Tabelle 57	Fit der separat für die Wellen berechneten LC-Modelle (WKP 2013)	346
Tabelle 58	Vollständiges logistisches FE- und Hybrid-Modell zur Erklärung des Auftretens von Satisficing (WKP 2013)	352
Tabelle 59	Lineares FE- und Hybrid-Modell zur Erklärung des Auftretens von Satisficing (modale Zuordnung)	355
Tabelle 60	Lineares FE- und Hybrid-Modell zur Erklärung des Auftretens von Satisficing (Wahrscheinlichkeit)	357
Tabelle 61	Effekte der Smartphonenutzung auf den Anteil von „Weiß nicht"-Antworten, Mittelkategorie-Antworten und Straightlining (WKP 2013)	360
Tabelle 62	Effekt der Smartphonenutzung auf die Motivation (WKP 2013)	361

Printed by Printforce, the Netherlands